맹자, 마음의 정치학 1

일러두기

1. 이 책은 『맹자』 열네 편을 장별로 나누어 번역하고 해설한 것이다. 각 편과 장은
   아래와 같이 표기했다.
   제1편 「양혜왕 상」 제4장 → 1:4
   제12편 「고자 하」 제3장 → 12:3

   『맹자』를 해설하면서 공자의 『논어』를 많이 인용했다. 『논어』의 각 편과 장은 아래와
   같이 표기했다.
   『논어』 제3편 「팔일」 제5장 → 『논어』, 3:5

2. 『논어』, 『시경』, 『묵자』, 『한비자』 등 『맹자』를 해설하기 위해 인용한 다른 고전의 경우,
   필자가 꼭 필요하다고 생각하는 곳에만 원문을 병기했다.

3. 본문의 한자는 낱글자는 물론 현대의 지명이나 인명도 모두 한국 한자음으로
   표기했다. 단, 국내에 중국어 음으로만 소개된 저자는 그 표기를 따랐다.
   예) 쿵로이슌信廣來, 바이시白奚

4. 동양 고전의 체제는 『 』, 「 」, ' ' 기호를 사용해 표기했다.
   예) 『시경』의 「빈풍」편 '칠월'의 노래 → 『시경』, 「빈풍」, '칠월'

5. 이 책은 앞서 나온 다음의 주석서들을 두루 참고했다. 그 참고 내용은 본문에 (조기),
   (주희), (양백준) 등으로 표기했다.
   조기趙岐(108~201, 중국 후한後漢)의 『맹자장구孟子章句』
   주희朱熹(1130~1200, 중국 송대宋代)의 『맹자집주孟子集註』
   이토 진사이伊藤仁斎(1627~1705, 일본 에도江戶시대)의 『맹자고의孟子古義』
   양백준楊伯峻(1909~1992, 현대 중국)의 『맹자역주孟子譯註』
   성백효(1945~ , 현대 한국)의 『현토완역 맹자집주懸吐完譯 孟子集註』

맹자, 마음의 정치학 1

배병삼

옮기고

풀어 씀

사계절

혼자만 잘 살믄 별 재미 없니더.

뭐든 여럿이 노나 갖고,

모자란 곳을 두루 살피면서 채워 주는 것

그게 재미난 삶 아니껴.

– 전우익[1]

『맹자』를 주석하고 해설하노라고 좌충우돌한 나의 장광설
이 저 닉 줄의 글에 다 들어 있다. 전우익 선생이 맹자를 의식하고 저 글
을 썼는지는 모르나 '혼자만 잘 살믄 재미가 없고, 여럿이 노나 갖고' 또
'두루 살피며 채워 주고' 그리고 '그게 재미난 삶'이란 실로 맹자 사상의
핵심이다. 맹자는 저걸 '여민동락'이라 요약했고, 나는 이걸 '여민주의'
라 하며 먹물 냄새를 피울 따름이다. 책을 출간하기에 이르러 머리말을
쓰고 있는 지금, 두려움과 헛헛함이 확 몰려드는데 그 까닭을 헤아리니
글이 아니라 삶이 문제인 줄을 알겠다.

이 땅은 맹자를 살아낸 사람들이 별처럼, 정말 한여름 밤하늘의 별처
럼 많았던 곳이다. 험한 세월, 맹자를 좌표로 삼아 의리의 칼끝 위를 걸
으며 목숨조차 던졌던 선배들의 삶을 떠올리니 이 책이 고작 머리만 큰
재주꾼의 얄팍한 옹알이가 아닐까 문득 두려운 것이다. 이마에는 땀이

---

1   전우익, 『혼자만 잘 살믄 무슨 재민겨』, 현암사, 2002.

솟고, 목 뒤는 땅기고, 손은 오그라든다. 그러나 이젠 때가 늦었다.

1.

구구한 말들은 본문과 서문(「읽기 전에」)에 길게 늘어놓았으니 여기서는 따로 더할 말이 없다. 다만 몇 가지 이해는 있어야 맹자의 영토로 들어갈 수 있으리라, 노파심에 몇 마디 붙인다. 우선 유교는 하나가 아니다. 우리가 아는 남존여비, 가부장제, 충효 등도 유교이긴 하지만 유교는 단일하지 않다. 기독교가 그렇고 불교가 그렇듯 유교의 속살도 겹겹하다. 다만 그 본령은 시원始原에 있을 테다. 가톨릭이 부패했을 적에 루터가 '『성경』으로 돌아가자'라고 외쳤듯 유교를 알려고 든다면 그 본령을 찾아 올라가야 한다. 맹자는 공자를 이해한 첫 번째 사상가요, 공자의 꿈을 이어 행한 실천가다. 유교의 진면모를 알 수 있는 최적의 텍스트가 『맹자』인 것이다.

더구나 맹자는 이 땅과 밀접하다. 조선을 세우고 버티고 나라가 끝날 때까지 함께한 사상이다. 정도전의 기획에서부터 김시습의 광태, 조광조의 사림, 이퇴계의 서원, 조남명의 은둔을 거쳐 곽재우의 거병, 최재우의 각성, 안중근의 의거에 이르기까지 조선 사람의 숨결 밑에 맹자가 깔려 있다. 대한민국 근현대사도 맹자의 물길을 탔다. 윤동주의 「서시」와 신동엽의 「푸른 하늘」과 김수영의 「풀」에도 맹자가 들어 있고, 4·19 혁명의 경무대 앞이며, 6·10 시민운동의 도로 위며, 촛불혁명의 광장에도 맹자의 맥은 뛴다. 이 나라 사람들의 문화적 유전자라 해도 좋고, 정치적 잠재의식이라 해도 괜찮다. 조선 사람의 조선 사람다움이 맹자에서 나왔고, 한국인을 한국인답게 한 것도 맹자다. 그러니까 우리의 어제와 오늘을 알고자 한다면, 또 내일의 지향을 가늠하려면 맹자에 대한 이해는 필수적이(라고 나는 믿는)다. 의외로 맹자는 중요하다.

그래서 어쩌라고! 이 책을 쓰는 동안 내내 환청처럼 들리던 소리다. 내 딴엔 왜곡된 유교의 허상을 걷어내고 '맹자의 참뜻은 이것이노라'며 열에 들떠 자판을 두드리다가도, 문득 이런 '재발견'을 심드렁하게 여기고 말 사람들을 떠올리면 맥이 탁 풀리곤 했다. '맹자 사상은 위민 사상이 아니야. 민본주의도 아니야. 오로지 여민주의일 뿐이야.'(그래서 어쨌다고?) '맹자는 가부장주의자가 아니야.'(그래서 어떻다고?) '충효는 진짜 유교가 아니야. 홀로 자립하고 함께 살자는 게 맹자의 참뜻이야.'(그래서 어쩌자고!) '삼강오륜은 권력자들의 농간이고, 삼강과 오륜은 다르다는 게 진짜 유교라고!'(그래서 어쩌라고?)

2.

나는 본시 정치학 전공자다. 공부하던 중에 어떤 목마름을 느끼고 전통 사상 쪽으로 길을 틀었다. 아마 우리 고유의 정치학을 찾고 싶었을 것이다. 서당을 출입하며 유교를 몸소 살아온 스승들을 만난 것은 일생의 행운이었다. 그 후 30년 동안 유교 고전을 정치학적 관점에서 읽고 오늘 이 땅의 눈으로 해석하는 일을 해왔다. 이 와중에 『맹자』가 그 자체로 정치학 텍스트임을 발견하고는 몹시 기뻤다. "모든 철학적 논의는 필연적으로 정치적 함의를 갖는다"라는 자크 데리다Jacques Derrida의 말을 나는 넉넉히 수긍한다.

사람의 마음에서 비롯하여 천하에 이르기까지 새 세상의 비전을 조밀하게 전개한 것이 『맹자』라는 책이다. 이 속에는 사람들이 함께 더불어 사는, 새로운 문명의 꿈이 들어 있다. 사람마다 마음속에 든 선성善性을 발견하고 발굴하여 발현하는 길, 자립한 인간들이 함께 사는 사회, 나눠 먹는 경제, 그리고 제 몫을 하지 못하면 물러나는 책임 정치가 『맹자』의 주제다(그래서 이 책의 제목을 '맹자, 마음의 정치학'이라고 붙였다).

다만 '지금 왜 맹자인가'라는 데는 약간의 해명이 필요하다. 근대화를 넘어 포스트모던을 논하고, 지식이 아니라 정보가 횡행하는 오늘날, 해묵은 『맹자』를 주석하고 해설하려는 까닭은 그의 감개感慨에 절실하게 공감하기 때문이다. 맹자는 사람이 사람을 서로 잡아먹고 말 것이라며 당대를 두려워했다. 전국시대, 열악하고 타락한 인간의 조건을 개선할 처방전을 찾아 사방을 헤매고 고금을 오르내렸다. 그 와중에 오로지 한 사람, 인간의 처지를 아파한 공자를 만났으니 그 계기를 한마디로 두려움(懼)이라고 요약하였다. 나는 둘이 조우한 그 계기에 동감한다. 나 역시 오늘 이 땅의 자본주의가, 아니 전 세계에 넘실대는 시장자본주의의 위세가 두렵다. 오로지 이익이라면 넘지 못할 선이 없고, 금하지 못할 일이 없는 아귀와 같은 자본주의의 게걸스러운 아가리가 무섭다.

선배들이 애용하던 말놀이, 즉 성훈聲訓으로 속마음을 드러내자면, 전국시대의 핵심 글자인 '戰(전)'과 오늘날 자본주의의 도구인 '錢(전)' 사이의 유비다. '戰'에는 창칼이 고작 하나(戈)뿐인데도 사람이 사람을 잡아먹을 듯하다고 맹자는 전율했다. 그런데 오늘을 상징하는 '錢'에는 창칼이 둘(戔)이나 들어 있다. 창칼로 사람을 살상하던 전국시대에는 그나마 연민이라도 있었다. 제아무리 담이 큰 무사라도 자기 칼에 피를 뿜으며 죽어가는 상대방을 대면할 적엔 움찔하기 마련일 터. 그러나 오늘날 자본주의는 자기가 누굴 해치는지도 모른다. 또 죽어가는 사람도 죽인 사람을 모른다. 모르는 채 남을 해치고, 누가 저를 죽이는지 모르는 채로 죽는다. 이익이란 이렇게 무서운 것이다. 이익을 뜻하는 '利(이)'에 칼(刀)자국이 선명한 것이 또 섬뜩하다. 화폐는 창칼보다 차갑고, 자본주의는 전국시대보다 잔인한 줄 알겠다. 맹자의 첫마디 탄성인 '하필왈리何必曰利'가 오늘 더욱 쟁쟁하게 귀를 때린다.

맹자가 두려워한 전국시대 사회의 실정은 환과고독鰥寡孤獨 네 글자로 요약된다. 아내 없는 홀아비, 남편 잃은 홀어미, 부모 없는 고아, 가족 잃은 독거노인을 각각 이른다. 고립에 처한 인간은 경제적으로 궁핍할뿐더러 처지를 하소연할 데가 없다는 사실, 그 사회적 단절이 더 고통스럽다며 맹자는 안타까워했다. 그 후 2000여 년의 세월이 흐른 오늘, 다시금 사람의 사이는 쪼개지고, 가족은 해체되고, 마을은 무너지고, 이웃은 흩어졌다. 급기야 이 땅의 젊은이들은 '혼술'과 '혼밥'으로 생존하고, 늙은이들은 고독사孤獨死로 죽어간다. 홀로 사는 노인들 입에서 '돈 만 원은 쪼개 쓸 수 있으나 고독은 쪼개 쓰지 못한다'라는 절규가 터지는 형편이다. 환과고독의 맹자 시대와 혼술과 혼밥을 먹다가 고독사 하는 오늘이 겹친다.

환과고독의 사태를 넘어 여민동락의 세상을 꿈꾸고, 그 길을 연 맹자의 글을 꼼꼼히 따져 읽어 혼술과 혼밥, 고독사에 처한 오늘날 인간의 처지를 개선할 길을 모색하는 것이 이 책을 짓는 이유다. 전국시대 맹자가 사람다운 새 세상을 찾았던 길을 되짚으며 오늘의 물신주의를 벗어날 비상구를 모색하려 한다. 어렵긴 하지만 불가능하지만은 않은 탈출구 찾기. 이것이 『맹자』를 주석하고 해설하는 까닭이다.

3.

2000년을 거슬러 올라가 맹자를 만났다가 다시 오늘날로 귀환하는 해석 작업에 어려움이 없을 수 없다. 텍스트 속 단어 하나하나의 참뜻을 헤아리는 문자학적 소양과 문장을 정확하게 해석하는 한문학의 조예는 기본이다. 맹자의 말뜻을 알 뿐 아니라 그가 인용한 서책들에 대한 이해도 갖춰야 할 것이며, 맹자와 대결한 맞잡이 사상들, 이를테면 묵가, 병가, 법가 등의 언어와 사상도 알아야 한다. 후대의 전승도 일별하지 않을 수 없다. 물론 내 나름으로는 이런 '이해'에 도달하려고 애를 썼지만 완전할 수는 없는 일이다.

고증과 훈고는 해석 작업을 위한 준비 과정의 하나일 뿐이다. 길가에 핀 야생화까지 낱낱이 헤아리다가는 갈 길을 잃는 수가 있다. 내가 중시한 부분은 『맹자』를 오늘로 당겨와 해석하는 번역이다. 이건 맹자가 애당초 권한 연구 방법론인 '이의역지以意逆志' 속에 이미 들어 있다. 지금 나의 문제의식(意)으로써 맹자의 뜻(志)을 만나고 다시금 오늘 이곳으로 귀환하기. 그러므로 후한대 조기의 『맹자』 해석과 남송대 주희의 해석, 그리고 청대 최술의 해석 등은 나의 귀감이 아니라 다만 참고서적으로 나란히 내 앞에 놓여 있을 뿐이다. 역시 16세기 조선의 이황은 당시의 문제를 해결하려는 눈길로 『맹자』를 포착하였고, 18세기의 성호 이익도 그 나름의 눈길로 『맹자』를 해석했을 따름이다.

그렇다면 오늘날 『맹자』를 주석하고 해설하려는 나로서는 선배들의 주석과 해설을 참고는 하되 거기 붙들려서는 안 된다. 이 책은 21세기 한국 땅에서 정치학 전공자인 나의 염려와 생각으로 『맹자』를 만난 기록이다. 이쯤에 "우리가 계속 같은 언어를 말한다면, 같은 역사를 재생할 뿐이다"라는 루스 이리가라이Luce Irigaray의 경고는 참고할 만하다.

4.

『맹자』를 써보겠노라고 출판사와 계약한 지 이미 10년 세월을 넘어섰다. 책을 짓는 데 걸린 시간만큼 또 많은 분께 신세를 졌다. 특별히 동서양 고전 번역에 혼신을 바치는 인문학자들의 노고에 고개 숙여 감사드린다. 훌륭한 번역서들이 없었다면 이 책은 더 볼품이 없었을 것이고, 출간은 더 늦어졌을 것이다. 송구스럽게도 빚진 분들을 모두 거명하지 못한다. 다만 이 책을 내는 데 결정적 도움을 준 분들은 기념하지 않을 수 없다.

후기 묵가에서 편찬한 '개념어 사전'인 『묵경』은 난해한 책이다. 『묵경』을 번역하고, 묵자와 관련한 정밀한 논문들을 제공한 염정삼 선생의 노고에 감사드린다. 나는 그를 통해 묵자 사상은 물론 전국시대 지성계의 물밑을 엿볼 기회를 얻었다. 미국의 탁월한 맹자학자 데이비드 S. 니비슨의 『맹자』 관련 논문집을 조밀하게 번역한 김민철 선생께 감사드린다. 서양의 맹자학 수준을 이를 통해 알게 되었다. 일본 에도시대의 유학자 이토 진사이의 작품들, 특히 『맹자고의』를 유려한 필치로 번역하고 해설하여 동양 삼국의 맹자학을 비교할 기회를 제공한 최경열 선생께도 감사드린다. 조선 땅의 『맹자』 해석사와 또 탁월한 맹자학자를 소개해준 함영대 선생의 노고를 기린다. 맹자 사상의 핵심인 여민주의를 18세기 조선 땅에서 이해하고 당대 맥락으로 해석한 성호 이익을 그를 통해 만날 수 있었다. 이익 선생이 선배 학자라는 데 감격이 컸다.

21세기 초엽 한국 사회로 맹자를 끌어와 해석함에는 정치철학과 동양 사상 학계의 성과를 빌리지 않을 수 없었다. '정치학자 맹자'를 현대로 해석하는 데 의지한 스승과 동료들이 많다. 특별히 정치사상학회의 김홍우, 양승태, 최정운, 강정인, 김용민, 박동천 선생께 감사드린다. 한문학자 김언종, 비교철학자 이승환, 여성학자 이숙인 교수의 글과 조언에도 큰 빚을 졌다. 물론 해석의 타당성과 정확성은 오로지 내가 감당해야 할 몫이다. 또 부남철 교수는 내 삶을 언제나 염려해주셨고, 이동철 교수는 깊숙이 감춰진 서책들을 수습하여 제공해주셨다. 이 자리를 빌려 감사드린다.

이 책이 이런 꼴이나마 갖추는 데는 이권우 선생의 공이 크다. 오랜 세월 더께가 쌓인 초고를 따져 읽고 기름기를 걷어준 덕에 문장이 간추려졌다. 중언부언하고 앞뒤가 맞지 않는 문장을 세심하게 다듬어준 사계절출판사 인문팀과 편집자 이진 선생께 각별한 감사를 드린다. 또 10년이 넘도록 원고를 기다려준 강맑실 사장께는 존경하는 마음을 담아 인사드린다. 학부 시절 어느 일본 책 서문에 적힌 "10년이 넘게 원고를 기다려준 출판사에 감사한다"는 인사말을 부러운 눈으로 읽었는데 막상 내가 이런 인사를 하게 되니 감개무량하다.

내 가족의 노고는 이 책의 그림자에 묻혀 있다. 아내와 자식들에게는 뭐라 말을 다 못한다. 어쩌다 보니 유교 고전을 오늘 우리말로 해석하고 해설하는 일에 평생을 바치게 되었다. 연전에『논어』의 역주서를 출간했을 때 여러 분이 질정해주셨듯, 이번에도 따가운 채찍질을 기다린다. '함께 더불어'는 맹자 사상의 고갱이다.

2019년 8월

배병삼

삼강과 오륜은 다르다!

부자·군신·부부·장유·붕우가 지켜야 할 가치를 얘기하는 오륜은
그 상하 관계 때문에 유교의 보수성을 상징하는 것으로 여겨진다.[1]

본격적인『맹자孟子』읽기에 앞서 일종의 시각 교정 단계로 이
대목을 설정하였다. 워낙 오해가 많은 것이 유교인지라 준비가 필요하다
고 여겨서다. 오늘날 유교의 대명사는 충효 또는 삼강오륜三綱五倫이다.
여기서는 삼강오륜이라는 개념을 분석하여 유교가 단일한 사상이 아니
라 그 속에 여러 스펙트럼이 있음을 보이고자 한다. 즉 유교라는 이름의
거죽 속에 다양한 켜, 이를테면 공자孔子와 맹자의 '원시 유교'와 한당대
漢唐代의 '제국 유교', 송대宋代 성리학의 '개신 유교' 등이 있음을 드러
내고자 한다. 이런 시각 확대를 전제로, 삼강오륜 사이에 칼을 집어넣어
삼강三綱은 한제국의 이데올로기이며 오륜五倫은 공자와 맹자의 본래 뜻
임을 드러낼 것이다. 이 작업은 앞으로 진행할『맹자』의 주석과 해설을
이해하는 데 도움이 될 것이다.

1. 삼강오륜
그동안 삼강오륜은 집 안에서는 여필종부, 부창부수, 삼종지도

[1] "고전 번역 가치는 현실성과 창조적 사유", 〈경향신문〉, 2010년 4월 4일자.

같은 여성 차별의 가족 윤리로 분화하고, 밖에서는 군사부일체, 멸사봉공, 대의멸친, 상명하복 같은 군주 중심의 정치 윤리로 변주되었다. 이런 다양한 속언과 속담은 '충신불사이군, 열녀불경이부忠臣不事二君, 烈女不更二夫', 즉 '충신은 두 임금을 섬기지 않고, 열녀는 두 남편을 취하지 않는다'라는 말로 압축된다. 여기에 가족 안팎을 규율하던 봉건 윤리로서 삼강오륜이 지닌 특징이 요약되어 있다.

머리말에 인용한 신문 기사는 '유교=삼강오륜'이라는 인식이 오늘날까지 연면히 계승되고 있음을 짧지만 선명하게 보여준다. 우리는 이 기사가 서술한 '오륜=상하 관계=유교의 보수성'이라는 등식을 평심하게 당연한 것으로 받아들인다. 아니, 인용문을 꼼꼼히 검토하면 유교를 대단히 후하게 대접한다고 비난할 사람도 있을 것이다. '유교의 보수성이라니? 언제 유교가 진보적인 때가 있었나?' 하는 심정으로. 가령 '부모가 죽으면 3년 동안 시묘살이를 해야 한다'는 삼년상 의례의 억압성, 부모가 아플 때 자기 허벅지살을 도려내 먹였다는 효행의 야만성, 남편이 죽으면 그 아내에게 따라 죽기를 강요하던 '열녀 만들기'의 비인간성을 기억하는 사람이라면, 저 기사는 보수성이라는 모호한 표현으로 그동안 유교가 저지른 갖은 악행과 야만의 역사를 호도한다고 비판힐 것이나. 노리어 근대 중국의 문호 노신魯迅이 유교를 두고 "예교가 사람을 잡아먹는다"라고 내지른 일갈이 훨씬 솔직해 보일 것이다.

따라서 연전에 『공자가 죽어야 나라가 산다』라는 책이 오랫동안 베스트셀러가 됐던 것은 유교에 대한 현대 한국인의 속내, 즉 '유교=야만'이라는 심중이 솔직하게 드러난 사례라 할 수 있다. 확대 해석하자면 동아시아는 오랜 옛날부터 오늘까지 '삼강오륜=유교=야만'이라는 등식에 이를 갈고 침을 뱉었다. 그런데 여기서 질문해본다. 삼강오륜은 유교의 대명사로 적절한 표현일까? 삼강오륜의 유교는 어떤 것일까? 아니, 삼강오륜이란 과연 무슨 뜻일까? 이런 질문을 따져보고 분석해볼 이 글을 통해 유교가 단일한 사상이 아니며, 2500년 세월 동안 혁신과 저항, 보수와 진보 등 다양한 굴곡과 침윤을 겪은 '사상의 더미'임이 드러나기를 바란다. 또한 이 과정에서 독자들이 유교에 대해 좀 더 '객관적인' 시각을 확보할 수 있기를 바란다.

2. 삼강과 오륜

유교를 공부하다 보면 삼강오륜만큼이나 자주 대하는 말이 사서삼경四書三經이다(사서삼경은 12세기에 성리학을 체계화한 남송南宋의 주희朱熹가 고른 것이다). 이 가운데 사서四書는 '네 권의 책'이라는 뜻으로 『논어論語』・『맹자』・『대학大學』・『중용中庸』을 가리킨다. 또 삼경三經은 '세 권의 경전'이라는 뜻으로 『시경詩經』・『서경書經』・『역경易經』을 이른다. 합치면 일곱 권의 책인데 구태여 '경'과 '서'로 구별한 까닭은 내력이 다르기 때문이다. 공자 생전에 교과서로 삼았던 시와 서, 주역을 '경'이라 칭하고, 공자 사후 유교의 발전에 따라 편찬된 『논어』 등 네 권의 책은 '서'라고 이름 붙인 데서 비롯하였다.

사서삼경이 각기 다른 일곱 권의 책임을 감안하면, 삼강오륜도 서로 다른 여덟 개의 덕목을 일컬어야 할 듯하다. 그러나 그렇지가 않다. 삼강을 구성하는 군신君臣・부자父子・부부夫婦는 오륜의 부자유친父子有親,

군신유의君臣有義, 부부유별夫婦有別, 장유유서長幼有序, 붕우유신朋友有信 속에 고스란히 포섭된다. 다시 말해 각기 다른 일곱 권의 책인 사서삼경과 달리, 삼강과 오륜은 여덟이 아니라 다섯 가지 관계다. 좀 이상하지 않은가?

구체적으로 살펴보자. 삼강은 '세 가지 강'이라는 말이다. 삼강의 첫째는 군위신강君爲臣綱, 둘째는 부위자강父爲子綱, 셋째는 부위부강夫爲婦綱이다. 삼강은 그물을 연상해야 이해가 된다. 삼강에서 공통된 것이 강綱인데 강은 벼리를 뜻한다. 벼리란 어부가 강물에 던져서 그물을 펼치기도 하고, 잡아당겨 오므리기도 하는 외줄이다. 그러니까 그물(網)은 강綱과 목目, 곧 벼릿줄과 그물눈으로 구성된다.[2] 그물눈에 아무리 고기가 많이 걸렸더라도 벼릿줄에 어부의 생계가 달렸으므로, 벼리는 그물의 주체가 되고 그물눈은 거기 딸린 종속물이다. 곧 강과 목 사이에는 주종 관계가 형성된다.

삼강의 첫 번째는 군위신강이다. '군주가 신하의 벼리가 된다'는 뜻이니 곧 임금은 신민의 주인이요, 백성은 군주의 종속물이라는 말이다. 둘째 부위자강은 '아비가 자식의 벼리가 된다'는 뜻이니 아비는 집안의 주인이고 자식은 아비의 종이 된다는 뜻이다. 부위부강은 '지아비가 지어미의 벼리가 된다'는 뜻이니 가부장제 논리가 형성되는 출발점이 이곳이다. 여기서 여필종부, 삼종지도, 부창부수 같은 봉건적 가족 윤리 담론이

2　여기서 강목綱目이라는 개념도 파생한다. 강목은 의학서 가운데『본초강목本草綱目』또는 실학자 안정복이 저술한『동사강목東史綱目』이라는 이름으로 낯이 익다.

쏟아져 나온다.

반면에 오륜은 '다섯 가지 인간관계'라는 뜻이다. 첫째는 부자유친이요, 둘째는 군신유의요, 셋째는 부부유별이며, 넷째는 장유유서, 그리고 다섯째가 붕우유신이다. 부자유친은 부모와 자식 사이를 소통하는 원리가 친밀함(親)이라는 것이요, 군신유의는 군주와 신하 사이를 맺어주는 열쇠가 의義라는 뜻이다. 군신유의에는 불의한 군주를 거부할 권리가 신하에게 허용된다는 점을 특기해야겠다. 셋째 부부유별에는 부부가 서로를 '각별히 대해야 한다(別)'는 뜻이 들어 있고, 넷째 장유유서에는 형과 아우, 윗사람과 아랫사람이 서로를 존중해야 한다는 의미가, 다섯째 붕우유신에는 친구와 동료 혹은 거래관계에서는 신뢰가 핵심이라는 뜻이 들어 있다.

오륜의 다섯 가지 관계 가운데 군신·부자·부부 세 요소는 삼강과 곧바로 겹쳐진다. 그렇다면 사서-삼경과 달리 삼강/오륜은 선택적이다. 삼강 아니면 오륜인 것이지 삼강'과' 오륜일 수는 없다(이건 간단한 산수다). 따라서 삼강이 바르다면 오륜이 그르고, 오륜이 옳다면 삼강이 틀린 것이다. 요컨대 삼강오륜일 수 없고, 삼강과 오륜은 다르다. 그렇다면 삼강은 무엇이며 오륜은 또 무엇인가!

3. 삼강

삼강은 한제국의 국가 운영 프로그램이다. 한제국 초기의 정치사상가들은 앞서 법가를 취해 건설한 진시황의 제국이 효율적이긴 했지만 단명한 사실을 두고 고민하였다(진나라는 고작 14년 만에 망했다). 진秦나

맹자, 마음의 정치학 1

라는 한비자韓非子의 법가를 통치 이념으로 했다. 법가의 형벌주의는 천하를 통일한 힘이자, 그 천하가 하루아침에 무너진 원인이기도 했다. 제국의 영속성을 고민하던 사상가들은 법가와 유가를 융합한 이른바 삼강오상三綱五常이라는 일종의 '하이브리드 통치 이론'을 구성한다. 법가의 효율성과 유가의 지속성을 결합하고자 한 것이다. 상반되는 사조를 한데 섞어 제3의 사상을 만드는 짓은 동서양을 막론하고 사상사에서 빈번하게 일어났다. 이때 불쑥 등장한 삼강오상은 정치적 하이브리드의 전형이다. 오상이 유교를 발원지로 한다는 점은 명백하다. 맹자의 인성론인 4단四端, 즉 인仁·의義·예禮·지智에다 공자의 덕목인 신信을 끌어 모아 다섯 가지 인성을 구성한 것이 오상이다. 유의할 점은 '5'의 수비학數秘學이다. 당시 유행하던 음양오행설에 호응하려는 의도가 오상의 구성 밑에 깔려 있다. 즉 오상이라는 간단한 단어에 유가와 음양가라는 두 사상이 끼어 있다. 한편 삼강오상의 핵심인 삼강의 기원은 흥미롭게도 법가다. 전국시대의 법가 사상가 한비자는 이렇게 논한 바다.

> 신하가 임금을 모시고, 자식이 아비를 섬기고, 아내는 지아비를 섬겨야 한다. 이 세 가지를 거스르지 않으면 천하가 편안해진다. 반면 세 가지가 어긋나면 천하가 혼란에 빠진다. 저 세 가지는 언제나 어디서나 통용되는 천하 통치의 떳떳한 방도다.[3]

---

3   臣事君, 子事父, 妻事夫. 三者順, 則天下治; 三者逆, 則天下亂. 此天下之常道也(『한비자』, 「충효忠孝」).

한비자가 논하는 세 가지가 삼강의 소재인 군신·부자·부부와 동일함을 확인할 수 있다. 그 순서도 같다(군신-부자-부부). 내용상으로도 삼강의 군위신강과 한비자의 '신하가 임금을 모신다(臣事君)'가 같다. 또 부위자강과 한비자의 '자식이 아버지를 섬긴다(子事父)'가 다를 바 없고, 부위부강과 한비자의 '아내는 지아비를 섬긴다(妻事夫)' 역시 전혀 다르지 않다.

이렇게 서로 기원도 다르고, 적대적이기까지 한 법가 출신의 삼강과 유가를 기원으로 하는 오상을 결합한 사상가는 동중서董仲舒였다. 그는 한제국 초기 한무제가 본격적으로 시작한 제국 통치를 보필한 정치 이데올로그였다. 차후 한나라와 당나라는 물론 명나라와 청나라까지 이어질 '제국 유교'의 통치 이념과 프로그램이 그에게서 시작되었다. 그의 통치 사상은 요컨대 일통론一統論과 삼강오상이다. 일통은 통일 제국의 이념이요, 삼강오상은 정치 경영론이다. 곧 천자(황제)를 중심으로 천하를 수직적으로 결합하고 사회를 피라미드 형태로 계열화하는 체제론이 일통이요, 그 통치 체제를 정당화하는 이데올로기가 삼강오상이다.[4] 동중서는 삼강의 논리를 이렇게 말한다.

---

4 삼강오상은 주희도 중시했다. 주희는 "삼강오상은 예법의 대체다. 하·은·주 삼대가 계승하며 체제의 근거로 삼았으니 변동할 수 없다三綱五常, 禮之大體, 三代相繼, 皆因之而不能變"라고 했다(『논어집주論語集註』). 동중서의 사상을 주희가 계승하고 있는 부분이다. 그러나 주희의 사상사적 기여는 『맹자』를 발굴하고 복원하여 한당대의 삼강 이론을 맹자 본연의 오륜 사상으로 혁신한 것이다. 그는 오륜을 '사람의 큰 윤리(人之大倫)'라고 강조하기도 했다(『논어집주』 및 『대학장구大學章句』). 나아가 맹자의 오륜을 『백록동규白鹿洞規』에 규범으로서 게시했다. 조선의 이황이 맹자·주희의 오륜을 계승하여 『성학십도聖學十圖』의 제5도에서 표창하고 있음도 특기할 만하다.

맹자, 마음의 정치학 1

군신·부자·부부의 도리는 모두 음양의 도에서 취했다. 임금은 양이고 신하는 음이며, 아버지는 양이고 아들은 음이며, 지아비는 양이고 지어미는 음이다.[5]

지금 동중서는 삼강의 구조가 음양론에 기초하였음을 토로하고 있다.[6] 이에 대해 현대 중국의 철학자 풍우란馮友蘭은 다음과 같이 해설한다.

> 동중서에 따르면 하나의 사물이 있으면 반드시 또 다른 하나의 사물이 그것과 짝을 이룬다. 그 사물이 주主(주도적인 것)이고 그것과 짝을 이룬 사물은 종從(종속적인 것)이다. 양은 주이고 음은 종이며, 임금은 주이고 신하는 종이며, 아버지는 주이고 아들은 종이며, 남편은 주이고 아내는 종이다. 이 주종 관계는 서로 바뀔 수 없는 것이고 영원히 변경할 수 없는 것이다.[7]

곧 삼강은 군신·부자·부부를 다루지만 각각의 관계는 상호적이 아니라 상하 차등적이요, 쌍방적이 아니라 일방적인 특징을 갖는다. 요컨대 군주·아비·남편이 벼릿줄(주인)이고, 그 상대인 신민·자식·아내는 그

---

5   君臣·父子·夫婦之義, 皆取諸陰陽之道. 君爲陽, 臣爲陰, 父爲陽, 子爲陰. 夫爲陽, 妻爲
陰(동중서, 『춘추번로春秋繁露』, 「기의基義」).

6   삼강 아래 음양의 구조가 깔려 있고, 오상은 또 오행에서 비롯했다. 동중서의 삼강오상설
이 음양오행설의 토대 위에 있음을 알 수 있다.

7   풍우란, 박성규 옮김, 『중국철학사 하』, 까치, 1999, 39쪽.

물눈(종)이다. 이 주종 관계는 불변한다.

무엇보다 삼강 체제의 정점에는 군주가 있다. 동중서는 통일 제국 시대에 걸맞게 군주 독점의 유일 체제로 천하를 디자인했다. 곧 삼강 이론의 핵심은 군위신강이라는 정치 이념이고, 나머지 부위자강과 부위부강이라는 가족 이념은 군위신강에서 파생된 것이다. 결국 삼강은 군주 독재의 정치 논리를 사회의 기본 단위인 가족으로 침투시키려는 이데올로기였다. 오륜의 첫 번째가 부자유친이었던 데 반해 삼강의 첫머리가 군위신강인 데서도 그런 사정을 엿볼 수 있다. 군신 관계와 마찬가지로 가족 내의 부부 사이와 부모 자식 관계조차 지배 복종, 상명하복의 수직 구도로 기획한 것이 삼강이다.[8]

4. 오륜

유교에서 인륜人倫의 중요성은 이미 공자부터도 강조한 터이지만, 다섯 가지 구체적인 덕목으로 제시된 것은 전국시대 맹자에 의해서다(곧 삼강보다 오륜이 시대적으로 앞선다). 맹자는 인간다움의 구성 요소

---

8 주희가 삼강오상을 거론한 이래 훗날 특히 조선에서는 삼강오상의 줄임말인 강상綱常이 상대방을 사상범으로 몰아 처단하는 이념적 무기가 된다. 삼강이 얼마나 폭압적인 정치적 도구였던가를 보여주는 사례다. 『조선왕조실록』에서 강상으로 검색하면 5000건이 넘는 결과를 찾을 수 있다. 더욱이 삼강오상은 삼강오륜이라는 신조어가 만들어지는 계기가 된다. 삼강오상과 삼강오륜 사이 발음의 유사성이 그 계기다. 삼강오륜은 삼강오상과 질적으로 다른데, 여하튼 또 한 차례 변질된 것임을 기억하자. 조선 땅에서 삼강이 유교의 대명사가 된 데는 세종대왕이 펴낸 『삼강행실도』의 영향이 컸다. 삼강은 단순한 윤리가 아니라 형벌을 동반한 통치 규범이다.

로서 의·식·주의 물질적 환경과 함께 인륜을 필수 요건으로 든다. 오륜, 곧 다섯 가지 관계를 갖추지 못한 사람은 옳은 인간이 아니라는 뜻이다. 고독에 빠진 인간은 구제해야 할 대상이지 자립한 인간일 수 없다. 유교의 '인간'이란 서구의 개인이 아니라 그야말로 '人間', 곧 관계적 존재이기 때문이다. 이에 맹자는 오륜을 아래와 같이 말한다.

> 사람에겐 사람다움의 도리가 있으니, 배불리 먹고 따뜻한 옷 입으며 편안한 집에서 살더라도 가르침이 없으면 금수나 진배없는 것. 성인께서 또 이를 근심하여 설을 사도로 삼아 인륜을 가르치게 하였으니 ─ 부자간의 친밀함, 군신 간의 의로움, 부부 사이의 각별함, 어른과 아이 간의 차례, 벗들 사이의 신뢰 등이 그것이외다.[9]
>
> _ 5:4

　여기서 논의할 점은 삼강과 오륜의 차이다. 특히 삼강과 오륜이 겹치는 군신·부자·부부 관계에 나타나는 차이에 주목하자는 것. 첫째 부자유친이란 '부모와 자식 사이는 친親의 원리에 따라 움직인다'라는 뜻으로 읽어야 한다. 두 번째 덕목인 군신유의도 마찬가지다. '군주와 신하 사이를 여는 열쇠가 의義에 있다'는 뜻이다. 여기 원리 또는 열쇠로 표현한 친과 의는(나머지도 마찬가지다) 삼강처럼 어느 일방에게만 적용되는 규범이

9　人之有道也, 飽食·煖衣·逸居而無敎, 則近於禽獸. 聖人有憂之, 使契爲司徒, 敎以人倫, ─ 父子有親, 君臣有義, 夫婦有別, 長幼有序, 朋友有信.

아니라 부모와 자식, 군주와 신하 쌍방에 똑같이 적용된다. 오륜은 쌍방에게 동시에 적용된다는 점이 특징이다. 이를 주희는 도道와 기器의 체계로 설명한다.

> 부자유친을 놓고 보자면 친親은 도道요, 부자 관계는 그릇(器)이다. 군신유의를 놓고 보자면 의義는 도요, 군신 관계는 그릇이다. 부부에게는 부부 사이의 분별(別)이 있고, 장유에게는 어른과 어린이의 순서(序)가 있고, 붕우에게는 붕우 간의 믿음(信)이 있다.[10]

여기 주희의 논설이 의미하는 것은 부자간에는 친親이 부모와 자식 쌍방에 적용되는 원리요, 군신 간에는 의義가 군주와 신하 쌍방의 관계를 여는 열쇠라는 것이다. 나머지 부부와 장유, 붕우 역시 어느 일방이 아닌 상호 제어의 원리가 별別과 서序, 신信이 된다. 요지는 오륜은 호혜적이고 상호적이라는 점이다. 군주가 신하에게 일방적으로 강요하는 것이 의가 아니요, 아비가 자식에게 효를 강요하는 것이 부자유친이 아니라는 것. 그렇다면 서두에 인용한 신문기사 가운데 "오륜은 그 상하 관계 때문에 유교의 보수성을 상징하는 것으로 여겨진다"는 대목의 오륜을 삼강으로 바꿔 써야 옳은 진술이 된다. 오륜은 삼강과 달리 상하 관계를 상정하지 않으며, 도리어 상호 관계와 호혜성을 필수 요건으로 하기 때문이다.

자, 그러면 오륜의 군신·부자·부부 관계를 낱낱이 살펴보자. 이 와중

---

10   황간, 강호석 옮김, 『주자행장』, 을유문화사, 1975.

에 삼강론과의 차이도 드러날 것이다.

(1) 오륜의 군신 관계

공자와 맹자가 밝히는 군주와 신하의 관계를 살펴보자.

> 제자 자로가 임금을 섬기는 방법을 여쭈었다.
> 공자, 말씀하시다.
> "임금을 속이지 말고, 도리어 덤벼들어라!"[11]

여기 공자가 제자에게 "속이지 말라"고 답한 것은 윗사람에게 거짓으로 대하지 말라, 사실만을 전달하고 공식적인 언어만을 구사하라는 경고로 해석된다. 주목할 부분은 "임금에게 덤벼들어라"는 뒷대목이다. 문면으로는 군주에게 잘못이 있다면 목숨을 걸고 조언하라는 권고로 읽힌다. 그런데 '덤벼들다(犯)'라는 말은 삼강 가운데 군위신강이 강조하는 복종으로서의 충성과는 질적으로 다르다. 삼강의 충성이 주군을 위해 목숨을 바치는 식의 절대 복종의 의리를 뜻한다면, 여기 '덤벼들다'는 군주와 신하가 각각 독립적 존재임을 전제로 하며 나아가 군주라고 해도 신하의 몸과 뜻을 사유화하지 못한다는 뜻도 들어 있다(자로에게 이런 권고를 한 까닭은 자로가 무사 출신이기에 상하 지배-복종 논리에 익숙했기 때문으로 보인다). 공자는 신하가 결코 군주의 도구로 동화同化되어서는 안 되며, 도리어 군

---

11   子路問事君. 子曰, "勿欺也, 而犯之."(『논어』, 14:23)

신은 서로 독립된 존재로서 이성적 거리를 유지하며 가치를 공유하는 상호 관계여야 함을 알려주고 있다.

마찬가지로 "군주가 신하를 예로써 부리면 신하는 군주를 충심으로 섬긴다"(『논어』, 3:19)라는 공자의 지적도 상호성의 원리를 보여준다. 군주가 신하를 대하는 규범인 예禮와 신하가 군주를 대하는 규범인 충忠은 동시적이며 교차적으로, 또한 호혜적으로 수행된다는 점에서다. 여기 예(군주)와 충(신하)은 군신유의의 구체적인 실천 덕목으로 제시된 것이다. 의는 군주와 신하 양쪽에 모두 적용된다. 따라서 군주와 신하는 상하 혹은 지배-복종 관계가 아니요, 직분이 다를 뿐인 수평 관계라야 한다. 그렇다면 공자의 유교에서 군신 관계는 삼강의 군위신강이 아니라, 오륜의 군신유의와 연결된다고 보는 것이 옳다.

나아가 맹자에 이르러 군신 관계는 더욱 수평적, 계약적으로 전개된다. 맹자는 상명하복을 상식으로 하는 전국시대 통치론을 비판하며 군주와 신하를 상호적이고 균형적인 관계로 전환하려 한 '저항자'였다. 스포일러의 혐의가 있지만 다음 내용은 뒤에 나올 『맹자』의 본문과 해설에서 가져온 것이다.

> 맹자가 제나라 선왕에게 말했다.
> "임금이 신하를 손과 발처럼 여기면 신하는 임금을 배나 심장처럼 보지만, 임금이 신하를 개와 말처럼 여기면 신하는 임금을 낯선 사람처럼 보고, 임금이 신하를 흙이나 지푸라기처럼 여기면 신하는 임금을 도적이나 원수같이 대합니다."

왕이 말했다.

"예법에 '신하는 옛 임금을 위해 상복을 입는다'라고 하던데, 어떻게 해야 상복을 입힐 수 있습니까?"

맹자가 말했다.

"신하가 간언하면 곧 실행하고, 말을 하면 받아들여 백성에게 그 혜택이 미치고, 사정이 있어 떠나면 임금이 사람을 딸려 국경 밖까지 인도해주고, 또 그가 가려는 곳에 사람을 먼저 보내 주선하며, 떠난 뒤 3년 동안 돌아오지 않으면 주었던 밭과 고을을 거둬들입니다. 이것을 삼유례三有禮라고 합니다. 이런 예를 행하면 옛 임금을 기려 상복을 입습니다.

지금은 신하로서 간언해도 실행되지 않고 말을 해도 들어주지 않아서 혜택이 백성에게 미치지 않습니다. 사정이 있어 떠나려 하면 임금은 붙잡아 구속하고, 또 가려는 곳에다 극언을 일삼으며, 떠나는 날 곧바로 주었던 밭과 고을을 환수해버립니다. 이를 가리켜 원수라고 합니다. 누가 원수를 위해 상복을 입겠습니까!"

_8:3

(해설) 임금이 아무리 잘못하기로서니 신하가 군주를 '원수'로 여긴다? 맹자 사후 2000여 년 동안 황제 전제주의, 독재체제로 점철된 중국 역사에서 『맹자』라는 책이 얼마나 경원시되었는지를 이 대목이 증언한다. 하긴 명나라 태조 주원장朱元璋이 경연에서 이 대목을 듣고 "맹자, 이 영감탱이. 지금 살아 있다면 주리를 틀어놓을 것"이

라고 격노했다는 일화가 그럴듯하게 전해온다. 이를 계기로 『맹자』에서 군주 권력에 반하는 대목들을 삭제하고 새로 개작한 『맹자절문孟子節文』을 반포했다. 그만큼 맹자의 반전제주의, 반독재 사상이 여실하게 드러난 것이 이 장이다. 신하는 군주의 사유물이 아니요, 군주는 권력의 수혜자가 아니다. 신하는 공물公物인 국가를 군주와 함께 더불어 운영하는 공직자라는 것. 이른바 상명하복은 맹자의 정치 세계에서는 있을 수 없다. 맹자에게 군주-신하 관계는 서로 공대하는 상호 공경이 핵심이다. 서로 공경할 뿐 아니라 먼저 공경의 예를 실행하는 것은 군주다. 이것이 맹자 주장의 특점이다. 주목할 부분은 이 장에 'A 則(즉) B'라는 조건문이 여덟 번이나 나온다는 점이다. 주로 앞부분 '조건 A'를 행하는 것은 군주요, '則'에 따르는 B를 행하는 것은 신하다. '군주가 A하면, 곧 신하가 B를 행한다'는 문장 구조다. 요약하면 '임금이 삼유례를 행하면, 신하가 임금을 위해 상복을 입는다.'(『맹자, 마음의 정치학 2』, 245~248쪽)

그렇다면 삼강의 군위신강은 오륜의 군신유의와 같은 것일 수 없다.

(2) 오륜의 부자 관계

부모의 자식 사랑을 한자로는 자애慈愛라 했고, 우리말로는 '내리사랑'이라고 불렀다. 물이 위에서 아래로 흐르듯, 사랑도 부모에게서 자식에게로 흘러내린다는 뜻이다. 내리사랑은 인간만이 아니라 모든 동물이 다 갖추고 있다. 〈동물의 왕국〉이라는 방송 프로그램에서 보았던 곰과 연어의 한살이가 그러하며, '자식 잃은 설움에 창자가 끊어진다'는 이른바 단장斷腸의 고사 속 원숭이가 그러하다. 그러나 부모가 베푼 사랑을 기억했다가 그 은혜를 되갚겠다는 동물은 오로지 인간이라는 종류밖에 없다. 이 되갚으려는 마음을 효孝라 칭하고, 우리말로는 '치사랑'이라고 부른다. 동물의 사랑은 부모에게서 자식에게로 흘러내리기만 할 뿐 거슬러 올라가는 법이 거의 없지만, 오로지 인류는 가족 안에서 내리사랑과 치사랑을 주고받으며 화목의 꽃을 피워낸다.

내리사랑은 모든 동물의 유전자에 새겨져 있는 선험적이고 보편적인 것이라 따로 강조할 필요가 없지만, '치사랑=효도'는 가족이라는 인간 공동체 안에서 경험과 의식적인 학습을 거쳐야만 길러진다. 이것이 공자가 가족을 중시하고 효행을 강조했던 까닭이다. 그렇다고 효도가 어찌 부모에 대한 자식의 복종을 뜻하는 것이랴. 효의 참된 뜻을 두고 공자의 후예인 순자荀子는 이렇게 직언한 바다.

> 집에 들어오면 효하고, 나가면 공손함은 사람의 작은 행실이다. 윗사람에게 순종하고 아랫사람에게 도탑게 대하는 것은 사람의 중간 행실이다. 도道를 따르시 임금을 따르지 않고, 의義를 좇지 아버지를 좇지 않는 것은 사람의 큰 행실이다.[12]

---

12   入孝出弟, 人之小行也. 上順下篤, 人之中行也. 從道不從君, 從義不從父, 人之大行也 (『순자』, 「자도子道」).

"집에 들어오면 효하고, 나가면 공손함"을 작은 행실로 치부하는 순자의 지적은 부모에 대한 복종을 효행으로 아는 오늘날 유교에 대한 인식을 배반한다(이런 인식은 삼강의 유교, 부위자강의 영향이다). 더욱이 끝 대목 "의를 좇지 아버지를 좇지 않는 것은 사람의 큰 행실이다"라는 지적은 효도의 극단적 묘사라 할 만하다. 미국의 유교학자 투 웨이밍Tu Wei-Ming이 "효라는 유교의 개념은 정녕코 정치적 통제와는 관련이 없다. 효는 전제 권력의 행사를 위한 근거가 아니다. …… 효자가 반드시 복종하는 아들을 의미하지는 않는다"[13]라고 한 지적은 이를 가리킨 것이다. 오늘날 자기는 동쪽으로 가고 싶어도 부모가 서쪽으로 가라 하면 그에 따르는 것을 효로 아는 상식은 삼강의 것이지 오륜의 효행이 아니다.

맹자는 한 걸음 더 나간다. 부모를 원망하는 것이 효가 되기도 한다는 파천황의 소식을 전한다. 원모怨慕라는 모순적인 개념 조합을 통해 원망도 사랑이 된다는 패러독스를 천명한 이가 맹자다. 『맹자』에서는 순임금이 아버지에게 품었던 원망/사모의 겹을 통해 대효大孝(효의 좌표)가 된다는 기묘한 스토리가 펼쳐진다(9:1 참고). 공자와 맹자의 원시 유교에서 부자 관계란 부모는 자애(내리사랑)로 사랑을 표출하고, 자식은 효행(치사랑)으로 사랑을 드러내는 쌍방적이고 상호적인 관계일 따름이다. 효란 기름진 음식으로 부모를 봉양하는 것이 아니라 애틋하게 연민하는 마

---

13 "Indeed, the Confucian concept of filial piety is only marginally conceived with political control. It was not conceived as a basis for exercising autocratic power…… The filial son is not necessarily an obedient son." Tu, Wei-ming, *Centrality and Commonality: An Essay on Chung-yung*(中庸), Hawaii: The University Press of Hawaii, 1978, pp.55-56.

맹자, 마음의 정치학 1

음이라 여긴 것이 공자와 맹자다. 따라서 효행이 인仁의 근본이 된다(『논어』, 1:2). 그렇다면 삼강의 부위자강에 깃든 가부장적 상하 질서가 아니라, 오륜의 부자유친이 가족 윤리에 합당한 것이다. 오륜의 효를 주희는 이렇게 요약한다.

> 자식이 부모의 잘못을 고쳐서 악을 선으로 바꿀 수 있다면, 효라고 이를 수 있으리라.[14]

참된 효행은 차마 어쩌지 못하는 사랑을 바탕으로 부모를 올바른 길로 이끄는 의리의 실천이지, 부모의 명령에 따르는 복종이 아니라는 말이다. 곧 오륜의 효행만이 올바른 효도요, 삼강의 이른바 '효'는 노예의 윤리에 불과한 것이다.

(3) 오륜의 부부 관계

부부는 공자와 맹자에게 특별하다. 전쟁의 시대, 파괴된 가족을 재건할 동력이 부부 관계에 있기 때문이다. 곧 맹자의 오륜 중 사륜(부자, 군신, 장유, 붕우)이 부부 관계에서 비롯한디. 한나라 시내의 기록인 『예기禮記』에 인용할 만한 기사가 있다.

> 혼례는 인류 공통의 기원이다. …… 남녀 간이 각별한 다음에야 부

14　子能改父之過, 變惡以爲美, 則可謂孝矣(주희, 『논어집주』).

자간이 친밀하며, 부자간이 친밀한 연후에 (군신의) 의리가 형성된다. 군신의 의리가 형성된 다음에야 사회적 관계(禮)가 파생한다.[15]

이에 따르면 인간관계의 순서는 부부유별이 첫째요, 부자유친이 다음이며, 군신유의가 그 뒤를 따르고, 그 후에야 사회적 관계인 붕우유신과 장유유서가 펼쳐진다. 부부는 모든 인간관계(오륜)의 샘이라는 뜻이다. 혼인을 두고 인륜지대사人倫之大事, 곧 '사람 관계 가운데 가장 큰 일'이라고 한 말이 맥락을 잘 요약하고 있다. 그러니까 오륜의 부부유별 속 '별別'이란 차별을 의미하는 것이 아니요, 오히려 구별되고 특별하므로 서로를 각별하게 대해야 한다는 뜻이다. 오륜의 부부유별은 상호적이므로 주종 관계인 삼강의 부위부강과 구별해야 한다. 또 『천자문千字文』[16]에 나오는 부창부수夫唱婦隨, 곧 '남편이 부르면 아내는 호응하는' 주종 관계와도 다르다(오륜에서는 남편이 부르면 아내가 호응하고, 아내가 부르면 남편이 호응하는 상호 관계다).

맹자는 부부 관계를 운명적 관계, 곧 천륜天倫이 아니라 서로 다른 사람이 신뢰를 약속하며 예禮를 맺어 형성하는 인륜人倫으로 보았다. 부부 관계를 제아무리 신비화하고 신화화하더라도 붕우 간 우정이나 군신 간 충정과 동류이지, 부자나 형제와 같은 것일 수는 없다. 부부 관계는 상호적

15　昏禮, 萬世之始也…… 男女有別, 然後父子親. 父子親, 然後義生. 義生然後禮作(『예기』, 「교특생郊特牲」).

16　한나라 멸망 이후 남북조 시기, 주흥사가 편찬한 『천자문』은 한자, 한문 학습 교재다. 삼강의 논리를 동아시아에 널리 퍼뜨리는 역할을 했다.

이고 쌍방적이라는 '관계성과 소통성', '정당성과 정합성'의 원리가 관철되는 곳이다. 이런 점에서도 '부부는 유별나다(夫婦有別)'. 물론 생명을 낳고 기른다는 점에서 여성은 땅에 유비되지만 땅이 하늘에게 복종한다는 신화는 여기 없다. 『성경』의 「창세기」에나 있을 존비 관계[17]는 공자나 맹자에게는 없다! 남성과 여성은 동등하게 부부의 연을 맺어 어느 일방이 예를 어기고 의를 깨트리면, 다른 일방은 그 혼인 관계를 파기할 수 있다(맹자가 여성을 유독 차별한 가부장주의자가 아니라는 사실은 『맹자』, 8:33을 참고하자).

요컨대 부모에 대한 순종이 효가 아니요, 임금에 대한 복종이 충이 아니다! 도리어 일과 말의 이치를 올바로 헤아리고 다루는 가운데 충과 효가 존재한다. 쌍방적이고 상호적인 오륜의 특성은 공자와 맹자에게 두루 관철되는 유교 본래의 것이다. 훗날 주희는 특별히 군신 관계를 상반이상성相反而相成, 곧 '서로 반대되면서도 서로 이뤄주는 관계'라는 역설적 언어로 표현한 바 있는데 이는 오륜 전체에 적용해도 좋다(『맹자집주孟子集註』).

5. 삼강 대 오륜

오늘날 유교의 대명사로 쓰이는 삼강오륜의 속살은 결이 비틀어져 있음을 보았다. 삼강은 오륜이 아니며, 오륜은 삼강과 다르다. 그러니 삼강이 옳다면 오륜이 틀렸고, 삼강을 따른다면 오륜을 버려야 한다.[18] 삼강과 오륜은 여러모로 다르다. 우선 삼강은 군신 관계를 앞세우고, 오

---

17 '여자는 남자의 갈비뼈로 만들어졌다'는 따위.

18 언제, 어떻게, 누가 삼강과 오륜을 합쳐서 '삼강오륜'이라는 개념을 만들었는지는 또 다른 연구가 필요하다.

륜은 부자 관계를 중시한다. 삼강은 군주 중심의 상하 지배 체제를 사회의 세포인 가족 단위에까지 투사하려는 권력의 기획에서 비롯한 것이다. 따라서 군주 중심, 가부장 중심의 권력 논리가 일차적이다. 반면 오륜은 전쟁으로 가정이 붕괴된 전국시대를 뚫고 새 시대를 건설하려 한 신문명 프로그램이었다. 이에 오륜에서는 가족을 보존하기 위한 사회 윤리가 앞장선다. 또 삼강의 구조가 상명하복, 지배 종속, 수직적 권력 관계라면 오륜은 상호성, 호혜성, 균형을 위주로 한 쌍방 관계로 구성된다. 권력의 상하 구조를 특징으로 하는 삼강에서 통치자 중심의 위민爲民 정치론을 추출할 수 있다면, 상호성을 특징으로 하는 오륜에서는 너와 내가 함께 '우리'를 구성하는 여민與民 정치론을 찾아낼 수 있다(맹자의 정치사상은 위민이 아니라 오로지 여민이다). 그러니 오륜이 맹자의 여민동락與民同樂에서 발화된 것은 우연이 아니며, 삼강이 동중서의 일통철학에서 비롯된 것 또한 우연이 아니다.

만일 유교를 공자와 맹자의 사상을 본질로 삼고 『논어』와 『맹자』를 경전으로 삼는 것이라고 본다면, 단연 오륜이 옳고 삼강은 그르다. 오륜이 유교의 정통이 되면, 삼강은 타락하고 왜곡된 정치 이념이 된다. 반면 "오늘에 살면서 옛날의 도를 따르려는 자에겐 재앙이 미칠 것"이라는 『중용』의 논리를 수용한다면, 제국의 시대에 발맞춰 법가와 유가를 융합한 동중서의 삼강이 시의적절한 것이다. 이때 오륜은 퇴행적인 것이 된다. 삼강의 더 큰 문제는 역사적으로 진화(?)하면서 동아시아 사람들의 숨통을 눌렀다는 사실이다. 즉 "임금이 임금답지 않더라도 신하는 신하다워야 한다, 아버지가 아버지답지 않더라도 자식은 자식다워야 한다. 신하는 군주에게 절대적으로 복종해라, 자식은 부모에게 절대적으로 복종해라는 식으로 흔히 이해되는 경향"[19]이 그렇다. 여기서 '아비가 아비 짓을 하지 못해도 자식은 절대적으로 복종해야 한다'라는 노예의 윤리가 유교의 대명사로 둔갑한다. 이것은 삼강에서 더 타락한 형태다. '자식이 동쪽으로 가고 싶어도 아버지가 서쪽으로 가라시면 거기 따르는 것이 효'라는 것이야말로 오늘날 낯익은 유교일 텐데 결단코 '원래 유교'와는 관련이 없다.

나는 『맹자』를 주석하는 입장에서 오륜의 관계론이 유교의 정통이며, 삼강은 청신한 본래 유교가 타락한 형태로 본다. 이 책을 저술하는 나의 뜻은 삼강의 이데올로기를 혁파하고, 오륜의 유교를 오늘 이 땅에서 해석하고 부각하려는 것이다. 참고로 청말, 민국 초기를 살았던 한 중국 지식인은 삼강과 오륜을 아래와 같이 구분했는데, 나는 이 서술이 옳다고 본다.

> 삼강과 오륜은 구별해야 한다. 삼강처럼 군주에 대한 일방적인 충성을 요구하는 윤리는 한대漢代에 성립된 것으로 본래의 유교와는 무관하다. …… 참된 유교 윤리는 오륜에서 볼 수 있으며, 군신은 의義에 의해 맺어지는 쌍무적인 관계에 다름 아니다.[20]

6. 유교는 하나가 아니다

그러나 사상사와 정치사는 다르다. 정치사상사는 단순하지 않

---

19 요시카와 고지로, 조영렬 옮김, 『요시카와 고지로의 공자와 논어』, 뿌리와이파리, 2006, 188쪽.

20 何啓, 『勸學篇書後』, 著易堂仿聚珍版印, 1899.

다. 오류를 새 문명의 비전으로 제시한 맹자의 실제 처지는 지리멸렬했다. 전국시대 권력의 독점화 추세는 이미 돌이킬 수 없었다. 맹자는 이에 강력하게 저항했지만 메아리 없는 외침에 불과했다. 그의 사후 천하는 황제 독재 체제로 귀결했고, 그는 철저히 잊힌 사상가가 되었다. 500년 뒤 후한後漢 시대 권력의 핍박을 받으며 유랑하던 망명객 조기趙岐가 지기知己의 별장에 몸을 숨긴 채 목숨을 걸고 주석한 것이『맹자장구孟子章句』다. 최초의『맹자』주석이 맹자 사후 500년 뒤에나, 게다가 목숨이 경각에 달린 망명객에 의해 쓰였다는 사실은 맹자의 실제 처지와『맹자』라는 텍스트의 반체제적 특성을 실증한다(훗날 명나라 태조 주원장의 신경질적인 반응은 앞서 소개했으니 참고하자).

조기는 책의 서문(「맹자제사孟子題辭」)에서 맹자라는 인물을 소개하는데, 놀랍게도 그때 이미 그의 자字를 알지 못한다고 적었다. 제국의 시대를 지나면서 맹자가 철저히 잊힌 존재가 되었다는 뜻이다. 공자의 법통을 계승하여 유교를 이론화하는 데 크게 기여했다 하여, 공자 옆에 반드시 맹자를 병기하는 오늘날의 평가와는 전혀 다른 처지였던 것이다(2000년이란 세월이 단순하지 않음을 알겠다!).

그렇다면 오늘날 맹자를 유교의 적통으로 보고, 공자와 맹자를 병기하는 전통은 언제 어디서 비롯했을까. 조기가 맹자를 발견하고 또 1000년 세월이 흐른 뒤 주희에 의해서였다. 주희는 서양 종교사에서 루터Martin Luther가 담당했던 종교개혁을 유교 사상사에서 실행한 혁신가였다. 루터가 부패한 가톨릭에 저항하여 '『성경』으로 돌아가자'며 회심 운동을 펼친 것처럼(그래서 '프로테스탄트'다), 중국에서 불교에 침윤되고 도교에 얼룩진 유교, 아니 '삼강 이데올로기'로 타락하여 사람을 국가 권력의 노예로 만든 유교를 원시 유교로 회복하려는 개신 운동을 일으킨 사상가다. 그의 사상은 '인성이 곧 천리'라는 뜻의 성즉리性卽理로 압축되기에 성리학이라고도 하고, 스승인 정씨 형제(정명도程明道와 정이천程伊川)를 함께 거명하여 정주학이라고도 하며, 당대인 남송 시대를 특기하여 송학이라고도 하고, 또 그를 존숭하여 주자학이라고도 한다. 요컨대 주희의 사상사적 기여는 원시 유교 정신, 곧 공자와 맹자의 오륜을 회복한 것이다(이 사조를 서양에서는 신유학Neo-Confucianism이라고 하는데, 나는 개신 유교라고 칭하겠다).

개신 유교 운동의 핵심에 삼강 이데올로기에 짓밟힌 『맹자』를 발굴하고 발현하는 작업이 있었다. 주희는 조기가 일곱 편으로 나누고, 각 편을 또 상하로 나눠 전체 열네 편으로 편술한 『맹자장구』의 체제와 내용을 계승하되 당시 유교, 불교, 도교의 지식을 주석에 담아서 『맹자집주』라는 위대한 작업을 완성한다. 우리에게 주희의 『맹자집주』가 의미 깊은 까닭은 이성계가 정도전과 손을 잡고 고려를 뒤집어엎고 조선을 혁명할 때 그 정당성과 새 나라의 건국이념을 『맹자』에서 빌려왔기 때문이다. 조선왕조 500년은 주자학의 시대라고들 하지만 그 물밑에는 맹자의 비전, 오륜의 세계가 저류한다는 말이다.[21]

---

21 이방원이 정도전을 척살하고, 형제를 살상하는 짓을 거쳐 임금(태종)이 된 뒤 조선은 이씨 왕가의 소유물로 전락한다. 아들 세종에 의해 『삼강행실도』가 반포되면서 '삼강 유교'는 조선이라는 국가의 정치 이데올로기로 확정된다. 그럼에도 태조 이성계와 정도전이 건국이념으로 삼았던 맹자의 사상, 곧 오륜은 학교에서 배우고 과거시험을 통해 습득되면서 조선 사회에 뿌리내린다. 그러므로 조선 정치사는 삼강과 오륜이 갈등한 역사로 묘사할 수 있고, 그 갈등이 폭발한 사건이 조선 중기의 사화士禍라고 할 수 있다.

오늘날 서쪽으로 베트남에서 중국과 대만을 거쳐 남북한, 그리고 동쪽의 일본에 이르기까지를 유교 문화권이라고 한다. 모두 공자의『논어』가 상식의 좌표, 사회의 기층을 이룬 나라들이기 때문이다. 다만 여기 남한 땅만큼은 '맹자의 나라'라는 점에 유의해야겠다. 여기에서 정도전의 혁신 문명 설계도가 나왔고, 성삼문의 절의파가 나왔으며, 조광조가 피를 뿌리고, 이황과 조식이 권력에 저항하고, 곽재우가 의병을 일으키는 계기가 비롯했다. 임진왜란과 병자호란 이후 경직된 주자학을 개혁하려는 사상 혁신 작업도『맹자』에서 자원을 얻었다. 재야의 성호 이익이『맹자』를 주석하였고, 동학의 최재우는『맹자』에서 인내천人乃天 사상을 길어 올렸다. 뿐만 아니라 이항로의 단식과 황현의 자결, 안중근의 저격에 이르기까지『맹자』는 조선 사람을 조선 사람답게 하는 문화적 유전자로서 구실하였다.

나아가 신흥무관학교의 정신과 의열단이라는 이름에 오롯이 박혀 있는 반식민지 투쟁의 한 동력도『맹자』에서 나왔다. 해방 후 오늘까지 연면한 자유와 정의, 자립과 자주를 향한 몸짓, 이를테면 4·19 혁명과 여러 학생운동, 유신정권에 저항한 부마항쟁과 광주민주화운동, 6·10 시민항쟁과 촛불혁명에 이르는 시민들의 발밑에도 맹자의 저항 정신이 깔려 있다. 동아시아 여러 나라 사람들 가운데 한국인이 평등의식과 민주의식에 유난한 까닭도 서구 민주주의의 영향에 앞서 맹자의 여민주의 정치철학이 있었기 때문이다.[22]

유교는 단순하지 않고, 오랜 세월을 거치며 크게 변화해왔다. 특히 전국시대 맹자의 유교와 한제국 시기 동중서의 유교는 전혀 달랐으며, 원시 유교의 정신은 주자학을 통해 오늘날 우리의 발밑에 집요하게 흐르고 있음을 일별했다. 정리하면 유교 사상사에서 공자와 맹자의 '원시 유교'와 동중서의 '제국 유교'가 다르고, 송대 성리학자들의 '개신 유교'가 또 다르다. 그리고 특별히 이 땅은 맹자와 매우 친화적인 곳이다.

　이제 흐린 눈을 닦고 자본주의에 무르익은 비만한 몸을 일으켜 2000여 년 전 원시 유교인 『맹자』로 거슬러 올라가 보자. 이 길은 쉽지 않을 것이나 우리를 형성한 바탕 자리이니 가지 않을 수 없는 길이기도 하다.[23]

22　2017년 겨울, 촛불혁명의 현장을 참관한 한 사회학자의 리포트에는 한국인과 맹자의 관련성이 묘사되어 있다. 요약하면 "지극히 평화롭고 축제적이나 그 태도는 엄정하고 단호하다. 아니, 경건하기조차 하였다. 저 촛불의 모습은 바로 맹자의 모습, 맹자의 전통 아닌가." 김상준, "촛불은 맹자다", 〈다른백년〉, 2017년 1월 16일자(http://thetomorrow.kr/archives/3675).

23　이 글은 필자가 『우리에게 유교란 무엇인가』(녹색평론사, 2012)에 실렸던 같은 제목의 글을 새롭게 고쳐 쓴 것이다.

제5편   등문공 상滕文公上

제1편

양혜왕 상 梁惠王上

동양 고전은 두괄식이다. 첫 편에 그 큰 뜻이 담겨
있다. 『맹자』 역시 제1편, 특히 제1장에 대강大綱이
집약되어 있다. 이에 1:1 '하필왈리!'의 해설을
서설序說에 필적하도록 서술하였다. 제1편에서는
맹자 사상의 핵심인 인의仁義와 왕도 정치王道政治,
여민주의與民主義에 대한 논의가 펼쳐진다.
모두 7장으로 이루어져 있다.

1:1. 하필왈리!

孟子見¹梁惠王². 王曰, “叟³不遠千里而來, 亦將⁴有以利吾國乎?”

孟子對曰⁵, “王何必曰利! 亦⁶有仁義而已矣. 王曰, ‘何以利吾國?’ 大夫曰, ‘何以利吾家?’ 士·庶人曰, ‘何以利吾身?’ 上下交征利而國危矣. 萬乘之國, 弑⁷其君者, 必千乘之家; 千乘之國, 弑其君者, 必百乘之家. 萬取千焉, 千取百焉, 不爲不多矣, 苟爲⁸後義而先利, 不奪不饜⁹. 未有仁而遺其親者也, 未有義而後其君者也. 王亦曰仁義而已矣, 何必曰利!”

　　맹자, 양나라 혜왕을 만났다. 왕이 말했다.

　　“노인장께서 천 리를 멀다 않고 와주셨는데 아마 내 나라를 이롭게 할 방안을 갖고 계시겠지요?”

　　맹자, 대하여 말씀하시다.

　　“왕께선 하필 이利를 말씀하십니까! 다만 인의가 있을 따름이

1　見(현): 윗사람을 만날 때는 ‘현’으로 읽는다. (예) 교황을 알현謁見하다.

2　梁惠王(양혜왕): ‘惠王’은 양나라 제후 앵罃의 시호. 왕은 천하의 통솔자인데, 전국시대에 국國의 군주인 제후가 참칭僭稱하였다.

3　叟(수): 늙은이, 노인장老人丈. 맹자가 노인이었음을 알 수 있다. 혜왕 역시 노인이었다.

4　亦將(역장): 아마도.

5　對曰(대왈): ‘받자와 아뢰다’ 또는 ‘대하여 말하다’. 윗사람의 질문에 답할 때 쓰는 의례적 표현.

6　亦(역): 다만. 구절의 끝 ‘而已矣(~할 따름이다)’와 연결된다.

7　弑(시): 아랫사람이 윗사람을 살해하는 것.

8　苟爲(구위): ‘그러하나’라고 번역하였다.

9　饜(염): 만족하다. 참고로 ‘厭(염)’은 싫어하다. (예) 학이불염學而不厭(배우되 싫어하지 않다).

외다. 왕께서 '내 나라를 어떻게 이롭게 할까?' 하시면, 대부는 '어떻게 하면 내 가문을 이롭게 할 수 있을까?' 할 것이고, 또 사士와 서민은 '어떻게 하면 내 한 몸을 이롭게 할 수 있을까?' 할 것이외다. 위아래가 서로 이익을 다투면[10] 나라는 위태로워지게 마련.

만승의 나라[11]에서 임금을 시해할 자는 반드시 천승의 가문에서 나오고, 천승의 나라에서 임금을 시해할 자는 반드시 백승의 가문에서 나옵니다. 만승의 나라에서 천승의 봉록을 취하고, 천승의 나라에서 백승의 봉록을 취하니 적은 것이 아니건마는, 그러하나 의를 뒤로하고 이를 앞세우면 윗사람 것을 빼앗지 않곤 만족하지 않을 터입니다.

인한데 제 부모를 버리는 자가 있을 수 없고, 의로운데 임금을 팽개칠 사람도 없습니다. 왕의 말이라면 오직 인의일 따름인데 하필이면 이익을 운운한단 말이외까!"

---

10 交征利(교정리): '交'는 서로. '征'은 다투다 또는 취取하다(양백준, 우재호 옮김, 『맹자역주』, 중문출판사, 2005).

11 萬乘之國(만승지국): 전차 1만 대를 보유한 나라. '乘'은 네 마리 말이 끄는 전차. '國'은 제후의 영토. '家(가)'는 대부의 영지. 오늘날 국가國家라는 말은 근대 일본의 지식인들이 '스테이트state'를 '國'과 '家'와 연결해 번역한 말이다. 천승지국千乘之國, 백승지가百乘之家 등도 봉건적인 '國-家'임에는 같다.

시장자본주의가 무르익어 급기야 세상을 지배하기에 이른 오늘, 『맹자』를 읽는다. 동양 고전은 두괄식이다. 핵심이 첫머리에 담겼다. 『논어』 한 권의 고갱이가 그 첫 장 "배우고 늘 익히면 기쁘지 않으랴"에 들어 있다면, 또 『도덕경道德經』의 노른자가 "도를 도라고 일컫는다면 이미 참된 도가 아니다"[12]라는 첫 구절에 압축돼 있다면, 『맹자』 역시 그러하다. 사마천司馬遷은 고전 사상을 섭렵한 사람인데 『맹자』의 독후감을 이렇게 요약했다.

> 나는 『맹자』를 읽다가 양혜왕이 '어떻게 해야 내 나라를 이롭게 할 수 있겠소?'라고 묻는 첫 구절을 접할 때마다 책 읽기를 멈추고 탄식하지 않은 때가 없었다. 아, 이익이야말로 환란의 실마리다. 공자가 이익을 언급하지 않은 것도 환란의 근원을 막으려 했기 때문이리라. 공자가 '이익을 좇으면 많은 원망이 있다'라고 경고한 까닭도 그러하다. 그러나 천자로부터 서인에 이르기까지 이익을 좋아하는 폐단은 예나 지금이나 전혀 다를 것이 없구나!
>
> _『사기史記』, 「맹자순경열전孟子荀卿列傳」

---

12 道可道 非常道(도가도 비상도): 장자莊子 사상의 핵심도 『장자』 첫 편에 있다. "고대 문헌에서는 그 책에서 가장 중요한 문제를 맨 앞에 두는 것이 보통이다. 그런 의미에서 첫 편(「소요유逍遙遊」)에서 말하는 절대 자유와 그것을 가능하게 해주는 변화와 초월, 이것이 『장자』 전체의 주제이며 가르침의 궁극 목표라 할 수 있다."(오강남 풀이, 『장자』, 현암사, 1999, 25쪽)

그러나 양혜왕 면전에다 '하필이면 이익을 논하시오!'라고 한 맹자의 일갈은 오늘날 한국 땅에서 더욱 절실하게 들린다. 단군께서 나라를 세운 뒤 5000년 동안 오늘처럼 물질적으로 풍요로운 시절은 없었을 것이나, 또 오늘만큼 각박하고 흉악하며 불안하고 불균등한 시대는 더욱 없었을 것이다. 이 괴리된 사태 앞에서 '하필왈리'라는 맹자의 목소리가 쟁쟁하게 울린다. 이에 『맹자』 첫 장을 네 방면에서 접근하여 분석해보고, 구구절절 따져 해설해본다.

1. 양혜왕

양나라 혜왕(기원전 400~기원전 319)은 전국시대 위魏나라 제3대 군주로 『장자』에도 출현하는 임금이다. 거기서는 문혜군文惠君으로 나온다. 우선 양나라부터 살펴보자. 양나라는 춘추시대 최강국 진晉나라에서 갈라진 나라다. 황하 중류에 위치하여 주周왕조의 빛나는 문화 전통을 계승한 그야말로 중원中原 땅이다. 문자학자 시라카와 시즈카白川靜는 주왕조가 기울어 동주東周로 쇠약해지자 악사 등 의례 담당자들이 경제적 도움을 얻지 못하여 진나라로 흘러 들어왔고, 그 결과 진나라는 일종의 전통문화 집결지가 되었다고 평가했다.[13]

진나라는 중원 문화의 발상지이며 교통의 요지이자 물류의 교차로였다. 전국시대로 접어들면서 진나라는 한韓, 위, 조趙나라로 쪼개진다. 그 중 위나라는 진나라의 정통을 계승한 문화 강대국이었다. 사마천이 제1

---

13 시라카와 시즈카·우메하라 다케시, 이경덕 옮김, 『주술의 사상』, 사계절, 2008, 134쪽.

대 위문후魏文侯를 '호학好學의 군주'로 특기할 정도였다. 위문후의 손자 (3대)가 이 장의 주인공 양혜왕이다. 곧 위나라가 양나라인 것인데 개명改名에는 곡절이 있다. 위나라는 중원 땅에 위치한 탓에 팔방이 툭 트인 개활지였다. 이런 지형 조건은 교통의 중심, 무역의 교차지로서는 이점이 컸지만 전략적으로는 매우 불리했다. 서쪽은 진秦, 북에는 조, 남방은 초楚, 동쪽은 제齊나라에 포위된 형국이었다. 아무리 강대한 나라라도 동서남북으로 전선이 길어지다 보면 빈번한 전투에 재정은 고갈되고, 인민은 피폐하기 마련. 분수령은 기원전 341년, 제나라와 치른 마릉馬陵 전투였다. 여기서 위나라는 제나라에 대패하고, 혜왕의 아들인 대자 신申이 전사한다.

이에 쫓기듯 서울을 대량大梁(오늘날 개봉開封)으로 옮기고 이전 위나라와 구별하여 서울의 명칭, 곧 대량을 따서 양나라로 불리게 된다. 혜왕으로서는 치욕적인 이름인 셈이다. 대위기에 처한 혜왕은 천하의 지식인들을 청하여 국면 타개를 위한 방략을 청취하고자 했다. 사마천은 그 상황에 대해 "혜왕이 자신을 낮추고 폐백을 후하게 하여 현자들을 초빙하자 추연鄒衍, 순우곤淳于髡, 맹자 등이 모두 대량으로 왔다"(『사기』, 「위세가魏世家」)라고 기록하였다.

그렇다면 혜왕은 점술에 의존하여 국가 정책을 결정하고, 무력으로 세력을 확장하던 당시 군주들과는 비교할 수 없을 정도로 지성적인 군주다. 일종의 아카데미를 개설하여 국가 발전 전략을 수립하려 했던 것이다. 장자 또한 '포정庖丁의 고사'를 통해 양혜왕(=문혜군)을 한낱 푸주한의 칼 놀림에 감탄하여 그의 양생養生 철학을 수용하는 도량 넓은 지성인으로 묘사했다.

> 포정이라는 푸주한이 문혜군을 위해 소를 잡았다. 손을 갖다 대고
> 어깨를 기울이고 발을 디디고 무릎을 굽히고. 그 소리는 설컹설컹.
> 칼 쓰는 대로 설뚝설뚝. 완벽한 음률, 무곡 '뽕나무숲'에 맞춰 춤추
> 는 것 같고 악장에 맞춰 율동하는 것 같았다.
> 문혜군이 말했다.
> "참 훌륭하도다. 기술이 어찌 이런 경지에 이를 수 있을까?"
> 포정이 칼을 내려놓고 대답했다.
> "제가 귀히 여기는 것은 도道입니다. 기술을 넘어선 것입니다. 처음
> 내가 소를 잡을 때는 오로지 소밖에 보이지 않았습니다. 19년이 지
> 난 지금은 소의 인대나 힘줄을 베어본 일이 없습니다. 큰 뼈야 말할
> 나위도 없지 않겠습니까?"
> 문혜군이 말했다.
> "훌륭하도다. 나는 오늘 포정의 말을 듣고 '생명을 북돋움(養生)'이
> 무엇인가 터득했노라.[14]

　이 우화는 장자의 양생 사상이 잘 묘사된 장면으로 꼽힌다. 주목할 부
분은 장자도 양혜왕을 열린 마음과 지성적 태도를 갖춘 군주로 여겼다는
점이다. 비천한 푸주한의 장광설조차 귀담아 듣고, 거기서 '양생의 도리'

14　오강남 풀이, 앞의 책, 146~148쪽을 요약한 것이다.

를 깨달았으니 말이다. 그렇다면 양혜왕은 빛나는 전통을 계승한 문화국의 군주이자 지성의 가치를 신뢰하는 정치가로 평가할 수 있다. 즉 맹자의 대화 상대인 양혜왕은 고작 자기 이익이나 탐하다가 나라를 망쳐먹은 졸장부가 아니라는 말이다. 오히려 백성을 '위하여' 노력했다고 자부하는 위민爲民 정치가였음을 염두에 두어야 한다(1:3 참고).

2. 내 나라를 이롭게 할 방안

문제는 양나라의 처지였다. 그가 "자신을 낮추고 폐백을 후하게 하여 현자들을 초빙한" 까닭은 지극히 불리한 처지에 있었기 때문이다. 맹자가 제 발로 양나라를 찾아가지는 않았을 것이다. 사마천의 지적처럼 양혜왕이 현자들을 초빙했기에 맹자가 이에 응한 것이리라.

양혜왕의 다급한 마음은 "내 나라를 이롭게 할 방안以利吾國"에 압축되어 있다. 맹자를 초청한 내력이 이 말에 들어 있다. 전국시대의 유력한 사상들을 일별하면, 그 핵심은 권력자(군주)의 이익 증진에 있을 따름이었다. 즉 '이국利國'은 양혜왕 개인의 요구이기도 하지만 당시의 공통된 상식이었다. 법가法家든 병가兵家든 종횡가縱橫家든 농가農家든 처방의 핵심은 다 같았다. 겸애兼愛(곧 박애)와 비공非攻(곧 평화)을 주장한 것으로 알려진 묵가墨家조차 그러했다. 아니, 묵가야말로 군주 독재와 부국강병, 이익 추구를 강조한 사상이었다. 이익과 가장 관련이 없으리라 여겨지는 묵가의 핵심어가 이익이란 점은 의외다. 후기 묵가에서 편찬한 개념어 사전인 『묵경墨經』에는 "인은 상대방을 이롭게 하는 것仁, 利人"이요, "의는 그 자체로 이익과 같은 뜻義, 利也"이며, "충은 군주를 이롭게 하고 강하게 만드는 것忠, 以爲利而强低也"이고, "효 역시 어버이를 이롭게 하는 것孝, 利親也"이다.[15] 그러므로 정치란 "천하의 이익을 일으키고, 천하의 해악은 제거하는 것"일 따름이다(『묵자墨子』, 「상동 중尙同中」). 묵가조차 정치를 이익을 증진하고 해악을 피하는 기술로 정의하였다면, 다른 사상은 따로 논할 것이 없으리라.

이에 맹자를 만나자마자 무심결에 내뱉은 양혜왕의 첫마디가 '내 나라를 이롭게 할 방안'이었다. 그러면 그의 처지는 어떠했던가.

> 위혜왕(곧 양혜왕)이 한나라를 치자 한나라는 제나라에 구원을 요청하였다. 제나라는 전기田忌를 대장으로, 손빈孫臏을 군사君師로 삼아 한나라를 구한다는 구실로 위나라를 치러 왔다. 양혜왕은 방연龐涓과 태자 신을 출정시켰다. 두 나라는 마릉 땅에서 맞붙었다. 결국 위나라가 대패하여 방연은 자살하고 태자 신은 전사하였다.
> _『사기』, 「위세가」

사방으로 연이은 전쟁 끝에 나라가 파국에 몰렸다. 혜왕이 다급하게 맹자를 "천 리를 멀다 하지 않고" 후한 예물을 갖춰 초빙한 이유가 여기 있다. 그런데 혜왕의 '내 나라'라는 표현에는 국가를 사유물로 보는 잠재의식이 깔려 있다. 혜왕의 요구는 '사익 증진을 위한 기술적 방안'이지 '좋은 나라'라는 가치가 아니었다. 그 생각이 '이利'라는 단어에 응축되

---

15 염정삼 주해, 『묵경 1, 2』, 한길사, 2014.

어 있다. 사유재산의 위기를 극복할 기술적 대안을 위해 맹자를 천 리를 멀다 않고 초빙한 것이다.

3. 하필 이를 말씀하십니까! 인의가 있을 따름이외다.

이익 추구 방법을 묻는 혜왕의 절박한 요구에 맹자는 매몰차게 사랑(仁)과 정의(義)의 정치로 응대한다. 맹자가 초빙에 응한 까닭은 군주의 사익 혹은 국익을 증진할 기술적 방안을 제공하고자 함이 아니었다. 스스로 '천하 대란을 극복하고 건설할 새 문명은 어떤 것인가?'라는 질문을 연찬하여 획득한 전망인 '도덕 정치학'을 제시하고자 함이었다. 도덕 가치에 대한 고려 없는 맹목적인 이익 추구는 국가의 멸망과 군주 자신의 파멸을 초래할 뿐이라고 맹자는 결론 내렸다(맹자를 '우활迂闊하다', '비현실적이다', '이상적이다'라고 비판하는 지점이다).

'이익 대 인의'의 대결 구도는 맹자 정치사상의 기본 축인데, 맹자가 공자의 사상을 계승한 표지이기도 하다. 실은 『맹자』는 『논어』의 첫 번째 해설서다. 마치 『한비자』가 『도덕경』의 첫 번째 해설서이듯[16] 『맹자』 전체의 물밑에는 『논어』가 깔려 있다. 앞으로 각 장절을 해설하면서 『논어』와의 관련성을 지적할 테지만, 여기 '이익 대 인의'의 구도 역시 공자의 실마리를 맹자가 확충한 것이다. "이익을 추구하면 원망이 많다放於利而行, 多怨"(『논어』, 4:12)라며 이익 추구가 결국 자신에게 해로운 결과를 초래

16　『한비자』의 두 편의 글 「해로解老」(노자를 해석한다)와 「유로喩老」(노자를 밝힌다)는 노자老子와 한비자의 관련성을 잘 보여준다.

하리라던 공자의 경고는 하나의 실마리다. 공자가 '이익 대 의리'로 명쾌하게 둘을 구분하여 대치한 것은 맹자 도덕론의 사상적 기원을 알려준다.

> 공자, 말씀하시다.
> "군자는 의義에 밝고, 소인은 이利를 밝힌다."
> _『논어』, 4:16

> 공자, 말씀하시다.
> "군자는 덕德을 생각하고 소인은 이익(土)을 생각하며, 군자는 형벌(刑)을 조심하고 소인은 혜택(惠)을 바란다."
> _『논어』, 4:11

정의와 덕성을 군자의 범주에 속하게 하고, 이익과 혜택을 소인의 범주에 집어넣는 이분법은 맹자 사상의 기본 구조로 자리 잡는다. 맹자는 공자의 도덕주의를 확신했기에 대국 군주의 면전에다 '하필이면 이익을 말씀하십니까, 군주라면 다만 인의를 논할 따름이지요!'라고 일갈할 수 있었다. 맹자는 당대를 권력자와 부자들은 거리낌 없이 방만하고, 서민들은 전쟁과 굶주림으로 생명을 이을 수조차 없는 '야만의 시대'로 파악했다. 이에 공자의 사상 가운데 특별히 의를 드러내어 인의仁義로 개념화하고, 말마다 '사랑과 정의의 정치'를 주창한 것이다.

다만 맹자는 이익을 도외시한 '도덕 지상주의자'가 아니라 현실적인 '정치경제학자'였다. 맹자는 "일정한 생업이 있어야 일관된 마음이 있다

有恒産者有恒心"(5:3)고 지적할 만큼 인간에게 물질적, 경제적 환경이 중요함을 깊이 인식했던 사람이다. 또 시장의 이익 추구는 당연한 것으로 긍정하기도 했다(5:4). 다만 그는 이익을 추구하는 '시장 영역'과, 사랑과 정의를 중시하는 '공공 영역'이 선명하게 구분되어야 한다고 생각했다. 문제는 두 영역이 뒤섞여 공공 영역이 시장판에 휩쓸려가 공동체의 가치가 사라지고 경제적 이익이 우선시되는 것이었다. 이것이 당대 위기의 핵심이었다. 이에 맹자는 공공 영역과 시장 영역을 분리하고, 공정성이 관철되는 사회를 재건해야 한다고 강조한다. 이것이 그가 정치가의 주제는 인의, 곧 도덕 가치여야 한다고 거듭 주장한 까닭이다.

역설적으로 여기 '하필왈리'는 도덕을 추구하는 것이 결과적으로는 '큰 이익(大利)'이 될 수 있다는 점을 강조한 것으로도 읽을 수 있다. 이 장의 끝 대목, "의로운데 임금을 팽개칠 사람도 없습니다"라는 주장이 그 증거다. 군주가 눈앞의 사익에 몰두하면 "나라는 위태로워지고", 반면 인의를 북돋우면 "임금을 팽개칠 사람도 없다". 그러니 어느 것이 큰 이익인지 선택하라는 식이다. '작은 이익'과 '큰 이익'을 구별하는 눈, 정치적 지혜를 맹자는 군주에게 요구하는 셈이다. 만나자마자 국익 증진 방안을 요구한 군주에게 맹자는 여설적으로 큰 이익(=인의)의 방책을 알려준 것이다. 이렇게 읽자면 맹자의 '하필왈리'라는 일갈은 혜왕의 간절한 이익 추구 욕망에 대응하여 보다 큰 이익의 방안을 제시하려는 충격요법이 된다. 이해타산의 차원에서 보더라도 바보가 아닌 다음에야 작은 이익보다는 큰 이익의 길을 택하지 않을 수 없기 때문이다.

그러면 맹자가 이익 대신에 제시한 도덕 가치, 인의란 무엇인가. 공자

사상의 핵심어인 인仁은 내 주변에서, 즉 집안이나 마을 혹은 학교나 직장에서 말과 뜻이 소통하는 '함께 더불어 살기'다. '함께 더불어 살기'의 원동력은 '그대가 있기에 내가 있다'는 생각에서 비롯된다. '내가 있기에 네가 있다'라는 자기애에 가득 찬 일상을 완전히 뒤집어 '그대가 있기에 내가 있다'로 전환하는 순간, 평화로 가는 길이 툭 열린다. 공자는 이 전환의 극적인 순간을 극기복례克己復禮, 곧 "단 하루라도 이기심을 극복하고 관계성(禮)을 회복할 수 있다면, 온 세상이 문득 인으로 변화한다"(『논어』, 12:1)라고 토로한 터였다. 입때껏 '나'만이 존재하던 세계, 혹은 '내가 있기에 네가 있다'라는 오만한 생각에서 '그대, 곧 부모와 형제, 친구와 농부들이 있기에 겨우 내가 존재할 수 있다'는 생각으로 바꾸는 순간 '함께하기'가 가능해진다.

그렇다면 사람다움은 홀로, 따로, 눈앞에 보이는 사물로서 존재하는 것이 아니다. 사람다움은 너와 나 사이 어디쯤에 있는데, 이는 네가 있음에 내가 존재함을 깨닫는 순간 문득 드러난다. 시 한 구절을 빌리자면 "그대 있음에, 내가 있네. 나를 불러 손잡게 해"(김남조, 「그대 있음에」)라며 손을 내밀어 상대를 영접하는 순간 피어난다. 그 꽃송이의 이름을 따로 인이라 부를 따름이다.

공자 사상의 핵심어가 인이라면 맹자는 의를 덧붙여 인의로 확충했다. 인이 사랑이라면 의는 정의다. 의는 자신에 대한 '수치심'과 부정한 사회에 대한 '증오심'에서 비롯된다. 공자가 "오로지 인자仁者만이 사람을 좋아할 수 있고, 사람을 미워할 수도 있다"(『논어』, 4:3)라고 했을 때 이미 인과 미워함(惡)이 내밀하게 만나고 있다. 또 "불인不仁을 미워하는 것 역시 인을 실천하는 것"(『논어』, 4:6)이라고 강변했을 때도 '불인을 미워하는' 의가 숨어 있었다.

『논어』를 숙독한 맹자는 공자의 사상 속에 알알이 박힌 의라는 개념을 밖으로 꺼내 인에 덧붙여 인의를 구성하였다. 춘추시대가 '내 손을 내밀어 남의 손을 잡아주는' 사랑만으로 족했다면, 전국시대는 악이 범람하여 정의를 내세우지 않으면 안 될 정도로 절박했기 때문이리라. 특기할 점은 맹자가 인의의 근거를 '사람 마음'에서 찾아냈다는 사실이다. 동아시아 사상사에서 "마음의 발견은 맹자의 가장 큰 기여"[17]인데, 맹자는 의가 수치심과 증오심, 곧 수오지심에서 비롯한다고 확신했다. 사람이라면 누구나 아픈 사람을 배려하고, 나쁜 사람을 미워하는 마음이 있다는 점에서 도덕심, 곧 인의의 마음은 누구나 다 같이 갖추고 있다(루소의 말처럼 "인간은 평등하게 태어났다")는 것이다.

그렇다면 의를 구성하는 수치심과 증오심을 좀 더 살펴보자. 맹자 사상의 한 가지 핵심이 여기 있으니 한 걸음 더 깊이 들어가지 않을 수 없다. 수치심은 '자기 잘못'을 성찰하는 양심이다. 새벽녘에 잠이 깨어 어제 한 일을 헤아리다가 문득 목덜미가 발갛게 타오르는 뜨거운 기운을 느낄 때가 있다. 이것이 수치심이다. 부끄러움은 정의와 불의 사이의 경계선을 드러내준다. 통증이 몸의 이상신호이듯, 부끄러움은 마음의 이상신호다. 수치심이 인간의 기본 요건인 까닭은, 부끄러움만이 타인의 아픔에 대한 공감 능력sympathy과 부정의不正義에 대한 증오심의 싹을 틔울

---

17   프랑수아 줄리앙, 허경 옮김, 『맹자와 계몽철학자의 대화』, 한울아카데미, 2009.

수 있기 때문이다. 함께 더불어 살기 위해 필수적인 마음가짐인 공감 능력이 부끄러움에서 파생하는 것이다!

부끄러움을 느껴 수치심이 차오르면 공분公憤 능력, 즉 증오심으로 표출된다. 증오심은 자신에 대한 수치심을 미루어 공동체에 적용할 때 생기는 '공적 수치심'이다. 수치심이 개인의 덕성이라면 증오심은 사회적 덕목이다. 제 몫은 꼭 챙기면서 남의 사정은 거들떠보지 않는 동료에 대한 미움, 제가 저지른 불법을 합법화하는 권력자에 대한 분노, 생명을 함부로 대하고 죽이는 짓에 대한 증오심이 정의감을 구성한다. 그러니까 증오심의 밑바탕에는 수치심이 깔려야 하고, 수치심은 증오심으로 밀고 나아가야 한다. 그럴 때 안팎으로 정의가 선다. 그러므로 사회를 이룬다는 것, 정치를 행한다는 것의 밑바탕에는 '수치심과 증오심을 갖춘 사람들'이 존재해야 한다.

정리하면 공자와 맹자의 꿈인 인의의 세계는 함께 더불어 사는 문명사회다. 문명사회는 부끄러움을 타는 감수성을 갖춘 정치가와 공직자들에 의해 건설될 수 있다(이것이 맹자가 양혜왕을 천 리가 멀다 않고 찾아가 인의를 권고한 까닭이다). 거꾸로 부끄러움을 잃은 소인배들의 권력에 인민이 대응하는 방법은 증오를 바탕으로 한 저항이다. 저항은 공자와 맹자가 권하는 합당하고 올바른 길이다. 공자가 '정당한 복수는 옳다'며 이직보원以直報怨의 원칙을 권했던 것은 권력자의 방자한 사익 추구에 정당한 복수가 가해지지 않는다면, 공동체가 붕괴되고 말 것이기 때문이다(『논어』, 14:36). 또 맹자가 자기 이익만 차리면서 공동체를 해치는 군주는 한낱 '홑사내(一夫)'에 불과하다며 역성혁명을 당연한 일로 여겼던 까닭도 이 때문이다(2:8).

4. 묵자

한편 1:1 밑에서는 묵자와의 사상전이 벌어지고 있다. 묵가는 양주楊朱학파와 더불어 전국시대 유력 학문이었다. 유가가 이들 때문에 기를 펴지 못할 정도였다. 맹자는 묵자의 겸애설과 양주의 이기利己설을 당대 풍속을 망치는 주범으로 파악하였다. 이들을 배척하고 공자 고유의 유가를 복원하는 것이 맹자의 염원이었다.

실은 양혜왕은 맹자에 앞서 묵가의 일원인 혜시惠施를 재상으로 기용하여 위기를 탈출하려 했다.[18] 양혜왕은 당시 유행 학문이던 묵자의 사상을 잘 알고 있었고, 또 그 이념에 따라 나라를 운영해보았으나 큰 실패를 맛보았다. 이에 다급하게 예물을 두터이 해서 다른 사상가들을 초빙한 것이다. 맹자와의 만남도 그 일환이었다. 따라서 양혜왕의 이익 추구 통치 이념은 묵가를 분석해야 그 속내를 파악할 수 있다.

양혜왕은 혜시의 정치적 역량을 "춘추시대 명재상 관중管仲에 비견"할 정도로 높이 평가하였다고 한다. 흥미롭게도 혜시는 『장자』에서 장주의 토론 상대로 등장하는 인물인데, 중국 철학사에서는 공손룡公孫龍과

18　"혜시는 오랫동안 양나라 재상을 지냈고 양혜왕은 그를 제나라의 관중에 비견했다. 후에 양나라에서 쫓겨나 초나라에 갔을 때 장자를 만나 사귀었고 몇 년 후에 다시 양나라로 돌아왔다."(정재현, 『고대 중국의 명학名學 - 후기 묵가, 혜시, 공손룡』, 서강대학교출판부, 2012, 149쪽) 맹자는 혜왕이 죽고 양왕이 즉위하는 것을 본 사람이다(1:6). 혜시가 양나라 재상을 역임하고 혜왕의 총애를 받은 것은 맹자가 양나라에 오기 전임을 알 수 있다.

더불어 명가名家학파 사상가로 꼽는다(명가란 공자의 정명론을 계승하여 언어와 명사 속에서 정치와 윤리의 기준을 확보하려는 언어과학주의라고 할 수 있다). 유의할 점은 명가가 묵가에 포섭된다는 사실이다. 근대 중국의 양계초梁啓超가 혜시를 묵가의 일원으로 본 최초의 학자였고, 명가 사상 전문가 정재현 교수도 "혜시와 공손룡의 명학은 기본적으로 '겸애'라는 윤리적, 사회적 주장을 옹호하는 와중에 태동되었다"[19]라고 지적한다. 혜시를 묵가에 포섭할 수 있다면 그를 재상으로 임용했던 양혜왕과 묵가의 관계는 더욱 밀접해진다.

묵가 정치학의 특징은 국제적으로는 '평화주의(非攻)'요, 국내적으로는 '위민주의(兼愛)'로 요약할 수 있다. 요컨대 겸애를 바탕으로 군주가 백성을 '위하면' 백성의 수가 늘어나고 군사력이 강해지므로 결과적으로 군주의 이익이 늘어난다는 것. 여기서 겸애-위민-이군利君의 등식이 완성된다. 우리는 『묵자』 전편에 걸쳐 '위하여'를 자주 만날 수 있다.

> 남의 나라 '위하기'를 자기 나라 '위하듯' 한다면 그 누가 자기 나라를 들어 남의 나라를 치겠는가. 남의 성城 '위하기'를 자기 성 '위하듯' 한다면 누가 자기 성을 들어 남의 성을 치겠는가. …… 그렇다면 나라와 도성을 서로 치거나 부수지 않는 것이 천하의 손해이겠는가, 천하의 이익이겠는가? 누구나 반드시 천하의 이익이라고 할 것이다.
> **_『묵자』, 「겸애 하兼愛下」**

<hr>

19 · 정재현, 앞의 책, 39쪽.

이처럼 묵가의 정치론은 위민 사상이요, 위민주의의 궁극적 목적은 군주의 이익이다. 그 바탕에는 인간을 이해利害의 차원에 구속된 존재로 바라보는 묵가의 인간론이 있다. 묵가의 인간은 이익은 좇고 해악은 피하는 동물일 뿐이다(묵가의 인간관은 서양 근대의 토머스 홉스Thomas Hobbes나 제러미 벤담Jeremy Bentham의 공리주의와 가깝다). 맹자가 보기에 묵가의 인간은 '마음이 없는 동물'이다. 이익을 추종하고 해악에는 도망가는 생리학적 반응물일 따름이다. 따라서 '백성을 위해주면, 결국 군주는 이익을 누린다!'로 묵자 정치학을 요약할 수 있다.

> 만민을 위하여 이익을 일으키고 해악을 물리치며 가난을 부유하게 하고 적은 인구를 많게 하는 것…… 이것이 옛 성왕들이 정치를 한 목적이다.[20]

실제로 묵자는 자기 사상을 채용하면 국부와 인민이 늘어난다고 대놓고 선전한다. "자기 국가를 부유하게 하고 자기 백성의 숫자를 늘리고 싶은 군주라면…… 마땅히 상동尚同을 주장하는 묵자 사상을 택하지 않을 수 없다. 이것이 정치의 근본이기 때문이다."[21] 여기서 양혜왕이 혜시를 등용한 이유를 짐작할 수 있다. 묵가를 채용하면 부국강병을 실현할 수 있겠다는 판단 때문이었다. 그러나 이런 이익 추구 정치는 결국 실패로

20 　將以爲萬民, 興利除害, 貧富寡衆…… 故古者聖王之爲政若此(『묵자』, 「상동 중」).
21 　欲富其國家, 衆其人民…… 當若尙同之說, 不可不察, 此爲政之本也(『묵자』, 「상동 중」).

제1편 양혜왕 상　　　　　　　　　　　　　　　　　　　　　63

끝났다(1:5 참고).

(1) 교정리 대 교상리

이익을 위주로 삼은 묵가의 전략이 완전히 실패한 전례가 바로 앞에 있었기 때문에 맹자는 더욱 과감하게 '하필왈리'를 강조할 수 있었으리라. 혜시의 논리를 전제로 하여 맹자는 이익의 정치가 실패할 수밖에 없는 이유를 '군주→대부→사→서민'의 연쇄 반응으로 도식화한다(아래 인용문 참고). 제후의 이익 추구가 그 아래 대부의 본이 되고, 대부의 이익 추구는 또 그가 부리는 사의 본이 되며, 사의 사리 추구는 곧 서민의 본이 되어 결국 온 나라가 교정리交征利, 즉 '이익을 두고 다투는' 대위기를 불러왔다는 것. 이런 이익의 연쇄가 불러온 위기 확산이 지금 양혜왕이 봉착한 국가 패망의 원인이라고 진단한다. 달리 말해 맹자의 도덕 정치론은 고작 윤리적 차원이 아니라 현실 정치론의 실패를 구제할 정치경제적 차원에서 제시된 것이다.

흥미롭게도 이익 연쇄의 파급 효과를 논하는 맹자의 발언 밑에는 묵자의 담론이 깔려 있다. 또 묵자를 공격하려는 맹자의 노림수가 숨어 있다. 무엇보다 맹자가 구사하는 '군주→대부→사→서민'의 연쇄는 묵자가 먼저 사용했던 구조다. 맹자가 쓴 교정리 개념도 묵자의 교상리交相利를 차용한 것이다. 지금 맹자는 묵자의 담론 구조와 개념을 빌려서, 오히려 묵자를 되치는 전술을 구사하고 있다. 맹자의 '군주→대부→사→서민'의 연쇄와 관련한 『묵자』의 표현을 살펴보자.

지금 제후는 오로지 자기 나라만 사랑하고 남의 나라를 사랑하지 않는다. 이런 까닭에 자기 나라를 들어서 남의 나라 치기를 꺼려하지 않는다. 대부는 오로지 자기 가만 사랑하고 남의 가를 사랑하지 않는다. 이런 까닭에 자기 집안을 들어서 남의 집안을 치기를 꺼려하지 않는다. 서민은 오로지 자기 한 몸만을 사랑하고 남의 몸을 사랑하지 않는다. 이런 까닭에 자기 몸을 들어서 남의 몸을 해치기를 꺼려하지 않는다. 그러므로 제후끼리 서로 사랑하지 않으면 반드시 서로 전쟁하고, 대부가 서로 사랑하지 않으면 반드시 서로 찬탈하고, 서민이 서로 사랑하지 않으면 반드시 서로 해친다. …… 무릇 천하에 전쟁과 찬탈, 원한이 일어나는 것은 서로 사랑하지 않기 때문이다. …… 그러므로 묵자는 말한다. '아울러 서로 사랑하고', '서로 이익을 나누는' 법을 가지고 이것을 바꿔야 한다.[22]

_ 『묵자』, 「겸애 중」

묵자의 논리에서 주목할 점은 두 가지다. 하나는 제후의 애국愛國이 대부의 애가愛家를 위한 본이 되고, 대부의 애가는 사와 서민의 애신愛身의 본이 된다는 논리 구조다. 둘째는 자기만 사랑하는 독애獨愛가 천하 대란

---

22 今諸侯獨知愛其國, 不愛人之國, 是以不憚擧其國, 以攻人之國. 今家主獨知愛其家, 而不愛人之家, 是以不憚擧其家, 以簒人之家, 今人獨知愛其身不愛人之身, 是以不憚擧其身, 以賊人之身. 是故諸侯不相愛, 則必野戰. 家主不相愛, 則必相簒, 人與人不相愛. 則必相賊. …… 凡天下禍簒怨恨, 其所以起者, 以不相愛生也. …… 子墨子言曰, 以兼相愛, 交相利之法易之(밑줄은 필자가 그었다).

의 원인이므로 군주부터 서민에 이르기까지 모두 겸애와 교상리를 실행한다면 대란을 극복할 수 있다는 정치론이다.

그러면 이것들을 맹자의 담론과 비교해보자. 맹자는 묵자 정치론의 군주와 대부, 서민이라는 구성 요소와 '나라-집-몸'이라는 구조를 그대로 빌려 쓰고 있다. 즉 '군주→대부→사→서민'의 연쇄가 본문의 기본 구조다. 이런 담론 구조는 이미 혜시를 통해 묵가 사상을 접했던 혜왕에게도 낯익은 것일 터였다. 그렇기에 맹자도 묵자의 담론을 서슴없이 채용했을 것이다. 그릇(구조)이 낯익어야 거기 담긴 내용에 집중하기 때문이다. 다만 맹자는 결정적으로 묵자의 단어 하나를 바꿔치기 한다. 교상리交相利 가운데 '相'을 '征'으로 쏙 바꿔서 교정리交征利로 만든 것인데, 자신의 유세객 자질을 유감없이 발휘한 대목이다. 단 한 글자를 바꿔 앞뒤와 위아래를 완전히 뒤집어버렸다. 묵자 사상의 핵심에 결정적인 타격을 가한 것이 바로 이 지점이다. 즉 묵자는 스스로 교상리(서로 이익이 되게 해주다, 곧 겸애)의 사상이라고 자부하지만 실제는 교정리(서로 이익을 두고 싸우다, 곧 전쟁의 원인)에 불과하며, 그 결과는 '천하의 바른 정치'이기는커녕 천하대란天下大亂의 계기라는 것이다. 묵자 사상은 대란을 진정하는 처방이 아니라, 대란을 일으키는 원인이 되어버렸다!

(2) 맹자 대 묵자

맹자는 당대 유력 사상들을 모두 섭렵하고 그 장단점을 파악했던 박람강기博覽强記한 사람이다. 특히 유행하던 학문인 묵자 사상에 대해서는 낱낱이 따져 공부했다. 맹자의 핵심 개념인 인의도 묵자가 먼저 사용한 말이었다. 물론 인과 의는 각각 『논어』에 나오지만 이 둘을 묶어 인의라는 단어로 먼저 조합한 이는 묵자라는 뜻이다. 맹자는 『묵자』를 섭렵하는 가운데 인의라는 말을 채용하면서도 그 의미를 새롭게 해석한 (또는 공자의 맥락으로 회복한) 것이다.

묵자에게 인은 곧 생물로서의 사랑일 따름이다(짐승도 자식을 아낀다). 반면 맹자의 인은 '사람의 사랑'이다. 묵자에게 의는 사람에게 이익을 주는 것 혹은 기술적 합리성을 의미하지만[23] 맹자의 의는 인간만이 갖는 수치심과 증오심의 발현이다. 맹자는 인의라는 단어에 사람이 육신(살덩어리)의 동물이 아니라, 마음을 가진 동물이라는 뜻을 담았다. 따라서 본문의 끝에 맹자가 "왕의 말이라면 오직 인의일 따름인데 하필이면 이익을 운운한단 말이외까!"라고 강변한 것은 유교가 묵가보다 낫다는 식의 자기선전이 아니라, 위기에 처한 국가를 구제하고 다급한 군주를 살릴 새로운 관점(인간관)과 방법론이 있음을 뜻하는 것이다.

맹자의 인의에는 인민이 마음을 가진 인간이라는 것, 그런 측면에서 인민은 왕이나 귀족과 동등하다는 것, 따라서 인민의 참여를 통해 정치를 행하는 '여민與民주의' 정치 체제를 건설해야 한다는 것 등 세 가지 뜻이 담겨 있다. 구체적으로 맹지는 묵자가 인간의 마음에 무지하다고 본다. 묵자는 겸애, 곧 박애를 주장하지만 실제는 '너를 위한다'는 목적 의식을 내포한다는 점에서 '시혜'에 불과하고, 시혜의 속살은 '위하여'

---

23 "의는 묵자에서 주로 사람에게 이익을 주는 것(利人), 혹은 백성에게 이익을 주는 것(利民)을 뜻한다. 또는 말이 내포한 의미나 그 말의 맥락 등을 지칭하는 것으로 쓰인다."(퀑로이순, 이장희 옮김, 『맨얼굴의 맹자』, 동과서, 2017, 71~76쪽)

의 대상인 인민을 고작 영혼 없는 육신 덩어리로 여기는 것이기 때문이다(인간을 육신 덩어리로 오해한 결과가 1:2에서 보듯 혜왕이 '위민을 해주었는데도 백성이 늘어나지 않는' 현상이다).

무지렁이나 군주나 다 같이 동등한 인간이라면, '함께 더불어 사는 나라'만이 유일하고 올바른 정치 세계가 된다(이것을 맹자는 왕도王道라고 이름 붙인다). 군주가 '국가는 내 것'이라는 사유재산의 관점에서 벗어나 본시 이 땅은 만인의 공유물이요, 군주는 다만 그 관리자에 불과하다는 생각으로 전환한다면, 그리하여 인민이 그 나라를 '우리 나라'로 인식한다면 국가의 운명은 걱정할 것이 없게 된다. 가령 이웃 나라가 침략하면 인민이 "단단한 갑주와 날카로운 창칼에 대항하여 몽둥이를 깎아 들고라도 덤벼들 것이외다."(1:5) 이때 전쟁은 군주의 사유지에서 벌어진 '너의 전쟁'이 아니라, 공동체에서 벌어진 '우리의 전쟁'이 된다. 인민이 자율적으로 판단하고 자발적으로 작동하는 정치 세계, 이것이 맹자가 꿈꾼 여민주의 정치 체제다. 즉 '위민의 정치'가 아니라 '여민의 정치'만이 참된 문명 세계를 이룰 수 있다는 뜻이 "왕의 말이라면 오직 인의일 따름이다"라는 말 속에 들어 있다.

5. 『맹자』라는 책

요컨대 『맹자』 제1편 제1장은 '좋은 정치란 무엇인가'라는 가치에 대한 질문, 그리고 그 해답으로서 사랑과 정의의 공동체로 전환하는 길 외에는 다른 방법이 없다는 절박감이 표출된 문장이다. 묵자의 겸애란 결코 인간 평등, 인간 해방론이 아니다. 철저히 군주의 이익에 복무

맹자, 마음의 정치학 1

하고, 인민의 목숨을 저당 잡히는 간교한 술수다.[24] 결국 묵자의 위민주의는 관료주의, 군주 전제, 반反정치로 귀결한다. '위하여'라는 미끼로 인민을 꾀어 그 이익을 짜내고 급기야 사람 목숨까지 빼앗는 사악한 기술이다. 생존과 안정의 욕망 때문에 그 미끼에 목구멍이 꿰인 인민은 결국 자유와 생명을 잃고 한낱 군주의 이익을 위한 노예로 추락한다. 이에 맹자는 결연히 묵자에 반대하며, 인민도 마음을 가진 사람이고, 나아가 군주와 동등한 존재(성선설性善說)이기에 백성이 함께 참여하는 여민주의 정치 체제야말로 영구적 평화와 문명 질서를 이루는 첩경이라는 항소抗訴를 서두에다 천명한 것이다. 이것이 '하필왈리'에 깔려 있는 맹자의 심중이다.

그러므로 맹자의 사상은 결단코 위민으로 명명되어서는 안 된다. 낯익은 '맹자 사상=위민주의'는 완전히 잘못된 등식이며, 외려 '위민'은 묵자를 기원으로 한다는 것을 여기에 명토 박아둔다. 맹자는 당시 횡행하던 위민주의에 반대하고, 여민주의라는 '새로운 길'을 제시한 사상가였다. 그의 이런 뜻은 "옛 성인들의 도를 보존하고 양주·묵적을 막아내고 궤변을 내쳐서 삿된 학설을 지껄이는 처사處士들을 몰아내고자 한다"(6:9)라는 말 속에 잘 들어 있다.

첫 만남 이후 양혜왕은 맹자의 도덕 정치론에 솔깃한 듯했으나, 결국 "현실에 적용할 수 없는 관념적인 것"(『맹자집주』)으로 판단하고 택하지 않는다. 머지않아 그는 사망하고, 맹자도 그 후계자(양왕襄王)가 임금 그릇이

---

24 곽말약, 조성을 옮김, 「공자와 묵자의 비판」, 『중국고대사상사』, 까치, 1991 참고.

아님을 확인하고는 양나라를 떠난다(1:6). 훗날 맹자는 양혜왕에 대해 "불
인자不仁者요, 불의자不義者"라는 최악의 평가를 내리는데, 묘하게도 이 악
평을 『맹자』의 마지막 편인 제14편 첫머리에다 걸어놓았다. 『맹자』라는
책은 혜왕과의 만남으로 열었다가 그에 대한 비평으로 닫는 셈이다.

참고 『맹자』를 비판적으로만 읽으려는 독자들 눈에는 본문 끝 구절이 마뜩
치 않을 수 있다. 맹자가 군주에겐 책임을 묻지 않고, 신하와 백성에게
만 복종을 요구한다고 오해할 수 있으니 말이다. 그러나 맹자의 정치
윤리는 군주와 신민 쌍방에 고루 적용된다. 맹자 정치학의 기본은 '관
계성'과 '상호성'임을 잊지 말아야 한다. 아니, 군주가 '먼저' 정의로
울 때라야 신하에게 의로움을 요구할 수 있다. 주희가 "군주가 인의를
솔선수범하고 이익을 구하는 마음이 없어야 한다. 그럴 때만이 신하
와 백성은 감화하여 그를 친애하고 받들게 된다"(『맹자집주』)라고 해설
한 것은 정당하다.
요컨대 맹자의 인의는 신하뿐 아니라 군주에게 적용되며, 외려 군주
의 솔선수범을 요구한다! 다만 이 장에선 맹자의 대화 상대가 군주이
기에 신하와 백성을 대상으로 거론했을 뿐이다. 맹자의 윤리는 부모
와 자식, 군주와 신하, 남편과 아내, 형과 아우 등 쌍방에 함께 적용된
다는 것을 끝까지 유념하자.

1:2. 오직 여민!

孟子見梁惠王. 王立於沼上, 顧鴻鴈麋鹿²⁵, 曰, "賢者亦²⁶樂此乎?"

孟子對曰, "賢者而後樂此, 不賢者雖有此, 不樂也. 詩²⁷云, '經始靈臺²⁸, 經之

營之²⁹, 庶民攻之, 不日成之. 經始勿亟³⁰, 庶民子來. 王在靈囿³¹, 麀鹿攸伏³²,

麀鹿濯濯³³, 白鳥鶴鶴³⁴. 王在靈沼, 於牣魚躍³⁵.' 文王³⁶以民力爲臺爲沼, 而

---

25 鴻鴈麋鹿(홍안미록): '鴻'은 큰 기러기, 고니. '鴈'은 '雁(안)'과 같이 오리. '麋'는 큰 사슴, 순
록. '鹿'은 사슴.

26 亦(역): 또한. 학문 외에도 세속적인 즐거움까지 누릴 줄 아시냐는 뜻. 비아냥대는 뉘앙스.

27 詩(시): 공자가 편찬했다는 『시경』을 이른다. 내용은 『시경』, 「대아大雅」, '영대靈臺'의 노
랫말. 맹자는 당시 일개 지식인에 불과한지라, 자기주장의 정당성을 『시경』과 『서경』을
빌려 강조하였다. 고전을 인용하여 주장을 정당화하는 방식은 『맹자』 전편에 걸쳐 나타
난다.

28 經始靈臺(경시영대): 영대를 짓기 시작하다. '經始'는 측량하고 짓는 일. '靈臺'는 아름다
운 정자.

29 經之營之(경지영지): '經'은 처음 계획하는 것이고, '營'은 재정과 물자를 마련하는 것(성
백효). 참고로 오늘날 '經營'은 근대 일본 지식인들이 '매니지먼트management'를 번역한
말이다.

30 經始勿亟(경시물극): '經始'는 측량하고 짓는 일. '勿亟'은 서두르지 말라. '亟'은 빠르다.

31 靈囿(영유): 신령스러운 원림園林. "囿는 원래 은나라, 주나라 왕실 소유의 짐승을 기르는
것(목지牧地)이면서 유희 공간이다. 주나라의 囿는 면적이 매우 넓어 유인囿人이라는 전문
관리인이 있었으며, 녹지와 도랑, 못 등을 시설하였고, 일정 지역에는 과실과 채소를 심
었다."(박희성, 『원림, 경계 없는 자연』, 서울대학교출판부, 2011, 133쪽)

32 麀鹿攸伏(우록유복): '麀'는 암사슴. '攸伏'은 느긋이 누워 있는 모양.

33 濯濯(탁탁): 살지고 기름진 모양.

34 鶴鶴(학학): 희고 고운 모양.

35 於牣魚躍(오인어약): 오! 호수 가득 물고기들 뛰어오르누나. '於'는 감탄사. '牣'은 가득
차다. '躍'은 뛰다.

民歡樂之, 謂其臺曰靈臺, 謂其沼曰靈沼, 樂其有麋鹿魚鼈[37]. 古之人與民偕[38]
樂, 故能樂也. 湯誓[39]曰, '時日害喪[40], 予及女偕亡.' 民欲與之偕亡, 雖有臺池
鳥獸, 豈能獨樂哉!"

      맹자, 양나라 혜왕을 만났다. 왕은 호숫가에서 고니, 오리, 순록,
사슴들을 휘 돌아보고 말했다.
      "현자도 또한 이런 경관을 즐길 줄 아시는지?"
      맹자, 대하여 말씀하시다.
      "현자인 다음에라야[41] 이런 것을 즐길 수 있지 현자가 아니면
이런 것을 소유[42]하더라도 즐길 수 없습니다.『시경』,「대아」,

36   文王(문왕): 주왕조 건설자. 요순堯舜·우탕禹湯으로 이어지는 '성왕의 계보'를 이은 군주
       다. 맹자의 왕도 사상을 역사 속에서 체현한 모델이 순임금과 바로 이 '文王'이다.
37   鼈(별): 자라.
38   偕(해): 같이. '同(동)'과 같다.
39   湯誓(탕서):『서경』,「상서商書」의 편명. 은나라 건설자 탕이 폭군 걸桀왕을 정벌하기에 앞
       서 그 정당성을 군사들 앞에서 주장한 연설문.
40   時日害喪(시일갈상): '포악한 이 임금은 언제 사라지나'라는 뜻. 은나라 시대에 임금은 태
       양에 비견되었다. 은나라 폭군인 걸왕은 '하늘에 해가 없을 수 없듯 임금이 없을 수 없다'
       고 믿으며 함부로 백성을 살해했다. '時'는 '是(시)'와 같다. '日'은 태양. '害'은 '曷(갈)'
       과 같다. '언제, 어떻게, 어찌'라는 뜻. '喪'은 잃다, 죽다.
41   賢者而後(현자이후): 여기 현자는 위에 혜왕이 이른 현자("현자 또한 이런 경관을 즐길 줄 아시
       는지?")와 말은 같지만 뜻은 다르다. 혜왕의 현자는 맹자를 지칭하는 것으로 아름다운 정
       원을 자랑하며 느긋하게 뻐기는 말이었다. 반면 맹자의 현자는 '정치의 의미를 아는 자'
       로 전국시대의 참상을 극복할 의지를 갖춘 사람을 뜻한다.
42   有(유): 사유私有하다. '여與'와 상반된다. 끝에 "새와 짐승을 소유한들雖有臺池鳥獸"이라
       고, 재차 '有'를 비판하며 이 장을 종결짓는다.

'영대'에 '영대를 지으려고 설계하고 측량하니 뭇 백성이 달려
드는지라 하루도 지나지 않아 완성되었네. 측량하고 짓는 일 서
두르지 말라시나 백성은 자식처럼 몰려드누나. 문왕께서 영유
에 계시니 암수 사슴들 느긋이 드러눕네. 암수 사슴들 살집은
기름지고, 백조들의 깃은 깨끗하구나. 문왕께서 영소에 계시니,
오! 호수 가득 물고기들 뛰어오르누나'라고 노래했습니다. 주
나라 문왕께서 백성의 힘으로 누대를 짓고 호수를 만들었는데,
외려 백성이 기뻐하고 즐거워하여 누대를 영대라 이름 짓고 호
수를 영소라 이름 짓고서[43] 그곳 순록, 사슴과 물고기, 자라들
을 보면서 다 함께 즐겼다는 말입니다.

옛사람은 여민해락, 곧 백성과 더불어 즐길 줄 아셨기에 자신도
즐길 수 있었다[44]는 뜻이지요. 『서경』, 「상서」, '탕서'에 '저놈
의 해는 언제나 사라질꼬! 나는 너와 같이 망하고 말겠다'라고
하였습니다. 백성이 임금과 함께 망하겠다고 들면, 설령 누대와
호수, 새와 짐승을 소유한들 어떻게 혼자서 즐길 수 있겠습니
까!"

---

43 영대, 영유, 영소 모두 백성이 이름 지었다는 점에 유의해야 한다. 맹자의 여민 사상의 단
서다.

44 能樂(능락): 위에 "현자가 아니면 이런 것을 소유하더라도 즐길 수 없습니다"라는 말과
짝을 이룬다. 백성과 함께할 때는 '能樂'이지만, 홀로 즐기는 '獨樂(독락)'일 때는 비록 화
려한 정원을 소유하더라도 즐길 수 없다는 것.

여민해락與民偕樂, 곧 '백성과 함께 더불어 즐기기'가 이 장의
핵심이다. 하필왈리의 뒷면이 여민해락이다. 군주는 나라를 사유私有하
지 않고, 재화를 사취私取하지 않고, 백성과 공유하고 함께 누릴 때라야
만 통치자로서 지위를 누릴 수 있다는 뜻. 순자의 "백성은 물이요, 군주
는 배다"라는 말과 부절符節처럼 짝이 맞다. 여기 양혜왕과 맹자 사이에
서 말놀이의 공처럼 오가는 '현賢'이란 여민해락할 때라야 권력을 영위
할 수 있음을 아는 '정치적 지혜'를 뜻한다.

맹자의 말뜻은 이렇다. 지금은 '현자도 또한 이런 즐거움을 누릴 줄
아시는지?' 따위의 희떠운 농담을 할 때가 아니다. 뜨거운 감자를 들고
있는 사람은 내(맹자)가 아니라 당신(양혜왕)이다. 오직 백성과 함께 즐거
움(권력)을 누릴 때라야 군주를 계속할 수 있다는 섬뜩한 사실을 바로 알
아야 한다. 즉 여민이라는 한마디에 당신의 생사가 걸려 있음을 알아야
멸국망신滅國亡身의 대위기를 벗어날 수 있다.

이 장은 군주와 인민이 상호 관계임을 최초로 천명한 곳이다. 군민 간
은 명령-복종의 상하 관계가 아니라는 말이다. 상호 관계여야 여민 정치
가 가능하다(공자의 화이부동和而不同과 맹자의 여민동락與民同樂은 의미가 상통
한다). 맹자 사상의 키워드는 '여與'인데, 공자의 인을 맹자가 해석한 것
이다. 그 변전 과정을 가늠케 하는 것이 인에 대한 다산 정약용의 해석이
다. 그는 "인은 두 사람(二人)이다. 두 사람이 상여相與하는 것이다"라고
하였다(『논어고금주論語古今註』). 다산이 인의 내실을 이인상여二人相與, 곧

'두 사람이 함께 더불어 하는 것'으로 해석했을 때, 이미 맹자의 여민을 감안한 것이다. 즉 다산의 인 해석에는 공자와 맹자를 한데 아우르려는 의도가 있었다. 이는 그가 공자와 맹자 사이에 있었던 '인의 전수'를 이해했다는 뜻이기도 하다.

『논어』에서도 '여與'가 빈번히 보인다. 가령 "날짐승 들짐승과 더불어 같이(與同) 살 수 있겠더냐? 내가 이 사람의 무리와 더불어(與) 살지 않으면 누구와 함께(與) 살겠더냐! 천하에 도가 살아 있다면, 내 이들과 함께(與) 바꾸려 하지 않았을 터!"(『논어』, 18:6)라며 공자가 은둔자들(노장, 양주학파)을 비판한 말 속에 여러 차례 등장한다. 난세에도 불구하고, 아니 실은 난세이기에 사람의 무리와 '함께 더불어' 사는 여민의 세상을 이루려면 마땅히 정치에 참여해야 한다는 뜻을 선포하는 마당이다. 이 사이에서 도가와 유가의 길이 갈리거니와, 맹자는 '사람의 무리와 함께 더불어 공동체를 재건하기 위해', '안 될 줄 알면서도 발을 내딛는' 공자의 뜻을 여민이라는 개념으로 계승하고 있다. 맹자의 여민 사상의 기원이 공자의 인이요, 덕치德治 사상의 재해석임은 유의해야겠다.

그렇다면 여민은 어떻게 이룰 수 있을까? 군주의 사업에 뭇 백성이 마치 자기 아버지 일을 도우려고 몰려들듯(庶民子來) 하게 만들면 된다. 어떻게? 호수든 정원이든 짐승이든 군주가 독점하지 않고 인민과 공유한다면 가능하다. 이 길밖에는 다른 방법이 없다. 유일한 이 길을 왕도라고 부른다. 반면 군주가 즐거움을 사유하고 독점하면, 백성의 마음은 군주와 어긋난다. 결국 백성이 '저놈의 해는 언제나 사라질꼬!'라고 눈을 부릅뜨면, 이미 때가 늦은 것이다. 성호 선생의 지적처럼 "백성은 오직 나라의 근본이니 근본이 굳건해야만 나라가 편안하다고 하였거니와 이는 군자만의 권유가 아니라 소인 역시 이치가 마땅히 그렇게 될 줄 안다."[45]

여민의 반대편에 위민이 있다. 이어지는 1:3에서 위민을 논하는 까닭이다.

45　이익, 『성호사설星湖僿說』, 「해망偕亡」.

1:3. 위민은 없다

두 개의 절로 나누어 번역하고 해설하였다.

1:3-1. 오십보백보

梁惠王曰, "寡人**⁴⁶**之於國也, 盡心焉耳矣. 河內**⁴⁷**凶, 則移其民於河東**⁴⁸**, 移其粟**⁴⁹**於河內. 河東凶亦然. 察鄰國之政, 無如寡人之用心者. 鄰國之民不加少, 寡人之民不加多, 何也?"

孟子對曰, "王好戰, 請以戰喩. 塡然**⁵⁰**鼓之, 兵刃**⁵¹**旣接, 棄甲曳兵**⁵²**而走. 或百步而後止, 或五十步而後止. 以五十步笑百步, 則何如?"

曰, "不可; 直**⁵³**不百步耳, 是亦走也."

曰, "王如知此, 則無望民之多於鄰國也."

---

46 寡人(과인): 제후가 스스로를 낮춰 부르는 것. '덕이 적은 사람(寡德之人)'이란 뜻.

47 河內(하내): 황하 이북 지역. 오늘날 하남성河南省 제원현濟源縣(양백준).

48 河東(하동): 황하 동쪽 지역, 현재 산시싱山西省 안읍현安邑縣. 참고로 "河는 황하를 가리킨다. '하외河外'는 황하 남쪽이 되고, '하곡河曲'은 산서성 풍릉도風陵渡 일대를 가리킨다."(조선탁, 송강호 옮김,『중국어 한자의 어원』, 지식과교양, 2011, 116쪽)

49 粟(속): 곡식의 통칭. 구휼미를 뜻한다.

50 塡然(전연): 둥둥. 북이 울리는 소리.

51 兵刃(병인): 무기의 날. 창칼.

52 棄甲曳兵(기갑예병): '棄'는 버리다. '甲'은 갑옷과 투구. '曳'는 끌다. '兵'은 무기.

53 直(직): 다만.

양나라 혜왕이 말했다.

"과인은 백성을 위해[54] 온 마음을 다 쏟고 있소이다. 하내 땅에 흉년이 들면 사람은 하동으로 이주시키고 구휼미는 하내로 보냅니다. 하동 땅에 흉년이 들어도 그렇게 합니다. 이웃 나라 정치를 살펴보건대 과인처럼 마음을 쓰는 임금이 없습니다. 한데도 이웃 나라 백성은 줄어들지 않고, 그렇다고 내 나라 백성이 늘어나지도 않는 것은 어째서입니까?"

맹자, 대하여 말씀하시다.

"왕께서 전쟁을 좋아하시니[55] 청컨대 전쟁에 비유하고자 합니다. 둥둥 북소리가 울리면[56] 창칼이 부딪치며 전투가 벌어지는데, 곧 갑옷은 벗어던지고 무기는 끌면서 도망가는 병사들이 나옵니다. 어떤 자는 백 보를 달아난 뒤 멈추고 또 어떤 자는 오십 보를 달아나다 멈추기도 합니다. 만약 오십 보를 달아난 자가 백 보를 달아난 자를 보고 비웃는다면, 어떻겠습니까?"

양혜왕이 말했다.

"옳지 않습니다. 다만 백 보는 아니지만, 그 또한 달아난 것이니

---

54 於國(어국): '백성을 위하다'로 의역했다.

55 好戰(호전): 공자는 호학好學이라 '배움을 좋아함'을 자처하였고, 이웃 제나라의 선왕宣王조차 호악好樂, 곧 '음악을 좋아한다'고 하였다(2:1 참고). 여기 맹자가 양혜왕의 면전에다 '전쟁을 좋아한다'고 한 것은 칼날이다. 곧 나올 기살인자嗜殺人者, 즉 '사람 죽이기를 좋아하는 자'(1:5)와 같고, 또 저 뒤 14:1에 양혜왕을 불인不仁으로 악평한 대목과도 통한다. 더불어 맹자가 얼마나 담대한 유세가인지 보여주는 대목이기도 하다.

56 북소리는 공격 신호, 징소리는 퇴각 신호.

맹자, 마음의 정치학 1

까요."

맹자가 말했다.

"왕께서 이런 이치를 아신다면 이웃 나라보다 백성이 많아지기를 바라서는 안 될 것입니다."

혜왕의 고민은 '이웃 나라 백성은 줄어들지(少) 않고, 그렇다고 내 나라 백성이 늘어나지도(多) 않는 까닭'을 모르겠다는 것이다. 지금 왕의 관심은 숫자에 쏠려 있다. 인민이 늘어나야 경제력을 키울 수 있으며 세수를 확보하고, 군사력을 증대할 수 있기 때문이다. 지금 그가 인민을 사람으로 보는 것이 아니라, 숫자로 환산하고 있음에 주목하자. 수치화한 인간의 쓰임새란 뻔하다. 국력, 이른바 경제력과 군사력의 도구, 혹은 군주의 사적 이익을 실현하기 위한 수단일 뿐이다. 흉년이 든 해에 백성을 구제한 것을 두고 오로지 자기만의 베풂이라고 자랑하는 순간, 국가를 사유물로 여기고 있는 왕의 숨은 무의식도 고스란히 드러난다. 왕은 이런 구휼 활동을 하는 군주는 자기밖에 없다고 자부하기에 '백성을 위해 온 마음을 다 쏟고 있다'고 강변한 것이다. 이것이 '위민 정치가'의 정체다. 국가는 군주의 사유물이라는 생각, 인민의 재난을 구휼하는 것은 특별한 사랑의 베풂이라는 시혜 의식 등이 위민 정치를 구성한다. 왕의 이런 질문에 대한 맹자의 답변이 널리 알려진 오십보백보五十步百步의 비유다.

더 큰 문제는 위민이 참된 정치라는 생각, 나아가 혜왕 자신이 정치를 진심으로 실천하고 있다고 믿는 심각한 오해다. 그는 백성에게 시혜를 베풀면 그들이 감지덕지하여 자신을 위해 목숨을 바칠 것이라는 '합리적인 계산'을 하고 있고, 이를 백성은 모를 거라 생각한다. 진심盡心으로 백성을 위한다는 말에 숨어 있는 진심眞心을 백성은 모를 거라는 계산! 이 점이 정녕 문제라고 맹자는 짚는다. 결과적으로 혜왕은 대놓고 백성을 수탈하는 동시대 폭군들보다 더 간악한 자라고 할 수 있다. '인민을 위한다'는 겉치레로 본색을 위장하고 백성을 제 목적을 위한 도구로 삼으려 들기 때문이다. 위민 정치는 인민을 포악하게 지배하는 전제정치보다 더 악독한 것이다.

1:1에서 짚었듯, 혜왕의 위민 정치론은 묵자에서 비롯된 것이다. 묵자 사상의 핵심은 국제적으로는 평화주의로, 국내적으로는 위민주의로 요약할 수 있다.[57] 겸애를 바탕으로 군주가 백성을 '위하면' 백성의 수가 늘어나고, 그에 따라 군사력이 강해지며, 이것이 천하를 평화롭게 만드는 힘이 되는 구조다. 그 결과는? 군주의 이익이다. 겸애를 제창한 묵자가 '제 한 몸의 이익을 간수하라'는 양주학파보다 간교한 까닭이다. 양주는 차라리 '내 몸의 한 터럭이 남의 목숨보다 귀하다'는 위아론爲我論을 솔직하게 드러내지만, 묵가는 겸애니 비공이니 평화주의니 논하면서도 그 목적은 군주를 위해 힘을 집중하는 것이요, 인민을 권력의 도구로 소

---

57   이운구 옮김, 「옮긴이 해제」, 『묵자 1』, 도서출판 길, 2015, 7쪽 참고.

외시키는 것이다.

오늘날 흔히 맹자의 사상을 위민이라 칭하지만, 막상 위민과 '위하여'의 기원은 맹자가 아니라 묵자임을 분명히 인식해야 한다. 『맹자』에는 위민이든 위인爲人이든 위군爲君이든 도무지 '위하여'가 부재한다. '인민을 위한다'는 위민의 속셈은 '군주를 위하여', 곧 위군으로 낙착되고, '너를 위한다'는 위인의 귀결은 결국 힘 있는 자의 위아로 귀결될 따름이다. 반면 '위하지 말라, 다만 함께하라'가 맹자가 권하는 정치술이다.

흥미롭게도 맹자의 인민은 군주의 술수에 속지 않는 성숙한 존재다. 인민은 "하내 땅에 흉년이 들면 사람은 하동으로 이주시키고 구휼미는 하내로 보냅니다" 하는 양혜왕의 위민 정책이 술수임을 알고 양나라로 오지 않을 만큼 지혜롭다. 즉 "이웃 나라 백성은 줄어들지 않고, 그렇다고 내 나라 백성이 늘어나지도 않는 것"이다. 맹자의 인민은 군주와 마찬가지로 지혜롭고 자율적이며 성숙하다. 국가가 위기에 봉착했을 때 군주를 따라 목숨을 바칠지, 아니면 국가가 멸망하도록 버려두고 망명할지를 판정하는 최후의 결정권을 쥔 존재로도 그려진다(2:13 및 2:15 참고). 그러므로 맹자에게 인민은 군주의 시혜를 구걸하는 위민 정치의 대상이 아니라 군주와 더불어 정치를 구성하는 동반자인 것이다. 이런 점에서 "백성이 귀하고, 사직은 그다음이요, 임금은 가볍다民爲貴, 社稷次之, 君爲輕"(14:14)라는 맹자의 발언은 결코 위민 정치를 권하는 말이 아니라, 인민이 정치의 한 주체임을 천명한 선언으로 읽어야 한다. 그렇다면 어떻게 해야 나라의 백성이 늘어날 수 있을까? 맹자는 그 방안으로 왕정王政, 곧 '왕도의 정치경제학'을 제시한다.

1:3-2. 왕도의 시작

"不違農時[58], 穀不可勝食也; 數罟[59]不入洿池[60], 魚鼈不可勝食也; 斧斤[61]以時
入山林, 材木不可勝用也. 穀與魚鼈不可勝食, 材木不可勝用, 是使民養生[62]
喪死無憾[63]也. 養生喪死無憾, 王道之始也.

五畝[64]之宅[65], 樹之以桑, 五十者可以衣帛[66]矣. 鷄豚狗彘[67]之畜[68], 無失其時[69],

---

58 不違農時(불위농시): '農時'는 파종(봄)과 김매기(여름), 추수(가을)의 적기. '농사철을 어
기지 않는다'라는 말에는 농사짓는 장정을 군인으로 징발하지 않는다는 반전 사상이 숨
어 있다.

59 數罟(촉고): 구멍이 좁은 그물. '數'은 구멍이 좁은 것. '罟'는 그물.

60 洿池(와지): 웅덩이와 못.

61 斧斤(부근): '斧'는 도끼. '斤'은 자귀.

62 養生(양생): '養'은 먹여서 기르다. '生'은 생명. 바로 뒤 '喪死(상사)'와 짝을 이룬다.

63 喪死無憾(상사무감): '喪死'는 장송, 곧 장례. '憾'은 서운해 하다. 때맞춰 도끼와 자귀를
산림에 들게 했기에 언제나 관곽棺槨을 만들 수 있고, 또 농시를 어기지 않았기에 음식을
장례식에 넉넉히 쓸 수 있어 '無憾', 즉 서운한 감정이 없다는 뜻.

64 畝(무/묘): 사방 100보步의 면적. 보는 사방 6척尺.

65 五畝之宅(오무지택): 한 가호에 배당된 택지. 그 절반(二畝半)은 마을에 주택을 지었고, 그
절반은 들판에 농막을 지었다. 농막에 두른 담 아래에는 뽕나무를 심어 양잠에 썼다(주희).

66 帛(백): 명주. 참고로 금錦은 비단, 면綿은 무명(목화).

67 鷄豚狗彘(계돈구체): 닭과 돼지, 개와 돝. '豚'은 돼지, 곧 어린 돼지. '彘'는 돝(큰 돼지). 우
리말로 '~아지'는 새끼를 뜻하는 어미語尾다. 말의 새끼가 망아지요, 개의 새끼가 강아지
이듯 돝의 새끼가 도야지, 곧 돼지가 된다. 돼지는 제사용으로, 돝은 식용으로 길렀다. 개
를 식용으로 썼음도 여기서 알 수 있다. "전국시대 섭정 고점리와 한대漢代의 번쾌가 모
두 개백정 출신이었고, 또 헌獻은 '바치다'라는 뜻으로 견犬을 편방으로 하고 있다. 개를
신에게 바치는 것에서 유래하였다."(조선탁, 앞의 책, 102쪽)

68 畜(흑): 기르다.

69 無失其時(무실기시): 여기서의 '其時', 즉 '그때'란 가축의 교미 시기.

七十者可以食肉矣. 百畝之田, 勿奪其時[70], 數口之家[71]可以無飢矣. 謹庠序[72]之敎, 申[73]之以孝悌之義, 頒白者[74]不負戴[75]於道路矣. 七十者衣帛食肉, 黎民[76]不飢不寒, 然而不王者, 未之有也.

狗彘食人食而不知檢[77], 塗[78]有餓莩[79]而不知發[80]; 人死, 則曰, '非我也, 歲也.' 是何異於刺人而殺之, 曰, '非我也, 兵也.' 王無罪歲, 斯天下之民至焉."

맹자가 이어서 말했다.

"농사철을 어기지 않으면 곡식은 이루 다 먹지 못할 것이요, 촘 촘한 그물을 웅덩이나 연못에 설치하지 않으면 물고기와 자라 가 충분히 자라나 이루 다 먹지 못할 것이며, 때를 정해놓고 산 과 숲속으로 도끼와 자귀를 들이면 재목이 잘 자라 이루 다 쓰 지 못할 것입니다. 곡식과 물고기, 자라를 이루 다 먹을 수 없고

70 勿奪其時(물탈기시): 여기서의 '其時'는 농경의 시기.
71 數口之家(수구지가): 5~9인 가족. 뒤에 팔구지가八口之家라는 말이 나오고(1:7, 13:22), 또 "상등 농부는 9명…… 하등 농부는 5명을 먹일 만합니다"(10:2)라는 구절과 함께 보면, 5~9인이 전국시대 평균 가족 수였음을 추측할 수 있다.
72 庠序(상서): '庠'은 은나라, '序'는 주나라 시대의 학교(5:3 참고).
73 申(신): 거듭.
74 頒白者(반백자): 머리털이 절반 정도 희어진 사람, 중늙은이.
75 負戴(부대): '負'는 짐을 등에 지는 것. '戴'는 짐을 머리에 이는 것.
76 黎民(여민): 일반 백성. 서민은 모자를 쓰지 않으니 검은 머리칼이 보인다는 뜻(=검수黔首).
77 檢(검): 단속하다.
78 塗(도): 길.
79 餓莩(아표): 주려 죽은 시체. '餓'는 굶주리다, 주리다. '莩'는 굶어 죽다. '殍'(표)와 같다.
80 發(발): 창고를 열다.

재목을 이루 다 쓸 수 없을 정도가 되면, 곧 백성이 생명을 기르고 주검을 장송하는 데 유감이 없을 겁니다. 생명을 기르고 주검을 장송하는 데 유감이 없는 것이 왕도의 시작입니다.

5무의 집터 둘레에 뽕나무를 심으면 50대 늙은이가 명주옷을 입을 수 있고, 닭과 돼지, 개와 돝을 치되 짝 지을 시기를 놓치지 않으면 70대 상노인의 밥상에 고기반찬을 올릴 수 있으며, 100무의 땅을 경작하되 농사철을 빼앗지 않으면 여러 식구가 굶주리지 않습니다. 그리고 마을마다 학교를 열어 가르치기를 엄히 하되 효행과 공손의 도리를 거듭 익히게 하면, 반백의 중늙은이가 길에서 짐을 지거나 이고 가는 일이 없게 됩니다. 70대 상노인이 명주옷을 입고 고기반찬을 먹으며, 서민이 굶주리지 않고 추위에 얼지 않는데 왕자[81]가 되지 못하는 경우는 있은 적이 없습니다.

하나, 풍년에는 개와 돼지가 사람이 먹는 것을 먹어도 단속할 줄 모르고, 흉년에는 길섶에 굶주린 자와 주려 죽은 시체가 나뒹구는데도 창고를 열어 구휼할 줄 모르며, 사람이 죽어가도 '내 탓이 아니다. 이건 시절 탓이다'라고 한다면, 사람을 칼로 찔러놓고 '내 잘못이 아니야. 이건 칼의 잘못이야'라고 말하는 것과 무엇이 다르겠습니까! 왕께서 시절 탓으로 돌리지 않는다면, 곧 천하의 백성이 이 나라로 몰려들 것이외다."

---

81 王者(왕자): 천하에 왕도 정치를 시행하는 성왕聖王을 이른다.

위의 절에서 혜왕의 고민이 "이웃 나라 백성은 줄어들지 않고, 그렇다고 내 나라 백성이 늘어나지도 않는 것"에 있음을 보았다. 이 절에서는 그 해결책이 개진된다. 그 방안은 "왕께서 시절(남) 탓으로 돌리지 않는다면, 곧 천하의 백성이 이 나라로 몰려들 것"이라는 전망으로 요약된다. 정세, 기후 등 외부에서 문제를 찾지 말고, 군주 자신에게서 찾으라는 말이다. 왕도 정치의 동력은 '자기성찰'이다. 나의 생각과 행동에서 문제점을 파악하려는 노력, 곧 자기성찰이 참된 정치의 시작이다. "군자는 자신에게서 문제를 찾고, 소인은 남에게서 탓을 찾는다"(『논어』, 15:20)라던 공자의 말을 맹자가 계승한 표시이기도 하다. 자기성찰에서 참된 정치력, 곧 덕치德가 형성된다. 이 덕치의 동학은 "가까운 데 있는 사람들은 기뻐하고, 먼 데 있는 사람들은 몰려든다近者說, 遠者來"(『논어』, 13:16)라는 말로 표현된다. 지금 맹자는 공자로부터 계승한 덕치의 요령을 조언하는 셈이니, 요컨대 남을 탓하지 말고 인민이 함께 더불어 살 수 있는 여민 정책을 시행하면 천하 사람들이 자발적으로 몰려든다는 것.

여기서 혜왕의 위민 정치론이 맹자의 여민 정치론과 상반됨을 확인할 수 있다. 혜왕의 위민 정치가 실현된 국가를 '군주의 나라' 또는 '소유의 나라'라고 한다면, 여민 정치가 실현된 나라는 '우리 나라' 또는 '공유의 나라'라고 할 수 있다. 이 절에서는 '소유의 나라'를 '공유의 나라'로 전환하는 정책 방안을 생활 차원에서 핍진하게 묘사하고 있다(이것은 전국시대를 극복하고 평화 세계로 나아가는 길이기도 하다).

본문에서 서술하는 맹자의 꿈은 무척 아름답다. 머리로 그린 관념적 몽상이 아니라 몸이 요구하는 삶의 이상이기 때문이리라. 정녕 의식주는 풍족하고, 관혼상제의 의례를 넉넉히 행할 수 있으며, 사람다움의 가치를 배우는 학교와 교육을 온 나라에 마련하는 일은 '행복한 사회'의 기초 성분이다. 맹자는 이 상태를 왕도의 출발(王道之始)이라고 하였다. 실로 '곳간이 차야 인심이 나는 것'이 생활의 기초요, '배워야 사람인 것'이 사람다움의 토대인 터.

당시는 살육과 파괴가 일상인 전국시대였다. 현실은 "땅을 다투어 싸우다가 온 들판에 시체들이 가득하고, 성을 다투어 싸우다가 성 안이 죽은 사람들로 그득한"(7:14) 형국이었다. 위정자들은 핏발 선 눈으로 "백성의 농사철을 빼앗아, 밭 갈고 김맬 때를 놓쳐 부모 봉양도 못하게 하여 그 부모는 추위에 얼고 굶주리며, 형제와 처자식은 헤어져 흩어지니, 백성을 구렁텅이에 빠트리고 물구덩이에 떠밀어 넣는 형국"(1:5)이 눈앞에서 자행되고 있었다. 춘추전국 500년 세월이 내내 이러하였다. 이에 맹자는 개탄하기를 "이것은 짐승을 몰아 사람을 잡아먹는 짓이다! …… 짐승을 몰아 사람을 잡아먹다가 끝내 사람이 사람을 잡아먹게 되리라. 나는 이 사태가 두렵다"(6:9)라고 하였다. 그렇다면 이 절의 마지막 부분에서 맹자가 묘사하는 당대의 실상과 이를 시절 탓으로 돌리지 말라는 대안에 수긍하지 않을 도리가 없다. 이럴진대 어찌 맹자의 왕도 정치론을 관념적이거나 이상주의적이라며 비난할 수 있는가![82]

이렇게 참혹한 시대에 여민 정책을 실현한다면 분명 이 땅은 인민 복지의 땅으로 변모할 것이다. 만일 이런 나라에 외적이 침략한다면 인민

맹자, 마음의 정치학 1

이 "단단한 갑주와 날카로운 창칼에 대항하여 몽둥이를 깎아 들고라도 덤벼들 것이외다"(1:5)라는 전망이 어찌 헛된 몽상이랴. 백성이 자율적으로 판단하고 스스로 움직이는 정치 세계, 이것이 맹자가 꿈꾼 왕도 정치의 세계다. 맹자는 전국시대의 상식이던 '위하여'의 정치 논리를 '함께 더불어 사는' 여민 정치의 논리로 바꾸어 인민이 주인이 되는 새로운 문명 세계를 건설하고자 했던 사상가다.

그러므로 『맹자』에 위민은 없다! 인간다운 문명 세계를 건설하기 위해서는 여민 정치로 전환하는 길밖에 없다는 절박감이 맹자가 천하를 주유하며 군주들을 설득한 동력이었다. 맹자는 인민을 위하여 정치를 한다는 망상에서 깨어나, 본시 천하는 인민의 것이었으며 군주는 공동체의 관리자에 불과하다는 본연의 위치를 깨닫지 못하는 한 전국시대의 피비린내는 계속되리라는 경고를 가는 곳마다 발했다. 여기서 왕도의 다른 말이 여민 정치임을 알 수 있다. 참고로 1:1(하필왈리!)과 1:2(오직 여민!), 그리고 여기 1:3(위민은 없다)은 서로 면밀하게 연결되어 맹자의 여민 체제론(왕도 사상)을 구성한다.

참고　여민에 반하는 위민이 나름 이론의 형태로 경학사經學史에 등장한 것은 한漢제국 초엽 동중서에 의해서다. 동중서는 무제武帝의 권력을 뒷받침할 강력하고 효율적인 정치 이론을 구상한 사상가다. 그는 법가

82　정이천은 "맹자의 왕도 정치의 요결이 여기 있다"(주희)고 찬탄한 바 있다. 이 장에서 서술한 왕정론(왕도의 정책)은 이후 계속 변주된다.

와 묵가, 음양가, 유가를 한데 섞어 이른바 삼강오상三綱五常이라는 '제국의 유교'를 개시하였다.[83] 그의 위민론을 잠시 살펴보자.

> 하늘이 사람을 낳은 것은 왕을 위해서가 아니다. 외려 하늘이 왕을 세운 것은 '인민을 위해서(爲民)'다. 그러므로 하늘은 덕이 백성을 안락케 할 만한 자에게 왕위를 주고, 악행이 심하여 인민을 해칠 정도면 왕위를 뺏는다.[84]

말인즉 그럴싸하다. "하늘이 왕을 세운 것은 인민을 위해서"라니 인민이 정치의 근본이라는 민본주의를 설한 듯하다. 그러나 교묘하게 요술을 부린다. 이 문장의 주인공은 인민이 아니다. 인민은 왕에게 종속되어 그 그림자에 가려 있다. 인민은 왕의 시혜, 위민의 대상일 따름이다. 또 하늘도 주인공이 아니다. 하늘은 객관적 판정자인 듯하지만 실은 절대 권력의 추인자일 뿐이다. 즉 "동중서가 비록 천天의 의지적이고 인격신적인 모습을 강조하지만, 천은 단지 군주의 행위에 의해 반응을 보이는 수동적인 존재일 뿐이다."[85] 하늘도 인민도 무력한 것이다.

---

83 유교 사상사에서 공맹의 이른바 원시유교原始儒教(진나라 이전 유교)와 한당유교漢唐儒教(제국의 유교)의 차이가 맹자와 동중서 사이에서 날카롭게 대치한다. 앞의 「읽기 전에」를 참고할 것.

84 天之生民非爲王也, 而天立王以爲民也. 故其德以安樂民者, 天予之; 其惡足以賊害民者, 天奪之(동중서, 『춘추번로』, 「요순불천이탕무부전살堯舜不擅移湯武不專殺」).

85 김동민, 『춘추논쟁』, 글항아리, 2014, 144쪽.

맹자, 마음의 정치학 1

이 글의 주인공은 천하 독존의 권력자인 천자(황제)다. 동중서의 유교는 절대 권력을 추인하는 이데올로기일 따름이다. 위민 속에는 인민이 없다. 위민론은 결국 권력자의 위아로 떨어진다. 여기서 동중서의 위민론이 묵자 사상에서 비롯되었다는 추론은 주목할 만하다.[86] 반면 맹자의 여민주의에서는 하늘과 인민이 스크럼을 짠다. 하늘은 인민의 마음속에 존재한다. "하늘은 우리 백성이 보는 것을 통해 보시고, 우리 백성이 듣는 소리를 통해 들으시"기 때문이다(9:5).

---

86 "인격화된 최고신이 체계화된 이론의 형태로 동중서에게 직접적인 영향을 끼친 것은 묵자의 천지天志 이론이다. 이 이론의 최종 목적은 군주의 주체적이고 윤리적인 행위를 도출하기 위한 것임을 간과해서는 안 된다."(김동민, 앞의 책, 147쪽)

1:4. 기아와 살인은 '한 칸의 사이'

梁惠王曰, "寡人願安⁸⁷承敎."

孟子對曰, "殺人以梃⁸⁸與刃⁸⁹, 有以異乎?"

曰, "無以異也."

"以刃與政, 有以異乎?"

曰, "無以異也."

曰, "庖有肥肉⁹⁰, 廐有肥馬⁹¹, 民有飢色, 野有餓莩, 此率⁹²獸而食人也. 獸相

食, 且⁹³人惡之; 爲民父母, 行政, 不免於率獸而食人, 惡⁹⁴在其爲民父母也?

仲尼⁹⁵曰, '始作俑⁹⁶者, 其⁹⁷無後乎!' 爲其象⁹⁸人而用之也, 如之何⁹⁹其使斯民

飢而死也!"

---

87 安(안): '기꺼이'라고 번역했다.

88 梃(정): 몽둥이, 곤장.

89 刃(인): 칼날. '창칼'로 번역했다.

90 庖有肥肉(포유비육): '庖'는 푸줏간. '肥肉'은 군사용 식량으로 읽어도 좋겠다.

91 廐有肥馬(구유비마): '廐'는 마구간. '肥馬'는 전차용 말, 군마.

92 率(솔): 이끌다.

93 且(차): 하물며, 황차況且.

94 惡(오): 어디에, 어떻게.

95 仲尼(중니): 공자의 자字, 이름은 구丘.

96 俑(용): 장례용 나무인형.

97 其(기): 분명히(에드윈 풀리블랭크, 양세욱 옮김, 『고전중국어 문법강의』, 궁리, 2005, 321쪽).

98 象(상): '像(상)'과 같다.

99 如之何(여지하): 무엇하다, 어찌하다.

양혜왕이 말했다.

"과인은 선생의 가르침을 기꺼이 받고자 합니다."

맹자, 대하여 말씀하시다.

"사람을 죽이는 데 곤장을 쓰는 것과 창칼을 쓰는 것 사이에 차이가 있습니까?"

혜왕이 말했다.

"다를 것이 없지요."

맹자가 말했다.

"하면 창칼로 죽이는 것과 정치[100]로 죽이는 것 사이에는 차이가 있습니까?"

혜왕이 말했다.

"다를 게 없습니다."

맹자가 말했다.

"지금 푸줏간에는 살진 고기가 걸려 있고, 마구간에는 살진 말들이 늘어서 있습니다. 반면 백성은 굶주린 기색이 완연하고 들판에는 주려 죽은 시체들이 너부러져 있습니다. 이것은 짐승을 끌어다 사람을 잡아먹는 짓입니다. 짐승들끼리 서로 잡아먹는 꼴도 사람이 미워하거늘, 하물며 백성의 부모[101]라는 임금이 정치를 한다면서 짐승을 끌어다 사람을 잡아먹게 하는 짓을 면치 못한다면, 그 '백성의 부모'가 어디메 있단 말입니까? 공자는

---

100 政(정): 형벌 혹은 세금. 군율을 어기거나 세금으로 수탈당해 죽는 것이 '政'에 속한다.

'나무인형을 처음 만든 자는 분명히 후손이 없으리라'고 저주했습니다.[102] 사람 형상을 본떠 만든 나무인형을 두고도 저주했는데, 백성을 굶겨 죽이는 것을 본다면 공자가 또 뭐라고 하겠습니까!"

해설

양혜왕이 수긋해졌다. 앞서 맹자의 공박이 뜨끔하게 와닿았던 모양이다. 그래서 첫머리에 "과인은 선생의 가르침을 기꺼이 받고자 합니다"라고 차분하게 귀 기울이는 자세를 보인 것이리라. 맹자는 칼의 비유를 계속한다. 창칼로 죽이는 것과 곤장으로 패 죽이는 것이 다를 바 없다면, 군주가 정치를 잘못해 백성을 굶겨 죽이는 것도 마찬가지라는 결론을 얻는다.

그렇다면 "백성은 굶주린 기색이 완연하고 들판에는 주려 죽은 시체

101 爲民父母(위민부모): 춘추전국시대에 널리 쓰인 말이다. 『묵자』에도 자주 등장한다. 거슬러 『시경』에도 민지부모民之父母라는 표현이 나오고 『대학』에도 인용된다. 자식의 호오好惡를 부모가 따른다는 뜻이다('자식 이기는 부모 없다'는 속담의 뜻과 꼭 같다). 그러므로 '爲民父母'는 자식의 뜻과 '함께하는' 것이 부모라는 말로서 정치가의 책임 윤리를 상징한다.

102 공자는 사람 형상의 나무인형을 부장품으로 껴묻는 것을 순장殉葬의 출발로 보았던 듯하다. 이 장에서 공자가 용備을 인명을 경시한 순장 풍습의 시작으로 보고 크게 분노하기 때문이다. 그러나 인류학계에 의하면 원래 사람(노예)을 순장하던 관습이 나무인형을 껴묻는 식으로 바뀐 것이라 한다. 공자는 순장의 인류학적 기원까지는 알 수 없었다(양백준).

들이 너부러져" 있는 까닭은 무엇인가? 전쟁용 군량미를 비축하고, 튼실한 군마를 준비하기 위해 가진 것을 다 수탈당했기 때문이다. 물론 그 본질은 군주의 사리사욕이다. 그러니까 창칼에 죽임을 당하는 것과 식량을 군량미로 빼앗겨 굶어 죽는 것은 그야말로 '한 칸의 사이'일 뿐이다! "지금 푸줏간에는 살진 고기가 걸려 있고, 마구간에는 살진 말들이 늘어서 있습니다. 반면 백성은 굶주린 기색이 완연하고 들판에는 주려 죽은 시체들이 너부러져 있습니다庖有肥肉, 廐有肥馬, 民有飢色, 野有餓莩"라는 구절은 당대의 참상을 고발하는 맹자의 문학적 수법이 유감없이 드러난 문장이다.

군주는 자기 욕망을 달성하기 위해(1:5) 전쟁 준비에 광분하고, 군수품과 군마 징발에 재정을 쏟아 붓는다. 이를 충당하려면 기필코 민간에서 세금을 수탈하는 수밖에 없으니 백성이 굶주려 아사자가 속출하는 아이러니가 발생한다. 사람이 먹고살기 위해 짐승을 기르는 법인데, 그 전도된 사태인 "짐승을 끌어다 사람을 잡아먹게 하는" 꼴이 펼쳐지고 있는 것이다. 과연 '정치란 무엇인가'라는 근본적 질문을 던지게 되는 상황이다.

그러나 이 사태가 어찌 전국시대의 일일뿐일까? 사회학자 장 지글러Jean Ziegler는 현대 세계의 기아 사태는 자연재해가 아니라 사회 구조의 문제임을 지적한다.

19세기 후반의 산업혁명으로 생산성이 눈부시게 향상되어 오늘날에는 19세기 같은 '물질적인 결핍'이 사라지게 되었지. 하지만 벌써 사라졌어야 할 기아 문제는 아직도 해소되지 못하고 있어. 아니, 오히려 그 반대야. 굶주림은 비극적인 방식으로 더 심해지고 있어. 현재로서는 문제의 핵심이 사회 구조에 있단다. 식량 자체는 풍부하게 있는데도 가난한 사람들에게는 그것을 확보할 경제적 수단이 없어. 그런 식으로 식량이 불공평하게 분배되는 바람에 안타깝게도 매년 수백만의 인구가 굶어 죽고 있는 거야.[103]

경제학자 아마티아 센Amartya Sen은 『센코노믹스』에서 지글러의 사회적 원인론을 더욱 조밀하게 정치경제학적으로 규명했다.

세계적으로 비참한 기근의 역사 가운데 비교적 자유로운 언론이 존재한 민주 독립국가에서는 본격적인 기근이 한 번도 일어나지 않았다는 사실에 주목해야 합니다. …… 기근을 자연재해와 같은 것으로 연결시키는 사람들이 종종 있습니다. 예를 들어 대약진 기간 동안 중국에서 발생했던 대홍수, 에티오피아의 가뭄, 북한의 흉작과 같은 자연재해의 현상에 주목하여 기근을 단순하게 설명하고 끝내버리는 것입니다. 하지만 실제로 많은 국가에서는 비슷한 자연재해를 겪거나 더욱 참혹한 재난을 당하고도 아사가 일어나지 않았습니다. 바로 기아의 고통을 경감하기 위해 신속하게 반응하는 정부가 존재했기 때문입니다. …… 기근 문제는 (흉작이나 홍수로 인한 식량부족 등) 다각도로 분석되기 십상이지만, 실제로 그것은 오직 민주주의의 차원에

---

103 장 지글러, 유영미 옮김, 『왜 세계의 절반은 굶주리는가』, 갈라파고스, 2007, 36~37쪽.

서 접근해야만 할 대표적 사례일 것입니다. 정치적 권리와 시민 권리는 경제적·사회적 파국의 방지에 적극적인 역할을 합니다. 모든 것이 순조롭고 만사가 태평일 때, 민주주의가 구체적 수단을 가지고 기능하는 도구적 역할은 특히 간과될 수 있습니다. 그러나 이런저런 까닭으로 만사가 거꾸로 뒤집히고 사태가 대혼란에 빠질 경우, 민주주의가 가져오는 정치적 유인은 대단한 진가를 발휘하게 됩니다(밑줄은 필자가 그었다).[104]

지글러의 지적과 센의 발견은 맹자의 주장을 보증한다. 아사와 기근이라는 죽음의 본질은 정치와 경제, 즉 사회 구조의 문제에서 비롯한 인재人災요, 정치적 학살이라는 것. 맹자 사후 2300년 뒤 스위스의 사회학자가 지적한 "문제의 핵심이 사회 구조에 있단다. …… 식량이 불공평하게 분배되는 바람에 안타깝게도 매년 수백만의 인구가 굶어 죽고 있는 거야"라는 사회적 모순과, 인도 경제학자의 "자유로운 언론이 존재한 민주 독립국가에서는 본격적인 기근이 한 번도 일어나지 않았다"라는 정치적 발견은 인민과 함께하는 '여민 정치'에서만 '아사와 기근이 발생하지 않는다'라는 맹자의 인식과 정확하게 만난다.

요컨대 아사와 기근은 정치의 문제다! 어떤 정치냐에 따라, 즉 위민이냐 여민이냐 하는 선택에 따라 기근과 아사는 발생하기도 하고, 면하기도 한다. 지글러와 센, 그리고 맹자가 다 같이 동의하는 점은 인민의 아

---

104 아마티아 센, 원용찬 옮김, 『센코노믹스』, 갈라파고스, 2008, 97쪽 및 143~144쪽(발췌 인용).

사를 개개인의 살림 탓으로 돌리는 것은 정치가(군주)의 책임을 방기하
는 짓이라는 것. 다시금 '백성을 위한다'며 군주가 홀로 판단하고 자의恣
意로 행하는 위민 정치, 곧 전제정치하에서 대규모의 기근이 발생한다는
역사적 사실은 꼭 유의해야 한다. 거듭 "독재 국가에서는 심각한 기근이
발생했던 반면에, 민주주의 국가들에서는 더 나쁜 식량 상황에도 불구하
고 기근을 피하곤 했다"라는 센의 결론은 '위민 정치(양혜왕) 대 여민 정
치(맹자)'의 대결에서 판정자가 된다.

참고　　위민과 여민의 차이는 현대 한국 정치에서도 중요한 주제가 된다. 다
음은 2014년 7월 8일 청와대 구내 위민1관에서 발생한 화재 관련 기
사다.

> 7일, 오후 3시 30분쯤 청와대 구내 '위민1관' 지하 기계실에서
> 불이 나 비서실 근무자 수십 명이 10분여 동안 대피하는 소동이
> 벌어졌다. 불이 난 곳은 참여정부 시절 2004년 지하 1층, 지상 3
> 층으로 '여민1관'이란 이름으로 신축 완공된 후 이명박 정권 때
> 이름을 '위민1관'으로 바꿨다.[105]

이 기사는 노무현 정권 시절 청와대 부속 건물 이름이 여민관與民館이
었는데, 이를 이명박 정권에서 위민관爲民館으로 바꿨다는 사실을 알

105　"청와대 비서동 위민1관 화재사고, 비서진 대피소동", 〈뉴스플러스〉, 2014년 7월 8일자.

려준다. 노무현 정권은 자칭 '참여정부'였으니 여민과 관련성을 찾을 수 있겠는데 이명박 정권은 왜 이름을 구태여 위민으로 바꿨을까? 이명박 정권은 왜 여민을 혐오했을까? 그들은 왜 국민을 '위하려'고 들었을까? 그리고 그 끝은 국민을 위한 것이었던가, 자신을 위한 것이었던가? 극적이게도 이명박·박근혜 정권에서 위민관이었던 부속 건물의 명칭은 2017년 5월 문재인 정부가 들어서면서 여민관이라는 본래 이름을 찾는다.

> 윤 수석은 또 비서동의 명칭 역시 기존의 '위민관'에서 '여민관'으로 변경한다고 밝혔다. 비서동은 참여정부 시절 '여민관'으로 불렸으나, 이명박 전 대통령 때 '위민관'으로 바뀌었고 박근혜 전 대통령 청와대까지 이어졌다. 윤 수석은 명칭 변경 이유에 대해 "'백성을 위한다(위민爲民)'는 뜻은 아무래도 저희가 주체가 되고 국민이 객체가 되는 개념인 거 같고, '여민與民'의 의미는 국민과 대통령이 함께한다는 것"이라며 "대통령은 국민이 만들어준 국민의 촛불혁명에 의해 선거가 시작됐고 선거로 인해서 국민이 만들어준 정부라는 생각을 갖고 있어서 이름노 역시 국민과 함께한다는 개념을 선호한 것으로 생각된다"고 설명했다.[106]

여민관과 위민관 사이에 긴 '무의식'의 차이를 확대하면, 여민/위민

---

106 "웨스트윙처럼… '문 대통령의 24시' 참모들 속으로", 〈한겨레〉, 2017년 5월 13일자.

의 개념 차이를 따지는 고증 작업이 단순한 호사 취미가 아니라 한국 정치학의 중요한 주제임을 알 수 있다. 뿐만 아니라 조선 정치사를 분석하는 시각으로도 '여민 대 위민'의 구도는 쓰임새가 있다.

우리는 세종 임금을 민본적인 군주라고 칭한다. '어린 백성을 위하여'(「훈민정음 어제서문」) 행한 정치를 민본주의로 보는 것이다. 그러나 '여민 대 위민'의 구도로 읽자면, 그의 민본주의는 조선(국가)이 이씨 왕가의 '소유물'이며, 한글 창제는 인민을 '위한' 시혜라는 위민적 세계관을 바탕에 깔고 있다. 즉 세종의 민본주의는 위민주의에서 비롯된 것으로 여민주의를 중시하는 유교 본래의 정치 이념과는 결이 어긋난다. 또 다른 예로 조선 후기 정약용은 "수령이 인민을 위하여 존재한다牧爲民有也"(『원목原牧』)라고 하였다. 이런 구절을 바탕으로 우리는 다산을 민본주의 사상가로 평가해왔다. 그러나 역시 '위민 대 여민'의 구도로 관찰하면, 정약용은 여민주의를 비현실적인 것으로 여기고 '위민적 엘리트주의'를 현실적 대안으로 생각한 것이다(다산은 왕당파였다). 반면 조선 중기 사림파들, 조광조, 이황, 조식, 이이 등은 여민주의를 회복하려 했던 정치가들이다. 군주와 신하가 함께하는 협치 정부, 서울과 지방을 순환하는 시스템 구축, 공론 정치 등이 여민주의를 바탕에 깔고 제시했던 구체적 정책들이다. 역사학계의 '훈구파 대 사림파' 구도는 정치학적으로는 '위민 대 여민'으로 재구성할 수 있다. '여민 대 위민'은 조선시대뿐만 아니라 현대 한국의 정치 구조를 새로운 각도에서 관찰하는 좌표 구실을 할 수 있다.

梁惠王曰, "晉國[107], 天下莫强焉, 叟之所知也. 及寡人之身, 東敗於齊, 長子死焉; 西喪地於秦七百里; 南辱於楚. 寡人恥之. 願比死者[108]壹洒之[109], 如之何則可?"

孟子對曰, "地方百里[110]而可以王. 王如施仁政於民, 省[111]刑罰, 薄稅斂, 深耕易耨[112]; 壯者以暇日修其孝悌忠信[113], 入以事其父兄, 出以事其長上, 可使制梃[114]以撻[115]秦楚之堅甲利兵[116]矣.

彼奪其民時, 使不得耕耨以養其父母. 父母凍餓[117], 兄弟妻子離散. 彼陷溺[118]

107 晉國(진국): 춘추시대의 양나라의 본래 이름이다. 晉國→위나라→양나라가 된다.
108 比死者(비사자): '比'는 위하다. '死者'는 전몰자. 전몰자를 위하여 전쟁을 하겠다는 뜻이다. 양혜왕이 위민의 정치가임이 툭 불거진 대목이다.
109 壹洒之(일쇄지): 단번에 설욕하다. '壹'은 하나. '洒'는 씻다. '洗(세)'와 같다.
110 地方百里(지방백리): '地, 方百里'로 읽어야 한다. 사방 100리의 땅.
111 省(생): 덜다, 낮추다.
112 深耕易耨(심경이누): '深耕'은 봄에 땅을 깊이 가는 것. '易'는 쉽다. '耨'는 김매기. 곧 '易耨'는 수월한 김매기. 봄에 땅을 깊이 갈아서 파종하면 씨앗이 땅 깊숙이 뿌리내려 늦추위에도 생존율이 높고, 영양분을 오래 섭취하므로 곡식이 건강해져 가뭄이나 홍수를 이길 수 있고, 병충해에도 강하다 또 지표에 얕게 뿌리내린 잡초늘과 쉽게 구분되므로 김매기에도 쉽다. 자연히 가을의 수확량도 늘어나고 장정들은 여가를 갖게 된다. '深耕易耨'는 당시 최신 농법인 듯하다.
113 孝悌忠信(효제충신): 부모를 공경함이 '孝', 형과 어른에게 공손함이 '悌', 자신에게 충실한 것이 '忠', 상대방에게 성실한 것이 '信'이다. 유교를 구성하는 핵심 4대 덕목이다.
114 制梃(제정): 몽둥이를 깎아 들다.
115 撻(달): 치다. '덤벼들다'라고 번역하였다.
116 堅甲利兵(견갑이병): 단단한 갑주와 날카로운 창칼.
117 凍餓(동아): 얼고 굶주리다.

其民, 王往而征之, 夫誰與王敵? 故曰, '仁者無敵.' 王請勿疑!"

양혜왕이 말했다.

"천하에 우리 진晉나라보다 부강한 나라가 없었음은 노인장께
서도 아실 터입니다. 과인의 대에 이르러 동으로는 제에 패하
여 맏아들이 거기서 죽고, 서로는 진秦에게 사방 700리 땅을 잃
고[119], 남으로는 초에 욕을 당했습니다.[120] 과인은 이것이 치욕
스럽소이다. 바라건대 전몰자들을 위하여 단번에 설욕하고 싶
은데, 어찌하면 좋겠소이까?"

맹자, 대하여 말씀하시다.

"사방 100리 땅으로도 천하의 왕[121]이 될 수 있습니다. 왕께서
인정[122]을 베풀어 형벌을 낮추고 세금을 경감해주면 백성은 밭
을 깊이 갈 수 있어 김매기가 쉬울 것이니, 장정들은 그 여가를
이용하여 효·제·충·신의 도리를 닦아 집에 들어오면 제 부형
을 섬길 줄 알고 마을에서는 어른을 받들 줄 알게 될 터이니, 진

---

118 陷溺(함닉): '陷'은 함정에 빠트리는 것. '溺'은 물에 빠트리는 것.

119 "마릉 전투 이후 서쪽의 진秦나라가 상앙商鞅을 장군으로 삼아 계속 위나라를 공격하였
다. 위나라는 역부족이라 하서河西 지역과 상군上郡에 속한 15개 현縣과 성城을 진나라에
할양하였다."(『사기』, 「위세가」)

120 "회왕 6년, 초나라가 주국柱國 소양昭陽의 장병으로 위나라(곧 양나라)를 쳐 양릉襄陵에서
격파하고 여덟 고을을 획득하였다."(『사기』, 「초세가楚世家」)

121 王(왕): 주나라 문왕을 일컫는다(文王猶方百里起. 3:1).

122 仁政(인정): 왕도 실현을 위한 정책과 제도. 왕도가 이념이라면 '仁政'은 그 실천 방법이다.

과 초의 단단한 갑주와 날카로운 창칼에 대항하여 몽둥이를 깎아 들고라도 덤벼들 것이외다.

저들은 백성의 농사철을 빼앗아, 밭 갈고 김맬 때를 놓쳐 부모 봉양도 못하게 하여 그 부모는 추위에 얼고 굶주리며, 형제와 처자식은 헤어져 흩어지니, 백성을 구렁텅이에 빠트리고 물구덩이에 떠밀어 넣는 형국입니다. 이럴 때 왕이 가서 그들을 바로잡는다면[123] 뉘라서 왕에게 대적하오리까? 그러니 인자무적[124]이라, '어진 사람에겐 대적할 자가 없다'라고 하는 것이지요. 왕께서는 저의 말을 의심하지 마소서!"

해설

양혜왕의 키워드는 막강莫強이다. 즉 최강국의 실현이다. 그의 꿈은 과거의 영화, 춘추시대 진晉나라 시절의 패권을 회복하는 것이다. 그 절박감이 '한 번에 싹 씻어내다(壹洒之)', 즉 단번에 설욕하고 싶다는 말에 담겨 있다. 한데 맹자는 딴청이다. 맹자의 키워드는 인정仁政이다. 정치를 바라보는 눈이 전혀 다름이 드러난다. 양혜왕은 인민을 도구로 삼아 국가를 부강하게 하는 것이 목적이지만, 맹자에게 국가는 인민

---

123 征(정): 바로잡다.
124 仁者無敵(인자무적): 당시 속담인 듯하다. '敵'은 대등하다.

을 위해 존재한다. 둘의 만남은 이것으로 끝났다. 양혜왕은 맹자의 이상주의적, 관념적 제안에 분노했을 것이고, 맹자는 벌써 보따리를 싸기 시작했으리라.

맹자의 정치학에서 인민은 어떤 목적(국가, 군주, 정복 등)을 위한 이용 대상이나 수단이 아니다. 거꾸로 정치의 목적이 인민에 있다. 군주야말로 정치의 수단이요, 도구가 된다. 완전한 도치倒置다. 전몰자를 위해 설욕하겠노라는 양혜왕의 말에서 자기 욕망을 슬며시 백성을 위한다는 말로 바꿔치기하는 간교한 심리가 포착된다. '위민 정치가'로서의 자의식이 고스란히 드러나는 것이다. 위민 정치란 군주의 개인적 목적을 위해 인민을 도구로 활용하고, 통치의 대상으로 사물화하는 것이다. 실은 '남을 위한다(爲人)'는 큰 소리의 귀결은 '자신을 위하여(爲我)'일 따름이다. 맹자가 군주에게 권하는 바는 백성을 위하여 정치하라는 것이 아니라, 다만 '함께하라'는 것이다. 그 구체적 정책은 첫째 형벌을 낮추고, 둘째 세금을 경감하며, 셋째 새로운 농사법을 보급하고, 넷째 학교를 개설하여 효제충신을 닦도록 하는 것이다. 이를 인정仁政이라고 칭하는데, 눈여겨볼 점은 맹자 인정론의 정밀한 실현 과정이다.

국가가 먼저 형벌을 낮추고 세금을 경감하는 인정책을 시행하면 인민은 시간과 경제적 여유를 누릴 수 있으니 봄철에 경작할 때 '깊이갈이'를 할 수 있고, 이것이 여름에 김매기를 수월하게 한다. 김매기가 수월하므로 농한기를 얻게 되고, 그 여가에 효제충신의 윤리를 닦을 수 있다. 추수를 하면 자연히 수확량이 증가하고, 자연히 세금 부담은 더 줄어들기에 민간의 경제가 윤택해진다. 거기에 효제충신의 교육 효과가 덧붙어 풍속이 아름다워지는 이인위미里仁爲美의 사회가 건설될 수 있다. 뿐만 아니라 민간이 부유하면 세수가 증대되므로 국가의 재정과 군사력도 강화된다. 즉 인정이야말로 보민保民과 더불어 '막강한 국가'를 이룰 유일하고도 정밀한 방법이 되는 것이다.

더욱이 인정책이 실현될 때 인민이 거처하는 땅은 더 이상 너(군주)의 사유지가 아니라 '우리의 공유지'로 변모한다. 이제 이 땅에 외적이 침략한다면 백성은 스스로 일어나, 창칼이 없다면 몽둥이를 깎아 들고서라도 적군의 날카로운 창과 단단한 방패에 대적하리라 충분히 전망할 수 있다. 그제야 전쟁은 군주의 땅에서 벌어진 '너의 전쟁'이 아니라 백성의 땅에서 벌어진 '우리의 전쟁'이 된다. 이것이 여민 정치의 결과물이다. 자연스럽게 도탄에 빠진 천하 인민이 '우리 나라'로 몰려들 수밖에!

그렇다면 여민 정치가가 천하를 소유하지 않으려 한들, 천하 인민이 몰려드는데 어찌 천하의 왕이 되지 않을 수 있으랴! 그러므로 인자무적이라는 말이 어찌 거짓일쏘냐. 막강 대 인정! 이것이 양혜왕으로 상징되는 전국시대 '현실 정치가'와 맹자의 '여민 정치가' 사이의 명료한 대립 구도다. 막강은 위민의 정치로 나아가서 결국 '죽임의 정치'로 결과한다. 반면 인정은 여민의 정치로 나아가 '삶의 징지'로 열매 맺는다. 인간과 문명의 생사기로에서 맹자는 '죽임의 길'로 계속 나아갈지, 아니면 삶의 길로 되돌아갈지 선택하기를 요구하고 있다.

참고 맹자의 '왕도 정치=여민주의'가 비현실적인 관념주의가 아닌 것은 서양의 사례에서도 방증된다. 가령 서양 근대 정치과학의 문을 연 마키아벨리Niccolò Machiavelli는 당시 이탈리아 분열상의 핵심에 용병傭兵, mercenary이 있다고 보았다. 용병을 민병民兵, Militia, 즉 시민군으로 대체하는 것이 통일국가의 초석이라고 강조했다.[125] 시민군이란 사회나 국가가 위험에 처했을 때 시민이 자발적으로 무장하여 싸우는 군대를 말한다. '너희의 땅'에서 벌어진 '너의 전쟁'이 아니라 우리 땅에서 벌어진 '나의 전쟁'이 되는 것이 여민 정치의 힘이라고 말한 맹자의 뜻과 마키아벨리의 시민군 육성은 앞뒤로 똑 맞아떨어진다. 현대사를 예로 들더라도 2차 대전에서 영국·프랑스·미국 연합군이 처음엔 버거워 했지만 끝내 나치 독일과 파쇼 이탈리아, 천황제 일본의 동맹을 이길 수 있었던 것은 전쟁에서도 독재가 민주를 이길 수 없다는 증거다. 그렇다면 어찌 인민의 동의에 기초한 맹자의 여민주의를 관념적이라 매도할 수 있을까?

맹자의 여민주의는 외려 강한 군대를 이루어 참된 강국을 실현하는 '현실적이고 유일한' 방안이다. 여민주의만이 반동의 세월을 이겨낼 수 있는 강력하고 유일한 '현실적 정치론'인 것이다. 요컨대 맹자의 왕도 정치, 여민주의는 '또 다른 현실주의 정치학'이지, 결단코 비非현실적이거나 관념적인 서생의 백일몽이 아니다.

---

125 니콜로 마키아벨리, 강정인·김경희 옮김, 『군주론』, 까치, 2015 참고.

1:6. 통일천하의 전망

孟子見梁襄王[126], 出, 語人曰, "望之不似人君, 就之而不見所畏焉. 卒然[127]問曰, '天下惡乎[128]定?' 吾對曰, '定于[129]一.' '孰能一之[130]?' 對曰, '不嗜[131]殺人者能一之.'

'孰能與之?' 對曰, '天下莫不與也. 王知夫苗[132]乎? 七八月之間旱[133], 則苗槁[134]矣. 天油然[135]作雲, 沛然[136]下雨, 則苗浡然[137]興之矣. 其如是, 孰能禦之? 今夫天下之人牧[138], 未有不嗜殺人者也. 如有不嗜殺人者, 則天下之民皆引領[139]而望之矣. 誠[140]如是也, 民歸之, 由[141]水之就下, 沛然誰能禦之!'"

126 梁襄王(양양왕): 양혜왕의 아들. 이름은 사嗣(『사기』, 「위세가」).

127 卒然(졸연): 뜬금없이. '猝然(졸연)'으로도 쓴다.

128 惡乎(오호): 어떻게, 어디로.

129 于(우): '於(어)'로 된 판본도 있다.

130 一之(일지): 통일시키다(동사형 용법).

131 嗜(기): 좋아하다.

132 苗(묘): 보리 싹.

133 七八月之間旱(칠팔월지간한): "7, 8월은 하나라 달력(夏曆)으로 하면 가을이 되어 곡물을 수확할 시기이다. 주나라 달력(周曆)은 하나라 달력에 비해 두 달 정도가 빠르다. 7, 8월은 곧 주나라 달력으로 5, 6월이 된다. 이때는 곡물이 성장하는 계절이다. 이 무렵 가뭄을 만나면 벼이삭이 말라죽게 된다. 『맹자』에 나오는 말은 결코 잘못 말한 것이 아니다."(조선탁, 앞의 책, 155쪽) '間'은 무렵. '旱'은 가뭄.

134 槁(고): 마르다.

135 油然(유연): 구름이 피어나는 모양. '뭉게뭉게'라고 번역하였다.

136 沛然(패연): 비가 세차게 내리는 모양. '쫘 하고'라고 번역하였다.

137 浡然(발연): 싹이 급속하게 성장하는 모양. '우쩍우쩍'이라고 번역하였다.

138 人牧(인목): 관리의 통칭. 정약용이 지은 『목민심서牧民心書』의 '牧民'이 '人牧'과 같다.

139 引領(인령): 목을 빼다.

제1편 양혜왕 상

105

맹자가 양나라 양왕을 회견하고 나와 사람들에게 말했다.

"먼발치에서 그를 보니 임금 같지가 않고, 가까이 가서 살펴봐도 외경스러운 구석이 없었다. 뜬금없이 '천하가 어떻게 결정될 것 같소?'라기에 '하나로 결정될 것'이라고 대답했다. 또 '뉘라서 통일시킬 수 있겠소?'라기에 '사람 죽이기 좋아하지 않는 사람이 천하를 통일할 수 있으리라'고 답했지.

또 '누가 그와 함께하겠소?'라기에 '천하 사람 가운데 그와 함께하지 않을 자가 없을 것이외다. 왕은 저 보리 싹을 아시오? 7, 8월경 가뭄이 들면 싹이 시듭니다. 이때 하늘에 뭉게뭉게 구름이 일어나 쫙 하고 비가 쏟아지면 싹들은 우쩍우쩍 살아나지요. 그 누가 이것을 막을 수 있겠소. 오늘날[142] 천하 임금들 가운데 사람 죽이기를 좋아하지 않는 자가 없소이다. 이 가운데 사람 죽이기 좋아하지 않는 임금이 있다면, 천하 백성은 모두 목을 빼고 그를 우러러볼 것이오. 정말로 이와 같다면 천하 백성이 그에게로 몰려드는[143] 것이 꼭 물이 위에서 아래로 쏟아지는 것

---

140 誠(성): 정말로.

141 由(유): '猶(유)'와 같다.

142 今(금): 지금. '古(고)'와 상대된다. 『맹자』 전편에 걸쳐 '옛날의 범전(古之道)'을 빌려와서 현재(今)를 비평하는 '고금 대조' 방식이 자주 쓰인다. 옛날의 범전이란 고전 속 성왕들의 사례요, 현재란 당대 현실이다. 다만 회고주의가 아니라 현재를 개혁하기 위한 기준이 옛날의 범전임을 잊어선 안 된다. 공자의 술이부작述而不作 역시 옛날을 그대로 전술함이 아니라 현재에 대한 비판의 기준을 옛날에서 취한다는 뜻이니 실제는 미래 지향적이다.

143 歸(귀): 몰려들다. '가까운 사람들은 기뻐하고, 먼 데 사람들은 몰려들리라近者悅 遠者來'의 '來(래)'와 같다. 덕치의 흡입력을 뜻한다.

같으리니, 쏴 하고 퍼붓는 물줄기를 뉘라서 막을 수가 있겠더이
까!'라고 대답했다네."

해설

맹자를 초청한 양나라 혜왕은 머지않아 죽었다. 왕위는 차남인
양왕이 계승하였다. 장남은 제나라와의 전쟁터에서 죽었던 터다. 차남인
양왕은 세자로서 정치 교육과 리더십 훈련을 받지 못한 채 왕위에 올랐
던 듯하다. 자연히 행동거지가 군주로서 체모를 갖추지 못했을 것이다.
본문에 "먼발치에서 그를 보니 임금 같지가 않고, 가까이 가서 살펴봐도
외경스러운 구석이 없었다. 뜬금없이……"라는 첫 구절에 준비 없이 지
위에 오른 양왕의 경망스러운 모습이 묘사되어 있다. 특히 '뜬금없이'라
고 번역한 '졸연卒然'에 가벼운 행동거지가 집약되어 있다.

이 장에서 눈여겨볼 것은 곧 천하가 '하나로 결정될 것'이라는 맹자의
진단이다. 500년에 걸친 혼란기인 춘추전국시대가 머지않아 종지부를
찍으리라는 전망에 주목해야 한다. 거꾸로 이 전망이야말로 맹자가 그다
지도 다급해했던 이유이기도 하다. 새 세상은, 신새벽은 언제나 어둠 속
에서 밝음을 예비한다. 이때가 '위기'인 것이다. 위기危機란 곧 '위험과
기회'가 함께 똬리를 튼 쌍두뱀이다. 천하통일이 목전에 와 있다는 전망
은 맹자로 하여금 '어떤 통일이어야 하는가?'라는 문제의식을 갖게 하였
다. 만일 통일천하가 전제군주의 독재 체제로 전락한다면, 그것은 통일

하지 않느니만 못한 사태! 이에 요순과 삼대(하·은·주)의 왕도 정치를 회복하는 체제만이 통일의 올바른 길이라고 생각하였다. 독재 군주의 전제 정치가 아닌, 군주와 백성이 '함께 더불어' 국가를 구성하는 여민 체제의 통일이어야만 한다는 확신이 그를 다급하고 분주하게 움직이게 했다.

춘추시대에도 삼대의 평화를 회복할 절호의 '기회'가 있었고, 하늘은 한 사람에게 그 역할을 부여하였다. 관중이 그랬다. 그러나 그는 오랜 기간 대국(제나라)의 재상으로 있으면서도, 또한 군주(환공)의 전폭적인 지원을 받았음에도 그 기회를 놓쳤다(3:1 참고). 천재일우의 기회를 관중은 안이한 현상유지 정책*status quo*[144]으로 일관했던 것이다. 당시로서야 잠정적 평화*modus vivendi*[145]를 이뤘지만(12:7 규구葵丘의 회맹 참고), 이는 고식책에 불과했다. 그가 기회를 날려버리자 전대미문의 위험이 닥쳤다. 전국시대로의 추락이었다. 춘추시대와는 비교할 수도 없는 끔찍한 인명 살상이 자행되었다. 그야말로 '사람이 사람을 잡아먹는' 세월이 근 200년 동안 이어졌다. 사람의 본성을 논한다는 사실(맹자의 성선설/순자의 성악설) 자체가 짐승보다 못한 처지로 타락한 인간의 실태를 반증하는 사례일 따름이다. 맹자는 관중의 잘못(일이 닥쳤을 때 근본적 혁신을 놓치고 임시방편의 조치에 만족하면, 곧 상상하지 못할 참혹한 사태가 덮친다)을 다시 반복해서는 안 된다는 절박감을 느끼는 동시에 지금이야말로 삼대의 평화를 회복할 수 있는 두 번째 기회라고 여겼다(500년 주기설, 4:13 및 14:38 참고).

---

144 스테이터스 쿠오: 국제정치학 개념으로 강대국에 의한 '현상유지 정책'을 뜻한다.
145 모두스 비벤디: 라틴어 본래의 뜻은 '생활양식'이지만, 정치학에서는 둘 이상의 주체들이 일시적 타협으로 공존하는 양식을 말한다.

분수령! 이것이 맹자의 시대 인식이었다. 그는 짐승보다 못한 야만의 시대로 추락하느냐, 아니면 삼대의 평화를 회복하느냐 하는 절체절명의 순간이 지금이라고 여겼다. 이에 맹자는 공자를 이어 '안 될 줄 알면서도 행하는 길'을 따라 나선다. 고식적 방책(종횡가의 전략/병가의 전술/도가의 보신술)이 아닌 근본적 처방(곧 왕도)일 때라야만 관중이 저지른 역사적 실패를 반복하지 않는다는 결의였다. 만일 다시금 이 기회를 놓친다면, 천하가 하나로 결정된다고 한들 그 결과는 더 끔찍한 사태로 추락할 것이라는 두려움(懼)이 그를 일으켜 이 나라 저 나라를 떠돌게 한 것이다.

맹자의 제안은 일견 이상주의로 보이기도 한다. 하지만 그는 상황을 무마하는 개혁으로는 제대로 된 약효를 볼 수 없다고 믿었음에 분명하다. 근본적 처방이어야만 한다는, 세상은 이미 더 이상 물러설 곳이 없다는 절체절명의 판단으로 그는 타협 없는 '이상주의'를 밀어붙였으리라. 맹자는 당대 현실에 무지한 사람이 아니었다. 묵가, 병가, 법가, 종횡가 등 당대 현실주의 사상과의 논전으로 이뤄진 『맹자』라는 텍스트는 맹자가 당대의 학술을 섭렵했음을 증명해 보인다. 맹자는 당시의 현실주의 정치술을 모두 패도의 일환으로 규정하고, 이 사상들이 전국시대를 더욱 잘못된 방향으로 끌어간 뿐이리라고 확신했다. 다시 말해서 권력 세계와 권력 욕구, 정치 폭력이 자행한 참혹한 결과를 충분히 고려한 바탕에서 유일한 탈출구로서 '왕도'를 제시한 것이다. 그가 현실을 몰각한 관념주의자가 아니었음에 각별히 유의해야 한다.

유일한 길은 왕도, 곧 여민주의일 수밖에 없었다. 본문에서 맹자가 천하통일의 주역으로 '사람 죽이기 좋아하지 않는 사람'을 지목하자 양왕

은 시큰둥하게 되물었다. "누가 그와 함께하겠소?" 이에 대해 "천하 사
람 가운데 그와 함께하지 않을 자가 없을 것이외다"라는 딱 부러진 대답
에서 맹자의 확신을 엿볼 수 있다. 맹자는 인간의 한계에도 불구하고 희
박한 인성(성선)에 기대를 걸고, 요순과 문왕의 왕정 체제를 지침으로 삼
아 도도한 현실주의(패도 정치)의 물결을 거슬러 올라야만 한다고 판단했
다. 어렵지만 불가능하지만은 않은 길! 맹자가 이런저런 조롱을 받으면
서도 여민 정치를 제시하고, 당대 지식인들과 논전을 벌이며 천하를 주
유한 속내가 이 부분에 담겨 있다.

1:7. 정치란 선한 마음을 널리 펴는 일이다

이 장은 왕도 정치론의 요약이다. 특히 정치와 마음의 관계에 주목하자. 『맹자』의 핵심 가운데 하나이면서 제1편을 총결한다. 네 개의 절로 나누어 번역하고 해설하였다.

1:7-1. 돌이켜 마음을 보라

齊宣王¹⁴⁶問曰, "齊桓·晉文¹⁴⁷之事可得聞乎?"

孟子對曰, "仲尼之徒無道¹⁴⁸桓文之事者, 是以後世無傳焉, 臣未之聞也. 無以¹⁴⁹, 則王乎?"

曰, "德何如則可以王矣?"

曰, "保民而王, 莫之能禦也."

曰, "若寡人者, 可以保民乎哉?"

---

146 齊宣王(제선왕): 제나라 위왕威王의 아들로서 이름은 벽강辟疆. "맹자가 양왕을 만나고 나서 곧장 양나라를 떠나 제나라에 왔던 듯하다. 이때 제선왕은 즉위한 지 2년에 지나지 않았다."(양백준)

147 齊桓·晉文(제환·진문): '齊桓'은 춘추시대 제나라 환공桓公으로 이름은 소백小白. 관중을 재상으로 삼아 패자가 되었다. '晉文'은 춘추시대 진晉나라 문공文公으로 이름은 중이重耳. 둘은 춘추오패春秋五霸, 곧 춘추시대 다섯 패자hegemon의 대명사다.

148 道(도): 말하다.

149 無以(무이): '그러하나'라고 번역했다. 여기 '以'는 '그만두다'를 뜻하는 '已(이)'와 같으니 '無以'는 '계속하다'라는 뜻.

曰, "可."

曰, "何由知吾可也?"

曰, "臣聞之胡齕[150]曰, 王坐於堂上, 有牽[151]牛而過堂下者, 王見之, 曰, '牛何之?' 對曰, '將以釁鐘[152].' 王曰, '舍之! 吾不忍其觳觫若[153]無罪而就死地.' 對曰, '然則廢釁鐘與?' 曰, '何可廢也? 以羊易之!' 不識有諸?"

曰, "有之."

曰, "是心足以王矣. 百姓皆以王爲愛也, 臣固知王之不忍也."

王曰, "然; 誠有百姓者. 齊國雖褊小[154], 吾何愛一牛? 卽不忍其觳觫若無罪而就死地, 故以羊易之也."

曰, "王無異於百姓之以王爲愛也. 以小易大, 彼惡知之? 王若隱[155]其無罪而就死地, 則牛羊何擇焉?"

王笑曰, "是誠何心哉? 我非愛其財而易之以羊也. 宜乎[156]百姓之謂我愛也."

曰, "無傷也[157]. 是乃仁術[158]也, 見牛未見羊也. 君子之於禽獸也, 見其生, 不

---

150 胡齕(호흘): 제선왕의 근신近臣.

151 牽(견): 끌다.

152 釁鐘(흔종): 주조한 종의 균열을 메우기 위해 소의 피를 바르는 것. '釁'은 틈.

153 觳觫若(곡속약): 두려워 부들부들 떠는 모양. '觳'은 곱송거리다. '觳觫'은 두려워하다. '若'은 '然(연)'과 같이 의태어를 표현하는 조사.

154 褊小(편소): 좁고 작다. '협소'와 같다.

155 隱(은): 측은히 여기다. 조기의 주석에서는 "아파하다痛也"라고 하였다.

156 宜乎(의호): 그렇군. 제선왕이 백성의 입장에서 그 마음을 헤아리는 역지사지의 신호탄이다.

157 無傷也(무상야): '자책하지 말라'라고 번역하였다.

158 仁術(인술): '사랑의 기술'이라고 번역하였다(에리히 프롬, 황문수 옮김, 『사랑의 기술』, 문예출판사, 2006 참고).

忍見其死; 聞其聲, 不忍食其肉. 是以君子遠庖廚[159]也."

제나라 선왕이 물었다.

"제환공과 진문공의 사업을 들어볼 수 있을까요?"

맹자, 대하여 말씀하시다.

"공자의 제자들은 환공·문공의 사업을 말한 적이 없어 후대에
전해지지 않아 저로서는 알지 못합니다. 그러나 왕도라면 말
씀드릴 것이 있습니다만."

선왕이 말했다.

"덕으로 어떻게 제왕[160]이 될 수 있다는 것입니까?"

맹자가 말했다.

"백성을 보전하고 왕도를 행하면,[161] 그 누가 막을 수 있으리까."

선왕이 말했다.

---

159 庖廚(포주): '庖'는 푸줏간. '廚'는 부엌. "여기 '군자는 푸줏간을 멀리 한다'라는 말은 '이
유 없이 개돼지를 죽이지 않았다'(『예기禮記』), 또 '자른 것이 반듯하지 않으면 먹지 않았
다'(『논어』)와 같은 의미. 개와 돼지의 울음소리를 듣지 않아 밥을 편하게 먹는다는 뜻
만은 아니다."(황종희, 이혜경 옮김, 『맹자사설』, 한길사, 2011)

160 王(왕): 여기서는 제왕帝王. 맹자의 왕이 '왕도'를 뜻한다면, 제선왕의 왕은 천하를 제패
하는 '제왕'을 가리킨다. 제나라 선왕과 양나라 혜왕의 질문은 같다. 혜왕의 질문이 직설
적으로 '내 나라를 이롭게 하는 방안'이었다면, 제선왕은 우회적으로 춘추시대의 패자인
'제환공과 진문공'의 사적을 말해달라는 것이다. 둘 다 천하를 제패하는 '제왕의 길'을
물은 점에선 같다.

161 保民而王(보민이왕): '保民'은 앞에서 "왕도의 시작"(1:3)이라 했고, '王'은 정전제, 학교
건설 등 왕도의 정책을 뜻한다. '保'는 『서경』, 「주서周書」, '강고康誥'의 '여보적자如保赤
子(어린아이를 보호하듯 하다)'에서 기원하였다(5:5 해설 참고).

"저 같은 사람도 백성을 보전할 수 있을까요?"

맹자가 말했다.

"가능합니다."

선왕이 말했다.

"어떤 연유로 제가 가능하다는 것을 아십니까?"

맹자가 말했다.

"제가 호흘에게 듣건대, 왕이 마루 위에 앉아 있는데 그 아래 소를 끌고 가는 자가 있었다지요. 왕이 소를 어디로 끌고 가느냐고 물으니 '흔종을 하러 간다'고 대답하였고, 왕은 '풀어주어라! 소가 부들부들 떨며 죄 없이 사지로 끌려가는 꼴을 차마 보지 못하겠다'라고 하셨답니다. 그러자 '흔종의 예를 폐지할까요?'라고 되물으니 왕께선 '어찌 폐지할 수 있겠느냐, 양으로 바꿔 쓰도록 하라!'고 하였다는데, 알진 못하겠습니다만 이런 일이 있었던가요?"

선왕이 말했다.

"그런 적이 있습니다."

맹자가 말했다.

"이런 '마음'이라면 왕도를 시행하기에 충분합니다. 백성은 '왕이 소가 아까워서 양으로 바꾸라고 했다'고들 한다지만, 저는 왕의 '차마 어쩌지 못하는 마음' 때문임을 잘 알고 있습니다."

선왕이 말했다.

"그렇습니다. 실제로 그렇게 말하는 백성이 있겠지요. 그러나 제나라가 비록 좁고 작으나 내 어찌 소 한 마리를 아까워하겠습니까! 그저 소가 부들부들 떨며 죄 없이 사지로 끌려가는 모양을 차마 보지 못하겠던지라 양으로 바꾸라고 한 것일 뿐입니다."

맹자가 말했다.

"왕께서는 '왕이 아까워한다'라는 백성의 말을 탓하지 마십시오. 큰 것을 작은 것으로 바꾸라 하셨으니 그런 것인데, 저들이 어찌 왕의 속마음을 알겠습니까! 한데 만약 왕께서 죄 없이 사지로 끌려가는 소가 측은했다면, 소와 양을 차별한 것은 어째서입니까?"

왕이 웃으며 말했다.

"그것 참! 과연 무슨 마음에서였을까? 내가 재물을 아껴서 소를 양으로 바꾸라고 한 것은 아닌데……. 그렇군. 백성이 나를 인색하다고 여길 수도 있겠군요."

맹자가 말했다.

"자책하지 마십시오. 왕의 그 마음이 바로 '사랑의 기술'입니다. 소는 직접 눈으로 보았고, 양은 보지 못했기 때문이지요. 군자는 산 짐승 모습은 보아도 죽는 꼴은 차마 보지 못하고, 죽는 소리를 들으면 그 고기를 차마 먹지 못하는 법입니다. 그래서 '군자[162]는 푸줏간과 부엌을 멀리한다'고 하지요."

---

[162] 君子(군자): 유덕자有德者, 고위 관직자(有位者), 혹은 공자를 지칭하는 말로 쓰이기도 한다. 여기서는 유덕자의 의미다.

왕은 소를 직접 보았다. 그 소는 도살장으로 끌려가는 중이다. 울음소리와 몸짓이 공포에 질려 있다. '본다'는 것은 느낌의 최전선이다. 죽으러 가는 소를 차마 보지 못함, 곧 측은지심이 인심仁心인 까닭이다. 이 '사랑의 단서'를 놓치지 말고, 보이지 않는 것에까지 미루어 채워나가면 사랑의 나라, 평화의 세계를 만들 수 있다. '소를 살려주라'는 선왕의 말에서 맹자는 생명을 사랑하고 죽음을 싫어하는, 마음속 인의 싹을 발견한 것이다.

생명의 아픔을 함께 느끼는 측은한 마음은 재물을 아끼는 이기심과는 전혀 다르다. 그러나 사람들은 그 소식을 듣고 왕이 소 한 마리를 아까워한다고, 구두쇠라고 비난한다. 왕이 소를 재물로서, 경제적 가치로서 따진다는 비난이다. 그 증거가 소를 양으로 바꿔 쓰도록 조치한 것이다. 백성의 비난에는 두 가지 뜻이 담겨 있다. 하나는 왕과 백성의 단절이다. 왕궁 안에서 일어나는 일의 속사정을 궁 밖의 백성은 바로 알지 못한다. 밀폐, 유폐, 단절, 불통이 제나라 정치의 바탕에 깔려 있다. 이 점을 두고 맹자가 "왕께서는 '왕이 아까워한다'라는 백성의 말을 탓하지 마십시오. 큰 것을 작은 것으로 바꾸라 하셨으니 그런 것인데 저들이 어찌 왕의 속마음을 알겠습니까!"라고 지적하였다.

둘째는 이 사건에 앞서 왕이 백성의 생명을 사유물로 여겨왔다는 점, 즉 절약의 차원에서 사람 목숨을 대했을 뿐이라는 전제다. 다시 말해 소를 양으로 바꾸라는 제선왕의 조치에 '임금은 구두쇠'라는 비평이 툭 터져 나온 것은 여태껏 선왕이 사람 목숨을 재물(경제적 차원)처럼 다루어 왔기 때문이다. 앞서 양나라 혜왕이 정치를 '이익의 관점에서 논하던 시각'과 같다. 인민을 숫자로 계량화하는 통계학적, 경제적 관점과도 같다 (1:3).

제선왕은 구두쇠라는 백성의 반응에 그럴 리가 있겠느냐며 펄쩍 뛰지만, 막상 왜 소와 양을 차별하느냐, 즉 어째서 소는 살려주고 대신 양을 죽였느냐는 맹자의 반격에는 꼬리를 내린다. "그것 참! 과연 무슨 마음에서였을까? 내가 재물을 아껴서 소를 양으로 바꾸라고 한 것은 아닌데……"라며 자기 마음을 돌이켜 질문하는 계기를 얻는다. 한 걸음 더 나아가 백성의 마음을 '미루어 헤아리는' 문지방도 건넌다. "그렇군. 백성이 나를 인색하다고 여길 수도 있겠군요"라는 반응이 그렇다. 이 순간 불현듯 제선왕은 유교의 사랑법을 체험하였다. 소 울음소리를 아파하는 마음을 실마리로 자기 마음을 돌이켜 보고, 나아가 타인(백성)의 마음을 헤아리는 충忠과 서恕의 징검다리를 통과해본 것이다.

이 장의 가치가 이것이다. 마음의 발견! 맹자의 사상사적 기여는 바로 정치와 마음의 관계를 드러냈다는 점이다. 맹자는 제선왕 본인도 알지 못하던 속마음을 짚어, 밖으로만 치닫던 정치적 행동을 놀이켜 자기 마음을 발견하는 성찰의 계기를 만들어주었다. 선왕은 문득 제 마음을 돌이켜 보는 회광반조廻光返照의 기회를 통해 백성도 자신과 같은 인간이라는 깨달음을 얻었다. 정치적 행동의 원인을 바깥에서만 찾던 권력자들의 눈길을 돌이켜 자기 마음을 들여다보게 만든 전회轉回야말로 동양 정치사상사의 분수령이다. 직접 눈으로 보고 마음으로 느낀 측은지심이 용솟음하는 순간을 포착하여, 그것을 보이지 않는 생명에까지 확충하는 일이 왕도 정치의 경로가 된다. 이것을 맹자는 인술仁術, 즉 '사랑의 기술'이라고 표현했다. 사랑의 기술은 '본 것'에서 터져 나온 사랑의 싹을 '보지 못한 것'에까지 미루는 것이다. 바로 지금 여기, 상대방과 함께하는 '실학'이 유교다. 사랑이든 정치든 내가 맞닥뜨린 지금 여기의 구체적 시공간에 존재한다.

애당초 공자의 제자 자하가 지적한 근사近思, 곧 '가까운 데서 생각하라'(『논어』, 19:6)에 이미 이런 뜻이 담겨 있다. 그러니 사랑과 정치는 보고 듣는 느낌을 바탕으로 이를 '미루어(推)', 보지 못하고 듣지 못하며 알지 못하는 대상으로까지 나아가 '미치는 것(及)'일 따름이다. 사람은 보고 듣는 몸의 느낌에서부터 접촉과 접속, 관계의 망을 잣는 존재다(그래서 맹자는 묵가의 겸애, 즉 박애를 비인간적인 허망한 사설邪說로 치부한다). 맹자는 소와의 만남에서 문득 솟아오른 측은지심이 평천하를 이룰 참정치의 출발점임을 선왕이 느낄 수 있도록 인도했다. 이제 문제는 이를 어떻게 자기 주변에서 천하에 이르기까지 실제로 미루어 나갈 것인가가 된다.

참고　이 절에서 논한 마음과 정치의 관계는 3:6 첫 대목에 요약되어 있다.

사람이라면 누구나 '차마 어쩌지 못하는 사람의 마음'을 갖고 있다. 선왕들은 차마 어쩌지 못하는 사람의 마음을 가지고 곧 '차마 어쩌지 못하는 사람의 정치'를 이루었다. 차마 어쩌지 못하는 마음으로 차마 어쩌지 못하는 정치를 시행한다면, 천하 다스리기는 마치 손바닥 위에서 놀리는 듯할 테다.

1:7-2. '하지 않는 것'과 '할 수 없는 것'

王說[163]曰, "詩[164]云, '他人有心, 予忖度[165]之', 夫子之謂也. 夫我乃行之, 反而求之, 不得吾心. 夫子言之, 於我心有戚戚[166]焉. 此心之所以合於王者, 何也?"

曰, "有復[167]於王者曰, '吾力足以擧百鈞[168], 而不足以擧一羽; 明足以察秋毫[169]之末, 而不見輿薪[170]', 則王許之乎?"

曰, "否."

"今恩足以及禽獸, 而功不至於百姓者, 獨何與? 然則一羽之不擧, 爲不用力焉; 輿薪之不見, 爲不用明焉; 百姓之不見保, 爲不用恩焉. 故王之不王, 不爲也, 非不能也."

曰, "不爲者與不能者之形何以異?"

曰, "挾[171]太山以超北海, 語人曰, '我不能.' 是, 誠不能也. 爲長者折枝[172], 語

163 說(열): 기뻐하다. '悅(열)'과 같다.

164 詩(시): 『시경』, 「소아小雅」, '교언巧言'.

165 忖度(촌탁): 헤아리다.

166 戚戚(척척): 후련한 모양. '戚'은 '근심하다'를 뜻하는 '慽(척)'과 같다.

167 復(복): 아뢰다(주희).

168 鈞(균): 무게 단위. 30근.

169 秋毫(추호): 가을철의 새 털(여름철 성긴 털을 갈아 새로 돋아난 가는 털).

170 輿薪(여신): 수레에 가득 실린 나무 더미. '輿'는 수레. '薪'은 땔감.

171 挾(협): 사이에 끼다.

人曰, '我不能.' 是不爲也, 非不能也. 故王之不王, 非挾太山以超北海之類[173]

也; 王之不王, 是折枝之類也.

老吾老, 以及人之老; 幼吾幼, 以及人之幼, 天下可運於掌[174]. 詩[175]云, '刑[176]

于寡妻, 至于兄弟, 以御于家邦.' 言擧斯心加諸彼而已. 故推恩足以保四

海[177], 不推恩無以保妻子. 古之人所以大過人者, 無他焉, 善推其所爲而已矣.

今恩足以及禽獸, 而功不至於百姓者, 獨何與[178]? '權, 然後知輕重; 度[179], 然

後知長短.' 物皆然, 心爲甚. 王請度[180]之!"

　　　왕이 기뻐하며 말했다.

　　　"『시경』, 「소아」, '교언'에 '남의 마음을 나는 헤아릴 줄 아네'

172 折枝(절지): 나뭇가지를 꺾다. '折枝'에는 몇 가지 해석이 있다. "첫째, '枝'를 관절로 보아 '안마를 해주다'라고 보는 견해(조기), 둘째 주희의 해석으로 '나뭇가지를 꺾는다'라고 보는 것, 셋째 '枝'를 관절로 보기는 마찬가지지만 '다리 관절'로 보아 어른을 위해 예를 차려 '자기 다리를 꺾어 거두어들이는(염절斂折)' 행위로 보기도 한다(진천상陳天祥의 설). 혹은 관절을 허리 관절로 보고 허리를 굽혀 인사하는 말로 보기도 한다."(이토 진사이, 최경열 옮김, 『맹자고의』, 그린비, 2016 참고)

173 類(류): 종류. 범주category와 같다(데이비드 S. 니비슨, 김민철 옮김, 『유학의 갈림길』, 철학과현실사, 2006 참고). 후기 묵가의 개념어 사전인 『묵경』에 '類'에 대한 논의가 자세히 나와 있다. 맹자가 묵가의 영향을 받았다는 표지다. 맹자의 '類'에 대해서는 10:4의 해설 참고.

174 掌(장): 손바닥.

175 詩(시): 『시경』, 「대아」, '사재思齊'.

176 刑(형): 모범이 되다.

177 四海(사해): 천하天下와 같다. 오늘날 '사해동포주의'라는 표현으로 낯이 익다.

178 獨何與(독하여): 유독 어째서입니까?

179 度(도): 재다.

180 度(탁): 헤아리다.

라고 하였더니 선생을 두고 이른 것 같습니다. 내가 금방 했던 일을 돌이켜 찾아봐도 제 마음을 알지 못하겠더니 선생께서 지적해주시자 마음속이 환해집니다. 한데 이 마음이 천하의 왕자 되기에 적합하다는 것은 어째서인지요?"

맹자가 말했다.

"누가 왕께 아뢰기를 '내 힘으로 100균의 무게는 넉넉히 들어 올릴 수 있으나 깃털 하나는 들 수가 없다'고 하고, 또 내 눈으로 '가을철 새 털의 끝은 환히 볼 수 있으나 수레의 땔감 더미는 보이지 않는다'라고 한다면, 왕께서는 그 말에 수긍하시겠습니까?"

제선왕이 말했다.

"아닙니다!"

맹자가 말했다.

"지금 왕의 연민하는 마음은 짐승에까지 미치면서 막상 그 효험이 백성에게는 이르지 못하는 까닭은 무엇이겠습니까? 깃털 하나 들지 못한다는 것은 힘을 쓰지 않아서이고, 수레의 땔감 더미를 보지 못한다는 것은 눈을 쓰지 않았기 때문이듯 백성이 보호받지 못하는 이유는 연민하는 마음을 쓰지 않아서입니다. 즉 왕께서 천하의 왕자가 되지 못하는 까닭은 '하지 않는 것'이지 '할 수 없는 것'이 아닙니다!"

제선왕이 말했다.

"하지 않는 것과 할 수 없는 것은 어떻게 다릅니까?"

맹자가 말했다.

"태산을 옆구리에 끼고 북해를 뛰어넘는 것을 '나는 할 수 없다'고 한다면 이것은 정말로 할 수가 없는 것입니다. 어른을 위해 나뭇가지 꺾는 것을 '나는 할 수 없다'고 한다면 이는 하지 않는 것이지 할 수 없는 것은 아니지요. 그러니 왕께서 천하의 왕자가 되지 못하는 것은 태산을 끼고 북해를 뛰어넘는 류가 아니라 나뭇가지를 꺾는 류입니다. 자기 집 노인을 섬기는 것으로써 남의 집 노인에게 미치고, 자기 아이를 아끼는 것으로써 이웃집 아이에까지 미친다면, 끝내 천하를 손바닥 위에서 움직일 수 있습니다. 『시경』, 「대아」, '사재'에 '내 아내에게 모범이 되어 형제에게 미치고, 집안과 나라를 다스린다'라고 노래하였습니다. 이 마음을 들어다 저기에 놓을 따름[181]이라는 말씀이외다. 그러므로 연민의 마음을 미루어 나아가면[182] 천하도 너끈히 보전할 수 있으려니와 연민의 마음을 미루어 나아가지 못하면 처자식조차 보전하지 못합니다. 옛사람이 요즘 사람에 비해 크

---

181 擧斯心加諸彼而已(거사심가저피이이): 이 말의 기원은 묵자다. 묵자는 이 말을 '전혀 문제가 되지 않는다(누구나 할 수 있다)'라는 뜻을 강조하기 위해 사용한다(데이비드 니비슨, 앞의 책, 198쪽). 반면 맹자는 이 말을 통해 사랑의 농도가 같을 수 없다는 점을 강조한다. '나를 미루어 타인에게 미치는(推己及人)' 사랑의 확산성에서는 묵자와 맹자가 동일하지만, 맹자가 보기에 이 마음과 저 마음 사이에는 농도의 차이가 있다. 맹자가 친친親親(친족 간의 사랑)은 인민仁民(사회적인 사랑)보다 짙고, 인민은 애물愛物(동식물을 아낌)보다 짙다며 차등애를 강조한 까닭이다(13:45). 반면 묵자는 겸애를 주장하므로 맹자의 사랑법과의 차이에 주의해야 한다.

게 뛰어난 점은 다름 아니라 자신의 할 바를 '미루어 나가기'를
잘했다는 것입니다.

지금 왕의 연민하는 마음이 짐승에게까지 미치면서 그 효험은
백성에게 미치지 못하는 까닭은 유독 무엇 때문이겠습니까?
'저울질해본 다음에야 경중을 알 수 있고, 자로 재본 다음에야
길이를 알 수 있는 법.' 모든 사물이 다 그러하나 마음은 더욱
그러하나니 왕께서는 마음을 잘 헤아려보십시오."

해설

이 절에서는 본격적으로 마음이 주제로 다루어진다. 자, "태산
을 옆구리에 끼고 북해를 뛰어넘는"(장자에 나올 법한) 따위는 사람으로
서 불가능한 일이다. 사람으로서 '할 수 없는 것'을 하지 못했을 때는 외
려 사람들의 동정을 사기도 한다. 공자가 "윗사람이 신뢰를 좋아하면 백
성 가운데 마음을 쓰지 않을 자가 없다"(『논어』, 13:4)라고 지적했던 것이
이런 뜻이다. 가령 임금이 백성의 농사를 잘 보살폈는데 수확을 앞두고

---

182 推恩(추은): 연민의 마음을 확장하다. 참고로 "推는 유가들 사이에서는 제한적으로만 사
용되지만 묵가에서는 기술적으로 중요한 용어다. 맹자는 지금 묵가에서 의도적으로 그
용법을 전용하고 있다."(데이비드 S. 니비슨, 앞의 책, 202쪽) 묵가는 "推는 어떤 사람이 받아
들이지 않은 것이 그 사람이 실제로 받아들이는 것과 같을 때 그 사람이 받아들이지 않는
것을 인정하게 하는 것이다"(『묵자』,「소취小取」)라고 정의한다.

태풍으로 농사를 망쳤다면, 백성은 도리어 그 임금을 위로할 것이다. 천재지변으로 인한 흉년은 어쩔 수 없는 것, 즉 불능不能한 것이기 때문이다. '할 수 없음'은 운명적인 것이니 '하려는 마음'의 소관을 벗어난다. 반면 불위不爲, 즉 '하지 않는 것'은 불능과는 다른 차원이다. 할 수 있는데도 하지 않는 것은 오롯이 마음먹기에 달렸다.

분명 제선왕의 마음은 소의 울음소리를 차마 듣지 못했다. 그래서 그 '연민하는 마음(恩)'이 소의 생명을 살리는 데까지 미쳤다. 그러나 막상 백성의 삶은 피폐하고 곤궁하며, 전쟁 통에 생명을 잃고 도처에서 가족이 해체되고 있다. 임금의 아끼는 마음을 백성은 전혀 입지 못하고 있는 것이다. 짐승은 사랑을 입고, 사람은 사랑을 입지 못한다? 이 전도된 사태의 원인은 무엇인가? 소에게는 사랑하는 마음을 비쳤지만(爲), 백성에게는 사랑하는 마음을 행하지 않았기(不爲) 때문이다! 사람이 어찌 짐승보다 소중하지 않으리오. 양혜왕의 위민이 실은 임금 자신의 이익을 위한 허울에 불과했듯, 제선왕 역시 백성을 아낀다고 하지만 실은 소에게 한 만큼도 사랑을 실행하지 않은 것이다(여기서 정치는 마음의 차원으로 수렴된다).

불능, 즉 천재지변은 인간사가 아니라 자연과 운명의 소관이다. "하지 않았는데 이루는 것은 하늘이요, 부르지 않았는데도 이르는 것은 운명"[183]인 터다. 이는 사람으로서 할 수 있는 일의 한계를 벗어난 것이다. 그러나 소보다 사람을 아끼는 것은 얼마든지 마음만 먹으면 할 수 있는

---

183 莫之爲而爲者, 天也, 莫之致而至者, 命也(9:6).

일이다. 그러므로 '사랑하기'는 사람의 영역에 속하고, 또 사랑의 정치는 '마음의 영토'에 거주한다. 오로지 마음을 쓸 뿐! 내 마음을 헤아려 그것을 미루어(推) 저곳에 미치게(及) 하는 일이 정치가 된다. 이에 맹자는 "이 마음을 들어다 저기에 놓을 따름이라는 말씀이외다. 연민의 마음을 미루어 나아가면 천하도 너끈히 보전할 수 있으려니와 연민의 마음을 미루어 나아가지 못하면 처자식조차 보전하지 못합니다"라고 경고한다. 그러니까 마음을 보존하고 본성을 기르는 일, 즉 존심양성存心養性은 단지 인성론적, 철학적 주제일 뿐 아니라 중차대한 정치 과제다. 왕도 정치는 도덕심의 보존에서 시작되는 것이다. 맹자의 정치학이 마음 찾기 또는 성찰이라는 내향적 방향성으로 수렴되는 까닭이다.

참고   맹자의 '하지 않는 것'과 '할 수 없는 것'의 구별은 현대 정치철학에서는 '살 수 없는 것'과 '사서는 안 되는 것'으로 변주되기도 한다. 마이클 샌델Michael Sandel의 정의론에서 시도한 것이 그렇다. 샌델은 도덕적 가치를 옹호한다는 점에서 '맹자적'이다. 최정규 교수가 지적하기로 마이클 샌델은 저서 『돈으로 살 수 없는 것들』에서 '돈으로 살 수 없는(can't buy) 것'과 '돈으로 살 수는 있지만 그래서는 안 되는(can buy but shouldn't) 것'을 구분한다. 전자의 전형적인 예는 우정 같은 것이고, 후자의 전형적인 예는 신장 등 사람의 장기 같은 것이다. 최 교수는 왜 우리는 어떤 특정한 재화나 서비스가 시장에서 거래되는 것에 (의식적으로 혹은 무의식적으로) 거부감을 가질까라고 묻고, "두 가지 이유가 있는데 하나는 돈으로 사고파는 것이 공정성을 해칠 수 있기 때문이고, 또 하나는 돈으로 사고팔면서 거래되는 재화나 서비스가 본래 목적과 의미를 상실해버리기 때문이다. 전자를 공정성에 기초한 거부, 후자를 가치 훼손을 우려한 거부라고 부를 수 있겠다"[184]라고 설명한다.

1:7-3. 연목구어

"抑[185]王興甲兵[186], 危士臣, 構[187]怨於諸侯, 然後快於心與?"

王曰, "否; 吾何快於是? 將以求吾所大欲也."

曰, "王之所大欲可得聞與?"

王笑而不言.

曰, "爲肥甘[188]不足於口與? 輕煖[189]不足於體與? 抑爲采色[190]不足視於目與? 聲音[191]不足聽於耳與? 便嬖[192]不足使令於前與? 王之諸臣皆足以供之, 而王豈爲是哉?"

---

184 최정규, "도덕이 우선일까? 공정이 우선일까?", 〈한겨레〉, 2017년 5월 20일자.

185 抑(억): 혹시. 말을 돌릴 때 쓰는 발어사.

186 甲兵(갑병): 방패와 무기. 곧 전쟁을 뜻한다.

187 構(구): 맺다. '搆(구)'로 된 판본도 있다.

188 肥甘(비감): 기름지고 단 음식.

189 輕煖(경난): 가볍고 따뜻한 옷.

190 采色(채색): '彩色(채색)'과 같다.

191 聲音(성음): 풍악. "聲은 사람이나 동물의 소리를 가리키고, 音은 사물의 소리를 가리킨다. 고대에 音과 聲, 두 한자는 분명히 미세한 차이가 있었다."(조선탁, 앞의 책, 228쪽)

맹자, 마음의 정치학 1

曰, "否; 吾不爲是也."

曰, "然則王之所大欲可知已. 欲辟¹⁹³土地, 朝¹⁹⁴秦楚, 莅¹⁹⁵中國而撫¹⁹⁶四夷

也. 以若¹⁹⁷所爲求若所欲, 猶緣¹⁹⁸木而求魚也."

王曰, "若是其甚與?"

曰, "殆有¹⁹⁹甚焉. 緣木求魚, 雖不得魚, 無後災. 以若所爲求若所欲, 盡心力

而爲之, 後必有災." 曰, "可得聞與?"

曰, "鄒人與楚人戰, 則王以爲孰勝?"

曰, "楚人勝."

曰, "然則小固不可以敵大, 寡固不可以敵衆, 弱固不可以敵强. 海內之地方千

里者九, 齊集有其一. 以一服八, 何以異於鄒敵楚哉? 蓋亦²⁰⁰反其本矣! 今²⁰¹

王發政施仁, 使天下仕者皆欲立於王之朝, 耕者皆欲耕於王之野, 商賈²⁰²皆欲

---

192 便嬖(편폐): 수족처럼 부리는 총신. "嬖는 귀족에게 총애받는 비천한 여자라는 뜻의 글자
로 성적 노리개를 뜻하였다. 한편 '嬖人(폐인)', '嬖幸(폐행)' 등에서 쓰이는 것처럼 글자
의 아랫부분을 '女(여)'가 받치고 있음에도 불구하고 군주의 총애를 받는 '남자 신하'를
뜻하기도 하였다. 군주의 동성연애 상대였기 때문이 아닌가 한다."(김언종, 『한자의 뿌리』,
문학동네, 2001)

193 辟(벽): 개간하다. '闢(벽)'과 같다.

194 朝(조): 조회를 받다.

195 莅(리): 군림하다.

196 撫(무): 어루만지다.

197 若(약): 지칭대명사. 이, 저, 너.

198 緣(연): 오르다.

199 殆有(태유): '殆'는 아마. '有'는 더욱.

200 蓋亦(개역): 오로지, 다만.

201 今(금): 지금, (때로는) 만약.

202 商賈(상고): '商'은 상점이 있는 장사치. '賈'는 방물장수.

藏於王之市, 行旅皆欲出於王之塗, 天下之欲疾²⁰³其君者皆欲赴愬²⁰⁴於王. 其
若是, 孰能禦之?"

맹자가 물었다.

"혹시 왕께서는 전쟁을 일으켜 군사와 신하들을 위태롭게 하
고, 제후들과 원한을 맺은 다음에라야 마음이 흔쾌하시겠습니
까?"

제선왕이 말했다.

"아니외다. 내 어찌 전쟁 일으키는 것이 흔쾌하리까. 다만 큰 야
망이 있어 그걸 구하려는 것입니다."

맹자가 말했다.

"왕의 큰 야망을 들려줄 수 있겠습니까?"

왕은 웃으며 말을 하지 않는다.

맹자가 말했다.

"기름지고 단 음식이 입에 부족하십니까? 가볍고 따뜻한 의복
이 부족하십니까? 또는 눈을 즐겁게 할 채색이 부족한가요? 아
니면 귀를 즐겁게 할 풍악이 부족한지요? 가까이 부릴 시종이
부족한 건가요? 이것들은 여러 신하들이 다 넉넉히 이바지할
것이니 왕께서 어찌 이것들을 꿈꾸시겠습니까?"

---

203 疾(질): 비난하다.
204 赴愬(부소): 하소연하러 몰려오다. '赴'는 달리다. '愬'는 하소연하다.

맹자, 마음의 정치학 1

제선왕이 말했다.

"그렇소이다. 내가 이런 것들 때문에 그러는 것이 아니올시다."

맹자가 말했다.

"그렇다면 왕의 큰 야망이 무엇인지 알 만합니다. 영토를 넓혀서 진나라와 초나라의 조회를 받고, 천하의 중앙에 군림하여 사방 오랑캐를 어루만지는 것이겠지요. 그러나 지금 하시는 바로써 바라는 것을 구한다면 연목구어라, 나무 위에 올라가서 물고기를 찾는 격입니다."

제선왕이 말했다.

"그렇게나 심각합니까?"

맹자가 말했다.

"아마 이보다 더 심할 듯합니다. 나무 위에 올라가서 물고기를 찾는 것은 비록 물고기를 얻지 못하더라도 뒤에 재앙은 없겠지만, 지금 하시는 바로써 바라는 것을 구하기는 온 마음을 기울이더라도 뒷날 반드시 재앙이 따를 것이외다."

제선왕이 말했다.

"까닭을 들어볼 수 있을까요?"

맹자가 말했다.

"추나라[205]와 초나라가 싸운다면 왕께서는 누가 이긴다고 보십니까?"

제선왕이 말했다.

"초나라가 이기지요."

맹자가 말했다.

"실로 작은 것은 큰 것에 대적할 수가 없고, 적은 것은 많은 것에 대적할 수 없으며, 약한 것은 강한 것을 이길 수 없습니다. 오늘날 천하에 사방 천 리 땅을 가진 나라가 아홉입니다. 제나라는 이것저것 다 그러모으면 그 가운데 하나에 속하긴 하겠지만, 하나를 가지고 여덟을 복속하려 하는 것이 추나라가 초나라에 대적하는 것과 무에 다르겠습니까?

오로지 근본으로 돌아갈 따름입니다! 만일 왕께서 왕정을 펴서 인을 백성에게 베풀어 천하의 벼슬아치들이 모두 왕의 조정에 서고 싶어 하고, 천하의 농사꾼들은 모두 왕의 들판에서 밭 갈고 싶어 하며, 장사꾼들도 다 왕의 시장에다 물건을 부리고 싶어 하고, 여행자들도 모두 왕의 땅을 밟고 싶어 하게 만든다면 자기 임금을 미워하는 천하 사람이 다들 왕께 하소연하러 달려오리다. 형세가 이렇다면 뉘라서 이 추세를 막을 수 있으리까?"

---

205 鄒(추): 맹자의 고향. 노나라에 부속된 소국. 여기서는 약소국의 상징으로 쓰였다. 참고로 "鄒는 본래 춘추시대 邾子(추자)의 나라로 맹자 때에 이르러 그 이름을 고쳐 鄒라고 부르게 되었다. 鄒나라는 노나라에 가까이 있어 노나라에 병합되었다. 혹은 邾나라는 초나라에 병합되었으며, 노나라에 병합된 것이 아니라고도 하는데 좌우간 지금의 鄒縣(추현)이 바로 그곳이다."(조기)

맹자, 마음의 정치학 1

제선왕의 '큰 야망(大欲)'은 "영토를 넓혀서 진나라와 초나라
의 조회를 받고, 천하의 중앙에 군림하여 사방 오랑캐를 어루만지는 것",
곧 천하의 패자가 되는 것이다. 이런 패권의 야망을 실현하기 위해 "전쟁
을 일으켜 군사와 신하들을 위태롭게 하고, 제후들과 원한을 맺은" 것이
다. 그러나 그 야망은 현실적으로 달성이 불가능하다. 당시 천하에 강대
국은 아홉인데, 제나라는 그중 하나일 따름이다. 하나가 여덟을 정복하
여 천하를 움켜쥐겠다는 것은 바보 같은 욕심이다. 연목구어보다 더 현
실성이 없다. 끝내 이런 식으로 욕망을 실현하고자 한다면, 그 뒤에는 반
드시 재앙이 따를 것이다. 어느 한 나라도 나머지 여덟 나라를 대적할 수
없는 꽉 막힌 상황, 탈출구 없이 출혈만 지속되는 근 500년의 장기 전쟁
상태를 어떻게 종식할 것인가!

여기서 맹자가 제시하는 대안이 왕도, 즉 여민 정치다. 맹자의 '왕도=
여민 정치'는 기존의 통치 방식을 혁명적으로 전환하는 것이다. 왕도 정
치론의 핵심은 발상의 전환에 있다. 이 발상의 전환을 우리는 내내 관념
적이고, 이상적이며, 비현실적이라고 손가락질해왔다. 그러나 보라! 춘
추전국 반 천 년의 세월 동안 끊임없이 반복해온 현실주의, 패도 정치,
권력 정치, 전략 전술, 즉 '리얼리즘'이 낳은 참혹한 결과를. 더 이상 하
나가 여덟을 이길 수 없는 고착된 상태에 빠진 현실을 보라. 이제 어떻게
할 것인가? 혹자는 질문할 것이다. 결국은 진시황의 가공할 무력과 패도
정치로 귀결하지 않았더냐고!

그러나 정녕 그러한가? 결과적으로 진시황의 제패는 또 얼마나 지속되었던가? 나라는 법과 제도로 운영되지 않았고, 진시황의 죽음으로 천하도 (그것도 고작 14년 만에) 절단이 났다. 그리고 다시 대란에 휩싸였다. 인민의 삶이 얼마나 피폐했으면 한나라 건국 초 인민을 휴식하게 해준 황노黃老파 정치를 문경지치[206]라고 기릴 정도였을까? 여기서 맹자의 발상 전환, 창의적 사유, 정치적 상상력을 엿본다. 사람이 사람을 잡아먹는 오랜 질곡을 뚫고 새로운 길을 제시하는 것이 맹자의 여민주의 사상이다. 사방이 꽉 막혀 출구 없는 정체 상태에서 가장 '현실적인' 비상구가 왕도 정치다. 맹자가 제안한 핵심은 군주의 '큰 야망'을 접고, 도리어 인민의 '욕망들(皆欲)'에 귀를 기울이라는 것이다. 인민의 욕망에 편승하는 손쉬운 길이 발정시인[207], 즉 왕도의 정책을 펴서 사랑의 정치를 베푸는 것이다. 그 역발상의 실마리가 '마음의 보편성'이다. 군주의 마음(대로)이 아닌, 인민의 마음과 함께하는 것이 여민의 정치, 왕도가 되겠다. 이것이 '정치의 근본으로 돌아감', 즉 반본反本의 뜻이다. 이 절의 끝 문단을 눈여겨보자.

---

206 文景之治: 한漢나라 문제文帝와 경제景帝 시절 민심을 크게 안정시킨 치세.

207 發政施仁: 묵가의 상투어인 '發政施敎(발정시교)'를 맹자가 고쳐 쓴 문자다. "천자가 정치를 발하고, 지시를 내린다"(『묵자』)라는 뜻의 '發政施敎'는 상부에서 아래로 내리는 명령을 네 글자로 짜 맞춘 것이다. 맹자는 명령이나 지시를 뜻하는 '敎'를 '仁(인)'으로 고쳐 '仁政의 發施'라는 왕도 정치 구호로 간단히 바꿨다. 맹자의 '發政施仁'에서 말하는 '政'은 제도로서의 왕정을 뜻하고, '仁'은 차마 어쩌지 못하는 마음, 곧 '仁心(인심)'을 가리킨다. 왕도 정치에는 정전제를 위시한 제도의 완비와 군주의 인심이 함께 요구됨을 강조한 것이다.

(1) 만일 왕께서 왕정을 펴서 인을 백성에게 베풀어(發政施仁),

(2) 천하의 벼슬아치들이 모두 왕의 조정에 서고 싶어 하고(皆欲),

천하의 농사꾼들은 모두 왕의 들판에서 밭 갈고 싶어 하며(皆欲),

장사꾼들도 다 왕의 시장에다 물건을 부리고 싶어 하고(皆欲),

여행자들도 모두 왕의 땅을 밟고 싶어 하게 만든다면(皆欲)

(3) 자기 임금을 미워하는 천하 사람이 다들 왕께 하소연하러

달려오리다(皆欲赴召).

(4) 형세가 이렇다면 뉘라서 이 추세를 막을 수 있으리까?

'새 정치new politics'는 인정仁政의 시행에서 시작된다. 정전제를 실시
하고 학교를 만들어 "백성이 생명을 기르고 주검을 장송하는 데 유감이
없도록" 하는 것이 그 출발점이다. 천하를 군림하려는 패권적 군주의 야
망이 필연적으로 외향성을 띤다면, 새 정치는 인민의 마음을 돌이켜 보
는 내향성을 전제한다. 근본을 돌이킨다는 의미의 반본이 그것이다. 반
본은 '정치란 무엇인가'라는 철학적 성찰을 통과할 수밖에 없다. 성찰을
통한 해답이 발정시인이지 고작 물질적 시혜를 권하는 것이 아니다. 양
혜왕의 그것처럼 인민을 꾀는 물질적인 '위민 정치'가 아니다.

통치자가 근본으로 눈길을 돌리면 백성의, 아니 사람의 바람(欲)이, 즉
생존욕구와 삶의 질에 대한 바람이 눈에 들어올 것이다. 그것을 추린 것
이 다섯 가지 민심民心이다. (2)에 바람을 뜻하는 '欲(욕)'이 네 번이나 연
속해서 등장한다는 것에 주목하자. 즉 선비의 바람, 농사꾼의 바람, 장사
꾼의 바람, 여행자의 바람이 그것인데, 초점은 이들이 '왕의 나라'로 오

고 싶어 한다는 그 방향성에 있다(똑같은 패턴을 구사하는 3:5에서는 '欲'의 자리를 '悅(열)'이 대신한다. 인민의 기쁨이란 그들의 희망이 실현된 것이므로 여기의 바람과 저기의 기쁨은 동질적이다).

급기야 천하 인민의 바람은 핍박받아 불만으로 가득 찬 소외된 사람들을 왕의 나라로 달려오도록 촉발한다. 즉 부소赴愬를 초래한다. '부'란 '달려가다'라는 뜻이요, '소'는 억눌린 마음을 '하소연함'이다. 이는 천하의 핍박받는 인민에게 탈출구를 만들어주면(조건) 불만의 압력에 정비례하는 속도로 빨려들듯 귀순한다(결과)는 말이다. 불만에 차 있으면서도 움직이지 않던 소외된 사람들을 망명하게 이끄는 조건이 (1)과 (2)다. 결국 천하 사람이 모두 몰려드는 셈이므로 (4)로 요약되는 맹자의 전망은 전혀 비현실적인 것이 아니다.

여기 '몰려오다'의 역학이 왕도 정치의 경로다. '몰려오다'라는 말이 나타내는 흡입력은 『맹자』에서 '지至(이르다)', '귀歸(귀순하다)' 혹은 '래來(오다)'나 '부赴(몰려들다)'로 다양하게 표현되지만 정치가가 사람들의 바람을 실현하여 인민이 자연스레 빨려오는 경로는 같다. 이런 현상이 나타나면 이제 하늘도 막을 수 없다. 반면 군주가 제 욕망(영토 확장, 천하 군림)을 앞세우고 사람들의 바람을 뒤로 미루면 그의 야망은 연목구어가 된다. 여기서 맹자 정치학이 '백성의 마음을 획득하는' 여민 정치학임이 다시 분명해진다. 군주의 욕망을 숨기고 사람을 꾀는 위민 정치에 인민은 속지 않는다(1:3). 즉 "인구가 늘지 않았다". 반면 인민의 바람을 정치의 핵심으로 삼을 때 외려 자기 야망이 실현된다는 패러독스가 여민주의에 깔려 있다.

맹자, 마음의 정치학 1

'마음의 정치학'이 관념적이거나 비현실적인 정치론이 아니라는 사실은 여러 번 강조해도 지나치지 않다. 출혈만 계속되는 장기 지속의 전쟁 시대를 종식할 유일한 '현실적 대안'이 마음의 보편성에 바탕을 둔 여민 체제다. '이 길밖에는 없다!'는 절박한 인식이 맹자로 하여금 이 나라, 저 나라를 전전하면서 새 정치의 꿈과 전략들을 호소하게 했다. 겉으로는 우회하는 것 같으나 막상 결단과 실행을 필요로 할 뿐 다른 장치가 필요하지 않다. 그런 점에서 가장 합리적이자, 가장 경제적이며, 가장 단시간에 성취할 수 있기에 가장 효율적인 정치였다. 이것이 맹자가 제시한 마음의 정치학이다.

참고 서양에서 마음을 발견한 사람은 지그문트 프로이트Sigmund Freud에 이르러서다. 그는 신체만 알았던 의학계에 마음의 중요성을 제시하며 소위 현대의 문을 열었다. 마음이 몸의 병을 일으킬 수도, 치료할 수도 있다는 점을 깨우쳤다(참고로 근대의 문을 연 사람은 데카르트René Descartes 다. "나는 생각한다, 고로 존재한다Cogito ergo sum"라는 금언에 근대의 기초가 들어 있다. '생각하기', 곧 지식이 서양 근대의 핵심인 터다. 물론 '존재한다, 고로 생각 한다'가 인간의 사실에 맞다. 그러니께 데가르드의 말은 뒤집힌 것이다).

그보다 훨씬 전에 사람의 존재적 특성이 마음에서 비롯한다는 점을 이 해했던 사람이 맹자다. 맹자는 마음의 중요성을 인식하고 마음과 신체 의 관계에 주목했으며, 또 마음의 힘을 잣는 방법을 파악했다(3:2 호연지 기에 관한 해설 참고). 마음은 맹자 사상의 핵심이므로 끝까지 염두에 두도 록 하자.

1:7-4. 확충의 어려움

王曰, "吾惽[208], 不能進於是矣. 願夫子輔吾志, 明以敎我. 我雖不敏, 請嘗試之."

曰, "無恒産而有恒心者, 惟士爲能. 若民, 則無恒産, 因無恒心. 苟無恒心, 放辟[209]邪侈[210], 無不爲已[211]. 及陷[212]於罪, 然後從而刑之, 是罔民[213]也. 焉[214]有仁人在位罔民而可爲也! 是故明君制民之産[215], 必使仰[216]足以事父母, 俯[217]足以畜[218]妻子, 樂歲終身飽, 凶年免於死亡; 然後驅[219]而之善, 故民之從之也輕. 今也制民之産, 仰不足以事父母, 俯不足以畜妻子; 樂歲終身苦, 凶年不免於死亡. 此惟救死而恐不贍[220], 奚暇治禮義哉?

---

208 惽(혼): 흐릿하다. 어리석다. '昏(혼)'과 같다.

209 放辟(방벽): 방종하고 편파적인 행동. '放'은 방종하다, 제멋대로 굴다. '辟'은 치우치다, 편파적이다. 『대학』에 "사람들은 친애하는 바에 벽하고, 싫어하는 대상에 벽하는 경향이 있다"고 하였다. 이때의 '辟'도 같은 뜻이다.

210 邪侈(사치): '邪'는 거짓되다. '侈'는 잘난 체하다, 오만을 떨다.

211 已(이): 어조사. '矣(의)'와 같다.

212 陷(함): 빠지다.

213 罔民(망민): '罔'은 곧 '網(망)'이니 물고기를 잡으려고 개천에 설치한 그물. '罔民'은 백성을 그물질하다(보민保民과 대칭을 이룬다).

214 焉(언): 어떻게.

215 制民之産(제민지산): 백성의 생업을 제정하다. 곧 정전제를 시행하는 일. '制'는 제정하다. '産'은 생업.

216 仰(앙): 우러르다.

217 俯(부): 굽어보다.

218 畜(휵): 기르다.

219 驅(구): 몰다.

220 贍(섬): 넉넉하다.

맹자, 마음의 정치학 1

王欲行之, 則盍²²¹反其本矣; 五畝之宅, 樹之以桑, 五十者可以衣帛矣. 鷄豚狗彘之畜, 無失其時, 七十者可以食肉矣. 百畝之田, 勿奪其時, 八口之家可以無飢矣. 謹庠序之敎, 申之以孝悌之義, 頒白者不負戴於道路矣. 老者衣帛食肉, 黎民不飢不寒, 然而不王者, 未之有也."

왕이 말했다.

"제가 어리석은지라 거기까지 나아갈 수가 없습니다. 바라건대 선생께서 저의 뜻을 도와 밝게 가르쳐주십시오. 제가 비록 불민하오나 한번 시도해보리다."

맹자가 말했다.

"일정한 생업(항산)이 없어도 일관된 마음(항심)²²²을 유지할 수 있는 자는 오로지 사士뿐입니다. 백성은 '항산'이 없으면 '항심'을 유지하지 못합니다. 정녕 항심이 사라지면, 방탕하고 치우치며 거짓을 일삼고 오만하지 않을 자가 없습니다. 백성이 죄의 구렁텅이에 빠진 뒤에 쫓아가서 형벌을 내린다면, 이는 정치가 아니라 백성을 그물질하는 짓입니다. 어떻게 어진 사람이 임금 자리에 있다면서 백성을 그물질할 수 있단 말입니까?

그러므로 명철한 임금은 백성의 생업을 제정할 적에 반드시 위로는 부모를 섬길 수 있고, 아래로는 처자식을 부양하기에 넉넉

---

221 盍(합): 어찌 ~하지 않는가. '何不(하불)'과 같다.
222 恒心(항심): 사람의 천부적 도덕심.

하도록 하여 풍년에는 내내 배부르고 흉년이라도 굶어 죽는 꼴은 면하게 합니다. 그런 다음 백성을 선으로 이끌어 나아가게 합니다. 그러기에 백성은 따르기가 쉽습니다. 지금은 백성의 생업을 제정하면서 위로는 부모를 섬기기에 넉넉하지 못하고, 아래로는 처자식 부양하기에도 부족하여 풍년에는 내내 수고롭고 흉년에는 굶어 죽는 꼴을 면치 못합니다. 이처럼 죽음을 모면하기 급급하여 땟거리가 떨어질까 전전긍긍하는데 어느 겨를에 예의를 차릴 수 있겠습니까!

왕께서 한번 시도하려 한다면 근본으로 돌아가지[223] 않고서야 어찌 가능하겠습니까? 5무의 집터 둘레에 뽕나무를 심으면 50대 늙은이가 명주옷을 입을 수 있고, 닭과 돼지, 개와 돝을 치되 짝 지을 시기를 놓치지 않으면 70대 상노인의 밥상에 고기반찬을 올릴 수 있으며, 100무의 땅을 경작하되 농사철을 빼앗지 않으면 여덟 식구가 굶주리지 않습니다. 그리고 마을마다 학교를 열어 가르치기를 엄히 하되 효행과 공손의 도리를 거듭 익히게 하면, 반백의 중늙은이가 길에서 짐을 지거나 이고 가는 일이 없게 됩니다. 노인이 명주옷을 입고 고기반찬을 먹으며, 서민이 굶주리지 않고 추위에 얼지 않는데 왕자가 되지 못한 경우는 있은 적이 없습니다."

---

223 反其本矣(반기본의): '反'은 '返(반)'과 같으니 돌아오다. '其'는 정치를 가리키고, '本'은 왕도를 뜻한다.

안타깝게도 맹자의 장광설은 젊은 제선왕의 마음을 얻는 데 실패하고 만다. 눈앞의 소를 측은해 하는 제선왕이 속마음을 자각케 하는 데까지는 성공했지만, 그 단서를 확충하여 사람들에게 미쳐 왕도의 정치를 실천하게 하는 데는 실패했다. 제선왕의 "제가 어리석은지라 거기까지 나아갈 수가 없습니다"라는 이 구절 첫머리에 이미 완곡한 거부의 뜻이 들어 있다. 불위不爲든 불능不能이든 맹자의 가르침을 거부한 것이다. 인민의 마음을 얻으면 그의 큰 야망도 자연스럽게 실현할 수 있다는 맹자의 현실적 처방을 거절한 것이다. 그에게 맹자의 처방은 현상 유지의 정략들만큼도 매력적이지 못했다.

왜 제선왕은 맹자의 큰 꿈인 왕천하王天下의 주인공이 되어 평화와 여민의 신세계를 성취하기를 받아들이지 못했을까. 혹 자기를 돌이켜 보거나 철학하는(너 자신을 알라!) 일이 생각보다 어렵고 힘들었기 때문은 아닐까? 이것이 동서고금을 막론하고 인문학이 경영학에 실패하는 까닭이요, 또 현자가 대중에게 죽임을 당하는 이유이자(예수와 소크라테스), 역시 개혁가가 기성 관료들에게 목숨을 바치는 원인이 아닌가. 한문학자 최경열은 맹자가 선왕을 설득하는 데 실패한 원인을 논리와 실천 사이의 간극에서 찾는데, 경청할 만하다.

유類 논리는 제나라 선왕에게 권할 때 전형적으로 쓰였다. 맹자는 선왕에게 소를 죽이지 않은 인자한 마음을 확충해서 백성에게 적용하면 왕도 정치를 실행하는 것이라고 말한다. 부들부들 떨며 죽을 곳으로 가는 소를 보고 선왕은 돌연 인자한 마음이 생겨났다. 맹자는 이 사실은 중요하다고 지적한다. 측은지심이 싹텄으니까. 백성에게 이 마음을 그대로 옮기면(推) 그것이 왕도 정치라고 하였다. 확충을 말한 것이다. 왕이 실제 경험한 만큼 설득력이 컸다.

하지만 맹자의 '논리'대로 되지 않았음을 독자들은 알고 있다. 왜 그렇게 되지 않았을까. 단순히 논리와 현실 관계의 문제에 그치지 않는다. 윤리는 논의의 테마이기보다 실천의 문제이다. 실천은 인간 심리의 명료한 제시, 혹은 좋은 의도에 따른 이상적인 결과로 이끈다고 해서 바로 실행되지 않는 미묘한 점이 맞물려 있는 것이다. 뛰어난 설득력에도 실행이 성공적이지 못했다는 맹자의 경험은 실행을 위한 다른 사유와 방식을 찾게 만들었다. 맹자의 진정한 고민은 여기 있었다.[224]

여기 최경열이 짚은 "윤리의 문제는 논의의 테마이기보다 실천의 문제"이며, 그래서 "좋은 의도"에 따라 "바로 실행되지 않는 미묘한 점이 맞물려 있"다는, 논리와 실천 사이의 '미묘한' 문제를 사실 철학자들은 오랫동안 고민해왔다. 아리스토텔레스가 특히 그러했다. 그는 마땅히 실행해야 하지만 마음이 따르지 않는 의지박약의 문제를 아크라시아*akrasia*와 아케디아*acedia*라는 개념을 통해 접근하였던 터다.[225] 동서고금을 막론

---

224 최경열, 「옮긴이 해제」, 이토 진사이, 『맹자고의』, 789~790쪽.

하고 윤리학과 윤리의 실천 사이에는 심각한 단절이 있음을 일찌감치 확인했던 것이다. 그 절벽에 수많은 철학자와 개혁가들이 떨어져 죽었다. 그럼에도 우리는 그 실패한 이상이 그들의 죽음을 통해 되살아나고, 잿더미 속에서 다시 불을 지펴 더디긴 해도 점점차차 진보의 동력이 되었다는 사실 또한 알고 있다. 그렇다면 그 이상주의는 몽상이 아니라 인간의 한 실태로 봐야 하리라. 절망 속에서 꿈꾸는 희망이여! 어렵고 힘들지만, 그러나 불가능하지만은 않은 좁디좁은 길이여. 그 길을 걸어간 소수의 사람들에게 경의를!

참고   사랑이 어떻게 짐승에게는 미치면서 인민에게는 미치지 않는 것일까? 프랑스의 근대 사상가 루소Jean Jacques Rousseau의 견해를 들어보자.

> 어째서 왕들은 자기 신하들에 대해 동정심이 없는가? 그것은 그들 자신이 절대로 보통 사람이라고 생각하지 않기 때문이다. 어째서 부자들은 가난한 사람들에게 그토록 인정이 없는가? 가난한 사람이 될 걱정이 없기 때문이다. 왜 귀족은 민중을 그토록 경멸하는가? 귀족은 결코 평민이 될 일이 없기 때문이다. 왜 터키 사람들은 우리보다 더 인간적이고 더 친절한가? 완전히 전제적인 터키 정부에서는 개인의 권세와 부가 항상 불확실하고 불안

---

225   니비슨의 연구가 참고가 된다. 데이비드 S. 니비슨, 앞의 책, 제6장 '고대 중국철학에서의 의지 나약의 문제' 참고.

정해서, 사람들이 몰락이나 비참함을 전혀 남의 일로 생각하지 않기 때문이다. 누구든 내일이라도 오늘 자기가 도와주고 있는 사람과 같은 신세가 될지 모르기 때문이다. 동양의 이야기들을 읽을 때 그 속에서 끊임없이 되풀이되어 나오는 이러한 깊이 있는 생각은 우리의 무미건조한 도덕론이 아무리 멋을 부린다 해도 갖지 못할 알 수 없는 감동을 준다.[226]

루소는 제선왕이 인민의 고통에 동참해본 적이 없기에 맹자의 정치론을 '태생적으로 이해할 수 없었다'라고 본 셈이다. 소의 아픔에는 동감하면서 동류인 인민의 아픔에 냉담한 까닭은 군주의 '계급적 안정성' 때문이라는 것이다. 마음에서 길을 찾는 맹자와 계급적이고 물적인 환경에서 원인을 찾는 루소의 차이에서 우리는 동서양의 간격을 느낄 수도 있다.

---

226 장 자크 루소, 문경자·이용철 옮김, 『에밀 또는 교육론 2』, 한길사, 2007, 41~42쪽.

맹자, 마음의 정치학 1

제2편

양혜왕 하 梁惠王下

이 편은 정치적, 정책적, 사상적 차원 등
다면적으로 여민주의에 접근한다.
모두 16장이다.

2:1. '홀로 즐기기' 대 '함께 즐기기'

莊暴[1]見孟子, 曰, "暴見於王, 王語暴以好樂[2]. 暴未有以對[3]也." 曰, "好樂何如?"

孟子曰, "王之好樂甚, 則齊國其庶幾[4]乎!"

他日, 見於王曰, "王嘗語莊子以好樂, 有諸?"

王變乎色, 曰, "寡人非能好先王之樂[5]也, 直[6]好世俗之樂[7]耳."

曰, "王之好樂甚, 則齊其庶幾乎! 今之樂由古之樂也."

曰, "可得聞與?"

曰, "獨樂樂[8], 與人樂樂, 孰樂?"

曰, "不若與人."

曰, "與少樂樂, 與衆樂樂, 孰樂?"

曰, "不若與衆."

"臣請[9]爲王言樂. 今[10]王鼓樂於此, 百姓聞王鐘鼓之聲, 管籥[11]之音, 擧[12]疾首

---

1 莊暴(장포): 제나라 대부.
2 樂(악): 오늘날 익숙한 유악은 뮤직music이 번역어다. 뮤직은 관악과 현악을 위수로 한 것이다. 반면 전래의 '樂'은 노래와 악곡, 춤까지 망라한다. 이에 '풍악'이라고 번역하였다.
3 對(대): 응대하다, 대답하다.
4 庶幾(서기): 거의. 왕도 정치에 거의 가깝다는 뜻.
5 先王之樂(선왕지악): 아악雅樂이라고 번역하였다.
6 直(직): 다만, 겨우.
7 世俗之樂(세속지악): 속악俗樂이라고 번역하였다.
8 樂樂(락악): 풍악을 즐기다. 앞의 '樂'은 즐기다. 뒤의 '樂'은 풍악.
9 請(청): 바라건대. '괜찮으시다면'이라고 번역하였다.

蹙頞[13]而相告曰, '吾王之好鼓樂, 夫何使我至於此極[14]也? 父子不相見, 兄弟妻子離散.' 今王田獵[15]於此, 百姓聞王車馬之音, 見羽旄[16]之美, 舉疾首蹙頞而相告曰, '吾王之好田獵, 夫何使我至於此極也? 父子不相見, 兄弟妻子離散.' 此無他, 不與民同樂也.

今王鼓樂於此, 百姓聞王鐘鼓之聲, 管籥之音, 舉欣欣然[17]有喜色而相告曰, '吾王庶幾[18]無疾病與, 何以能鼓樂也?' 今王田獵於此, 百姓聞王車馬之音, 見羽旄之美, 舉欣欣然有喜色而相告曰, '吾王庶幾無疾病與, 何以能田獵也?' 此無他, 與民同樂也. 今王與百姓同樂, 則王矣."

　　　　장포가 맹자를 만나 말했다.
　　　　"왕을 뵈었는데, 왕은 풍악을 좋아한다고 말씀하시더이다. 저로선 응대할 말이 없었습니다."
　　　　이어서 말했다.
　　　　"풍악을 좋아한다는 것은 어떤 것인지요?"

10　今(금): 만일, 만약.

11　管籥(관약): 관악기의 총칭. '管'은 피리. '籥'은 젓대.

12　擧(거): 모두, 다들.

13　疾首蹙頞(질수축알): 골머리를 앓고 이맛살을 찌푸리다. '疾'은 아프다. '首'는 머리. '蹙'은 찌푸리다. '頞'은 이마.

14　極(극): 궁박함.

15　田獵(전렵): 사냥. '田'은 '畋(전)'과 같다.

16　羽旄(우모): 의장용 깃발들.

17　欣欣然(흔흔연): 흔쾌한 모양.

18　庶幾(서기): 아마도. '다행히'라고 번역하였다.

맹자, 말씀하시다.

"왕께서 풍악을 정말로 좋아하신다면 제나라는 거의 왕도 정치에 가까운 것입니다."

며칠 뒤, 맹자가 왕을 만나 말했다.

"먼젓번에 왕께서 장자[19]에게 풍악을 좋아한다고 하셨다는데 그런 적이 있습니까?"

왕은 문득 표정을 바꾸더니 말했다.

"과인은 선왕의 아악을 좋아하는 것이 아니라, 다만 세속의 풍악을 좋아할 따름입니다."

맹자가 말했다.

"왕께서 풍악을 정말로 좋아하신다면 제나라는 거의 왕도에 가까운 것입니다. 오늘날 속악과 옛날의 아악은 다를 바가 없습니다."

제선왕이 말했다.

"그 뜻을 들어볼 수 있겠습니까?"

맹자가 말했다.

"풍악을 혼자서 즐기는 것과 여럿이 함께 즐기는 것 중에 어느 쪽이 더 즐겁습니까?"

제선왕이 말했다.

"여럿이 함께 즐기는 것만 못하지요."[20]

맹자가 말했다.

---

19 莊子(장자): 장포莊暴를 가리킨다. '子'는 귀족의 존호.

"적은 사람과 같이하는 것과 많은 사람이 함께하는 것 중에는 어떻습니까?"

제선왕이 말했다.

"많은 사람과 함께 즐기는 것만 못하지요."

맹자가 말했다.

"괜찮으시다면 제가 왕께 즐거움에 대해 말해보고자 합니다. 만약 왕께서 풍악을 연주하는데 백성이 종소리와 북소리, 피리와 젓대소리를 듣고는 다들 골머리를 앓고 이맛살을 찌푸리면서 '왕은 풍악은 좋아하면서 어째서 우리는 이렇게도 궁박한 처지에 몰아넣는가? 아비와 자식은 서로 만날 수 없고, 형제와 처자는 헤어져 흩어졌으니!'라고 한탄한다고 합시다. 또 왕께서 만약 사냥을 나가시는데, 백성이 왕의 수레바퀴 소리와 말발굽 소리를 듣고 휘날리는 깃발들을 보고는 다들 골머리를 앓고 이맛살을 찌푸리면서 '왕은 사냥은 좋아하면서 어째서 우리는 이렇게도 궁박한 처지에 몰아넣는가? 아비와 자식은 만날 수 없고, 형제와 처자는 헤어져 흩어졌으니!'라고 한탄한다고 합시다. 이는 다름 아니라 사람들과 더불어 즐거움을 같이하지 않기 때문입니다.

반면 왕께서 풍악을 연주하는데 백성이 종소리와 북소리, 피리

20　　不若與衆(불약여중): 악樂은 노래와 연주, 춤까지 망라한다. 혹 연주는 홀로 감상하는 것이 나을 수 있겠으나, 노래와 춤은 '홀로 즐기기(獨樂樂)'보다는 '많은 사람과 함께 즐기는 것(與衆樂樂)'이 나을 수밖에 없다.

와 젓대소리를 듣고는 다들 흔쾌하고 기쁜 낯빛으로 '다행히 우리 임금님은 편찮은 데가 없는 게지. 얼마나 풍악을 잘 켜시는지'라고 말한다고 합시다. 또 만약 왕께서 사냥을 나가시는데, 백성이 왕의 수레바퀴 소리와 말발굽 소리를 듣고 휘날리는 깃발들을 보고는 다들 흔쾌하고 기쁜 낯빛으로 '다행히 우리 임금님은 편찮은 데가 없는 게지. 얼마나 사냥을 잘하시는지'라고 말한다고 합시다. 이 또한 다름 아니라 사람들과 더불어 즐거움을 같이하기 때문입니다. 만일 왕께서 백성과 더불어 즐거움을 함께 나누신다면 얼마든지 천하의 왕 노릇을 할 수 있으리다."

해설

이 장은 1:2의 부연이다. 맹자의 주장이 양혜왕에게든 제선왕에게든 한결같았음을 알 수 있다. 맹자 정치사상의 핵심은 '왕도=여민 정치론'이니 "말마다 꼭 요순을 일컬었고"(5:1), "길은 두 살래, 인仁과 불인不仁일 뿐"(7:2)인 터다. 이 장의 핵심 구절은 "왕께서 풍악을 정말로 좋아하신다면 제나라는 거의 왕도에 가까운 것"이라는 말이요, 핵심어는 호악好樂, 즉 '풍악을 좋아함'이다. '좋아함(好)'은 유교 사상을 이해하는 데 중요한 단어다. 공자가 본인을 두고 호학好學, 곧 '배우기를 좋아하는 사람'이라 자처했고, 맹자는 제자 악정자樂正子를 두고 호선好善하는 사람(12:13)이라고 칭찬한 바 있으니 천하를 경영할 정치가의 역량이 선에 대한 열린 마음에서 비롯한다고 여겼다. 즉 '호'는 '열린 마음'을 뜻한다.

역시 제선왕의 '풍악을 좋아함'이란 '악에 대한 열린 마음'과 같다. 악樂이란 제선왕이 동의했듯 "혼자서 즐기는 것이 여럿이 함께 즐기는 것만 못하다." 그렇다면 호악이란 곧 '더불어 함께하기를 좋아함'이 그 속내다. 즉 호악과 여민은 겹치는 부분이 많다. 제선왕의 호악은 '악에 열린 마음'이요, 악은 자체로 '함께 더불어'의 속성을 갖추고 있으니 '호악을 심히 하면' 여민 정치로, 왕도의 길로 나아갈 수밖에 없다.

그런데 백성이 대궐 너머 들려오는 왕의 풍악 소리를 듣고서 "다행히 우리 임금님은 편찮은 데가 없는 게지. 얼마나 풍악을 잘 켜시는지"라고 서로 희색을 띠며 말한 이유는 무엇일까? 궁궐에서 악기 소리가 나는 것은 곧 '열린 음악회public concert'가 열린다는 희소식이기 때문이다. 이제 대궐문이 활짝 열릴 것이고, 술과 음식이 가득한 파티에서 백성이 '함께' 음악회를 즐기고 '더불어' 춤을 추는 페스티벌이 예상되기 때문이다. 백성이 임금의 건강을 걱정하는 말은 염려를 넘어 '아! 축제가 시작되는구나'라는, 백성의 마음속에서 분출하는 즐거움으로 읽어야 한다. 자신의 흥겨움을 에둘러서, 임금의 건강을 걱정하는 식으로 표현한 것으로 이해해야 마땅하다.

노래와 춤은 본질적으로 함께 즐긴다는 특성이 있다. 맹자가 제선왕에게 풍악을 좋아하는 것 자체가 (그게 속악이든 아악이든) 왕도의 경지에 '거의 가깝다'라고 한 까닭은 풍악의 속성이 '함께 더불어 즐김'이라는 여민

맹자, 마음의 정치학 1

적 특성을 갖고 있기 때문이다. 사냥 또한 본질적으로 함께하는 것이다. 몰이꾼이 있어야 하고, 수레꾼이 있어야 하며, 궁수도 있어야 하는 단체 활동이 사냥이다. 또 수확물을 공평하게 분배하므로 여민동락이 된다. 따라서 맹자는 특별히 제선왕의 '호악'이라는 고백을 실마리로 삼아 왕도 정치의 길을 열어 보인 것이다. 풍악과 사냥을 백성과 '함께 더불어' 한다면, 바로 그 자리가 왕도 정치의 현장이라는 것. 왕도의 완성은 페스티벌의 현장에서 함께 즐기고, 함께 놀이하는 호흡의 어울림에 있다.

주목할 점은 조선의 군주 세종이 '사람들과 함께 즐기는 음악'의 정치적 중요성을 인식한 정치가였다는 사실이다. 그의 지시로 제작한 악곡의 이름이 '여민락與民樂'이라는 점에서 그러하다. 다만 맹자가 강조한 것처럼 인민과 실제로 함께 풍류를 즐겼는지, 아니면 맹자의 이름만 빌렸을 뿐 종묘 제사나 왕실 행사에서만 악곡을 연주하는 정도에 불과했는지는 알 수 없다.[21] 훗날 근대 서양에서 교향악단이 흥기하는 까닭을 서술한 글이긴 하지만, 다음 지적은 여민락의 참뜻을 음미하게 한다.

서양의 교향악단이 조선의 왕실악단과 다른 점은 무엇이었을까? 이러한 물음을 좇다 보면 서양 시민세급의 부상과 '시민혁명'을 만나게 된다. 서양의 교향악단은 적어도 18세기 이후 궁정의 벽을 넘어

---

21 여민락 곡조에 붙여 부르던 가사는 조선왕조 건국의 정당성을 노래한 〈용비어천가〉에서 가져왔고, 그 용도는 "사신의 잔치나 임금의 거둥 때 행악行樂으로 사용되던 음악"이라고 하니, 이름대로 백성과 함께 청취하는 공공 음악회의 용도는 아니었던 듯하다(한국정신문화연구원, 『한국민족문화대백과사전』, 한국정신문화연구원, 1990 참고).

서 왕이나 귀족만이 아닌 일반 시민을 청중으로 의식하기 시작한 반면, 조선의 왕실악단은 '백성과 함께 즐긴다'는 뜻의 여민락與民樂을 주요 연주 곡목으로 삼고 있었음에도 실제로는 그렇게 하지 못했다는 데에 있다.[22]

한편 호악은 앞서 양혜왕에게 "왕께서 전쟁을 좋아하시니 청컨대 전쟁에 비유하고자 합니다"(1:3)라며 운을 뗀 말 속의 호전好戰과 비교하여 논의할 만하다. 유교를 예악禮樂 사상이라고도 부른다는 점에 유의하면, 호악은 문화주의를 상징하는 언어가 된다. '좋아한다'는 것은 곧 사랑한다는 말이다. 다만 그 사랑을 독점하지 않고 문지방을 넘어 타인에게까지 '미루어 나아가 채우는(擴充)' 것이 정치의 핵심 사안이다. '홀로 좋아함'을 미루어 '함께 좋아하기'로 나아가는 것, 맹자는 이 확충의 노력을 정치가의 핵심 자질로서 요구하고 또 강조했다. 여기서 '호악=상문尙文=유교'로 범주화할 수 있고, 반면 '호전=상무尙武=반反유교'로 나눠볼 수 있으리라. 아, 실제로는 양혜왕이나 제선왕이나 다 같이 강대국을 지향한 패권주의자였다. 다만 제선왕의 '풍악을 좋아한다'는 자랑을 기화로 삼아 맹자는 여민동락의 비전을 펼쳐 보인 것이다.

참고 유교에서 악樂은 중요하다. 공자는 풍악을 의례의 형식화·경직화에
    대한 치료제로서 중시하였다. 이에 그는 풍악을 세심하게 분류한다.

22　최유준, "서양 음악사의 시민혁명이 소리를 내다", 〈한겨레〉, 2017년 6월 16일자.

곧 아악인 소韶와 속악인 정성鄭聲을 질적으로 다르다고 구분한 터다. 아악의 정화제적 기능을 중시하고, 속악의 마취제적 기능에 주의를 촉구한다. 수제자 안연에게 천하 경영의 방법을 귀띔하는 대목에서 이렇게 말했다.

풍악은 순임금의 소무韶舞를 채택하고, 정나라 소리(鄭聲)는 내쳐라. 정나라 소리는 음탕하기 때문이다.

_『논어』, 15:10

반면 맹자는 음악의 사회적 기능에 주목한다. 따라서 아악과 속악의 공능은 다를 바 없다고 판단한다("오늘날 속악과 옛날의 아악은 다를 바가 없습니다"). 공자에게 음악은 그 자체로 효력이 있어 예의 세속화, 경직화를 치유할 처방이라면, 맹자에게 음악은 여민의 세계, 즉 '군민이 함께 더불어 사는 세상'을 이루는 정치 · 사회적 수단이다(공자의 악론이 본질적이라면, 맹자의 것은 도구적이라고 할까?).

차후 유교는 의례와 제도에 치우쳐 공자가 중시한 음악의 기능을 무시했다. 악은 예와 더불어 유교를 지탱히는 두 축 가운데 하나였으나 홀대받았다. 예와 악의 균형이 무너지고, 풍악은 무시되고 예는 형식화되었다. 공자의 염려가 현실이 된 것이다. 그 결과 근세에 이르러 유교는 노신에게 "사람을 잡아먹는 예교"라는 비난을 받기에 이른다. 조선시대 유교 역시 마찬가지였다. 예를 중시하고 악의 가치를 상실한 치우침이 유교를 경직되게 하고 타락시킨 주범이었다.

齊宣王問曰, "文王之囿²³方²⁴七十里, 有諸?"

孟子對曰, "於傳²⁵有之."

曰, "若是其大乎?"

曰, "民猶以爲小也."

曰, "寡人之囿方四十里, 民猶以爲大, 何也?"

曰, "文王之囿方七十里, 芻蕘者²⁶往焉, 雉兔者²⁷往焉, 與民同之. 民以爲小,
不亦宜乎! 臣始至於境, 問國之大禁, 然後敢入. 臣聞郊關²⁸之內有囿方四十里,
殺其麋鹿者如殺人之罪. 則是方四十里爲阱於國中²⁹. 民以爲大, 不亦宜乎?"

제나라 선왕이 물었다.

"문왕의 원림은 사방 70리였다는데 그러합니까?"

23 囿(유): 들짐승과 날짐승을 기르는 원림園林을 이른다. 울타리가 있는 정원은 '苑(원)'이
라 하고 울타리 없는 것은 '囿'라고 부른다(양백준). 프랑스 베르사이유에 부속된 넓은 사
냥 숲을 연상하면 좋겠다. 형태는 1:2에서 묘사된 문왕의 영유靈囿와 같다. 다만 문왕의
것은 공유지요, 선왕의 것은 사유지라는 차이가 있다.

24 方(방): 사방四方.

25 傳(전): 기록, 전적傳籍.

26 芻蕘者(추요자): 목동과 나무꾼. '芻'는 마소의 먹이인 꼴. '蕘'는 땔감.

27 雉兔者(치토자): 사냥꾼. '雉'는 꿩. '兔'는 토끼.

28 郊關(교관): 도성 밖 100리가 '郊'이다. 그 바깥에 '關', 즉 관문을 설치하였다(주희).

29 阱於國中(정어국중): '阱'은 함정. '國中'은 도성 한가운데. '도성 한가운데 파놓은 함정'
이란 물론 과장법이다.

맹자, 대하여 말씀하시다.

"기록에 그런 내용이 있습니다."

제선왕이 말했다.

"그렇게나 컸답니까?"**30**

맹자가 말했다.

"백성은 도리어 작다고 여겼습니다."

제선왕이 말했다.

"저의 원림은 사방 40리인데도 백성은 크다고 하는데 어째서 그렇습니까?"

맹자가 말했다.

"문왕의 원림은 사방 70리였지만 꼴과 땔감을 채취하는 목동과 나무꾼들이 그곳을 드나들고, 꿩과 토끼를 쫓는 사냥꾼들도 그곳을 드나들어 사람들과 함께 그것을 같이 썼습니다. 그러니 백성이 작다고 여긴 것이 또 마땅하지 않겠습니까?

저는 남의 나라 경계에 이르면 그 나라에서 크게 금지하는 것을 알아본 다음 감히 발을 들여놓습니다. 듣건대 제나라는 교외의 관문 안에 사방 40리 원림이 있는데 거기 사슴을 죽인 자는 사람을 죽인 것과 똑같이 벌한다고 하더군요. 그렇다면 도성 한

---

30 사방 70리 땅이라면 탕임금이 처음 나라를 시작하던 규모다. 뒤에 "탕임금은 70리 땅으로, 문왕은 100리 땅으로 왕이 되었다"(3:3)라고 하였다. 제선왕의 "그렇게 컸답니까?"라는 놀라움은 '한 나라 면적만 한 원유를 사유하고서도 과연 성왕이라고 할 수 있는가?'라는 질문이 된다.

가운데 함정을 파놓은 것과 같으니 백성이 크다고 여기는 것이
또한 마땅하지 않겠습니까?"

　　뜻이 앞 장을 잇고 있다. 독락獨樂 대 여락與樂, 곧 '혼자 즐기
기'와 '함께 즐기기'의 대결 구도다. 다만 그 결과는 하늘과 땅의 차이
를 낳으니 '혼자 즐기기'를 택하면 자신의 죽음과 나라의 멸망을 초래하
고, '함께 즐기기'를 택하면 천하를 얻는다. 원림은 본래 공동체의 공유
지였다. 그 땅에 사는 사람들 누구나 드나들면서 땔감이며 마소의 먹이
인 꼴을 채취하고, 또 시기를 정해 공동으로 사냥을 하는 공터였다. "문
왕의 원림은 사방 70리였지만 꼴과 땔감을 채취하는 목동과 나무꾼들이
그곳을 드나들고, 꿩과 토끼를 쫓는 사냥꾼들도 그곳을 드나들어 사람들
과 함께 그것을 같이 썼습니다"라는 대목에 공유지인 원림의 기원이 잘
표현되어 있다. 이랬던 땅이 춘추전국시대를 지나면서 군주의 사유지로
독점된 것이다. 제선왕은 공유지를 사유화한 역사적 맥락은 짐짓 무시한
채 외형적인 차이, 즉 문왕의 사방 70리와 자신의 사방 40리를 비교하며
도리어 백성을 힐난하고 있다.
　　그러나 문제의 본질은 공유지의 사유화에 있음을 맹자는 날카롭게 지
적한다. 특히 군주의 사유지로 변질된 관내關內의 원유에서 "사슴을 죽
인 자는 사람을 죽인 것과 똑같이 벌한다"면 이는 백성의 코앞에 함정을

설치하고 사람을 살상하려는 짓이나 다름없다. 공유지를 사유화한 군주들이 백성을 범죄자로 처벌하는 짓은 백성과 더불어 즐거움을 누리는 동락同樂이기는커녕 즐거움을 사유화하는 독락獨樂일 따름이다. 나아가 군주의 사유지를 침해하면 사형에 처하는 법령은 가혹하기 이를 데 없다. 여기 어디에 '백성의 부모(民之父母)'라는 전통적인 군주관[31]이 있으랴! 맹자는 사유지로 점유된 공유지를 본래의 위상으로 복구하기를 촉구하는 것이다. 독점에서 공유로, 독락에서 여민락으로, 즉 여민동락의 비전을 이 장에서도 일관되게 주장하고 있다.

　서양 역사에서도 이와 유사한 공유지 독점 현상을 관찰할 수 있다. 고대 로마제국의 콜로세움과 관련된 일화다. 콜로세움 터는 본시 공유지였는데 네로 황제가 이 땅을 사유화하여 황금 궁전을 지었고, 이것이 시민의 분노를 촉발했다. 그러자 네로를 계승한 베스파시아누스 황제가 여기다 콜로세움 경기장[32]을 만들어 인민에게 반환하는 조처를 시행하였다.

31　군주를 '백성의 부모'에 비유한 것은 자식과 백성에게 충효를 강요하는 복종의 윤리가 아니라, 외려 군주의 책임을 강조하는 배려의 윤리다. 예컨대 "배려의 윤리는 자녀에 대한 '부모의 책임'과 비슷하다. 이것은 '모든 책임 있는 행위이 인형'이다. 이것은 또한 상대방의 허가를 얻은 뒤에 사랑을 베풀거나 서로 호혜적으로 은혜를 주고받는 [계약적] 관계가 아니다. 한스 요나스에 따르면 이러한 유형의 기본적 책임은 '어떤 법률적 근거에서 비롯되는 것이 아니다. 이것은 어머니 뱃속에서 이식된 휴머니티', 모성적 휴머니티에서 비롯된다. 어머니의 책임, '헌신적인 배려'는 자기를 주장하는 것이 아니며 오히려 자기를 초월하는 것이다. 에코 페미니즘적 자아는 시종일관 관계적이며, 반응respond을 보이는 것일 뿐만 아니라 책임지는 자아이다. 타자 중심성은 기본적으로 모든 윤리의 '고향'이다. 배려라는 윤리의 원형은 타자 중심성의 원리에 기반해 있기 때문이다."(정화열, 박현모 옮김, 『몸의 정치』, 민음사, 1999, 200쪽)

사유화, 독점화된 공유지를 본래대로 돌려놓는 과정에 '로마의 지속력'
이 있다고 본다면, 맹자는 선왕에게 '정치력political power'의 본질을 반추
해보기를 조언하고 있는 것이다. 공유지의 사유화가 동서양을 막론하고
관찰된다면, 이 장의 사례는 전제 권력의 보편적 병리 현상을 상징하는
증거로 삼을 수도 있겠다.

32 70년경 베스파시아누스 황제에 의해 건설이 시작되었으며, 80년에 건축이 끝나 100일
축제 기간 동안 그의 아들인 티투스 황제가 개막식을 올렸다. 콜로세움은 높이 약 42미
터, 둘레 약 530미터로 당시에 건립된 건축물 가운데 최대 규모였다. 네로 황제의 황금
궁전 정원에 있던 인공 호수를 메운 자리에 세워졌다(위키백과 '콜로세움' 문서 참조).

맹자, 마음의 정치학 1

두 개의 절로 나누어 번역하고 해설하였다. 1절은 '다원주의 국제 체제론'을, 2절은 '혁명의 권유'를 다룬다. 그 바탕에는 여민주의 정치사상이 일관된다.

2:3-1. 다원주의 국제 체제론

齊宣王問曰, "交鄰國[33]有道乎?"

孟子對曰, "有. 惟仁者爲能以大事小[34]. 是故湯事葛[35], 文王事昆夷[36]. 惟智者爲能以小事大. 故大王[37]事獯鬻[38], 句踐[39]事吳. 以大事小者, 樂天者也; 以小事大者, 畏天者也. 樂天者保天下, 畏天者保其國. 詩[40]云, '畏天之威, 于時[41]保之.'"

---

33 交鄰國(교린국): 국제 정치를 이른다. 사람의 교제에 대해서는 10:3 참고.

34 以大事小(이대사소): 대국으로서 소국을 섬기다. '事小'는 '字小(자소)'라고도 한다(『도덕경』).

35 葛(갈): 탕임금의 나라에 접경한 소국(4:5 참고).

36 昆夷(곤이): 혼이混夷라고도 부른다. 중국 서북 지역의 이민족인 서융의 일원. 이 일은 『시경』, 「대아」, '문왕지십文王之什'에 묘사되어 있다.

37 大王(태왕): 문왕의 할아비 고공단보古公亶父의 추호追號(2:15 참고). '大'는 '태'로 읽는다. 판본에 따라 '太'로 된 것도 있다.

38 獯鬻(훈육): 험윤獫狁이라고도 부른다. 중국 북방 지역의 이민족인 북적의 일원. 2:15의 "옛날 태왕이 빈 땅에 거처할 때, 북쪽 오랑캐들이 침략해왔지요太王居邠, 狄人侵之"에서의 '狄人(적인)'이 곧 훈육이다.

39 句踐(구천): 춘추시대 중국 남방 월나라의 임금.

제나라 선왕이 물었다.

"이웃나라와 사귀는 데는 방법이 있습니까?"

맹자, 대하여 말씀하시다.

"있습니다. 대국으로서 소국을 섬길 수 있기로는 다만 인자만이 그럴 수 있습니다. 그러므로 탕임금이 갈을, 문왕은 곤이를 섬길 수 있었습니다. 소국으로서 대국을 섬길 수 있기로는 오로지 지자일 뿐입니다. 그러므로 태왕이 훈육을, 구천은 오나라를 섬길 수 있었습니다[42].

대국으로서 소국을 섬기는 사람은 하늘의 뜻을 즐기는 자요[43], 소국으로서 대국을 섬기는 사람은 하늘의 뜻을 두려워할 줄 아는 자입니다[44]. 하늘을 즐길 줄 아는 자는 천하를 보전하고, 하늘을 두려워할 줄 아는 자는 한 나라를 보전할 수 있습니다.

---

40 詩(시): 『시경』, 「주송周頌」, '아장我將'.

41 于時(우시): 그리하면. '時'는 '是(시)'와 같다.

42 句踐事吳(구천사오): 구천이 오왕 부차夫差에게 크게 패하여 회계산으로 도망간 뒤, 와신상담臥薪嘗膽 끝에 설욕하여 오나라를 멸하고 제후의 맹주가 되었다. 『국어國語』, 「월어越語」와 「오어吳語」에 상세하다(양백준).

43 以大事小者, 樂天者也(이대사소자, 낙천자야): '以大事小'는 큰 나라로서 작은 나라를 섬기다. '以大事小'라야 미물도 생존할 수 있으니 만생물과 더불어 공존 공생함이 '樂天'이다. 화이부동和而不同과 뜻이 같다. 이 앞의 "대국으로서 소국을 섬길 수 있기로는 다만 인자만이 그럴 수 있습니다惟仁者爲能以大事小"와 호응한다.

44 以小事大者, 畏天者也(이소사대자, 외천자야): '畏'는 두려워하다. 뒤에 "자연의 이치에 순응하면 살아남고, 자연의 이치를 거스르면 망하는 법順天者存, 逆天者亡"(7:7)이라고 하였다. 대국의 낙천과 소국의 외천이 '순천자順天者'에 해당한다. 반면 대국은 힘을 과시하고, 소국은 오만한 것이 '역천자逆天者'다.

『시경』, 「주송」, '아장'에 '하늘의 위엄을 두려워하라, 그리하면 나라를 보전할 수 있으리라'고 노래했습니다."

전국시대는 소진蘇秦과 장의張儀로 대표되는 종횡가의 외교술이 천하를 횡행한 세월이기도 했다.[45] 그들이 구사한 외교 전략인 합종·연횡술은 당시 일세를 풍미하였다. 『맹자』에서도 종횡가가 풍미하던 당시 정치의 풍경을 엿볼 수 있다. 경춘景春이 종횡가인 공손연公孫衍과 장의를 대장부大丈夫라고 존경하면서 맹자에게 질문한 대목이 그렇다(6:2). 외교술 뒤에는 법가와 병가가 숨어 있다. 국가 간 교섭에서 말(외교)이 안 되면 칼(군사)이 나서는 것은 고금이 동일하다. 비유하자면 오늘날 패권국인 미합중국의 내각 구성에 국무부와 국방부가 핵심 부서인 것과 같다.

이런 시대 상황 속에서 제선왕이 국가를 보전하기 위한 실용적이고 실무적인 생존 기술(외교술)을 물은 것이 첫 대목 "이웃나라와 사귀는 데는 빙법이 있습니까?"이다. 혹시 천지개벽할 만한 특별한 수가 있느냐는 질문이다. 이에 대한 맹자의 답변은 '상대국을 섬기라(事)'다. 아마 제선왕의 얼굴은 일그러졌으리라. '하필왈리'라는 맹자의 대답에 봉착한 양

---

45 한漢나라 유향劉向이 『전국책戰國策』을 저술하면서 가진 문제의식이 '종횡가의 시대에 국가는 어떻게 생존할 수 있는가'였다.

혜왕과 마찬가지로 어처구니가 없었겠다. 이어서 제선왕이 자신은 호용好勇하노라고, 또 호색好色하노라고, 그리고 호화好貨하기까지 하노라고 뻗대는(2:5) 것도 맹자의 순진한 논리에 승복하지 않겠다는 의지의 표명으로 읽어야 할 것이다. '맹자 당신의 말을 따르다가는 천하를 소유하기는커녕 나라조차 보존하지 못하겠다!'라는 비아냥거림이 들어 있다.

그러나 과연 그럴까? 이른바 현실주의realism란 무엇일까? 권력자는 자리에 가만히 모셔둔 채로 그를 천하의 패권자로 만들어주겠다는 현실주의적 술책이야말로 실은 신비주의적 현혹, 허깨비 놀음이 아닐까? '현실'이란 단순하지 않다. 현실주의자들은 자기만족적인 기만을 현실이라고 믿으며, 그것이 비현실일 수도 있음을 의심할 줄 모른다. 현실은 지금 자기 눈(육안)에 비치는 사실과 다를 수도 있다는 걸 그들은 무시한다. 맹자는 이상주의자나 관념주의자가 아니라 '다른 현실주의자'일 따름이다.

그러므로 맹자를 우원迂遠한 관념주의자로 읽어서는 안 된다. 도리어 참혹한 전쟁의 시대를 끝내고 새로운 세계 체제를 도모하는 실천가요, 당시 누구도 보지 못한 천하의 미래상을 헤아리고 두려워한 사상가로 봐야 한다. 누군가에겐 비현실적으로 보일지라도 '어렵지만 불가능하지만은 않은 평화의 길'로 나아갈 방법론을 제시한 것이다. 맹자는 그 길을 공자의 '덕德'이라는 개념에서 확인하였다. 그는 덕을 '매력적인 힘attractive power'이라는 정치적 의미로 이해하고 '덕의 힘', 곧 덕력德力을 전국 시대를 극복할 동력으로 구성한 혁신적 사상가였다. 현실 정치에 필수적인 '정치적 힘'을 도외시한 몽상가가 아니라는 말이다(3:1 참고). 인자무적仁者無敵이요 지자외구知者畏懼라, 어진 사람에게는 대적할 자가 없고,

지혜로운 사람은 두려워할 줄 안다. 천하를 보전하고 한 나라를 보존하는 힘은 '함께 더불어 삶(與)'의 원리를 체득하여 국제 공간에서 실천할 때 얻을 수 있다는 '어렵지만 불가능하지만은 않은 길'. 이를 추동할 힘의 원리를 맹자는 공자의 덕에서 추출하고 이를 호연지기라는 새로운 이름으로 제시할 터였다(3:2 참고).

그러나 오늘날 국제정치학, 권력 정치론에 몸이 젖은 우리가 맹자의 구상을 이해하기란 제나라 선왕이 맹자를 이해하는 것만큼이나 어렵다. 이미 우리는 베스트팔렌조약 이후의 주권국가론에 기초한 서구 근대의 국제법 체계, 약육강식의 패권 논리에 익숙해져 있기 때문이다. 동시에 동아시아 전통의 외교 관례인 조공책봉을 봉건적인 국제 질서로 일축하고 비웃는 데도 익숙해 있다. 그러나 과연 조공책봉은 봉건적이고, 서양식의 외교 관계는 근대적일까? 번거롭지만, 맹자의 국제관계론(천하 체제)을 이해할 방편으로 서양 근대의 국제정치론(주권국가론)을 다른 각도에서 검토한 글을 보자.

> 일반적으로 (근대 서양식) 주권국가는 훌륭한 체제라는 인식이 있는 듯한데, 내가 볼 때는 이 주권국가라는 개념이 아주 속임수 같다. 왜냐하면 '큰 국가도 작은 국가도 각각 주권을 가지고 있으므로 대등하다'는 사고는, 전쟁 내지 경제 경쟁의 결과 한쪽의 국가가 지게 되어 있기 때문이다. '대등'의 사상에는 '준비! 출발!' 해서 경쟁이 시작되어 여기서 낙오하는 국가가 생겨도 그것은 '자기 책임'이니 어쩔 수 없다는 냉정함이 감춰져 있다.

옛 중국은 문명 대국으로서 아시아에 군림해왔으므로 주변의 나라들이 매년 조공을 바쳤다. 중국 황제에게 공물을 가지고 인사하러 가는 것이다. 그럼 황제는 "귀여운 놈이군" 하며 공물의 몇 배에 달하는 하사품을 주었다. 그것을 토산품으로 가져가게 함으로써 주변국과 그 주민은 "중국은 대단하다, 근사한 나라다"라며 극구 칭찬하게 만드는 것이다. 조공 체제라고 하는 것은 그러한 국가 관계이므로 국가끼리 서로 대등하다는 감각은 없다. 대신 주변국은 중국에 순종하는 뜻을 나타내는 한, 중국으로부터 융숭하게 대접받고 또한 보호받을 수 있다. 예전에는 그러한 형태로 중국을 중심으로 하는 세계 체제가 성립되어 있었다.[46]

인용문을 통해 시각 교정이 이뤄졌다면, 우리가 본문에서 주목할 점은 맹자가 제시하는 '신천하 체제neo world system'가 패권적 제국 체제가 아니라 소국 중심의 다원주의 국제 체제라는 사실이다. 곧 "대국으로서 소국을 섬기는 사람은 하늘의 뜻을 즐기는 자요, 소국으로서 대국을 섬기는 사람은 하늘의 뜻을 두려워할 줄 아는 자입니다. 하늘을 즐길 줄 아는 자는 천하를 보전하고, 하늘을 두려워할 줄 아는 자는 한 나라를 보전할 수 있습니다"라는 대목이 맹자의 '신천하 체제' 구상을 잘 보여준다. 여기 열쇳말은 사事, 곧 '섬김'이다. 본문의 '대국으로서 소국을 섬기다(以

---

46 나카타니 이와오, 성삼경 옮김, 「자본주의는 스스로 무너지는가」, 『녹색평론』, 제142호, 2015년 5~6월.

大事小)', 또 '소국으로서 대국을 섬기다(以小事大)'라는 말은 상투어가 아니라 맹자가 제시하는 새 지평, 즉 상호주의적 국제관계를 표상한다. 강대국은 약소국을 존중하고, 소국은 대국을 존대하는 상호 공경의 국제관계론이다. 이것은 분명 다원주의 국제 체제라고 번역할 수 있다. 한 걸음 더 나아가자면 맹자의 국제정치론은 소국 중심의 국제 체제라고까지 해석할 수 있다. 다음 주장은 이 점을 드러낸 것이다.

> 유가의 국제 질서를 대변하는 사대事大가 실은 사소事小라는 점을 이 대목은 잘 보여준다. 사대는 사소에 대한 응답이다. 다시 말하면 대국이 소국을 잘 섬겨야 소국이 대국에 귀의한다는 것이다. 맹자는 대국주의를 내건 당대의 패도를 부정하되 도가처럼 유토피아로 비약해버리는 대신, 대동大同으로 가는 중간에 소강小康을 두듯이 과도 단계로서 패도적 대국을 계몽하여 왕도적 대국으로 변화시키려 했던 것이다. 따라서 유가가 꿈꾸는 왕도적 대국은 노자의 소국주의와 멀지 않다고 보아도 좋다.[47]

여민 정치론의 국제적 확장 형태라고 할 여국與國 체제! 국가들 사이에 상호 존중이 관철되는 소국 연방 체제가 맹자의 국제 체제론이라고 할 수 있다. 마치 2차 대전 후 세계평화를 위해 꾸려진 유엔UN의 이상처럼, 대국과 소국이 상호 협력 관계를 유지하는 국제 체제를 이미 2300년

---

47 최원식, 「대국과 소국의 상호진화」, 『창작과비평』, 제143호, 2009년 봄, 249쪽.

전 맹자가 구상했던 것이다. 전제적인 제국帝國이 아니라 상호 존중의 다원적 제국諸國 체제가 맹자가 꿈꾼 천하 질서였음을 다시금 확인한다(소국주의에 대한 상세한 논의는 12:8 해설 참고).

참고 소국의 조공과 대국의 책봉이 짝을 이루는 동아시아의 전통적 국제관계는 반드시 대국이 유리하고 소국이 불리한 것은 아니었다. 본문에서 소국의 사대가 대국의 사소와 짝을 이루는 것임을 보았듯, 대국은 겉치레라도 '소국을 섬기는 예'를 행하지 않을 수 없었다. 이것은 『중용中庸』에도 기술돼 있다. 천하를 경영하려는 천자는 소국 제후를 후대해야 한다는 원칙이다. 즉 "소국 제후를 얽어매려면 가져오는 예물은 적게 해주고, 송별할 때 예물은 넉넉히 주어라厚往而薄來, 所以懷諸侯也." 여기 후왕厚往, '넉넉하게 예물 주기'는 대국에 큰 부담으로 작용했다.

송나라 지방관으로 재직하던 소동파蘇東坡의 고려 관련 외교 상소문(주의문奏議文)을 보면, 대국이 소국의 조공에 대처하기가 얼마나 난감했던가를 확인할 수 있다. 조공 체제란 제국이 제후국을 전면적으로 지배하고 제후국은 그에 벌벌 기면서 복종하는 것이 아니라, 그 내부에 다양한 변수가 있었음을 알 수 있다(소동파의 상소문에는 소국의 공물보다 더 많은 선물을 보내야 하는 대국의 난처한 지경과 가능하면 조공 횟수를 줄이려 하는 곤란한 정황이 상세히 담겨 있다[48]).

48 왕수이자오, 조규백 옮김, 『소동파 평전』, 돌베개, 2013, 352~357쪽 참고.

맹자, 마음의 정치학 1

2:3-2. 혁명의 권유

王曰, "大哉言矣! 寡人有疾[49], 寡人好勇[50]."

對曰, "王請無好小勇. 夫撫劍疾視[51]曰, '彼惡敢當我哉!' 此匹夫之勇, 敵一人者也. 王請大之!

詩[52]云, '王赫[53]斯怒, 爰[54]整其旅[55], 以遏徂莒[56], 以篤周祜[57], 以對于天下.' 此文王之勇也. 文王一怒而安天下之民. 書[58]曰, '天降下民, 作之君, 作之師[59], 惟曰其助上帝寵之[60], 四方有罪無罪惟我在, 天下曷敢[61]有越厥志[62]?' 一人[63]

---

49 疾(질): 열망passion. 문맥상 "질은 한 사람 내부에서 사납게 질주하는 격렬하고 극단적 형태의 욕망을 가리키는 것 같다"는 쾽로이슌, 앞의 책, 326쪽의 제언을 취했다.

50 好勇(호용): 앞에 양혜왕을 맹자가 호전好戰이라고 평한 것과 같다.

51 撫劍疾視(무검질시): '撫'는 어루만지다. '劍'은 칼. '疾視'는 째려보다.

52 詩(시): 『시경』, 「주송」, '아장'.

53 赫(혁): 불끈.

54 爰(원): 이에.

55 旅(려): 군대.

56 以遏徂莒(이알조거): '遏'은 막다. '徂'는 가다. '莒'는 지명.

57 以篤周祜(이독주호): '篤'은 도탑다. '周'는 나라 이름. '祜'는 복福.

58 書(서): 『서경』. 이하 인용은 『서경』의 일문逸文이나, 훗날 『위고문상서僞古文尚書』, 「주서周書」, '태서 상泰誓上'에 채록되었다(양백준). '태서'는 고증학 연구에 의해 매색梅賾의 위작으로 판명된 것이다(정약용, 『매씨서평』 참고). '태서'의 내용은 주나라 무왕이 은나라의 주왕紂王을 토벌하는 선언문이다.

59 師(사): 스승. 군君과 연결하여 군사君師로 해석하기도 한다.

60 其助上帝寵之(기조상제총지): "주희는 끝마디 寵之와 바로 뒤의 四方(사방)을 이어 붙여 한 구로 보았다. 이렇게 하면 '상제를 돕기 때문에 그들을 사방에 특별히 총애하다其助上帝, 寵之四方'가 되는데 옳지 않다."(양백준)

61 曷敢(갈감): 어찌 감히.

衡行[64]於天下, 武王恥之. 此武王之勇也. 而武王亦一怒而安天下之民. 今王亦一怒而安天下之民, 民惟恐王之不好勇也."

왕이 말했다.

"굉장하군요, 말씀이! 한데 제겐 열망이 있으니 저는 용맹을 좋아합니다."

맹자, 대하여 말씀하시다.

"왕께선 작은 용맹을 좋아하지 마십시오. 칼날을 어루만지며 부릅뜬 눈으로 상대를 째려보면서 '네가 어찌 감히 나를 감당하려고!'라고 으르는 것은 한낱 필부의 용맹이니 사람 하나를 대적할 뿐입니다. 왕께선 부디 큰 용기를 좋아하십시오. 『시경』, 「주송」, '아장'에 노래하기를 '문왕이 불끈 성을 내어 군사를 정돈하였네. 거나라로 진격하여 오랑캐의 침략을 막으니 주나라의 복을 두텁게 하고 천하 사람들의 기대에 부응하였다'라고 하였습니다. 이것이 문왕의 용기였습니다. 문왕이 한 번 성을 내어 천하 백성을 안정시킨 것입니다.

『서경』, 「주서」, '태서'에는 '하느님이 사람들을 낳으면서 임금을 만들고, 스승을 만든 것은 그 책임이 상제를 도와 백성을 보

62 越厥志(월궐지): 천하 사람들이 각각 하늘로부터 얻은 직분을 어기다(해설 참고). '越'은 어기다. '厥'은 그. '其(기)'와 같다. '志'는 뜻. 여기서는 말은 바 직분(양백준).

63 一人(일인): 어떤 자. '一夫(일부)'(2:8)와 같다. 은나라 폭군 주를 지칭한다.

64 衡行(횡행): 거리낌 없이 멋대로 행하다. '橫行(횡행)'과 같다.

호하는 데 있기 때문이다.[65] 사방에 죄 있는 자든 죄 없는 자든 그 잘못의 책임은 오로지 나에게 있으니, 하늘 아래 그 뉘라서 감히 제 분수를 넘어 망령된 짓을 하는 자가 있으리오!'라고 하였습니다. 어떤 자가 천하를 어지럽히기에 무왕이 이를 부끄러워하여 처단하였으니 이것이 무왕의 용기였습니다. 무왕 역시 한 번 성을 내어 천하 백성을 평안케 한 것입니다.

만일 왕께서도 한 번 성을 내시어 천하 백성을 평안케 한다면, 백성은 왕께서 용기를 좋아하지 않을까 외려 걱정할 것입니다."

해설

맹자는 고전(『시경』, 『서경』)에 나오는 성왕(문왕·무왕)의 정치적 사례를 거듭 인용하면서 선왕을 설득한다. 그러나 가타부타 답이 없으니 이미 설득은 실패한 것이다. 말은 남아서 천년을 내려오지만 일은 성사되지 못했으니 칼이 말을 이긴 것일까, 말이 칼을 이긴 것일까?

---

65 양백준의 해석에 따라 번역하였다. 주희식으로 구두점을 찍으면 천하의 주인이 군주와 스승(君師)이 되지만(군주 중심), 양백준식으로 읽으면 군주와 스승은 책임자가 되고, 천하의 주인은 일반 백성이 된다(인민 중심). 이럴 때 유교 정치사상인 대천리물代天理物(하늘을 대신하여 만물을 다스린다)의 원리에 합당해지고 공자와 맹자의 군민 관계론에도 걸맞다. '위민이냐 여민이냐'의 갈림길도 여기 『서경』, 「주서」, '태서'를 읽는 방식에 따라 갈린다. 해설과 참고를 볼 것!

1. 용기란 무엇인가

여기 작은 용맹, 즉 소용小勇이란 사사로운 복수심에 불타는 협객의 용기 같은 것이다. 뒤에 나올 북궁유北宮黝의 용기(3:2)가 이에 해당한다. 반면 큰 용기, 즉 대용大勇이란 스스로 돌이켜 보아 마음속 의리를 확인하고 이것이 인간의 도리와 합치하였을 때 분출하는 지극히 강하고 지극히 거대한 힘, 곧 호연지기를 뜻한다(3:2). 대용의 '대'를 이루는 방법은 앞의 대욕大欲의 '대'와 같고, 여민의 '여'를 이루는 방법과도 같다. 공통된 방법이란 공자가 권한 서恕, 곧 접어서 상대방의 처지에까지 나아가는 것이다. 사소하게 나라들 사이에서 외교술이나 부리며 분쟁에 시달리지 말고 더 큰 정치, 즉 천하 통일과 평화를 도모할 혁명revolution의 과업에 나서라는 말이다. 지금 맹자가 대용의 역사적 사례로서 은나라를 뒤엎고 주나라를 건설한 혁명가인 문왕과 무왕을 든 까닭도 이 때문이다.

대용을 권고하는 맹자의 말밑에는 천하 사람들의 생존과 생활을 보장하는 일이야말로 급선무라는 생각이 깔려 있다. 정치는 그런 급선무를 해결하는 공적 활동이다. 즉 보민保民이 정치의 본령이다. 그러므로 인민의 생존과 생활에 장애가 되거나 해를 끼치는 존재는 단연코 처단되어야 할 악이다. 이 천하의 악을 제거하는 행위가 큰 용기, 곧 대용이 된다. 악행을 처결하기 위해 문득 성을 내어 몸을 일으키고 그 사업을 성취하는 기세야말로 대용, 곧 참된 용기다. 역시 천하는 한 개인의 소유물이 아니라 공물公物이다. 따라서 그것을 회복하는 일은 모반이 아닌 혁명이다. '사람의 법' 위에 '하늘의 법'이 있음을 잊지 말라. 임금도 사람에 불과하다. 이와 같은 정치사상이 맹자의 대용론에 전제되어 있다.

자기 이익에 매몰된 힘 부리기가 작은 용기라면, 의리를 향한 각성된 힘 부리기는 큰 용기의 발로다. 그 힘이 아무리 미약할지라도 그렇다. 이것이 인자만이 참된 용기를 갖는 까닭이다. 공자가 이 말을 보증한다. "인자는 반드시 용기가 있으나 용자라고 반드시 인을 갖춘 것은 아니다."[66] 공문孔門 제일의 무사 자로가 용맹을 주제로 던진 질문에 공자가 어떻게 답변했는지를 보면 맹자의 용기론이 어디서 나왔는지 명확하게 알 수 있다.

> 자로가 물었다.
> "군자란 용맹을 숭상하는 사람이겠지요?"
> 공자, 말씀하시다.
> "군자는 의를 숭상하는 법이다. 군자가 용맹만 갖추고 의리가 없다면 반란을 일으키고, 소인이 용맹만 있고 의리가 없다면 도둑질을 하지."[67]

2. 『서경』 해석학

한편 이 장에 게시된 『서경』, 「주서」, '태서'는 해석에 따라 그 뜻이 크게 달라진다. 『시경』은 역내로 여러 사람의 손을 탔다. 현존하는 판본과 옛 판본 사이에 큰 차이가 있고, 같은 구절을 해석하는 데도 다양한 견해가 나온다.[68] 특히 여기 '태서'의 문장이 그렇다. 독법에 따라 여

---

66 仁者必有勇, 勇者不必有仁(『논어』, 14:5).

67 子路曰, "君子尙勇乎?" 子曰, "君子義以爲上, 君子有勇而無義爲亂, 小人有勇而無義爲盜."(『논어』, 17:23)

민 사상의 표명으로도, 또는 위민 사상의 제시로도 해석될 가능성이 있다. 그러므로 이 대목의 해석(선택)은 맹자 사상의 올바른 이해에 중차대하다. 맹자는 『서경』을 주체적으로 읽었는데, 가령 "나는 '무성武城'에서 두어 쪽만을 취할 따름이다"(14:3)라고까지 단언할 정도였다. 여하튼 『서경』 해석학은 맹자 사상을 올바로 아는 데 대단히 중요한 작업이다. 이 장에서 문제가 되는 '태서'의 구절은 이것이다.

> 천 강 하 민　　작 지 군 작 지 사　　유 왈 기 조 상 제 총 지　　사 방 유 죄 무 죄 유 아 재
> 天降下民, 作之君作之師. 惟曰其助上帝寵之. 四方有罪無罪惟我在,
> 천 하 알 감 유 월 궐 지
> 天下曷敢有越厥志.[69]

이 구절에 대한 해석은 역대로 다양하다. 여기서는 대표적으로 세 가지만 들어본다.

(1) 하느님이 사람들을 낳으면서 임금을 만들고, 스승을 만든 것은 그 책임이 상제를 도와 백성을 보호하는 데 있기 때문이다. 사방에 죄 있는 자든 죄 없는 자든 그 잘못의 책임은 오로지 나(통치자)에게 있으니, 하늘 아래 그 뉘라서 감히 제 분수를 넘어 망령된 짓을 하는 자가 있으리오![70]

---

68 『서경』의 해석을 둘러싼 사상사에 대해서는 유기우, 이은호 옮김, 『상서학사』, 예문서원, 2016 참고.

69 이것은 현대 중국의 맹자학자 양백준이 찍은 표점에 따라 구절을 나눈 것이다. 그리고 이에 따라 독해한 것이 본문의 번역이다.

이렇게 읽으면 군주는 하늘을 대신한 인민의 보호자로서 인민의 잘못에 대한 '책임자=통치자'임을 강조하는 텍스트가 된다. 핵심은 "사방에 죄 있는 자든 죄 없는 자든 그 잘못의 책임은 오로지 나에게 있으니"에 있다. 만일 군주라고 해서 제 분수를 넘어 망령된 짓을 하는 자가 있다면 그는 직무 방기죄로 처벌해야 할 대상으로 추락한다. 즉 천하의 주인은 인민이요, 군주와 스승은 하늘을 대리하여 인민의 생활을 관리하는 책임자라는 철학이 깔려 있다. 당연히 혁명이 용인된다.

한편 주희의 방식(『맹자집주』)으로 해석하면 이렇게 읽힌다.

> (2) 하늘이 백성을 내면서 그들에게 임금을 만들어주고, 스승을 만들어준 것은 상제를 돕기 때문에 사방의 사람들 중에서 특별히 총애한 것이다. 제후가 죄가 있든 죄가 없든 내(上帝)가 여기에 있으니 천하에 어찌 감히 분수를 어기고 제멋대로 행동하는 자가 있겠는가?[71]

이렇게 읽으면 '태서'는 첫째 천자가 상제의 특별한 총애를 받는다는 왕권신수설, 둘째 군주는 인민과 질적으로 다르다는 군민차별설, 셋째 방자한 제후를 벌할 권한을 천자가 상제로부터 위탁받았다는 위임설 등으로 구성된다. 이는 "사방에 죄 있는 자든 죄 없는 자든 그 잘못의 책임은 오로지 나에게 있으니"라며 인민의 잘못을 자기 책임으로 돌리는 (1)

---

70 양백준, 앞의 책.

71 조수익·박승주·함현찬 옮김, 『맹자』, 전통문화연구회, 2011.

의 '통치자=책임자'론과는 질적으로 다른 것이다.[72]

또 다음과 같은 독법도 있다. 명말청초 황종희黃宗羲의 해석이다.

> (3) 하늘이 백성을 돕기 위해 군주를 만들고 스승을 만들었다. 그들
> 로 하여금 상제를 도와 사방을 편안하게 하도록 했다. 임금(주紂)에
> 게 죄가 있든 없든 백성이 어찌 임금의 뜻을 어길 수 있으리오.[73]

이렇게 읽으면 군왕은 이미 천명을 받은 존재이므로 아무리 폭군일지
라도 책임을 묻지 못하게 된다. 일본식 천황제를 연상케 한다. 요컨대 (2)
와 (3)의 방식으로 읽으면 군왕은 상제(하느님)의 권력을 지상에서 위임
받은 권력자가 된다. 다만 하늘이 그에게 전권을 부여한 까닭은 그 권력
은 '백성을 위하여(for the people)' 사용하라는 뜻이다. 이런 방식의 해석은
위민 사상의 근거가 된다. 반면 (1)의 방식으로 읽으면 군주는 통치 행위
의 책임자가 되고, 맹자의 '왕도=여민 정치론'을 옹호하는 문서가 된다.

그러면 셋 중에 어느 것을 유교 정통의 독법으로 인정할 것인가?『논
어』, 「요왈堯曰」에 실린 탕임금의 고유문이 증거가 될 수 있다(참고를 볼 것).

---

72 주희가 왕권신수설, 군민차별설, 위임설로 읽을 수 있는 (2)의 독법을 제창했다는 뜻이
아니다. 주희는 "이 대목은 『서경』, 「주서」, '태서'의 글이다. 그러나 맹자가 인용한 것과
현재본 내용은 약간 차이가 있다. 지금 나는 현재본에 의거하여 해석하겠다書周書大誓之篇
也. 然所引與今書文小異, 今且依此解之"(『맹자집주』)라고 전제한다. 즉 주희는 당시 봉건 체제
의 압력을 무시하지 못했다. 유념할 것은 『맹자』를 발굴하여 천양한 이가 주희이며, 그가
맹자의 뜻이 여민주의임을 분명하게 파악했다는 사실이다.

73 황종희, 앞의 책, 63쪽.

맹자, 마음의 정치학 1

만일 이 고유문을 기준으로 삼으면 (1)의 독법이 (2)나 (3)보다 유교 본래의 군주론이라고 판정할 수 있다(경학經學은 해석의 기준을 마련하는 작업이다). 군주는 권력의 소유자가 아니라 위임받은 권력의 관리자요, 정치 행위의 책임자여야만 한다는 것. 물론 이런 관점은 맹자의 여민 정치론, 인민과 함께하기에 합치한다. 일본의 이토 진사이 역시 이 장의 뜻이 "천하 사람과 함께 근심하고 즐거워한다는 것에 수렴되지 않는 것이 없다"(『맹자고의』)라고 올바로 짚었다. 요컨대 '통치자=책임자'가 맹자의 군주론임을 확정할 수 있다.

> **참고**　『논어』, 「요왈」에는 은나라 탕임금이 하나라를 쳐서 혁명에 성공한 후 상제에게 보고하는 문장이 있다.
>
>
> (탕이) 고유문에서 말했다. '어리석은 녀석'인 리履가 검은 소를 잡아 감히 '거룩한 하느님'께 오롯이 아뢰나이다. 죄 있는 자는 결단코 용서할 수 없고, 하느님의 신하라고 덮어둘 수 없사오니 오로지 하느님 마음대로 하시오소서. 제 몸의 죄는 결코 세상 사람들 때문이 아니며, 세상 사람들의 죄는 서의 탓이옵니다.[74]
>
>
> 탕임금이 하느님(帝)에게 올린 고유문은 정치 지도자의 무한 책임론

74　曰 予小子履敢用玄牡, 敢昭告于皇皇后帝. 有罪不敢赦, 帝臣不蔽, 簡在帝心. 朕躬有罪, 無以萬方, 萬方有罪, 罪在朕躬(『논어』, 20:1). 리履는 탕임금의 본명. 상제 앞에 자기 이름을 일컬어 겸양한 것.

이다. 특히 "제 몸의 죄는 결코 세상 사람들 때문이 아니며, 세상 사람들의 죄는 저의 탓이옵니다"라는 대목이 그렇다. 이런 무한 책임자로서의 군주상은 동서고금을 막론하고 유사한 예화를 찾을 수 있다. 노자도 비슷한 말을 한 바 있다.

"나라의 더러운 일을 떠맡는 사람이 사직을 맡을 사람이요, 나라의 궂은일을 떠맡는 사람이 세상의 임금이다"(『도덕경』, 제78장)라는 말이 그렇다. 또 이스라엘의 모세Moses도 백성이 금송아지를 만들어 죄를 지었을 때 "슬프도소이다. 이 백성이 자기들을 위하여 금신을 만들었사오니 큰 죄를 범하였나이다. 그러나 합의하시면 이제 그들의 죄를 사하시옵소서. 그렇지 않사오면 원컨대 주의 기록한 책에서 내 이름을 지워버려 주옵소서"(『성경』, 출32:31-32)라고 기도했다. 한편 예수도 "세상 죄를 지고 가는 하나님의 어린 양"(『성경』, 요1:29)으로 불렸다.[75] 동서고금을 막론하고 모름지기 지도자라면 이 정도 책임감과 겸양의 덕은 갖추어야 마땅한 일일 터다. 이런 점에서도 여민 정치론은 보편성을 획득한다.

---

[75] 오강남 풀이, 『도덕경』, 현암사, 1995, 331쪽 참고.

맹자, 마음의 정치학 1

2:4. 여민주의가 곧 왕도다

齊宣王見孟子於雪宮[76]. 王曰, "賢者亦有此樂乎?"

孟子對曰, "有. 人不得, 則非其上矣. 不得而非其上者, 非也; 爲民上而不與民同樂者, 亦非也. 樂民之樂者, 民亦樂其樂; 憂民之憂者, 民亦憂其憂. 樂以[77]天下, 憂以天下, 然而不王者, 未之有也.

昔者齊景公[78]問於晏子[79]曰, '吾欲觀於轉附[80]·朝儛[81], 遵[82]海而南, 放于琅邪[83], 吾何修而可以比於先王觀[84]也?' 晏子對曰, '善哉問也! 天子適[85]諸侯曰巡狩[86]. 巡狩者, 巡所守也. 諸侯朝[87]於天子曰述職. 述職者, 述所職也. 無非事者. 春省耕而補不足, 秋省斂而助不給[88]. 夏諺[89]曰, 「吾王不遊[90], 吾何以休?

76 雪宮(설궁): 제나라 왕실의 별궁.
77 以(이): '함께'를 뜻하는 '與(여)'와 같다.
78 齊景公(제경공): 춘추시대 제나라의 군주. 성은 강姜, 이름은 저구杵臼.
79 晏子(안자): 안영晏嬰을 이른다. 제경공의 재상. 탁월한 경륜으로 제경공의 이름을 천하에 떨치게 하였다. 오늘날까지 『안자춘추晏子春秋』가 전하여 그 정치사상과 철학을 알려준다.
80 轉附(전부): 오늘날 산동성山東省 지부산芝罘山이다.
81 朝儛(조무): 오늘날 산동성 영성현榮城縣 동쪽 소석산召石山이다(양백준).
82 遵(준): 따르다. 좇다.
83 放于琅邪(방우낭야): '放'은 이르다(至). '琅邪'는 제나라 동남쪽 국경 지역. 오늘날 산동성 제성현諸城縣 동남부(양백준). '于'는 '於(어)'로 된 판본도 있다.
84 觀(관): '游(유)'라고도 한다. 영토를 시찰하는 것. 제후국의 풍속과 인정을 관찰하는 것은 관풍觀風, 제후가 천자를 조회하러 서울로 가는 것을 관광觀光이라고 한다.
85 適(적): 가다.
86 巡狩(순수): '巡'은 순행하다. '狩'는 사냥하다.
87 朝(조): 조회하다.
88 給(급): 넉넉하다.
89 夏諺(하언): 하나라 속담.

吾王不豫^{91}, 吾何以助? 一遊一豫, 爲諸侯度.」今也不然; 師行而糧食, 飢者弗食, 勞者弗息. 睊睊胥讒^{92}, 民乃作慝^{93}. 方^{94}命虐民, 飲食若流. 流連荒亡, 爲諸侯憂. 從流下而忘反謂之流, 從流上而忘反謂之連, 從獸無厭^{95}謂之荒, 樂酒無厭謂之亡. 先王無流連之樂, 荒亡之行. 惟君所行也.'

景公說, 大戒於國, 出舍於郊. 於是始興發補不足. 召大師^{96}曰, '爲我作君臣相說之樂!' 蓋徵招^{97}·角招是也. 其詩曰, '畜^{98}君何尤?' 畜君者, 好君也."

제나라 선왕이 설궁에서 맹자와 만났다. 왕이 말했다.

"현자도 또한 이런 즐거움을 누릴 줄 아십니까?"^{99}

맹자, 대하여 말씀하시다.

"그렇습니다. 사람들은 대개 이런 즐거움을 누리지 못하면 바

---

90 遊(유): "봄 농사가 시작될 때 부족한 것이 없는가를 살피는 것을 遊라고 한다春省耕而補不足者謂之遊."(『안자춘추』, 「내편內篇」, '문하問下') 이에 '遊'를 '봄에 다니러 오다'라고 번역했다.

91 豫(예): 즐기다. '遊(유)'와 같다. "가을에 결실을 살펴 넉넉하지 못한 것을 보조해주는 것을 豫라고 한다秋省實而助不給者謂之豫."(『안자춘추』, 「내편」, '문하') 이에 '豫'를 '가을에 다니러 오다'라고 번역했다.

92 睊睊胥讒(견견서참): 눈을 흘기며 서로 헐뜯다. '睊'은 흘겨보다. '胥'는 서로. '讒'은 헐뜯다.

93 慝(특): 원망하다.

94 方(방): 거역하다.

95 厭(염): 만족하다.

96 大師(태사): 악관樂官의 우두머리, 악장樂長. 주로 맹인이 맡았다.

97 徵招(치소): '徵'는 소리(音), '招'는 풍악 이름. '韶(소)'와 같다.

98 畜(축): 그치다.

99 앞에 양혜왕이 원유에서 했던 것과 같은 질문이다. 백면서생(현자)도 이런 즐거움, 곧 오락을 즐길 줄 아느냐는 말이다. 번역하자면 "살아가는 재미가 뭔지 아시나?"라는 희롱이다.

맹자, 마음의 정치학 1

로 윗사람을 탓하곤 하지요. 즐거움을 누리지 못한다고 윗사람을 탓하는 자들도 잘못이지만, 백성과 더불어 같이 즐길 줄 모르는 윗사람 또한 잘못입니다. 군주가 백성이 즐거워하는 것을 즐거워하면 백성도 그의 즐거움을 함께하고, 백성이 걱정하는 것을 근심하면 백성도 그의 걱정을 함께합니다. 천하 사람과 함께 즐거워하고 천하 사람과 함께 걱정하고서도 천하의 왕 노릇을 하지 못한 경우는 없었습니다.

옛날 제나라 경공이 안자에게 물었답니다. '내가 전부와 조무를 거쳐 해안을 따라 남쪽으로 내려가 낭야까지 유람하고 싶은데, 어떻게 닦아야 선왕들의 유람과 같이할 수 있을까요?'라고. 이에 안자가 대답하기를 '좋은 질문입니다. 천자가 제후를 시찰하러 가는 것을 순수라고 합니다. 순수란 지키는 영지를 돌아본다는 뜻입니다. 제후가 천자를 조회하러 오는 것은 술직이라 하는데 술직이란 맡은 일을 보고한다는 뜻입니다. 순수와 술직은 공무가 아닌 것이 없습니다. (순수할 때가) 봄이면 논밭 갈이를 살펴서 부족한 것을 보태주고, 가을이면 수확을 살펴서 넉넉지 못한 것을 도와줍니다. 히니라 속담에 우리 임금님 봄에 다니러 오지 않으면 우리가 어떻게 쉬어볼까. 우리 임금님 가을에 다니러 오지 않으면 우리가 어디서 도움을 얻을까라고 하였습니다. 봄가을로 천자의 거둥이 제후들에게 본보기가 되었다[100]는 뜻이지요.

지금은 그렇지가 않습니다. 군대가 행차하면서 양식을 먹어대니[101] 굶주린 백성은 더욱 먹을 것이 없고, 힘겨운 백성은 쉬지를 못해 눈을 흘기며 서로 힐난하다가 끝내 임금을 원망하고 증오합니다. 그런데도 천명을 거역하고 백성을 학대하면서[102] 음식을 물 쓰듯이 낭비하고, 뱃놀이와 사냥 놀음, 음주가무로 수령들의 근심거리가 되고 말았습니다[103]. 물길을 따라 내려가며 뱃놀이하면서 돌아갈 줄 모르는 것을 유流라 하고, 물길을 거슬러 올라가며 놀면서 돌아갈 줄 모르는 것을 연連이라 하며, 사냥에 빠져 한정이 없는 것은 황荒이라 하고, 술에 빠져 한정이 없는 것을 망亡이라고 합니다. 선왕들이 순수하실 때는 유·연의 환락이 없었고 황·망의 놀이가 없었습니다. 오로지 임금께서 판단하여 행하실 바입니다.'

---

100 爲諸侯度(위제후도): 제후의 본보기가 되다. 아래 주석 103의 '爲諸侯憂(위제후우)'와 비교해서 볼 것. 즉 '度'가 '憂'로 바뀌는 데 정치의 타락상이 깃들었다.

101 師行而糧食(사행이양식): 군사가 행차함에 양식을 먹다. "군주가 출행하면 사師(2500명)가 따르고, 경卿이 출행하면 여旅(500명)가 따른다君行師從, 卿行旅從."(『춘추좌전春秋左傳』, 「정공4년」)

102 方命虐民(방명학민): 주희는 '命'을 군주의 명령으로 보았고, 양백준은 '命'을 '상제의 뜻(上帝意旨)'으로 보았다. 주희식으로 읽으면 군주와 관료를 구별하게 되어 군주는 '虐民'의 최고 책임을 면하게 되지만, 양백준식으로 '천명天命'으로 읽으면 군주는 '虐民'의 직접 책임자가 된다. 맹자의 뜻은 천명(상제의 뜻)을 위주로 삼아 군주도 이에 따르지 않으면 '홀사내(一夫)'에 불과하다는 생각, 그리고 여민 사상을 제창하는 데 있으므로 여기 '命'은 천명으로 읽는 것이 합당하다.

103 爲諸侯憂(위제후우): 여기 '諸侯'는 제나라 경내 부용국 수령들을 뜻한다. 이에 수령이라고 번역하였다. 원래는 순수가 수령들이 본받아야 할 법도였으나 이제는 근심 걱정이 되었다는 것.

맹자, 마음의 정치학 1

제나라 경공이 이 말을 듣고 기뻐하며 나라에 큰 명령을 내리
고 근교에 행궁을 지어 머물면서 여기서 처음으로 창고의 곡
식을 풀어 백성의 부족을 채워주고, 악장을 불러 '나를 위해 임
금과 신하가 함께 기뻐하는 음악을 만들어라'고 명하였습니다.
대개 치소와 각소[104]가 그것입니다. 그 노랫말에 '임금을 가로
막는 것이 무슨 허물이 되랴'라고 하였으니 임금을 가로막는
것은 곧 임금을 사랑하는 것입니다."[105]

해설

계속해서 여민동락 정치론을 펼쳐 보이고 있다. 요지는 "군주
가…… 천하 사람과 함께 즐거워하고 천하 사람과 함께 걱정하고서도 천
하의 왕 노릇을 하지 못한 경우는 없었습니다"라는 말에 들었다. 이 장에
서는 군주와 신민臣民 간의 상호 관계성을 강조하고 있다. 아니, 실은 군

---

104 徵招·角招(치소·각소): 악유오성樂有五聲이라, 뭇악은 5음으로 이루어진다. 곧 궁宮·상
商·각角·치徵·우羽가 그것이다. 음마다 각 위계를 가리키는데, '궁'은 임금, '상'은 신하,
'각'은 백성, '치'는 업무, '우'는 사물을 뜻한다. 여기 제경공이 하명한 '徵招·角招'란 곧
신하(徵)와 백성(角)의 소리이므로 신하와 백성을 위한 음악이 된다. 군주와 신민이 함께
어울려 태평의 시대를 이루자는 뜻이다(성백효: 양백준 참고).

105 임금을 가로막는 것이 임금을 사랑하는 것이라는 결론은 공자가 자로에게 '임금에게 덤
벼들어라(犯之)'라고 충고한 것과 같은 맥락이다(『논어』, 14:23). 군신 관계가 지배-복종 관
계가 아니라 대화를 통한 협치임을 뜻한다.

주가 먼저 신민에게 손을 내밀어 상호성을 수립해야 한다는 데 초점이 있다. 이 장은 여민주의 정치 체제가 군신君臣, 나아가 군민君民 간의 '상호 관계성'을 기초로 하는 것임을 역사적 사례(제경공과 재상 안영의 대화)를 통해 분명히 보여준다. 군주와 인민 사이가 수직적이고 일방적인 권력 관계가 아니라, 수평적이며 상호적인 쌍방 관계라는 뜻이 '여與'라는 글자의 속살을 채우고 있다. 이것은 앞으로 『맹자』 전편에 걸쳐 지속되는 기초 성분이다. 본문의 끝부분 춘추시대 제나라 경공이 악장을 불러 "임금과 신하가 함께 기뻐하는 음악"을 주문한 것도 (혹은 맹자가 그렇게 해석한 것도) 이를 뒷받침한다.

이 장의 특징은 여민동락의 역사적 근거로 경공과 재상 안영의 사례를 제시하면서 그 정당성을 확보한다는 점이다. "다른 문명에서 신神의 계시가 맡았던 역할을 중국에서는 역사가 행했다"[106]라는 모오트의 지적을 빌리자면 지금 맹자는 주장의 정당성을 역사에서 찾은 셈이다. 제선왕의 선군先君인 춘추시대 제나라 경공의 사례를 들어 여민동락의 의의를 설명한 것은 맹자가 선왕의 호기심을 불러일으켜 설득력을 배가하려는 의도였을 것이다.

한편 일반적으로 관중과 안영을 같은 반열에 놓고 보지만(예컨대 사마천은 관중과 안영을 한데 묶어서 편을 만들었다. 『사기』, 「관안열전管晏列傳」 참고), 깊이 살펴보면 맹자는 관중은 낮게 평가하면서 안영은 비교적 높게 평가하는 듯하다. 앞서 보았듯 관중에 대해서는 춘추시대를 전국시대로 전락

---

106 후레드릭 W. 모오트, 권미숙 옮김, 『중국 문명의 철학적 기초』, 인간사랑, 1991, 71쪽.

맹자, 마음의 정치학 1

하게 한 최악의 정치가로 평가하지만, 안영에 대해서는 안자晏子라고 존칭을 써서 호명한다(여기 및 3:1 참고). 이 장에서는 또한 맹자가 안영을 제경공에게 여민 정치론을 설파하여 계몽에 성공한 정치가로 묘사했다는 점도 유의할 만하다. 제경공이 안영의 조언을 기쁘게 받아들이고 즉각 명령을 내린 마지막 대목은 지금 맹자가 선왕에게 권하려는 속뜻과 합치할 것이다. 여기 상열지악相說之樂, 곧 '임금과 신하가 함께 기뻐하는 음악'이란 여민락與民樂과 같은 뜻이다. '서로 상相'이나 '함께할 여與'나 그 뜻이 같기 때문이다.

앞의 양혜왕과의 대화에서도 그렇고 여기 제선왕과의 대화에서도 거듭 즐거움(樂)이 이슈가 되는 까닭은 근심 걱정은 혹 천하를 '위하여' 할 수 있을지 모르겠으나, 즐거움만은 '위하여'가 불가능하고 오로지 천하 백성과 '함께 더불어' 할 때에만 가능하기 때문이리라. 요컨대 위민이 아닌 여민에 맹자 사상의 핵심이 들어 있다.

齊宣王問曰, "人皆謂我毀明堂[107]. 毀諸? 已[108]乎?"

孟子對曰, "夫明堂者, 王者之堂也. 王欲行王政, 則勿毀之矣."

王曰, "王政可得聞與?"

對曰, "昔者文王之治岐[109]也, 耕者九一, 仕者世祿, 關市譏[110]而不征[111], 澤梁[112]無禁, 罪人不孥[113]. 老而無妻曰鰥[114], 老而無夫曰寡, 老而無子曰獨, 幼而無父曰孤. 此四者, 天下之窮民而無告者. 文王發政施仁, 必先斯四者. 詩云, '哿[115]矣富人, 哀此煢[116]獨.'"

王曰, "善哉言乎!"

曰, "王如善之, 則何爲不行?"

王曰, "寡人有疾, 寡人好貨."

---

107 明堂(명당): 천자가 순수할 때 거처하던 집. 제선왕이 질문으로 삼은 것은 태산泰山에 있던 명당이다. 주희는 "명당은 왕자가 머무는 곳이니 천하의 정사를 출납하는 곳이다. 왕정을 시행한다면 누구든 주인이 될 수 있다는 뜻이니 헐 필요가 어디 있는가"라고 하였다(『맹자집주』).

108 已(이): 그만두다.

109 岐(기): 주왕조의 발상지. 오늘날 섬서성陝西省 기산현岐山縣 일대.

110 譏(기): 살피다, 기찰하다.

111 征(정): 세금을 바치다.

112 澤梁(택량): 그물이나 돌로 가로막아 물고기를 잡는 장치. '澤'은 연못. '梁'은 어량魚梁.

113 孥(노): 처자식.

114 鰥(환): 홀아비. 본래 '鰥'은 눈물 흘리는 물고기.

115 哿(가): 괜찮다. '可(가)'와 같다.

116 煢(경): 외로움, 곤궁함.

對曰, "昔者公劉[117]好貨. 詩云, '乃積乃倉[118], 乃裹餱糧[119], 于橐于囊[120]. 思戢用光[121], 弓矢斯張[122]. 干戈戚揚[123], 爰方啓行[124].' 故居者有積倉, 行者有裹糧[125]也, 然後可以爰方啓行. 王如好貨, 與百姓同之, 於王何有[126]?"

王曰, "寡人有疾, 寡人好色."

對曰, "昔者大[127]王好色, 愛厥妃. 詩云, '古公亶父[128], 來朝走馬. 率[129]西水滸[130], 至于岐下. 爰及姜女[131], 聿[132]來胥[133]宇.' 當是時也, 內無怨女, 外無曠

---

117 公劉(공유): 주나라 시조 后稷(후직)의 증손.

118 乃積乃倉(내적내창): 노적가리를 쌓고 곳집을 채우다. '乃'는 허사. '積'은 노적가리. '倉'은 곳집.

119 乃裹餱糧(내과후량): 찐쌀을 싸서 담다. '裹'는 싸다. '餱'는 마른 밥. '糧'은 양식.

120 于橐于囊(우탁우낭): '橐'과 '囊'은 둘러매는 자루. "橐은 양끝을 다 동여매고 한가운데를 터놓는 자루이며, 囊은 물건을 한가운데 넣고 그 양쪽을 묶은 것인데, 보통 낭은 크고 탁은 작다."(양백준) '于'는 조사로 '~에'라는 뜻.

121 思戢用光(사집용광): 아! 백성을 안둔하고 나서 나라를 빛내자. '思'는 허사. '戢'은 모으다, 화목하다. '輯(집)'으로 된 판본도 있다.

122 弓矢斯張(궁시사장): 활과 화살을 펼쳐놓다(준비하다). '弓'은 활. '矢'는 화살. '斯'는 이에. '張'은 펼치다.

123 干戈戚揚(간과척양): '干'은 방패. '戈'는 창. '戚'은 작은 도끼. '揚'은 큰 도끼.

124 爰方啓行(원방계행): 이에 (그런 준비를 마친 다음에야) 곧 정벌에 나섰다. '爰'은 이에. '方'은 바야흐로. '啓'는 시작하다.

125 裹糧(과량): 양식을 싸다. '糧'은 '囊(낭)'으로 된 판본도 있다.

126 何有(하유): '무슨 문제(어려움)가 있겠는가(何難之有)?'

127 大(대): '太(태)'와 같다.

128 古公亶父(고공단보): 문왕의 할아버지 태왕太王을 이른다. '父'는 남자 이름.

129 率(솔): 따르다.

130 滸(호): 물가.

131 姜女(강녀): 고공단보(태왕)의 아내.

132 聿(율): 드디어.

夫[134]. 王如好色, 與百姓同之, 於王何有?"

제나라 선왕이 물었다.

"사람들이 모두 내게 명당을 헐라고 하는데 헐어야 할까요, 그
만두어야 할까요?"

맹자, 대하여 말씀하시다.

"대저 명당이란 왕자의 집이니 임금께서 왕정을 펴려 하신다면
헐어서는 안 됩니다."

제선왕이 말했다.

"왕정에 대해 들어볼 수 있을까요?"

맹자가 말했다.

"옛날 문왕께서 기 땅을 다스릴 적에 농사꾼에겐 9분의 1 세를
걷었고[135], 고위 관리에게는 대대로 녹봉을 주었으며[136], 관문
과 시장에서는 기찰은 하되 세금은 물리지 않았고[137], 누구나
연못과 어량에서 물고기를 잡을 수 있었으며[138], 죄인은 벌하되

---

133 胥(서): 보다.

134 曠夫(광부): 홀아비. '曠'은 비다.

135 耕者九一(경자구일): 농가마다 9분의 1 세를 거둔 것. 정전제를 시행했다는 뜻.

136 仕者世祿(사자세록): 이는 마땅히 대부 이상의 관직을 가리켜 말한 것이다(양백준).

137 關市譏而不征(관시기이부정): 관세나 시장세는 철폐하고 범죄자를 예방하는 순찰만 행한
다는 것.

138 澤梁無禁(택량무금): "촘촘한 그물을 웅덩이나 연못에 설치하지 않으면 물고기와 자라가
충분히 자라나 이루 다 먹지 못할 것數罟不入洿池, 魚鼈不可勝食"(1:3)의 요약이다.

맹자, 마음의 정치학 1

당사자에 그쳤습니다[139].

아내 없이 홀로 된 노인을 환鰥이라 하고, 남편 없이 홀로 된 노파를 과寡라 하고, 자식 없는 노인을 독獨이라 하고, 어려서 부모 없는 아이를 고孤라 하는데 이 넷은 하늘 아래 가장 궁박한 백성으로서 그 처지를 하소연할 데가 없는 사람들입니다[140]. 문왕께서 정사를 펼쳐 인을 베풀 적에 반드시 이 넷을 먼저 챙겼습니다.『시경』,「소아」, '정월'에 '괜찮다, 부자들은. 가여운 건 외롭고 궁핍한 이 사람들'이라고 했습니다."

왕이 말했다.

"참 좋습니다! 그 말씀이."

맹자가 말했다.

"왕께서 정녕 좋다고 하신다면 어째서 실행하지 않는지요?"

제선왕이 말했다.

"제게 흠이 있으니 저는 돈을 좋아합니다."

맹자가 말했다.

"옛날 공유도 돈을 좋아했습니다.『시경』,「대아」, '공유'에 '노적거리를 쌓고 곡식 창고를 채워라. 쓴쌀을 남아 전대와 자루에 넣어라. 아! 백성들 안둔하고 나서 나라의 위엄을 떨치러 가자. 화살은 차곡차곡, 활줄은 팽팽하게, 방패며 창이며 크고 작은

---

139 罪人不孥(죄인불노): 연좌제를 실시하지 않았다는 뜻.

140 窮民而無告者(궁민이무고자): '窮民'은 경제적으로 빈곤한 처지, '無告'는 처지를 알릴 데 없음, 곧 사회적 관계가 절연된 상태를 말한다.

도끼를 들고 씩씩하게 진군하자'라고 노래했지요. 그러니까 나라 백성의 곳간을 채우고 노적가리를 쌓아놓고, 군사들의 자루에는 곡식을 채운 뒤라야 비로소 길을 떠났다는 것입니다. 왕께서 돈을 좋아하시거든 백성과 더불어 같이 하신다면, 왕정을 펴는 데 무슨 어려움이 있겠습니까!"

제선왕이 말했다.

"제게 흠이 또 있으니, 여색을 밝힙니다."

맹자가 말했다.

"옛날 태왕도 여색을 좋아하여 아내를 사랑했습니다. 『시경』, 「대아」, '면'에 '고공단보는 아침에 말을 달려 서쪽 물가를 따라 기산 아래에 이르렀네. 아내 강씨와 함께 집터를 살펴보았네'라고 노래하였습니다. 이때는 안으로는 시집을 못 가 원망하는 여자가 없고, 밖으로는 짝 없는 사내가 없었습니다.[141] 왕께서 여색을 좋아하시거든 백성과 더불어 같이 하신다면 왕정을 펴는 데 무슨 어려움이 있겠소이까?"

---

141 內無怨女, 外無曠夫(내무원녀, 외무광부): '怨女'는 짝이 없어 원망을 품은 여자를 뜻하고, '曠夫'란 아내 자리가 빈 남자라는 뜻이니 홀아비를 말한다. "옛날에는 여자는 안채에 살고, 남자는 사랑채에 살았다. 이에 여자는 안(內)으로, 남자는 바깥(外)으로 표현한 것이다."(양백준)

맹자, 마음의 정치학 1

　　명당에 대한 질문에 맹자가 '누구나 왕정을 시행하면 왕이 될
수 있다'라고 답했으니 선왕이 솔깃했겠다. 그런데 왕정의 내용을 듣고
보니 또 여민 타령인지라 급속도로 시큰둥해졌다. 말인즉슨 "참 좋습니
다! 그 말씀이"라고 했으나, 이어서 돈을 좋아한다(好貨)느니 여색을 밝
힌다(好色)느니 하며 겉돌기 시작한다. 앞 장에서 호용好勇 운운할 때부
터 이미 그랬다(2:3). 그것이 호화好貨, 호색好色으로 이어지며 게걸음을
계속한다. 선왕과 맹자 사이 소통의 줄은 이미 끊어졌고 이제 건너지 못
할 골짜기가 생겨난 것이다. 그다음은 기계적인 만남일 뿐이겠다. 그럼
에도 맹자는 왕의 '한 마음'을 돌리는 데 미련을 버리지 못한다. 칼끝 같
은 성정의 맹자가 치욕을 삼키고서 제선왕의 회심을 위해 노력하는 까닭
은 제 한 몸의 영달을 위해서가 아니라 천하의 평화와 질서를 회복하기
위함이다(4:12 참고).

　이 장에서 특별히 주목할 부분은 여민 정치의 급선무가 환과고독鰥寡
孤獨의 구제라고 지적한 대목이다. 이 부분은 맹자 여민 정치론의 한 토
대이거니와 오늘날 자본주의 시내에 더욱 화급한 사회적 문제다. 사람
이 관계로부터 흩어져 홀로 내몰린 소외 현상이 환과고독이요, 그 처지
를 알릴 곳이 없어 소리도 내지 못하는 고독한 상태가 무고無告다. 핵심
은 고독한 인간을 "궁박한 백성으로서 그 처지를 하소연할 데가 없는 사
람들"이라는 경제·사회적 언어로 정의하고, 이들의 구제를 왕정의 급선
무로 삼았다는 것이다. '궁박한 백성'이 경제적으로 빈곤한 처지를 말한

다면, '그 처지를 하소연할 데가 없는 자'는 관계가 절연된 상태, 곧 사회적 소외 현상을 이른다. 맹자에게는 경제적 빈곤도 문제지만 인간관계가 모두 끊어져 처지를 알릴 데 없이 '홀로 됨', 즉 사회적 고독이야말로 최악의 인간 조건이다. 그래서 "문왕께서 정사를 펼쳐 인을 베풀 적에 반드시 이 넷을 먼저 챙겼습니다"라고 했다.

지금 맹자는 고독이 인간을 짐승의 처지로 내모는 사회적 악이라며 절박해 한다. 즉 인간의 타락 형태가 고독이다. '사람다움'이란 오로지 함께 더불어 살아갈 때라야만 획득할 수 있다는 뜻이다(서양도 인간의 조건은 같다. 아리스토텔레스는 '인간은 사회적 동물이다Anthropos phisei politikon zoon'라고 말했다). 당시에 사람을 고독한 존재로 몰아가는 구체적 현상은 가족 해체였다. 맹자는 이를 "아비와 자식은 서로 만날 수 없고, 형제와 처자는 헤어져 흩어졌으니"(2:1)라고 묘사했다. 또한 부자리父子離(14:27)라, "부모와 자식이 헤어진다"라는 짧지만 무서운 한마디로 요약했다. 이런 가족 파괴의 원인은 아비이자 남편이 병졸로 징발당해 농사지을 사람이 없었기 때문이다. 가장이 군졸로 끌려가버리니 농사철을 빼앗겨 밭 갈기도 김매기도 못하고 부모를 봉양할 수조차 없게 되었다. 그리하여 부모는 추위에 얼어 죽고, 형제와 처자식은 뿔뿔이 흩어지고 말았다. 정치가 그 백성을 구렁텅이에 빠뜨리고 물구덩이에 떠밀어 넣은 형국이다(1:5).

여기서 맹자는 전쟁의 종식과 가족의 복원을 전국시대 정치사회적 과제의 핵심으로 본다. 맹자가 가족 재건을 새로운 세계 건설의 초석으로 제시했던 사상가임을 명심하자. 맹자가 효를 강조하고 또 '차마 어쩌지 못하는 마음'을 함양하는 사회 공간으로서 가정을 주목했던 까닭이요,

나아가 순임금을 호출하여 위대한 효자로서 재해석한 이유다. 효자孝慈라는 유교 윤리는 자식이 부모에게 맹목적으로 복종하라는 따위의 구속이 아니라, 참혹한 시대 노부모와 어린 자녀를 돌보기 위한 정치사회적 요청이었다.

그러나 고독은 전국시대의 문제만은 아니다. 실은 오늘날 더 절박한 문제다. 하버드대학에서 시행한 약 80년간의 추적 조사가 이 대목에서 의미심장하게 읽힌다. 한마디로 요약하면 고독은 그 자체로 삶의 독이다. 다음은 신문 기사를 발췌한 것이다.

> 원만하고 깊이 있는 인간관계는 육체적·감정적 건강 증진은 물론 정신적 능력까지 향상시킨다는 연구결과가 나왔다. 주위 사람들에 대한 애정과 이해, 조화를 이루려는 노력이 행복하고 성공적인 삶의 핵심 요인이라는 지적이다. 연구는 미국 하버드대에서 무려 79년에 걸쳐 이뤄졌으며 앞으로도 계속 진행될 계획이다.
>
> 요지는 삶을 가장 좋게 만드는 것은 인간관계이고 사람들을 죽음에 이르게 하는 것은 외로움이라는 것이다. 월딩거 박사는 "가족, 친구 그리고 공동체와 많은 접촉년을 가진 사람들이 보다 행복하게 지내는 것으로 나타났다"라며, "그들은 육체적으로 더욱 건강했으며 인간관계가 적은 사람들보다 오래 살았다"고 말했다. 반면 외로움은 '삶의 독毒'이다. 월딩거 박사는 "조직생활이나 결혼생활 속에서도 외로움을 경험할 수 있다"고 설명했다.[142]

오늘날 고독의 출발이 서양 근대의 개인주의에서 비롯되었음은 누구나 인정하는 사실이다.[142] 맹자의 관점에서 서구의 개인individual은 제대로 된 인간이 아니다. 이 지점에서 유교와 서양 근대 사상이 갈라진다. 사이(間), 즉 사회적 관계가 사라진 개인(人)은 '고독한 존재'로서 구제의 대상이지 결코 완전한 사람일 수 없다는 것이 유교의 인간관이기 때문이다. 따라서 유교의 정치란 관계가 절연된 고독의 상태, 즉 불통을 서로 연결하여 '함께 더불어'라는 관계로 전환하는 일, 다시 말해서 인간망人間網을 재건하는 작업이다. 맹자는 환과고독에 떨어진 소외된 사람들의 곤궁함을 구제하고 사회 관계를 재구성하는 것이 왕정의 시작이라고 보았다.

본문에서 논하는 문왕이 이루었다는 왕정의 세계는 사실상 맹자 본인의 꿈이다. 말로는 과거를 회고하는 듯하면서 손가락으로는 미래를 가리키는 것이 유교 담론의 특징이다. 술이부작, 즉 옛 성현의 말씀을 서술할 뿐 스스로 창작한 것은 아니라며 선왕과 성왕을 운운하고, 거기에다 자기 꿈을 심는 해석학적 말글 방식은 공자부터 그랬다(『논어』, 7:1). 다음 대목은 양혜왕에게, 또 등문공에게, 나아가 송나라 정치가들에게도 반복해서 권할 맹자 왕정론의 요약본이다.

옛날 문왕께서 기 땅을 다스릴 적에 농사꾼에겐 9분의 1 세를 걷었

---

142 "79년간 추적해보니…… 인간관계 좋아야 오래 살더라", 〈문화일보〉, 2017년 11월 1일자.

143 이언 와트, 이시연 옮김, 『근대 개인주의 신화』, 문학동네, 2004 참고.

고, 고위 관리에게는 대대로 녹봉을 주었으며, 관문과 시장에서는 기찰은 하되 세금은 물리지 않았고, 누구나 연못과 어량에서 물고기를 잡을 수 있었으며, 죄인은 벌하되 당사자에 그쳤습니다.

참고　　주희는 『맹자집주』에서 이렇게 논하였다.

> 1장에서부터 여기(5장)까지 큰 뜻에서는 모두 같다. 풍악과 원유, 유람의 즐거움이며, 용기와 재물, 여색을 좋아하는 마음은 모두 천리天理에서 비롯하고, 또 인정人情상 없을 수 없는 것이다. 그러나 천리와 인욕은 현상은 같으나 실정은 다르니, 천리를 따라 공공적으로 일을 처리하는 것은 본성을 다하는 것이요, 인욕에 방종해서 사사롭게 행하는 것은 천리를 멸하는 짓이다. 이 둘 사이 간격은 털끝만큼도 되지 않지만, 그 옳고 그름과 얻고 잃음의 끝은 하늘과 땅만큼 차이가 크다. 그러므로 맹자가 당시 군주(제선왕)의 질문을 계기로 이 차이를 기미幾微에서 포착하여 분석했으니, 모두 '인욕을 막고 천리를 보전하는(遏人慾, 存天理)' 일이었다. 그 방법이 엉성한 듯하나 실제는 치밀하고, 그 일이 쉬운 듯하나 실제는 어려우니 학인들이 몸으로 습득하여 실행한다면 곡학아세한 말씀이 아님을 알 것이요, 외려 극기복례의 실마리임을 알게 될 것이다.

2:6. 공직은 책임이다

孟子謂齊宣王曰, "王之臣有託其妻子於其友而之楚遊者, 比¹⁴⁴其反也, 則凍
餒¹⁴⁵其妻子, 則如之何?" 王曰, "棄之."

曰, "士師¹⁴⁶不能治士, 則如之何?"

王曰, "已之."

曰, "四境之內不治, 則如之何?"

王顧左右而言他.

> 맹자, 제선왕에게 말씀하시다.
>
> "왕의 신하 가운데 처자식을 친구에게 맡겨놓고 초나라로 간
> 사람이 있다고 합시다. 돌아와 보니 맡겼던 처자식이 추위에 얼
> 고 굶주려 있다면 그 친구를 어떻게 하겠습니까?"
>
> 제선왕이 말했다.
>
> "관계를 끊습니다."
>
> 맹자가 말했다.
>
> "포도대장이 휘하 군졸을 제대로 다스리지 못하면 어쩌시겠습
> 니까?"

---

144 比(비): 미치다, 이르다. '及(급)'과 같다.

145 餒(뇌): 굶주리다.

146 士師(사사): 검찰관. '포도대장'이라고 의역하였다. 곧바로 '士(군졸)'라는 단어가 나오기
때문이다.

제선왕이 말했다.

"파면해야지요."

맹자가 말했다.

"나라 안이 다스려지지 않는 것은 어쩌시겠습니까?"

왕은 눈을 딴 데로 돌리더니 딴 이야기를 하는 것이었다.

해설

촌철살인이란 이럴 때 쓰는 말이렷다! 어마지두 제나라 선왕의 얼굴이 붉어졌겠다. 여기 가족을 친구에게 맡기는 신하와 휘하 군졸을 다스리지 못하는 포도대장, 그리고 나라를 제대로 다스리지 못하는 군주에 이르는 세 비유는 정치에 대한 맹자의 생각을 잘 보여준다. 친구는 군주를, 처자식은 인민을 비유한다. 가족을 친구에게 맡긴다(託)는 비유는 군주가 인민을 하늘로부터 위탁받았다는 점을, 포도대장의 비유는 휘하 관료의 일탈과 범법을 관리해야 할 책임이 군주에게 있다는 점을 꼬집어 세선왕 앞에 세시한 것이나. 두 경우 모두 책임을 물어 관계를 끊거나 해임해야 한다는 것에 왕이 동의한다면, 나라 안이 다스려지지 않는 것은 군주의 책임일 수밖에 없다. 왕은 맹자가 내놓는 비유들의 칼날이 제 자신을 겨눈 것임을 알아채고는 "눈을 딴 데로 돌리더니 딴 이야기를" 한 것이다.

군주는 국가 관리를 위탁받은 존재이며 휘하 관료의 침탈을 다스려야 하는 책임자일 따름이지, 국가의 소유자는 아니라는 뜻이 명쾌하다. 만일 관리자가 인민의 생존과 사회 질서 유지라는 책임에 실패한다면, 그 지위에서 물러나는 수밖에 없다. 여기서 역성혁명은 상식으로 끌려나온다. 맹자가 탕임금과 무왕의 혁명을 당연시한 까닭이 이 때문이다(2:8). 맹자에게 군주 직위는 다른 공동체 구성원들과 마찬가지로 제 몫의 일, 곧 국가 관리를 충실히 수행할 때라야 밥을 먹을 수 있는 하나의 직책에 지나지 않는다. 이 직분은 공자가 "군주는 군주답고, 신하는 신하답다"(『논어』, 12:11)라고 했을 때의 '군주다움'에 해당한다.

  이렇게 군주가 관리자에 불과하다면 역시 위민이란 말은 성립될 수 없다. 국가의 소유자가 아닌 관리자가 '인민을 위한다'는 것은 어불성설이기 때문이다. 관리자는 단지 제 맡은 일을 올바로 처리해야 할 책임자일 뿐이다. 맹자는 군주가 인민을 위해 정치해야 한다는 뜻의 위민이란 말을 한 번도 사용한 적이 없다. 농사꾼과 포도대장이 제 직책에 충실해야 하듯, 군주는 제게 맡겨진 국가 관리의 책임, 곧 인민의 생명 보존과 생활 보전에 성심을 다할 따름이다. 요컨대 군주의 자리는 천하 인민의 생사여탈을 쥐고 마음대로 부리는 권좌가 아니라, 그들의 생사안위를 전전긍긍해야 할 무한책임의 공적 지위다. 자기 역할을 다하느냐 못하느냐에 따라 존망과 존폐가 갈릴 뿐 백성을 위한다느니, 은혜를 베푼다느니 하는 말은 헛소리에 지나지 않는다. '인민이 귀하고, 군주는 가볍다'는 맹자의 말은 고작 말치레가 아닌 것이다.

  최초로 『맹자』에 주석을 달았던 후한後漢의 조기 역시 이 장의 의의를 다음과 같이 논평했다.

조씨(조기)가 말했다.

"군주와 신하, 상관과 부하가 각각 자기 일에 충실하고, 맡은 직분에 나태하지 않을 때라야 자기 한 몸을 보전할 수 있다."[147]

일찌감치 충忠이라는 말이 군주에 대한 신하의 절대적 복종이 아니라, 군주와 신하가 각자 자기 직분에 충실함을 뜻한다는 것을 지적했다는 사실에 주목할 만하다. 충성이란 공직자의 직무 충실성을 뜻하는 것이지, 상관에 대한 부하의 복종이나 군주(국가)에 대한 백성의 희생을 뜻하는 것이 아님을 내내 염두에 두자.

---

147 趙氏曰 "君臣上下, 各勤其任, 無墮其職, 乃安其身."(주희)

孟子見齊宣王, 曰, "所謂故國[148]者, 非謂有喬木[149]之謂也, 有世臣[150]之謂也. 王無親臣矣, 昔者所進, 今日不知其亡也."

王曰, "吾何以識其不才而舍[151]之?"

曰, "國君進賢, 如不得已. 將使卑踰[152]尊, 疏踰戚[153], 可不愼與? 左右[154]皆曰賢, 未可也; 諸大夫皆曰賢, 未可也; 國人皆曰賢, 然後察之; 見賢焉, 然後用之. 左右皆曰不可, 勿聽; 諸大夫皆曰不可, 勿聽; 國人皆曰不可, 然後察之; 見不可焉, 然後去之. 左右皆曰可殺, 勿聽; 諸大夫皆曰可殺, 勿聽; 國人皆曰可殺, 然後察之; 見可殺焉, 然後殺之. 故曰, 國人殺之也. 如此, 然後可以爲民父母."

　　맹자, 제선왕을 만나 말씀하시다.

　　"이른바 고국이란 고목이 있는 나라를 말하는 것이 아니라 대

148　故國(고국): 전통이 있는 나라. 막스 베버는 통치의 정당성을 결정하는 3대 조건 가운데 하나로 '전통적 지배Traditionale Herrschaft'를 꼽았다. 전통 국가에서는 오랜 세월 그 자리를 지켰다는 사실 자체로 통치의 정당성을 확보할 수 있었다. 맹자도 폭정이 심했던 은나라가 쉬 무너지지 않은 까닭을 오래된 전통에서 찾았다(3:1).

149　喬木(교목): '古木(고목)'과 같다. '喬'는 높다.

150　世臣(세신): 대를 이어 나라에 봉사하는 유력 가문.

151　舍(사): 버리다. '捨(사)'와 같다.

152　踰(유): 넘다.

153　戚(척): 친척, 혈족.

154　左右(좌우): 근신近臣.

를 이어 일하는 신하가 있는 나라를 일컫습니다. 왕에게는 그런 신하는커녕 친밀한 신하조차 없어서, 어제 출사한 신하가 오늘 떠나버려도 알지 못합니다."

왕이 말했다.

"내가 어찌해야 재주 없는 자를 알아보고, 쓰기 전에 내칠 수 있을까요?"

맹자가 말했다.

"나라 임금이 현자를 기용할 때는·부득이하게 해야 합니다. 낮은 지위로 임용했지만 앞으로 더 높은 자리에 쓰고, 낯선 사람을 혈족보다 더 가까이 둘 참이니 어찌 신중하지 않을 수 있으리까? 그러니 근신들이 모두 현명하다고 해도 듣지 마십시오. 여러 대부들이 모두 현명하다고 해도 듣지 마십시오. 나라 사람들[155]이 모두 현명하다고 하거든 그제야 그를 깊이 관찰하십시오. 왕이 보기에도 틀림없거든 그 뒤에 기용하십시오.

근신들이 모두 옳은 사람이 아니라고 해도 듣지 마십시오. 여러 대부들이 모두 옳은 사람이 아니라고 해도 듣지 마십시오. 나라 사람늘이 모두 옳은 사람이 아니라고 하거든 그제야 그를 깊이 관찰하십시오. 왕이 보기에도 아니다 싶거든 그 뒤에 버리십시오.

근신들이 모두 죽여야 한다고 해도 듣지 마십시오. 여러 대부들이 모두 죽여야 한다고 해도 듣지 마십시오. 나라 사람들이 모

---

155 國人(국인): 나라 사람들. 여기 '國'은 도성을 뜻한다.

두 죽여야 한다고 하거든 그를 깊이 관찰하십시오. 왕이 보기에도 그렇다 싶거든 그 뒤에 죽이십시오. 이렇게 하면 나라 사람들이 죽였다고 할 것입니다. 이런 다음에야 백성의 부모라 할 수 있으리다."

해설

　　유교 정치는 법가의 법치에 대비하여 '인치人治'라고들 일컫는다. 오늘날 인치라면 군주의 자의적인 전제정치를 가리키는 말로 오해되어 썩 좋지 않게 인식된다. 그러나 본시 인치란 현자賢者의 정치를 뜻했다. 『중용』에 "그 사람이 있으면 그 정사가 일어나고, 그 사람이 사라지면 그 정사는 죽는다其人存則其政擧, 其人亡則其政息"라고 한 말이 유교 정치에서 현자의 중요성을 요약하고 있다. 무성武城의 성주로 부임한 제자에게 공자가 던진 질문 역시 "자네는 사람을 얻었는가?"(『논어』, 6:12)였다. 여기 사람을 얻음, 즉 득인得人이란 현능한 사람을 찾아 기용하는 것이 정치의 출발이자 그 목적이기도 하다는 뜻이다. 노나라 애공이 공자에게 복종의 비결을 묻자 공자가 했던 답변도 다를 바 없다.

　　애공이 물었다.
　　"어떻게 해야 백성이 복종할 수 있겠소?"
　　공자가 아뢰었다.

"바른 사람을 찾아 굽은 사람 위에 등용하면 백성은 복종할 것이요,

굽은 사람을 바른 사람 위에 쓰면 백성은 복종하지 않을 것입니다."

_『논어』, 2:19

공자가 자유子游에게 질문한 득인이 재능을 갖춘 사람을 얻는 것이라면 임금께 아뢴 것은 용인用人, 즉 사람을 적재적소에 쓰는 일이다. 득인과 용인은 두루 인사人事와 관련된 것이니 오늘날 방식으로 하자면 '인사가 만사다', 즉 인사가 정치나 경영의 핵심이라는 뜻으로 해석할 수 있다. 현능한 사람을 뽑아서 적재적소에 등용하기가 국가 경영의 알파요, 오메가라는 말.

유교 정치의 핵심인 지인과 용인을 좀 더 살펴보자. 지인을 충족하려면 현능한 인재를 식별할 위정자의 안목(눈)이 필수적이다. 다음은 후보자를 적재적소에 등용하는 일, 즉 용인이 정치의 큰일이 된다. 기존 세력의 저항을 뿌리치고 인재를 임용하는 실천은 말처럼 쉬운 일이 아니다. 현자로 유명한 유하혜柳下惠의 지혜를 알면서도 등용하지 않은 노나라 재상 장문중臧文仲을 공자가 크게 비난한 것(『논어』, 15:13)도 지인과 용인이 유교 정치의 핵심이기 때문이다.

공자의 뜻을 계승한 맹자는 "요임금은 순을 얻지 못할까를 근심으로 삼았고, 순임금은 또 우와 고요를 얻지 못할까를 걱정으로 삼았지요"(5:4)라고 지적했다. 그러므로 '현능한 사람을 찾아 등용하는 일'에 유교 정치의 사활이 걸려 있다.

어디 유교뿐일까. 현대 경영학의 핵심도 사람을 등용하고 배치하는 일

이다. 현대 경영학의 시조 피터 드러커Peter Drucker가 "회사가 할 수 있는 것은 사람들을 적소에 잘 배치하는 것이 전부예요. 그게 회사의 역할이에요"라는 전前 GM 회장 앨프리드 슬론Alfred Sloan의 말을 인용한 것은 동서고금을 막론하고 정치와 경영의 핵심이 무엇인지를 보여준다.[156] 다만 문제는 사람의 능력과 됨됨이를 미리 알지 못한다는 사실이다. 제선왕의 고민이 여기 있다. 주목할 점은 제선왕의 말투다. "내가 어찌해야 재주 없는 자를 알아보고, 쓰기 전에 내칠 수 있을까요?" 이 말투에는 자기를 버리고 떠나는 신하들에 대한 불편한 심기가 담겨 있다. 이를테면 '먹고살게 해주니 고마운 줄도 모르고 말이야'라는 식의 언짢은 감정이 묻어난다. 이런 심리의 바탕에는 소유로서의 국가관이 있다. '내 나라에 왔기에 내 재산을 먹였는데 내 사람이 되지 않는다니!' 같은 생각에서 비롯한 배신감이다. 그러므로 선왕은 그놈들이 나를 버리기 전에 내가 먼저 그놈들을 알아보고 버릴 수 있는 방법을 찾는 것이다. 유능한 인재를 등용하기 위해 사람을 알아보는 눈(적극적 의미의 지인)이 아니라, 나쁜 놈들을 먹여 살리기 전에 가려내 처내는 눈(부정적 의미의 지인)을 요구하고 있는 셈이다.

이에 대한 맹자의 처방이 '부득이不得已'라는 부사다. '부득이'는 '피치 못하다'라는 뜻이다. 앞장서서 이끄는 것이 아니라 뒤에서 따른다는 뉘앙스가 들어 있다. 홀로 전면에서 결정하는 독단이 아니라 다양한 견해를 취합한 뒤 선택한다는 뜻이 깃들어 있다. '부득이'는 백성이 즐거워

---

156 피터 드러커, 이동현 옮김, 『피터 드러커 자서전』, 한국경제신문, 2005, 583쪽.

한 뒤에야 위정자가 즐긴다는 뜻의 후락後樂과 통하고, 덕의 구성 요소인 겸양과 배려, 경청과도 통한다. 통치자 개인이 판단의 주체, 정책의 추진 자로서 앞장서는 것이 아니라 여러 의견을 다양하게 경청하고 그 가운데 하나를 끝내 못 이겨 택하는 공적인 과정이 '부득이'라는 부사어 속에 들어 있다. 공자 정치사상의 핵심인 덕을 '부득이'라는 부사로 잇고 있는 것이다.

한편 인사와 정책의 최종 책임자가 군주라는 지적도 중요하다. "나라 사람들이 모두 죽여야 한다고 하거든 그를 깊이 관찰하십시오. 왕이 보기에도 그렇다 싶거든 그 뒤에 죽이십시오. 이렇게 하면 나라 사람들이 죽였다고 할 것입니다"라는 끝 대목이 이런 뜻을 잘 보여준다.

결국 군주가 사람을 쓰고, 버리고, 죽이는 기준은 어디에 있는가. 역시 '인민의 눈'이 그 잣대다. 전국시대의 맹자가 '인사=정치'의 조건으로서 '인민의 눈'을 제시한 것은 참신하다. 이른바 여민이란 고작 군주에게 백성의 여망을 '참고하여' 정치를 잘하라는 도덕적 훈계에 그치는 것이 아니다. '인사=정치'에 인민의 실제적인 참여가 보장되어야 진짜 여민정체 與民政體가 건설된다. 나라 사람들과 군주의 협치로 인사와 정치의 과정을 수행하는 것이 맹자의 여민 정치라는 말이다.

> **참고** 성호 이익은 여기 '나라 사람들이 모두 현명하다고 한 뒤에 등용하고, 버리고, 죽인다'는 말을 인민 대표의 동의를 획득하는 것으로 해석한다. 군주가 일반 국민(國人)과 함께 국사를 논의하는, 이를테면 '거국의회'를 구성할 사상적 근거로 이해하였다.

『맹자』에 "좌우가 다 현명하다 하여도 안 되고, 모든 대부가 다 현명하다 하여도 안 되고, 국인이 다 현명하다 한 뒤에 등용한다"하였으니 국인이란 바로 서민庶民을 이른다.『주례周禮』,「추관秋官」을 상고하건대 소사구小司寇는 "외조外朝의 정사를 맡는 데 만민을 오게 하여 자문하니, 첫째는 나라의 위급함을 묻고, 둘째는 나라를 옮기는 일에 관한 것을 묻고, 셋째는 임금 세우는 것을 묻는다. 그 자리 배열은 왕은 남면南面하고 삼공三公 및 주장州長과 백성은 북면北面하고, 여러 신하는 서면西面하고, 여러 관리는 동면東面하는데 여러 사람의 의론으로써 왕의 뜻을 보좌하여 좋은 의견을 따르게 한다"라고 하였다.

후세에는 오직 권력 잡은 자나 측근자로 더불어 위에서 독단하여 비록 시골 백성의 좋은 계책이 있어도 위로 통할 수 없었으니 어찌 원통한 일이 아니리오. 한나라 이래로 현명한 임금과 훌륭한 재상이 없지 않았으나 한 번도 이 정치를 시행하였다는 것을 듣지 못하였으니 정치가 옛적과 같지 못한 것이 마땅하다.

_『성호사설』,「순민詢民」

성호 선생이 구상한 국가상은 지금 보기에도 놀라운 발상이다. 여기 군주와 삼공 및 장관, 방백들과 함께 만민萬民(인민 대표)이 참석하는 회의는 곧 거국 의회와 같다. 이 회의는 국가 중대사에 소집한다고 하였다. 첫째 국가의 위기, 둘째 수도의 이전, 셋째 군주 승계상 문제가 발생했을 때다. 군위 계승에 인민의 참여가 요구된다는 관점은 바로 여기 맹자의 여민 정치론에 기초한 것이다. 다만 이익 선생이 안타까워했듯 진秦나라 통일 이후 동아시아의 2000년이 군주 전제 체제로 추락하여 맹자의 꿈은 망실되고 말았다. 성호 선생의 해석은 그야말로 탁견으로서 맹자의 여민주의 정치사상을 꿰뚫은 것이다.

齊宣王問曰, "湯放[157]桀[158], 武王伐紂[159], 有諸?"

孟子對曰, "於傳有之."

曰, "臣弒[160]其君, 可乎?"

曰, "賊[161]仁者謂之'賊', 賊義者謂之'殘'[162]. 殘賊之人謂之'一夫'[163]. 聞誅[164]一
夫紂矣, 未聞弒君也."

　　　제선왕이 물었다.

　　　"탕이 걸왕을 유폐하고 무왕은 주왕을 쳤다는데, 그게 사실입
니까?"

　　　맹자, 대하여 말씀하시다.

　　　"기록에 그런 말이 있습니다."

157　放(방): 추방하여 유폐시키는 것.

158　桀(걸): 하왕조 17대 왕. 포악하여 제후인 성탕成湯에게 패하여 유폐되었다.

159　紂(주): 은왕조 30대 왕. 음란하고 포학하여 주나라의 무왕武王에게 패해 불에 뛰어들어
　　　죽었다.

160　弒(시): 하급자가 상급자를 죽이는 것.

161　賊(적): 도적질하다. 앞부분 '貝(패)'는 청동 솥 모양, '十(십)'은 '刀(도)'의 상형이니 곧
　　　'則(칙)'이다. '則', 즉 법도를 창을 뜻하는 '戈(과)'로 깨부수는 모양이 '賊'이다.

162　殘(잔): 상해하다.

163　一夫(일부): 홀사내.『묵자』에서는 광부狂夫라 했고,『순자』에서는 독부獨夫라 했다.

164　誅(주): 적법 절차에 따라 처단하는 것을 '誅'라고 이른다. 적법에는 자연법적 의미까지
　　　포함된다.

제선왕이 말했다.

"신하가 자기 임금을 시해할 수가 있답니까?"

맹자가 말했다.

"인을 도적질하는 자를 적이라 하고 의를 도적질하는 것은 잔이라 하는데, 잔적한 자를 일컬어 '홀사내'라고 합니다. 듣건대 '홀사내 주'를 처벌했다는 말은 들었어도 임금을 시해했다는 말은 들은 바 없습니다."

해설

제선왕은 고전, 즉 시와 서를 배워 교양을 갖춘 지성적 군주였다. 그랬기에 내로라하는 지식인들을 초빙하여 당대 최고의 아카데미 직하학궁稷下學宮을 경영할 수 있었다.[165] 역시 고전을 통해 "탕이 걸왕을 유폐하고 무왕은 주왕을 쳤다"는 역사 기록을 접했기에 신하가 군주를 시역弑逆한 것이 과연 옳은 짓이냐고 질문할 수 있었겠다. 아무리 걸왕이 폭군이라 해도 탕은 그의 신하였고, 상차 부왕이 될 발發 또한 혁명하기 전에는 주왕의 신하였던 터. 모시는 임금이 폭군이라며 신하가 임금을 쳐서 내쫓는다면, 천하 질서는 어떻게 되겠느냐는 불만 섞인 질문이다.

맹자는 탕과 무의 정치 행동은 신하의 군주 살해가 아니라 자연법적

---

165 바이시, 이임찬 옮김, 『직하학 연구』, 소나무, 2013 참고.

으로 정당한 '정치 행위=혁명'이라고 옹호한다. 천자, 제후, 대부 등의 명칭은 그 자체로서는 의미가 없으며 도덕성과 자연법적 정당성이 담보될 때라야 정치적 의미가 있다는 뜻이다. 만일 자연법적 가치인 도덕성을 훼손하면 그는 천자가 아니라 일개 사내(一夫)에 불과하다고 진술한다. 이는 "군주는 군주답고, 신하는 신하다워야 한다"라는 공자의 정명사상을 계승한 것이다. 공자는 정치를 정확한 개념 설정이라는 문제로 압축한 바 있다.

> 이름(名)이 바르지 않으면 말(言)이 순조롭지 않고, 말이 순조롭지 않으면 일(事)을 해낼 수 없다. 일을 해낼 수 없으면 문명(禮樂)을 이룩할 수 없고, 문명이 없는 야만의 땅에선 폭력이 자행되고, 폭력이 횡행하면 백성은 어디다 몸을 깃들일지 모르는 법.
> _ 『논어』, 13:3

이름에서 말로, 말에서 일로, 일에서 문명으로, 문명에서 형벌의 적법성으로 이어지는 과정은 공자 정치론의 핵심 프로그램이다. 맹자는 공자의 사상을 이어 군주가 군주라는 이름에 걸맞은 내용, 곧 도덕적, 정치적, 자연법적 정당성을 담보하지 못할 때는 이미 군주가 아니라는 결론을 도출했다.

여기서는 한자가 가진 정치적 특성에 주목할 만하다. 정치 이념의 갈등이 '시弒'와 '주誅'라는 단어의 다툼으로 압축되는 언어문화의 특성 말이다. 한자의 언어-정치적 성격에 대해 명가 연구자 정재현 교수는 이렇게 지적한다.

> 특정 언어 표현에 대한 맹자의 선호, 즉 弑(시) 대신 誅(주)라는 표
> 현을 선호한 것은 단순히 언어 표현 사용상의 문제가 아니다. 이러
> 한 언어적 발화 행위를 통해 하나의 '정치적 행위'가 이뤄지고 있다
> 는 점에 유의해야 한다. '弑' 대신에 '誅'라는 표현을 씀으로써, 맹자
> 는 임금으로서 역할과 임금으로서 따라야 할 규범을 지키지 못한 자
> 는 임금이 아니고, 따라서 그런 임금을 죽인 것은 당연하고 올바른
> 것임을 선언하고 있는 것이며, 이 선언이 바로 혁명의 행위인 것이
> 다.[166]

　한자는 뜻글자이므로 겉말은 의미를 내포한다. 현상적으로는 '시'든
'주'든 모두 사람을 죽인다는 뜻이다. 그러나 '주'는 (자연)법적 정당성
을 확보한 처벌이요, '시'는 불법적이고 반윤리적인 살해다. 맹자는 정확
한 개념 규정만이 언어의 소통을 확보할 수 있다고 보았기에 두 단어가
내포한 정치적 의미에 천착했다. 그리고 자연법적 정당성을 집행하는 사
람, 즉 혁명가를 (마치 범법자를 적법하게 처단하는 관리를 형리刑吏라고 하듯) 천
리天吏라고 칭하기도 하였다(3:5 및 4: 8 참고).
　맹자에게 천하 국가는 근본적으로 공물公物이다. 왕가와 군주는 그 공
물의 관리를 위탁받았을 따름이다(2:6). 천하 국가의 주인은 그 인민이

166　정재현, 앞의 책, 32쪽.

다. 혈연 위주로 왕위가 승계된다 할지라도 '법적인*de jure*' 주권은 인민 속에 잠재되어 존재한다(9:6). 왕위의 혈연 승계를 인민 주권이 사실상*de facto* 묵인하고 있을 뿐이다. 천자가 만일 걸과 주처럼 폭정을 행하여 인민의 삶을 극단적으로 착취하고 국가를 사유화한다면, 이런 권력을 전복하고 새로운 권력을 선택하는 것 또한 인민의 고유한 (잠재된) 자연권이다. 결과적으로 인민이 혁명에 동의하고 또 하늘이 이를 용인한다면 새로운 권력은 정당성을 확보한다(9:5). 밀려난 군주는 군주로서의 정당성을 상실했으므로 한낱 사인私人, 즉 홑사내에 지나지 않는다. 본문은 인민 〉 사직 〉 임금으로 가치의 차별을 두는 맹자의 여민 사상을 예증한다 (14:14).

한편 본문을 앞의 장들과의 맥락에 따라 읽자면, 여민하지 못하는 군주는 이미 군주의 자격이 없다는 뜻으로도 읽을 수 있다. 군주가 나라 사람들과 협의하여 정치를 행하지 않고, 독선과 자만에 빠져 전제정치를 펴다가는 끝내 자신은 죽임당하고 나라는 멸망하고 만다는 역사적 사실을 소환한 것이다. '왕정=여민주의'가 고작 인민을 잘 보살피라는 위민의 권고가 아니라, 정치의 본령이자 군주의 정체임을 강조하고 있는 셈이다. 왕정이 곧 여민 체제요, 여민 정치의 동력이 인의(도덕성)에서 비롯함을 다시 알겠다.

참고 '일부一夫'로 표기된 독재자의 심리를 이해하는 데는 유아론이라는 새로운 철학 개념이 도움이 된다.

철학에서 유아론唯我論 또는 독아론獨我論이라 부르는 개념을 대개 '나 혼자밖에 없다'는 사고방식으로 오해하지만 엄밀히 말하면 다르다. 유아론은 '나에게 타당한 건 다른 모든 사람에게도 타당하다'는 사고방식이다. 유아론자는 자신과 동일한 규칙을 공유하는 타인만을 인정하는데 사실 그런 타자는 타자라기보다 동일자다. 유아론자에게는 자신과 다른 규칙으로 살아가는 사람, 진정한 의미에서 타자는 존재하지 않는다. 그러므로 유아론자에게 '대화'는 없다. 말하는 사람과 듣는 사람이 있다 해서 대화가 성립하는 것은 아니다. 일방적 선언, 설교, 명령에 대답이 존재한다 해도 그것을 대화라고 할 수는 없다. '나'는 통치하는 사람이고 '말하는 사람'이라는 것, 국민은 통치의 대상이고 '듣는 사람'이라는 것. 그것은 차라리 기계 장치에 입력이 잘되는지 확인하는 절차에 가깝다. 대화dialogue(다이얼로그)의 외피를 걸친 독백mono-logue(모놀로그)이다.[167]

권력자의 유아론적 사고가 확장되면 '스승 되기 좋아하는 버릇'으로, '가르침을 빝는 신하는 좋아하고, 가르치는 신하는 싫어하는' 행태로 나아갈 것인데, 맹자는 당시 군주들의 이런 행태를 전국시대가 장기 지속되는 원인으로 지목한다(4:2). 이런 뜻이 다음 장에 이어진다.

167 박권일, "모놀로그 정권", 〈한겨레〉, 2014년 6월 16일자.

孟子見齊宣王, 曰, "爲巨室, 則必使工師[168]求大木. 工師得大木, 則王喜, 以爲能勝其任也. 匠人[169]斲[170]而小之, 則王怒, 以爲不勝其任矣. 夫人幼而學之, 壯[171]而欲行之, 王曰, '姑舍女[172]所學而從我', 則何如? 今有璞玉[173]於此, 雖萬鎰[174], 必使玉人[175]彫琢[176]之. 至於治國家, 則曰, '姑舍女所學而從我', 則何以異於敎玉人彫琢玉哉?"

맹자, 제선왕을 만나 말씀하시다.

"큰 궁궐[177]을 지으려면 반드시 도편수에게 큰 나무를 구하도록 명할 것입니다. 도편수가 큰 나무를 구해 오면 왕은 기뻐하

---

168 工師(공사): 대목장大木匠, 도편수.

169 匠人(장인): 목수, 기술자.

170 斲(착): (나무를) 깎다.

171 壯(장): 장성하다.

172 姑舍女(고사여): '姑'는 잠시, 잠깐. '舍'는 버리다. '捨(사)'와 같다. '女'는 너. '汝(여)'와 같다.

173 璞玉(박옥): 다듬지 않은 원옥. '璞'은 옥돌.

174 萬鎰(만일): 20만 냥. 1鎰은 20냥. '수만 냥'이라고 번역하였다.

175 玉人(옥인): 옥공玉工, 옥장이.

176 彫琢(조탁): 옥을 쪼아 다듬다. '彫'는 새기다. '琢'은 쪼다.

177 巨室(거실): "제선왕이 큰 궁궐을 지었는데, 그 크기가 100무를 넘고 당堂 위에 300여 개의 방으로 이뤄졌다. 제나라의 부강함으로 3년 동안 공사를 해도 완성할 수가 없었다."(『여씨춘추』, 「교자」) 이 기록에 따르면 지금 맹자의 발언은 눈앞의 실제 건축물을 예로 들어 말한 것이다.

며 맡은 일을 잘하는 사람이라고 여길 것입니다. 밑의 목수가 그 나무를 깎다가 잘게 만들어버리면 왕은 화를 내며 서툰 목수라고 꾸짖을 것입니다.

대저 사람이 어려서부터 무엇을 배우려는 까닭은 장성하여 실행하고자 해서인데 왕께서 '잠시 네가 배운 것을 접어두고 나를 따르라'고 한다면 어떻겠습니까? 만일 여기 다듬지 않은 옥돌이 있다면, 무게가 수만 냥이 나가더라도 반드시 옥장이를 불러서 쪼아 다듬도록 할 겁니다. 한데 국가를 다스리는 일에 이르러 '잠시 네가 배운 것을 접어두고 나를 따르라'고 한다면, 옥장이에게 옥돌을 쪼아 다듬는 법을 가르치겠다는 것과 무엇이 다르겠소이까?"

해설

여기서는 '가르치려는(教)' 군주들의 병폐를 꼬집고 있다. 맹자는 전국시대가 교착 상태에 빠져 전쟁이 지루하게 세속되는 까닭으로 남을 가르치려 드는 군주의 행태를 지목했다. 즉 "오늘날 천하 국가들이 땅 크기가 비슷하고 능력도 비등해서 특출한 나라가 없는 까닭은 다름 아니라 자기가 가르칠 수 있는 자는 신하로 삼기 좋아하면서 가르침을 얻을 만한 사람은 신하로 삼기 좋아하지 않기 때문이지요."(4:2) 본문과 이 지적은 겹쳐서 볼 만하다. 춘추전국시대, 수백 년 동안 장기 전쟁이 종식되지 않는 까닭이나 제나라 선왕이 천자가 되지 못하는 이유는 똑같이 권력자의 가르치려 드는 악폐에 있다. 그 반대편에는 평범한 농사꾼 출신으로 듣고 배워 천자까지 오른 순임금의 사례가 있다.

> 자로는 남이 자기 허물을 지적해주면 기뻐하였다. 우임금은 좋은 말을 들으면 절을 하였다. 위대한 순임금은 이보다 더욱 훌륭한 점이 있었으니 남과 소통하기를 잘하였다. 자기를 버리고 남을 좇고 남의 선을 취해 자기 것으로 만들기를 즐겨했다. 일개 농사꾼에서 옹기장이, 어부를 거쳐 천자에 이르도록 남에게서 취하지 않은 것이 없었다.
> _ 3:8

남에게 배우려 들고 남의 바른 견해를 잘 취하는 자는 천자가 되는 반면, '남을 가르치려는 군주들 때문에 전국시대가 끝나지 않는다'라는 대비는 섬뜩하다. 여기서 맹자가 인식한 정치가의 정체성을 이해할 틈이 생긴다.

스승이란 지식을 매개로 위에서 아래를 향해 말하는 사람이다. 즉 스승과 제자는 지식을 매개로 한 권력 관계다. 대략 동아시아의 사제 관계가 그러하다. 군주 또한 위에서 아래로 말하는 사람이다. 군주와 신하는 권위를 매개로 한 상하 관계다. 스승은 지식 권력자요, 군주는 정치 권력자인 것이다. 둘 다 홀로 아래를 향해 말하는 사람이라는 공통점을 갖는다. 만일 군주가 스승까지 자처해버리면 완벽한 독백 공간이 만들어진다. 맹자는 당시 군주들이 정치적 독재와 독선의 권력에 지식 권력까지 장악하여 군신 간의 대화는커녕 완벽한 군주 독백의 구조가 고착되었고, 이것이 끝없는 전쟁 상태의 지속으로 나타났다고 분석하고 있다. 이를 뒤집으면, 군신 간 대화와 군민 간 소통이 새로운 정치 체제가 되어야 한다는 맹자의 확신이 드러난다.

이 차원에서 맹자는 순임금의 출세기를 연구하는 가운데, 순이 평민에서 입신하여 황제에 이른 동력이 독백과 대척되는 '듣기'와 '대화', '소통'이었음을 발견했다. 이를 통해 당시 급속히 진행되던 국가의 사유화와 권력의 1인 집중화에 저항하고, 소통의 나라로 혁명하려 했던 맹자의 뜻을 이해할 수 있다. 순임금이 새 정치의 모델인 까닭은 그가 말하기(독백/권력)의 유혹에서 벗어나 듣기와 대화를 통해 함께 더불어 사는 공동체 만들기에 성공한 이력 때문이다. 맹자에게 정치란 군주와 인민의 '사이'에서, 그리고 그 '속'에서 형성되는 것이지, 위나 바깥에서 강요하는 것일 수 없었다.

그동안 우리는 '군주이자 스승'을 뜻하는 군사君師라는 칭호를 플라톤의 이상인 철인왕philosopher king처럼 큰 영예인 듯 여겨왔지만 (조선 후기 군주인 영조와 정조를 자칭, 타칭 군사로 일컬었다) 실은 독재의 징후 또는 전제 권력의 상징으로 읽어야 마땅하다. 이것은 영·정조대의 짧은 황금시대를 끝으로 조선이 왜 갑자기 세도정치라는 암흑기로 추락하고 말았던가에 대한 하나의 해명이 된다. 권력(君)으로나 지성(師)으로나 '완벽한 독백의 구조'가 견제 세력을 없애버렸기 때문이다. 안동 김씨의 장기 집권에서 조선의 멸망에 이르는 과정은 가르치는 군주를 자처했던 정조의 책임이 크다.

참고　학습하지 않고 가르치려 드는 권력자의 위험은 공부하지 않은 채로 정치에 나서는 위험과 통한다. 공자와 제자 자로가 이 문제를 다룬 적이 있다.

> 자로가 친구인 자고를 비費 땅의 책임자로 추천하여 임명하도록 하였다.
>
> 공자, 말씀하시다.
>
> "저놈, 또 남의 자식 하나 잡겠구나!"
>
> 자로가 말했다.
>
> "백성 있겠다, 사직社稷이 있어 귀신들이 보호하시겠다. 그러면 되는 것이지 꼭 책(書)을 읽은 다음에야 정치를 배웠다고 하겠습니까?"
>
> 공자, 화를 내며 말씀하시다.
>
> "내가 이래서 저 입치레만 번드레한 놈들을 미워한다니깐!"
>
> _『논어』, 11:24

무인武人 출신으로 용맹을 숭상하던 자로는 책을 읽지 않고도 충분히 정치를 할 수 있다고 생각했다. 그러나 공자는 책을 통해 합리적인 통치 방법을 배우고 익힌 다음에야 정치를 할 수 있다고 본다. 이는 맹자가 선왕과 나눈 대화에서 정치를 배우고 익힌 사람을 젖혀두고 아마추어인 군주가 직접 나서서 정치를 행하는 것의 위험성을 지적한 부분과 통한다. "사람들의 병통은 남의 스승 되기를 좋아하는 데 있다"라고 꼬집어 비판한 7:23도 함께 볼 것.

2:10. 인민의 소리가 하늘의 소리다

齊人伐燕, 勝之. 宣王問曰, "或謂寡人勿取[178], 或謂寡人取之. 以萬乘之國伐
萬乘之國, 五旬[179]而擧[180]之, 人力不至於此. 不取, 必有天殃. 取之, 何如?"
孟子對曰, "取之而燕民悅, 則取之. 古之人有行之者, 武王是也. 取之而燕民
不悅, 則勿取. 古之人有行之者, 文王是也. 以萬乘之國伐萬乘之國, 簞食壺
漿[181]以迎王師, 豈有他哉? 避水火也. 如水益深, 如火益熱, 亦運而已矣."

제나라가 연나라를 쳐서 이겼다.[182] 선왕이 물었다.

"어떤 이는 저에게 연나라를 '합병하지 말라' 하고, 또 어떤 이
는 '합병하라'고 합니다. 만승의 나라가 만승의 나라를 쳐서 50
일 만에 함락했다면[183] 이것은 사람의 힘으로 할 수 있는 일이

---

178 取(취): '합병하다'라고 번역하였다.

179 旬(순): 열흘.

180 擧(거): 빼앗다. '정복하다'라고 번역하였다.

181 簞食壺漿(단사호장): '도시락과 식혜'라고 번역하였다. '簞'은 대광주리. '食'는 밥. '簞
食'는 일종의 도시락. '壺'는 호리병. '漿'은 밥을 사혀 만든 식혜.

182 제선왕 5년의 일이다. 연나라 임금 쾌噲가 재상 자지子之에게 왕위를 물려주려 하였는데
연나라 백성들이 불복하였다. 내분이 일어나 장군 시피市被와 태자 평平이 자지를 공격하
였고 자지는 또 이에 대항하여 공세를 취하였다. 여기서 장군 시피와 태자 평이 죽었다.
제선왕은 연나라를 구한다는 구실로 광장匡章을 파견하여 어렵지 않게 승리를 거두었다
(『사기』, 「연소공세가燕召公世家」와 『전국책』, 「연책燕策」 및 「제책齊策」).

183 제나라가 연나라를 쳐러 도성에 이르렀으나 "연나라 군사들은 싸우려 들지 않고, 성문도
닫지 않았다. 연나라 임금 쾌는 죽고, 제나라는 연나라에게 대승을 거두었다. 자지는 도망
갔다."(『사기』, 「연소공세가」)

아닙니다. 합병하지 않으면 필시 하늘의 재앙이 있을 듯하니 합병하려는데 어떻게 생각하십니까?"

맹자, 대하여 말씀하시다.

"연나라를 합병하는데 연나라 백성이 기뻐하거든 합병하십시오. 옛사람 가운데 그렇게 한 분이 있으니 무왕이 그입니다. 반면 연나라 백성이 좋아하지 않거든 합병하지 마십시오. 옛사람 가운데 그렇게 한 분이 있으니 문왕이 그입니다. 만승의 나라가 만승의 나라를 치는데 연나라 백성이 도시락과 식혜를 들고 왕의 군사를 환영한 까닭이 어찌 딴 데 있으오리까? 오직 물과 불을 피하려 함인데, 만약 물이 더 깊어지고 불은 더 뜨거워진다면 민심은 다만 다른 데로 옮겨갈 따름입니다."

해설

제나라 선왕이 내건 "합병하지 않으면 필시 하늘의 재앙이 있을 듯하니不取, 必有天殃"에서 말하는 하늘은 과연 어떤 하늘일까? 문맥으로 보아 제선왕의 하늘이란 제나라를 가호하는 호국신이다. 이 하늘은 화복禍福을 통제하는 특별한 권능을 가진 샤먼적인 천신天神을 이른다. 연나라를 손쉽게 합병하도록 선물을 주신 제나라의 수호신이다(이런 생각은 고대의 일반적인 천관天觀이지만, 특히 묵가에서 중시했음에 유의하자. 『묵자』, 「명귀明鬼」에는 "귀신의 뜻에 영합하는 자에게는 반드시 암암리 상을 내린다"라고 하였다. 당시 천인감응天人感應의 속담들이 널리 다양하게 유포되어 있었다).

반면 맹자의 "하늘은 우리 백성이 보는 것을 통해 보시고, 우리 백성이 듣는 소리를 통해 들으신다"[184]라던 하늘이다. 이 하늘은 민심에 깃들어 있는 일종의 '일반의지general will'다. 맹자는 전통적인 '민심=천심' 사상을 계승하여 하늘의 뜻이 사람(인민)의 마음속에 깃든다고 확신하였다. "자기 마음을 다하면 사람의 본성을 깨닫는다. 사람의 본성을 깨달으면 하느님을 발견하리라"[185]라는 맹자의 말에서 분명하게 알 수 있다. 그렇다면 연나라 합병이 정당한가는 묵가의 샤머니즘적 하늘이 아니라 연나라 사람들 마음에 깃든 하늘의 뜻에 달렸다. 이에 맹자는 "연나라 백성이 기뻐하거든 합병하십시오. …… 좋아하지 않거든 합병하지 마십시오"라고 권할 수밖에 없었다.

요컨대 민심의 향배를 올바로 읽어라! 연나라를 망하게 하는 것도 연나라 인민의 뜻에 따를 뿐이고, 제나라를 수용할지도 그 백성의 마음에 달렸다. 애당초 연나라 민중이 제나라 군사를 환영한 것은 제나라 군사를 좋아해서도, 제나라 임금을 존경해서도 아니다. 다만 자기 나라 임금의 폭정이 가져온 물과 불을 피하고자 했을 따름이다. 만일 그 물과 불이 더욱 심해진다면, 제나라 군사에 대한 환영은 금방 식어버리고 민심은 딴 데로 옮겨가고 말 것이다(2:11 참고). 여민주의의 확대 해석이다.

주권재민! 등나라 문공이 주변 강대국들의 침략이 두려워 그 방책을

---

184 天視自我民視, 天聽自我民聽(『서경』, 「주서」, '태서').
185 盡其心者, 知其性也. 知其性, 則知天矣(13:1).

물었을 때도 맹자는 "백성과 함께 지키되, 백성이 죽더라도 나라를 떠나려 하지 않는다면 이건 해볼 만한 일입니다"[186]라고 말했다. 뿐만 아니라 고대 로마 속담에 '인민의 소리가 하늘의 소리다Vox Populi, Vox Dei'라고 하였으니, 동서고금이 같은 말을 하고 있음을 알 수 있다. 정치에는 보편적인 '바른 길'이 있음을 알겠다.

참고   패망에 이른 연나라는 차후 남은 힘을 수습하여 반격에 나선다. 증오가 깊어서 제나라를 거의 멸망 지경까지 몰아갔으니 복수의 피가 대지를 적셨다. 결국 맹자의 여민 체제만이 전국시대의 대안임을 증명하는 반증 사례가 된다. 이 장과 함께 2:11, 4:8, 4:9의 내용을 겹쳐서 보면 맹자의 여민주의 국제 체제의 전모가 드러난다.

---

186 與民守之, 效死而民弗去, 則是可爲也(2:13).

齊人伐燕, 取之, 諸侯將謀救燕. 宣王曰, "諸侯多謀伐寡人者, 何以待之?"
孟子對曰, "臣聞七十里爲政於天下者, 湯是也. 未聞以千里畏人者也. 書[187]
曰, '湯一征, 自葛始.'[188] 天下信之, 東面[189]而征, 西夷怨; 南面而征, 北狄怨,
曰, '奚爲後我?' 民望之, 若大旱[190]之望雲霓[191]也. 歸市者不止, 耕者不變, 誅
其君而弔[192]其民, 若時雨降. 民大悅. 書[193]曰, '徯[194]我后, 后來其蘇[195].'
今燕虐其民, 王往而征之, 民以爲將拯[196]己於水火之中也, 簞食壺漿以迎王
師. 若殺其父兄, 係累[197]其子弟, 毁其宗廟, 遷其重器[198], 如之何其可也? 天下
固畏齊之彊[199]也, 今又倍地而不行仁政, 是動天下之兵也. 王速出令, 反其旄

---

187 書(서): 『서경』, 「상서」, '중훼지고仲虺之誥'. 지금 『서경』의 내용과는 좀 다르다(주희).

188 湯一征, 自葛始(탕일정, 자갈시): 여기 '湯一征'의 '一'은 '시작하다'라는 뜻이다. 6:5에는 "湯始征, 自葛載(탕시정, 자갈재)"라고 되어 있다.

189 面(면): 향하다.

190 旱(한): 가뭄.

191 霓(예): 홍예虹霓. 곧 무지개.

192 弔(조): 위로하다.

193 書(서): 『서경』, 「상서」, '중훼지고'.

194 徯(혜): 기다리다.

195 蘇(소): 소생하다.

196 拯(증): 구조하다.

197 係累(계루): 몸을 얽어서 묶다. '係'는 '繫(계)'와 같으며, '累'는 '묶다'를 뜻하는 '纍(류)'와 같다(양백준).

198 重器(중기): 큰 청동 솥. 국가의 보물(예를 들어, 『춘추좌전』을 보면 초나라 사신이 주나라에 들러 청동 솥을 질문했다). '重器'를 옮긴다는 것은 국가를 멸망시킨다는 뜻.

199 彊(강): 강함. '强(강)'으로 된 판본도 있다.

倪^{200}, 止其重器, 謀於燕衆, 置君而後去之, 則猶可及止也."

제나라가 연나라를 쳐서 합병하자, 제후들이 연나라를 구원하려고 모의하였다. 선왕이 말했다.

"제후들 여럿이 저를 치려고 모의하는데 어떻게 대처해야 할까요?"

맹자, 대하여 말씀하시다.

"저는 70리 작은 땅으로 천하를 다스렸다는 말을 들은 바 있으니 탕임금이 그분입니다. 그러나 사방 천 리 강토로써 남을 두려워한다는 말은 들어보지 못했습니다. 『서경』에 '탕이 처음 이웃 갈나라에서 정벌을 시작하였다'라고 했습니다. 천하가 탕을 신뢰하여^{201} 동쪽 방면을 정벌하면 서방 오랑캐들이 원망하고, 남쪽 방면을 정벌하면 북방 오랑캐들이 원망하기를 '어찌하여 우리를 뒤로 미루시는가?'라고 하였답니다. 사람들이 탕을 고대하기가 큰 가뭄에 구름과 무지개 바라듯 하였던 것이지요. 장을 보러 가는 사람은 끊이지 않았고, 밭을 가는 사람도 변함이 없었고,^{202} 죄지은 임금을 죽일 따름, 그 백성은 위로하니

---

200 旄倪(모예): 노인과 아이들. '旄'는 '耄(모)'와 같다. 80~90세의 상노인을 일컫는다. '倪'는 어린이를 뜻하며 '兒(아)'와 같다.

201 天下信之(천하신지): 뒤에 내용이 기술되어 있다. "갈백이 아이를 죽인 것 때문에 탕임금이 갈나라를 정벌하였는데, 천하 사람들은 한목소리로 '천하를 탐내서가 아니라 일반 백성을 위해 복수한 것이다'라고 하였다."(6:5 참고)

맹자, 마음의 정치학 1

때맞춰 내리는 단비처럼 사람들이 크게 기뻐하였던 것입니다. 그러니 『서경』에 '우리 임금을 기다리네. 임금님이 오셔야 우리가 다시 살아나리라[203]'고 하였지요.

지금 연나라가 자기 백성을 학대함에 왕께서 가서 정벌하니 연나라 백성은 물구덩이나 불구덩이에 빠진 자기들을 구해주리라 여겨서 도시락과 식혜를 싸들고 왕의 군사를 환대하였습니다. 한데 왕께서 그 부형들을 살육하고, 그 자제들은 묶어서 끌어가고, 종묘를 헐고 국가의 보물을 훔쳐간다면 어찌 옳다고 여기겠습니까? 처음부터 천하는 제나라가 강대한 것을 주시하고 있던 터에 또 땅을 두 배로 불리면서 인정을 시행하지 않는다면 이건 곧 천하의 군사를 격동하도록 부추기는 짓이지요. 왕께서는 신속히 명령을 내려 포로로 잡은 노인과 아이들을 돌려보내고, 국가의 보물을 훔치는 짓을 중단하고, 연나라 사람들과 논의하여 임금을 세운 뒤 철군한다면, 천하의 대란을 미연에 막을 수 있을 것이외다."

---

202 歸市者不止, 耕者不變(귀시자부지, 경자불변): 정벌 전쟁 와중에도 민간인은 침해하지 않았기에 '장보러 갈 사람은 장보러 가고, 밭을 가는 사람은 계속 밭을 갈았다'는 말이니, 곧 백성의 일상은 평화로웠다는 뜻. 6:5에는 '歸市者弗止, 芸者不變(귀시자부지, 운자불변)'으로 약간 다르게 기록되어 있다.

203 徯我后, 后來其蘇(혜아후, 후래기소): '徯'는 기다리다. '后'는 임금, 곧 탕을 가리킨다. 6:5에는 '徯我后, 后來其無罰(혜아후, 후래기무벌)'로 약간 다르게 나온다.

문제는 제선왕이 연나라를 병합한 후 그 뒤처리를 엉망으로 한 데서 발생하였다. 50일 만에 연나라를 무너뜨리고 연나라 백성들의 환영을 받으니 하늘의 뜻인 양 의기양양했음은 앞 장에서 보았다. 사후 결산이지만 제선왕의 패권주의는 결정적인 역사적 과오를 저질렀다(춘추시대 관중의 과오에 비할 수 있을까). 제나라가 연나라에서 저지른 악행을 맹자는 지금 "왕께서 그 부형들을 살육하고, 그 자제들은 묶어서 끌어가고, 종묘를 헐고 국가의 보물을 훔쳐간다"라고 전하고 있다. 또 "천하는 제나라가 강대한 것을 주시하고 있던 터에 또 땅을 두 배로 불리"는 사태와 그에 대한 국제 사회의 반응을 두려워하고 있다. 곧 연나라와의 합병으로 제나라가 더 강대해질 것을 염려한 제후들이 동맹을 결성하여 반격하려 한다고 전한다. 결국 제나라는 연나라 인민의 마음에 분노와 증오만 심어놓고 철군할 수밖에 없었다.

문제는 그 후과였다. 사마천에 의하면 "2년 뒤 연나라 사람들은 태자 평을 옹립하였으니 그가 연나라 소왕昭王이다. 그는 나라가 침략을 당하여 망하기 일보 직전에 왕위에 올랐기 때문에 공손한 태도로 많은 예물을 갖추어 현자들을 널리 초빙하였다."(『사기』, 「연소공세가」) 지피지기라, 제선왕의 직하학궁을 벤치마킹한 것이다. 위기는 위험은 물론 기회도 동반하는지라 연나라는 점점 국력을 회복한다. 급기야 "연나라 소왕 28년, 악의樂毅를 사령관으로 삼고 진秦, 초楚, 한韓, 조趙, 위魏나라 등 5개국과 모의해서 제나라를 공격하였다. 제나라 병사들은 전쟁에 패하여 뿔뿔이 흩어졌고, 민왕湣王(제선왕 아들)은 도성을 버리고 밖으로 달아났다. 다섯 나라 중에서 오직 연나라 병사들만은 패주하는 제나라 병사들을 끝까지 쫓아가 제나라 도성인 임치臨淄까지 진입하여 제나라의 모든 보물들을 노획하였으며 궁실과 종묘를 불살라버렸다."(『사기』, 「연소공세가」)

즉 제선왕에게 침공을 당하고 30년 후, 연나라 소왕은 맹자가 묘사한 제나라의 악행과 똑같은 방식으로 제나라에 복수하였다. 제나라는 또 5년 뒤 "전단田單을 사령관으로 연나라를 쳐서 옛 땅을 회복한다." 이런 복수에 복수를 거듭하는 30여 년의 세월 동안 제나라와 연나라는 철천지원수가 되고 만다. 결과는 자기 땅에 대한 애착심인 애국주의patriotism의 탄생이다. 애국주의는 외국 혐오와 짝을 같이 한다. 외국을 '다른 나라'가 아니라 '틀린 나라'로 보고, 정벌해야 한다는 원시적인 열정을 북돋운다. 애국주의의 정열이 참혹한 전쟁을 초래한 예는 1, 2차 대전 시기의 유럽만이 아니다. 우리는 그 애국주의 신드롬을 제나라 선왕이 촉발한 제-연 사이의 복수전에서도 발견한다. 오늘날까지도 질곡으로 작동해온 '충신은 두 임금을 섬기지 않는다忠臣不事二君'라는 이데올로기 역시 이때 탄생한다.

연나라가 제나라를 공격해 들어갔을 때, 화읍畫邑 사람 왕촉王蠋이 현명하다는 말을 듣고 군대에게 화읍 주위의 30리 주변으로는 들어가지 말라고 명령하였다. 그러면서 왕촉에게는 또 항복하도록 압박하였다. 그는 "충신은 두 임금을 섬기지 않고, 열녀는 두 남편을 취하지 않는다忠臣不事二君, 貞女不更二夫. 우리 임금이 내 간언을 듣지 않으니 물러나 들에서 밭이나 갈고자 한다"고 한 뒤, 목을 매 죽었다.

_『사기』,「전단열전田單列傳」

연나라의 회유에도 제나라 사람이 '두 임금을 섬기지 않겠다'고 목매 죽기까지 한 것은 이미 제나라와 연나라 사람들이 서로를 불구대천의 원수로 대하고 있다는 증거이며, 또한 연합할 가능성이 사라졌다는 뜻이다. 결국 상호 간 증오와 애국심 경쟁은 제나라와 연나라의 국력을 소진했고, 전국시대의 끝은 연나라의 멸망과 제나라의 망국으로 종식된다.

그러나 만약 ('만약'이라는 역사적 가정을 허용한다면) 제선왕이 맹자가 제안한 인정仁政을 받아들여 "포로로 잡은 노인과 아이들을 돌려보내고, 국가의 보물을 훔치는 짓을 중단하고, 연나라 사람들과 논의하여 임금을 세운 뒤 철군"했다면, '제-연 왕도 연맹'은 결코 진나라에 호락호락 깨지지 않았을 것이고, 도리어 천하의 향배를 여민 체제로 귀결할 수도 있었을 것이다. 만일 그러하였다면, 차후 동아시아 2000년은 군주 독재의 전제주의 체제가 아니라 인민과 함께 더불어 하는 여민 연방 체제가 되었을 수 있다.

여기서 우리는 맹자가 강조하는 왕도 정치, 즉 여민 체제가 순진한 윤리도덕에 그치는 것이 아니라는 사실을 알 수 있다. 어렵기는 하지만, 그렇다고 불가능하지만은 않은 현실주의! 이것이 '왕도=여민 체제'였고, 맹자 역시 그저 낭만적이고 윤리적이며 도덕적인 백면서생이 아니라 국제 정세를 꿰뚫어 볼 줄 아는 정치 사상가였음을 여기 '만약'의 가설을 통해 인정할 수 있다. 맹자가 제시한 '여민주의 국제 체제'는 오랜 전쟁

맹자, 마음의 정치학 1

의 시대를 종식할, 이를테면 '포스트모던'의 평화 세계라고 할 수 있으리라. 만약 맹자의 권고가 받아들여져 여민주의 국제 체제가 점차 동주東周[204]의 천하 건설로 연결되었다면, 그 후 동아시아 2000여 년의 역사는 진시황식 패권 체제가 아니라 신문명의 왕도 체제였으리라는 예상이 어찌 한낱 희망사항에 불과하겠는가. 이 꿈은 오늘날 자본주의 국제 관계에서 더욱 절실하다. 이 장은 1:6(통일천하의 전망), 2:3-1(다원주의 국제 체제론)의 해설과 함께 보자.

---

[204] 공자의 꿈이 동주, 곧 동방에 주나라를 재건하는 것이었다(『논어』, 17:5).

2:12. 나라의 존망이 여민주의 리더십에 달렸다

鄒與魯鬨[205]. 穆公問曰, "吾有司[206]死者三十三人, 而民莫之死也. 誅之, 則不可勝誅; 不誅, 則疾視[207]其長上之死而不救, 如之何則可也?"

孟子對曰, "凶年饑歲, 君之民老弱轉乎溝壑[208], 壯者散而之四方者, 幾[209]千人矣; 而君之倉廩[210]實, 府庫[211]充, 有司莫以告. 是上慢而殘下也. 曾子曰, '戒之戒之! 出乎爾[212]者, 反乎爾者也.' 夫民今而後得反之也. 君無尤[213]焉! 君行仁政, 斯民親其上, 死其長矣."

추나라와 노나라 사이에 전투가 있었다. 추나라 목공이 물었다. "저의 관리는 33명이나 죽었는데 백성 중엔 죽은 자가 하나도 없습니다. 법으로 처벌하자니 이루 다 죽일 수가 없고, 처벌하지 않자니 윗사람이 죽는 걸 흘겨보고 구하지 않았으니 어찌하면 좋겠소이까?"

맹자, 대하여 말씀하시다.

---

205 鬨(홍): 싸우다.

206 有司(유사): 관리官吏.

207 疾視(질시): 흘겨보다.

208 轉乎溝壑(전호구학): '轉'은 구르다. '溝'는 도랑. '壑'은 골짝.

209 幾(기): 몇, 여럿.

210 倉廩(창름): 곳집. '倉'은 곡식 창고. '廩'은 쌀 창고. 둘 다 세금 창고.

211 府庫(부고): '府'는 문서고. '庫'는 재물 창고.

212 爾(이): 너. '汝(여)'와 같다.

213 尤(우): 허물. 탓하다.

"흉년으로 주린 해, 임금의 백성 가운데 노약자들은 도랑과 골짝에 굴러 떨어져 죽고 장정들은 천지사방으로 흩어진 숫자가 수천을 헤아립니다. 그런데 임금의 곳집은 곡식으로 차 있고, 문서고와 창고도 그득합니다. 그러나 관리들 가운데 누구 하나 이것을 보고한 자가 없었으니, 곧 윗사람이 태만하여 아래를 해친 것입니다. 증자가 말했지요, '경계하고 또 경계할지어다! 네게서 나간 것, 네게로 돌아오리라'고. 지금 백성은 받은 만큼 돌려주고 있으니 임금은 그들을 탓하지 마시오. 임금께서 인정을 행한다면 곧 백성은 윗사람을 친히 여겨 그 우두머리를 구하려고 목숨을 던질 것이외다."

해설

양나라와 제나라를 거쳐 고국 추나라로 돌아온 맹자에게 군주 목공의 대접은 후하였다. 그러나 이 장의 대화로 분노한 임금이 이후 맹자에 대한 후한 대접을 끊었다고 한다(양백준). 목공의 딜레마는 법을 세우자니 경제를 해치고(백성을 처단하면 농사를 지을 인력이 감소하므로), 경제를 살리자니 법이 무력화되는 것이었다. 여기 목공의 눈에는 (앞서 양혜왕의 눈처럼) 사람은 없고 오로지 군사력과 경제력만 보일 뿐이다.

이 장에서 눈에 띄는 것은 공직자(관리)에 대한 생각이다. 구중궁궐에 격리되어 있는 군주로서는 인정을 펴려는 마음을 가졌다고 한들 백성의 구체적 삶을 낱낱이 알 수는 없는 노릇. 그러니 관리들의 보고가 중요하다. 여기 "관리들 가운데 누구 하나 (백성의 사정을 군주에게) 보고한 자가 없었다有司莫以告"라는 대목은 예나 지금이나 국가 행정의 관절에 해당하는 중대한 사안이다. 성호 선생은 이를 이렇게 지적한다.

> 『맹자』에 "왕의 창름과 부고가 가득 차 있어도 유사有司로서 고하는 자가 없으니, 이것이 윗사람이 태만하여 아랫사람을 해치는 것입니다. 증자가 '네게서 나온 것이 네게로 돌아가는 것이다'라고 하였으니 백성이 지금에야 앙갚음을 하는 것입니다" 하였다. 이 "고하는 자가 없다"는 말이 가장 중요하다.
> _『성호사설』, 「성지자구城池藉寇」

백성의 사정을 상부에 정확하게 보고하고, 군주의 잘못을 견책하여 상하의 교통, 즉 의사를 소통하는 것이 관리의 역할이라는 것. 그러나 추나라 관리들은 정직한 보고와 정확한 견책에 방만했기에 "윗사람이 태만하여 아래를 해친 것"이다. 그 결과 백성은 노나라와의 전투는 우리의 싸움이 아니라, 너희의 싸움일 뿐이라며 관리들의 죽음을 본체만체한 것이다.

한편 맹자의 인민이 고작 생존에 급급한 생물학적 존재가 아니라는 사실이 재천명되고 있다. 그들은 감정을 가진 사람이며, 불의한 대접에는 복수할 줄 아는 인간이다. "지금 백성은 받은 만큼 돌려주고 있다." 맹자의 이 촌철살인은 백성이 원수를 증오하고 상대방의 잘못을 응징할 줄 아는 '리액션reaction'이 있는 존재임을, 군주나 관리와 똑같은 인간임을 드러내는 말이다. 백성 역시 "부끄러워하고 증오하는 마음은 정의의 실마리羞惡之心, 義之端"라는 그 정의감(義)을 품고 있는 동등한 인간인 것이다. 만인이 다 갖고 있는 마음속 정의감이야말로 인민을 여민 정치의 당당한 주체로 서게 하는 초석이다. 다시 말해 인민은 군주의 시혜(위민)에 목매지 않는 존재이며, 생산물을 빼앗기고도 제 목숨 부지한 걸 다행으로 여기는 바보가 아니다.

결정적으로 인민은 국가(군주)가 위기에 처했을 때 그 본질적 특성을 드러내고 만다. 타국과의 전투에서 자기 나라 군사가 죽임을 당하는데도 구하려 들지 않은 것은 이미 이 나라가 '우리 나라'가 아니기 때문이다. 마음이 떠났으므로 "지금 백성은 받은 만큼 돌려주고 있는 것"이다. 앞서 제나라 군대가 연나라를 침공했을 때 조국을 정벌하러 온 침략자를 환영했던 것이 연나라 인민이었고, 제나라 군대가 부형을 포로로 끌어가고 나라의 보물을 수탈하자 이에 저항한 것도 연나라 인민이었듯(2:10). 결국 나라를 멸망케 하는 것도 인민이요, 나라를 수복하는 힘도 인민으로부터 나온다. 훌륭한 군주가 오랑캐의 힘에 못 이겨 나라를 떠날 때 그와 함께 나라를 떠날 것인지, 아니면 오랑캐에게 복속할 것인지 "회의를 소집하여 결정한 것"(2:15)도 인민이다. 회의 결과 그를 어진 군주로 판정하고, 그를 좇아가는 행렬이 마치 시장에 몰려드는 장꾼들과 같았던 것도 백성의 마음이다.

그렇다면 참된 정치란 인민의 '좋은 선택'을 이끌어내는 것이어야 한다. 군주의 리더십이 중요하다. 끝 문장을 다시보자. "임금께서 인정을 행한다면 곧 백성은 윗사람을 친히 여겨 그 우두머리를 구하려고 목숨을 던질 것이외다." 이 문장의 가정법에 주목하자. 사병들이 전투 중에 상급자를 위해 목숨을 바치는 헌신이 "임금께서 인정을 행한다면君行仁政"이라는 조건에 걸려 있다. "군주와 신하 사이에 의리가 있어야 한다君臣有義"라는 정치 윤리는 신하에게 먼저 의리를 요구하는 것이 아닐뿐더러 윤리를 세팅하는 자가 군주임이, 즉 군주가 의로울 때라야(조건) 신하도 의로써 보답한다는 구조임이 명백해진다.

추나라 목공이 맹자의 말에 대노한 까닭이 무엇이겠는가? '하필왈리'라는 맹자의 응대에 어리둥절했던 양혜왕이나 '백성과 함께 부유하기를 도모하라'는 조언에 노기를 띤 제선왕과 마찬가지로, 상급자의 명령에 하급자는 복종하는 것이 당연하다고 본 '상식(사유私有의 국가관)'을 뒤집는 발언이었기 때문이다. 즉 백성은 군주의 명령에 따르는 '동작 기계'가 아니며, 백성의 복종을 끌어내는 것이 군주의 리더십이라는 지적에 분노하고, 국가의 존망과 군주의 생사는 오롯이 본인의 책임이라는 책망에 화들짝 놀란 것이다.

그러나 일찍이 공자 역시 "군주가 신하를 예로써 부리면 신하는 군주를 충심으로 섬긴다"(『논어』, 3:19)라고 하였던 터다. 신하의 복종을 끌어내는 일은 군주에게 달렸다는 말이다. 맹자는 공자의 정치관을 계승하여 독재, 독선, 독화, 독점을 당연시 하는 타락한 정치관을 뒤집어, 정치란 군주(국가)와 인민(신하)이 함께 더불어 수행하는 활동임을 강조했다. 그러므로 천하를 경영하려는 강대국이든, 생존에 급급한 약소국이든 모든 국가의 기본은 여민 체제의 건설과 운영에 있을 따름이다. 그리고 그 책임은 군주 한 사람의 선택에 달려 있으니, 요체는 인정을 시행하느냐 마

맹자, 마음의 정치학 1

느냐다. 결국 "임금께서 인정을 행한다면 곧 백성은 윗사람을 친히 여겨 그 우두머리를 구하려고 목숨을 던질 것이외다."

여기서 여민주의 군사론을 끌어낼 수 있다. 여민 정치에서만이 병사들은 상급자를 구하려는 희생을 마다하지 않는다. 앞서 살펴보았듯 인민이 우리 나라라고 여긴다면, "단단한 갑주와 날카로운 창칼에 대항하여 몽둥이를 깎아 들고라도 덤벼들 것이외다"(1:5)라는 대목과 그 결이 같다. 근대 정치과학의 문을 연 마키아벨리 역시 『군주론』에서 "돈을 주고 고용하는 용병으로는 안 되고, 오로지 시민군의 결성만이 국가를 방위하는 유일한 방법"이라고 권했다. 맹자의 여민주의 군사론과 직통한다.

참고 여기 2:12의 추나라, 이어지는 2:13~2:15의 등나라, 그리고 끝부분 2:16에 나오는 노나라는 모두 소국이다. 강대국인 양나라와 제나라의 군주들이 왕王(양혜왕, 제선왕 등)인 데 반해 약소국 군주들은 여전히 공公으로 불리고 있음도 주목할 만하다. 이젠 나라(國)라고 다 같은 나라가 아닌 것이다. 만승지국이 있는가 하면, 춘추시대보다 국세가 쪼그라들어 생존에 급급한 작은 나라도 있었다. 여기서부터 제2편 마지막 장까지의 소재는 약소국들의 생존 전략이요, 주제는 역시 여민 정치다.

2:13. 소국의 살길도 여민뿐이다

滕文公²¹⁴問曰, "滕, 小國也. 間於齊·楚, 事齊乎, 事楚乎?"

孟子對曰, "是謀²¹⁵非吾所能及也. 無已²¹⁶, 則有一焉: 鑿斯池²¹⁷也, 築斯城²¹⁸ 也, 與民守之, 效²¹⁹死而民弗去, 則是可爲也."

등나라 문공이 물었다.

"등나라는 소국입니다. 제나라와 초나라 사이에 끼어 있는데 제나라를 섬겨야 할까요, 초나라를 섬겨야 할까요?"

맹자, 대하여 말씀하시다.

"그 계책은 제가 미칠 수 있는 바가 아닙니다. 다만 한 가지 방책이 있긴 합니다. 여기 해자를 깊이 파고 성벽을 높이 쌓아 백성과 함께 지키되, 백성이 죽더라도 나라를 떠나려 하지 않는다면 이건 해볼 만한 일입니다."

---

214 滕文公(등문공): 재위 기원전 323~316.

215 謀(모): 계책.

216 無已(무이): 그만두지 말다. '다만'이라고 번역하였다. 1:17에 나왔던 '無以則王(무이즉왕)'의 '無以'와 같다.

217 鑿斯池(착사지): 여기 해자를 파다. '鑿'은 뚫다, 파다. '池'는 성곽을 둘러싼 해자.

218 築斯城(축사성): 여기 성을 쌓다. 등나라 왕성은 담만 둘렀지 성벽과 해자를 갖추지는 않은 듯하다.

219 效(효): 목숨을 바치다.

맹자, 마음의 정치학 1

핵심은 "백성과 함께 지키되, 백성이 죽더라도 나라를 떠나려 하지 않는다면"에 있다. 승산 없는 전쟁에서 백성이 떠나지 않고 목숨을 걸고 나라를 지킨다는 것은 그들에게 이 나라가 '우리 나라'라는 말이다. 인민이 나라를 군주의 사유물이 아니라 공동체라고 느낀다는 뜻이다.

제나라냐 초나라냐를 선택하는 외교술(종횡가)은 근본 처방이 아니다. 여기 기웃, 저기 기웃거리는 와중에 국력을 소모하고, 멸망할 때까지 모욕을 자초하는 이중, 삼중고의 최하책이다. 따라서 소국의 생존 방책 역시 오로지 여민 체제의 건설뿐이다. 몽둥이를 깎아서라도 침략군에 대적하는 인민의 결집된 수호 의지가 국난 극복의 근본 대책이다. 백성이 나라를 '너(군주)의 나라'가 아니라 '우리 나라'라고 절감할 때 국력은 최고치에 이른다. 현실적 방안이 된다. 나라의 규모가 작아서 갖는 절대적 한계는 또 어쩔 수 없는 일. 나머지는 운명(命)에 맡길 수밖에!

『전국책』에 의하면 "송왕宋王 언偃이 등나라를 멸망시키고 왕을 자칭한 것이 주나라 신정왕愼靚王 3년(기원전 318)이있다. 그러므로 등나라가 망한 것은 맹자에게 물었을 때와 그 시간 차이가 얼마 되지 않는다." 등나라는 문공 사후 2년 뒤에 지금 이토록 두려워하는 제나라나 초나라가 아닌 신흥 패권국인 송나라에게 망한 것이다.[220]

---

220 황종희, 앞의 책, 85쪽 참고.

滕文公問曰, "齊人將築薛[221]. 吾甚恐, 如之何則可?"

孟子對曰, "昔者大王居邠[222], 狄人[223]侵之. 去之岐山[224]之下居焉. 非擇而取之, 不得已也. 苟爲善, 後世子孫必有王者矣. 君子創業垂統[225], 爲可繼[226]也. 若夫成功, 則天也. 君如彼何哉? 彊[227]爲善而已矣."

등나라 문공이 물었다.

"제나라가 접경지 설에 성을 쌓으려 합니다. 저는 몹시 두려운데, 어찌하면 좋겠습니까?"

맹자, 대하여 말씀하시다.

"옛날 태왕이 빈邠 땅에 거처할 적에 북방 오랑캐들이 쳐들어

---

221 薛(설): 주나라의 작은 제후국이었다가 춘추시대 초기에 독립국가가 되었다. 유명한 맹상군의 영지였다. 등문공이 즉위하던 기원전 323년 송나라에 멸망당했다. '薛' 땅은 등나라와 남쪽 경계에 닿아 있다.

222 邠(빈): '豳(빈)'이라고도 한다. 섬서성 순읍현旬邑縣 서쪽에 있었다(양백준).

223 狄人(적인): 북방의 유목 민족. 앞에 나왔던 훈육이 곧 '狄人'의 일족이다(2:3).

224 岐山(기산): 현재 섬서성 기산현의 동북 방향 60리에 위치한 전괄산箭括山의 옛 이름. 정상이 무너져 산마루가 두 개로 나뉘었기에 '岐山'으로 칭했다(양백준).

225 創業垂統(창업수통): 국가를 건설하여 그 정통을 후대에 내리는 것. '創'은 짓다. '業'은 기초, 토대. '創業'은 나라를 건설하는 것. '垂'는 드리우다. '統'은 정통legitimacy.

226 繼(계): 왕위를 계승함. 다만 민심의 향배가 계승을 결정한다. '繼'는 선양, 계승, 혁명 등 세 종류가 있다(우임금의 후계가 익益으로 선양되지 않고, 아들인 계啓로 계승되는 까닭은 9:5 해설 참고)

227 彊(강): 힘쓰다. '强(강)'과 같다.

왔습니다. 빈 땅을 떠나 기산 아래로 거처를 옮긴 것은 선택하여 정한 것이 아니라 부득이해서였습니다. 정녕코 선정을 행한다면 후세에 자손들 가운데 필시 왕자가 나올 것입니다.[228] 군자는 나라를 만들고 정통을 드리워서 계승시키고자 하지만 그 성공 여부는 하늘에 달렸습니다.[229] 지금 임금께서 저들을 어떻게 하겠습니까! 힘껏 선정을 시행할 따름입니다."

해설

이 장보다 맹자의 조언이 무력해 보이는 대목이 따로 있을까? 두려움에 떨며 절박하게 생존의 길을 묻는 젊은 군주에게 고작 "힘껏 선정을 시행할 따름입니다"라니! 맹자의 말은 무력하기를 넘어 허망해 보이기까지 한다. 그러나 이 짧은 문장에서 맹자가 위선爲善이라는 말을 두 번이나 거듭하는 점에 주목하자. "정녕코 선정을 행한다면", 또 "힘껏 선정을 시행할 따름"이라는 말들.

이런 시각으로 맹자와 등문공 사이에 오간 대화를 수습收拾하여 분석해

---

228 주나라 건설자 문왕의 할아버지 태왕(고공단보)이 고난을 겪지만 인정을 펼친 덕택에 자손 가운데 왕자王者, 곧 문왕이 나왔다는 뜻이 들어 있다. 지금 등문공이 겪는 고초를 태왕에게 비유하면서 고통에도 불구하고 선한 정치를 베푼다면, 당대에는 어렵더라도 훗날 자손들 중에 문왕과 같은 위대한 왕자가 나올 수 있다는 말.

229 '사람의 일을 다 하고, 하늘의 명을 기다린다盡人事, 待天命'는 뜻. 여기 하늘은 곧 인민의 일반의지를 상징한다(9:5).

보면 '선善'이 중요한 개념임을 발견할 수 있다. 등문공이 세자 시절 처음 맹자와 만났을 때 조언의 요지가 성선性善과 요순의 정치였다(5:1). 거기서 맹자는 '소국인 등나라가 도리어 선국善國을 이룰 수 있다'는 기상천외한 제안을 하여 젊은 세자를 놀라게 한다. 문공의 아버지 정공이 사망하여 그 장례 절차를 맹자에게 물었을 때도 맹자는 "참으로 선하다!"(5:2)라고 말한다. 이런 예시에서 등문공과 맹자 사이에 선이라는 개념이 고리 역할을 하고 있음을 알 수 있다. 그러므로 이 장의 '힘껏 선정을 시행하라'는 말은 고작 '힘내라, 열심히 하면 좋은 결과가 있을 것이다'라는 식의 의례적이고 형식적인 언사가 아니다.

맹자가 등나라에 실제로 초빙되어 국가 개조 프로그램을 제안했을 때, 그 첫마디가 선국, 곧 '좋은 나라' 만들기였다(5:3). 이쯤이면 우리는 문공과 맹자 사이에 선정善政의 가치에 대한 합의가 있었음을 추리할 수 있다. 맹자가 문공에게 제시한 '좋은 나라 만들기 프로그램'은 정전제井田制와 조법助法 세제, 학교 건설로 집약된다. 그렇다면 본문의 '위선爲善=선을 행함'이란 이를 더욱 강하게 밀어붙이라는 정치적 권고로 해석된다. 아, 물론 국가 존망의 위기 앞에서 이런 조언은 무력해 보인다. 그러나 맹자는 '그 길밖에 다른 길은 없다'라고 명토 박는다.

국가의 흥망성쇠는 언제 어디서나 일어나는 일. 차후 '왕도 천하'를 건설할 주나라 문왕의 할아버지인 태왕(고공단보)도 고향땅 빈을 북쪽 기마 민족에게 빼앗기고 고난의 피난길을 나선 적이 있고, 숨을 곳을 찾아 원치 않는 척박한 땅 기산 아래에 정착한 적도 있다. 그런 절망적인 상황에서도 정치의 본래 가치, 곧 왕도(여민 정치)를 잃지 않고 묵묵히 인정의 씨앗을 뿌렸던 터다. 부득이하게 떠밀려 이주한 기산 아래 마을에서 고공단보는 주나라의 기반을 닦아, 그 3대 뒤에 이르자 후손(문왕)이 천하를 경영하기에 이른다.

맹자는 이런 역사적 사례에 등나라의 비상구가 있다고 제시한다. 군주의 몸은 죽고 그 나라는 멸망에 봉착할지라도 위선, 곧 여민의 정치를 관철한다면 죽은 나라가 되살아나고, 쇠잔한 나라도 부활을 기약할 수 있으리라는 것(성패는 운명이지만 그 운명을 결정하는 것은 민심의 향배다).

이 역시 공자가 제시한 내력이 있는 처방이다. 경제(食)가 있어야 백성을 먹일 수 있고, 병력(兵)이 있어야 나라를 보존할 수 있고, 또 신뢰(信)가 있어야 정치를 할 수 있지만, 끝내 보존해야 할 가치는 백성과 정부 간 신뢰라던 공자의 처방 말이다(『논어』, 12:7). 거기서 공자가 "백성에게 신뢰가 없다면 공동체는 서지 못하리라"던 결론과 여기 맹자가 "힘껏 선정을 행할 따름입니다"라는 권고가 서로 겹친다. 그렇다면 위선이란 단어는 맥없는 형식적 표현이 아니라 공자로부터 계승한 국가 경영의 핵심, 나아가 위기에 노출된 군주의 유일한 비상구가 된다.

그러면 문왕의 할아버지 태왕(고공단보)은 국망의 위기에서 어떤 처신을 하였던 것일까. 그 이력이 다음 장에서 구체적으로 다루어진다.

참고 선이란 무엇인가? 맹자에 따르면 '내면의 바람(可欲之謂善)'이다 (14:25). 따라서 성선이란 사람이 나면서 하늘로부터 부여받은 천부적인 '하고 싶은 것'이니 곧 측은지심을 위시한 '네 가지 마음의 씨앗', 즉 사단四端이다. 작가 김영하는 문학평론가 김수이와 했던 대담에서 세계문학에 기여할 수 있는 한국문학의 길을 논하면서 이렇게 말한 적이 있다.

> 전 세계에는 한국의 독자와 똑같은 독자들이 있다고 생각해요. 그들은 늘 좋은 이야기, 자기 내면의 요구를 만족시켜주는 이야기를 찾고 있어요. 단지 그것들을 연계해주는 교량들이 없는데…….[230]

여기 '좋은 이야기, 자기 내면의 요구를 만족시켜주는 이야기'라는 대목과 맹자의 '가욕可欲'은 절묘하게 만난다. 이에 맹자의 가욕은 '내면의 바람'이요, 맹자의 선정이란 그 내면의 바람을 만족시키는 정치(행위)로 번역할 수 있다. 좋은 작가가 독자 내면의 요구를 글로써 만족시키는 사람이라면, 좋은 정치가는 사람들 내면의 요구를 정치로써 만족시켜주는 이가 된다. 문학이든 정치든 '내면의 요구를 만족시키는 것=선'이라는 등식이 성립한다.

하면 정치적 차원에서 내면의 요구, 즉 '욕欲'은 무엇인가. 앞서 나온 다섯 가지 바람을 기억하자. 선비가 좋은 나라의 조정에 서고자 하는 것, 농사꾼이 평화롭고 비옥한 땅에서 농사를 잘 짓고자 하는 것, 장사꾼이 북적북적한 시장에서 장사를 잘하고 싶어 하는 것, 여행자가 밟고 싶은 땅을 밟는 것, 망명하고 싶은 나라로 이주하는 것 등이 당시

---

230 도정일 외, 『글쓰기의 최소원칙』, 룩스문디, 2008, 315쪽.

사람들의 바람이었다(1:7). 맹자의 선을 구체적으로 말하자면 인민의 저 다섯 가지 바람이요, 그것을 실현하는 것이 선정(좋은 정치)이며 그것을 실현하는 나라가 선국(좋은 나라)이다. 그럴 때 인민은 마음속에서 우러나는 기쁨(悅)에 떤다고 하였다. 요컨대 『맹자』에서 선善이라는 단어는 고작 '착하다', '잘하다'라는 일상어가 아니라 '함께 더불어 살다', 즉 상대방의 처지로 접어 생각할 줄 아는 '여민의 감수성'과 연대와 소통으로 '여민 체제를 수립할 정치적 역량'까지 포함하는 개념임에 유의하자!

滕文公問曰, "滕, 小國也; 竭力以事大國, 則²³¹不得免焉, 如之何則可?"

孟子對曰, "昔者大王居邠, 狄人侵之. 事之以皮幣²³², 不得免焉; 事之以犬馬,

不得免焉; 事之以珠玉, 不得免焉. 乃屬²³³其耆老²³⁴而告之曰, '狄人之所欲

者, 吾土地也. 吾聞之也: 君子不以其所以養人者害人. 二三子何患乎無君! 我

將去之.' 去邠, 踰梁山²³⁵, 邑于岐山之下居焉. 邠人曰, '仁人也, 不可失也.' 從

之者如歸市.

或曰, '世守也, 非身之所能爲也. 效死勿去.' 君請擇於斯二者."

      등나라 문공이 물었다.

      "등나라는 작은 나라입니다. 힘을 다해 대국을 섬기지만 오히

      려 침탈을 면하지 못합니다. 어찌하면 좋겠습니까?"

      맹자, 대하여 말씀하시다.

      "옛날 태왕이 빈邠 땅에 거처할 때, 북쪽 오랑캐들이 침략해왔

      지요. 짐승 가죽과 비단 폐백을 바쳤지만 침탈을 면하지 못했습

      니다. 개와 말을 바쳤지만 면하지 못했습니다. 구슬과 옥을 바

---

231 則(즉): ~하지만 오히려.

232 皮幣(피폐): '皮'는 동물 가죽. '幣'는 비단.

233 屬(촉): 모으다, 소집하다.

234 耆老(기로): '장로들'이라고 번역하였다. '耆'는 60대의 노인. '老'는 70대의 노인.

235 梁山(양산): 섬서성 서간현西乾縣 서북 방면 5리(양백준).

쳤지만 면하지 못했습니다. 이에 태왕은 장로들을 소집하고서 이렇게 말했습니다. '오랑캐들이 바라는 것은 우리 토지외다. 내 듣건대 군자는 사람을 기르는 땅으로 사람을 해쳐서는 안 된다고 하였소. 여러분에게 임금 없는 것이 무슨 대수겠소. 내가 이 땅을 떠나리다!'

태왕은 빈 땅을 떠나 양산을 넘어 기산 아래 거처를 정했습니다. 빈 땅 사람들이 말했답니다. '어진 사람이다. 놓칠 수 없다.' 이에 태왕을 좇아가는 사람들이 마치 장을 보러 몰려들듯 앞을 다퉜답니다.

어떤 이는 '대대로 지켜온 나라다. 당신 마음대로 할 수 있는 것이 아니다. 목숨을 바치더라도 지켜야 한다'라고도 합니다. 청컨대 임금께서는 이 둘 중에 택하소서."

해설

맹자의 여민수의가 관념적인 이상 또는 형이상학적인 구상이 아니라, 사람을 실제로 움직이는 현실적인 대안임을 여기서 볼 수 있다. 그 정치력의 작동 방식은 백성을 부려서 국가를 '건설하는' 것이 아니라 인민이 자발적으로 몰려들어 국가가 '형성되는' 구도라는 것도 드러난다. 맹자는 지금 태왕의 역사적 사례를 위기에 처한 등문공에게 정치적 비상구(어렵지만 불가능하지만은 않은 길)로서 제시하고 있다.

여기서는 위선爲善, 곧 '선정을 행하다'의 의미가 더 명료해진다. 감동적인 태왕의 결단을 보자. "내 듣건대 군자는 사람을 기르는 땅으로 사람을 해쳐서는 안 된다고 하였소"라니. 뒤에 나올 "백성이 귀하고, 임금은 가볍다"(14:14)라는 민귀경군民貴輕君 사상의 역사적 근거를 여기서 발견한다. 농경사회에서 토지는 생존의 명줄이요, 국가 권력의 토대, 곧 경제력과 군사력의 기초다. 영토를 넓히면 농사짓는 사람이 늘어나 소출이 증가하고 그만큼 세금도 늘어나니 국가 재정이 확충된다. 또 인구가 증가하면 병사의 수도 많아지니 국가의 군사력이 강력해진다. 그러므로 당시 국가들은 기를 쓰고(양혜왕처럼 자식이 죽더라도) 영토 확장을 위한 전쟁에 골몰하였다.

그런데 여기 태왕은 이런 상식을 뒤집어 토지를 권력의 기초가 아니라 사람의 생명을 기르는 바탕으로 이해하고 있다. 이를테면 '생명의 정치'를 가치로 삼은 지도자다. 이와 정반대 자리에 양혜왕이 있다. 혜왕은 토지를 권력으로 보다가 결국 제 피붙이를 죽이고 만 군주였다(14:1). 땅을 어떻게 바라보느냐, 즉 사람의 생명줄로 볼 것이냐 군주의 소유물로 볼 것이냐에 따라 왕도와 패도의 길이 갈린다. 이 사이에 '살상의 정치'와 '생명의 정치'가 나뉜다. 당연히 좋은 정치는 토지를 생명의 기초로 생각하는 것이다.

태왕의 정치에서 더욱 주목할 점은 중대사를 인민 대표들과 논의하고 대화를 통해 결정했다는 사실이다. 그는 자신의 거취를 결정할 때 독단으로 움직이지 않았다. 여기서 "장로들을 소집하고서 이렇게(떠나겠다고) 말했습니다屬其耆老而告之"라는 구절의 정치적 의미는 생각보다 중요하다. 장로들과 회합하여 자신의 뜻을 알렸다는 것은 대화와 소통의 과정이 좋은 정치의 또 다른 측면임을 보여준다. 이는 태왕이 인민을 명령이나 지시를 받는 수동체가 아니라 대화의 상대요, 소통의 동료로 여기고 있음을 뜻한다. 곧 그는 여민 정치가이지 위민 정치가가 아니다. 그러자 인민은 태왕의 결정에 "놓칠 수 없다"라고 반응한다.

생명을 중시하는 여민 정치는 백성으로 하여금 "어진 사람이다. 놓칠 수 없다"는 판단과 결정, 실천을 행하게 하고, "태왕을 좇아가는 사람들이 마치 장을 보러 몰려들듯" 하는 흡입력으로 나타났다. 이 장면은 구약의 「출애굽기」에 비견할 수 있을 만큼 장엄하다. 억지로 내몬 것이 아니라, 백성이 자발적으로 몰려온다는 작동의 메커니즘도 눈여겨보자. 백성은 수동체가 아니요 피사체도 아니며, 반응하고 호응하는 생명체! 맹자는 인민의 생명을 자기 몸처럼 여기는 여민주의만이 인민의 마음을 일으켜 몸을 움직이게 하는 원리임을 파악하였다.

유교 사상사로 추적하면 태왕의 정치에 대한 맹자의 해석은 공자의 덕치 사상을 계승한 표지다. 공자가 짚었던 "유덕자는 외롭지 않다. 반드시 이웃이 있다德不孤, 必有隣"(『논어』, 4:25)의 생생한 역사적 실증 사례요, "사양함으로써 지위를 획득한다讓以得之"(『논어』, 1:10)라는 힘의 패러독스를 맹자가 이해한 흔적이다.

요컨대 태왕의 좋은 정치는 첫째 토지를 권력의 토대가 아닌 생명의 근원으로 보는 인仁의 가치관, 둘째 함께 더불어 토론하여 정책을 결정하는 소통 과정을 특징으로 한다. 이것이 좋은 정치를 구성하며, 맹자가 제시하는 약소국의 유일한 탈출구다. 민심의 향배에 나라의 성패가 달렸다! 그들로 하여금 당신을 신뢰하게 하라. 신뢰에서 발생하는 덕의 힘에 인민이 빨려들도록 만들라. 그러면 자연히 "가까운 사람들은 기뻐하고, 먼 데 사람들은 몰려들리라近者悅, 遠者來."

또 다른 경로도 있다. 전통적인 방식이다. 이 나라는 "대대로 지켜온 땅이다. 당신 마음대로 할 수 있는 것이 아니다. 목숨을 바치더라도 지켜야 한다"라고 하는 길이 그것이다. 곧 절체절명의 위기에 처한 나라를 보전하는 데는 두 가지 선택지가 있다. 하나는 본거지를 떠나는 것이다. 이 길은 인민의 마음과 결단이 관건이다. 또 하나는 본거지를 죽음을 각오하고 지키는 것이다. 이에 대해서는 앞서 지적한 바 있다. "여기 해자를 깊이 파고 성벽을 높이 쌓아 백성과 함께 지키되, 백성이 죽더라도 나라를 떠나려 하지 않는다면 이건 해볼 만한 일입니다."(2:13)

위기에 처한 군주가 택할 수 있는 두 가지 선택지 모두 인민의 동의가 필수적이라는 사실을 끝까지 염두에 두어야 한다. 나라가 망할 때조차 (임금이 나라를 떠나건 지키건 간에) 그 최후, 최종의 결정권을 인민이 갖는다는 이 명명백백한 사실을 인식한다면 여민, 곧 인민과 함께 더불어 하는 정치야말로 군주 본인의 생명보험과 같은 것이다. 그렇지 못한 임금은 덧셈 뺄셈도 제대로 못하는 바보다. 그러므로 여민주의는 관념적 이상주의가 아니라 절박한 현실주의다!

맹자, 마음의 정치학 1

2:16. 눈으로 보고도 믿지 못한 죄

魯平公[236]將出. 嬖人[237]臧倉者請曰, "他日君出, 則必命有司所之. 今乘輿[238]

已駕[239]矣, 有司未知所之, 敢請."

公曰, "將見孟子."

曰, "何哉, 君所爲輕身以先於匹夫[240]者? 以爲賢乎? 禮義由賢者出; 而孟子之

後喪踰前喪. 君無見焉!"

公曰, "諾[241]."

樂正子[242]入見, 曰, "君奚爲[243]不見孟軻[244]也?"

曰, "或告寡人曰, '孟子之後喪踰前喪', 是以不往見也."

曰, "何哉, 君所謂踰者? 前以士, 後以大夫; 前以三鼎[245], 而後以五鼎與?"

曰, "否; 謂棺槨衣衾[246]之美也."

---

236 魯平公(노평공): "노나라 경공景公이 재위 29년에 죽고 아들 숙叔을 세웠으니 이이가 平
公이다."(『사기』,「노주공세가魯周公世家」)

237 嬖人(폐인): 신분은 낮지만 임금의 총애를 받는 자. '비서실장'이라고 번역했다.

238 乘輿(승여): 임금의 수레. 대가大駕라고도 한다. '乘'은 수레. '輿'는 가마.

239 駕(가): 멍에(수레나 쟁기를 끌기 위하여 마소의 목에 얹는 구부러진 막대). 말과 수레를 이어붙
임.

240 匹夫(필부): 평민. '匹'은 짝.

241 諾(낙): 생각을 깊이 한 후에 답하는 것이다. 허락許諾이라고 많이 쓴다.

242 樂正子(악정자): 맹자의 제자. 성은 악樂, 이름은 극克. 이때 노나라의 재상으로 있었던 듯
하다. 악정자가 노나라 재상으로 임명되었다는 소식에 맹자가 기뻐하는 대목과 함께 볼
것(12:13).

243 奚爲(해위): 어찌하여, 왜.

244 孟軻(맹가): 맹자의 본명. 악정자에게는 스승이지만, 임금에게는 신하이므로 본명을 쓴 것.

245 鼎(정): 세 발 솥. 발이 셋 달린 제기.

曰, "非所謂蹀也, 貧富不同也."

樂正子見孟子, 曰, "克²⁴⁷告於君, 君爲²⁴⁸來見也. 嬖人有臧倉者沮²⁴⁹君, 君是以不果²⁵⁰來也."

曰, "行, 或使之; 止, 或尼²⁵¹之. 行止, 非人所能也. 吾之不遇魯侯, 天也. 臧氏之子焉能使予不遇哉?"

노나라 평공이 외출할 참이었다. 비서실장인 장창이 임금을 만나서 말했다.

"평소 출타하실 때는 반드시 담당관에게 가실 곳을 분부하시더니 오늘은 마차가 다 짜여졌는데도 담당관이 목적지를 알지 못하니, 감히 여쭙습니다."

평공이 말했다.

"맹자를 만나러 갈 참이다."

장창이 말했다.

"무엇 때문인지요? 군주로서 몸을 가볍게 하여 필부를 먼저 찾

---

246 棺槨衣衾(관곽의금): '棺'은 안쪽의 관. '槨'은 관을 감싸는 덧널. '衣衾'은 시체를 감싸는 의복과 침구류. 사체를 싸고 담는 것 일체를 지칭한다. 맹자가 모친의 장례를 후하게 치른 데 따른 시비곡절은 6:7 참고.

247 克(극): 악정자의 이름.

248 爲(위): 장차.

249 沮(저): 막다. 본디는 '阻(조)'라고 쓰였다.

250 果(과): 마침내, 결국.

251 尼(닐): 멈추다, 그치게 하다.

아가는 것[252]은 그를 이른바 '현자'로 여겨서입니까? 예와 의는 현자에게서 나오는 법인데, 맹자는 뒤에 치른 모친의 장례가 부친의 것보다 지나쳤으니 임금께서는 그를 만나지 마십시오!"

노평공이 말했다.

"그렇군."

악정자가 들어와 평공을 만나 말했다.

"임금께서는 어째서 맹가를 만나지 않으셨습니까?"

노평공이 말했다.

"누가 나에게 맹자의 모친 상례가 부친 상례보다 지나쳤다고 알려주기에 가서 만나보지 않았던 것이오."

악정자가 말했다.

"무엇입니까, 임금께서 이른바 '분수에 지나쳤다'라는 것은! 부친상은 사로서 치른 것이고 모친상은 대부가 되어 치른 것인데, 앞에는 삼정을 썼고 뒤에는 오정을 썼던 것[253]을 말하시는 겁니까?"

---

252 先於匹夫(선어필부): '先'은 먼저 찾아가다. '匹夫'는 맹자를 지칭한다. 제후가 평민을 먼저 찾아가는 것은 그를 스승(현자)으로 예우하는 것이다.

253 三鼎, 五鼎(삼정, 오정): '鼎'은 크기가 각각 달랐으며 그 쓰임새도 다 달랐다. 『주례』, 「장객掌客」 정현의 주석에 따르면 "정은 희생을 담는 제기다鼎, 牲器也"라고 하였다. 본문의 '鼎'은 이 제기를 뜻한다. '三鼎'에는 "소고기, 물고기, 사냥해서 잡은 고기"를 올린다. '五鼎'에는 "양고기, 돼지고기, 소고기(편육), 물고기, 사냥해서 잡은 고기"를 담는다. 『공양전公羊傳』 하휴何休의 주석에 "예제禮祭에 천자는 九鼎, 제후는 七鼎, 경대부는 五鼎, 원사는 三鼎이다"라고 하였다. '三鼎', '五鼎'은 곧 사례士禮와 경대부례卿大夫禮의 차이임을 알 수 있다(양백준).

노평공이 말했다.

"아니오. 장례에 쓴 관곽과 수의와 이불이 화려했다는 것이오."

악정자가 말했다.

"그런 건 이른바 '분수에 지나치다'에 해당하지 않습니다. '빈부의 차이'에 따라 달라진 것[254]입니다."

악정자가 맹자를 뵙고 말했다.

"제가 임금께 선생님을 찾아뵙도록 권하였더니 와서 뵈려고 하였습니다[255]. 한데 총신 가운데 장창이란 자가 임금의 길을 막았습니다. 그 때문에 결국 임금이 선생님을 찾아오지 못했습니다."

맹자가 말했다.

"가는 것도 누가 가게끔 하는 것이요, 가지 않는 것도 누가 가로막는 것인데, 가게 하고 가지 못하게 하는 것은 사람이 할 수 있는 일이 아니다. 내가 노나라 임금을 만나지 못하게 한 것은 하늘이다. 어떻게 장씨 녀석 따위가 날더러 임금을 만나지 못하

---

254 貧富不同(빈부부동): 부모의 장례는 천자나 필부나 다 삼년상이다. 부모 잃은 슬픔은 계급과 관계없이 모든 인간에게 공통된다는 뜻이다. 다만 자식이 사일 때 아버지가 돌아가면 사의 예법에 맞게 진설하고, 대부일 때 어머니가 돌아가면 대부의 예법에 맞춰 제수를 진설한다. 관곽의 두께나 의금의 질은 자식의 살림에 맞추어 성의를 다할 뿐이다. 즉 맹자로서는 아버지 장례 때나 어머니 장례 때나 최선을 다했다. 다만 뒤에 치른 장례 때 살림이 나았기에 좋고 두꺼운 나무와 화려한 직물을 사용했다는 것.

255 來見(래견): 앞의 왕견往見이나 선어필부先於匹夫와 같은 뜻으로 맹자의 처지를 드러낸다. 계급이 낮은 맹자를 제후가 찾아와 뵙는다는 뜻이다.

게 할 수 있겠더냐!"

생텍쥐페리는 『어린왕자』에서 지혜의 상징인 여우의 입을 빌려 "중요한 것은 눈에 보이지 않아!"라고 말한다. 역시 성인聖人이란 공자·석가·예수·소크라테스를 막론하고 두루 진리(인·자비·사랑·지혜)가 육안의 세계 너머 혹은 뒤편에 있음을 발견한 사람들이다. 예컨대 석가모니는 사람에게 다섯 개의 눈이 있다고 했다. "육안肉眼, 천안天眼, 혜안慧眼, 법안法眼, 불안佛眼"이라고 하였으니(『금강경』) 고작 몸에 뚫려 있는 눈(육안)으로 본 피상을 진실로 아는 범인에게 내리치는 죽비가 따갑다.

맹자 또한 마음을 다할 때 열리는 안목의 세계를 알고 있었다. 육안을 넘어 심안心眼이 열릴 때 인간과 자연의 진리를 발견할 수 있노라고 천명한 터였다. 저 뒤에 "자기 마음을 다하면 사람의 본성을 깨닫는다. 사람의 본성을 깨달으면 하느님을 발견하리라"(13:1)라는 말이 맹자가 닿은 경지를 잘 보여준다. 맹자에게 공부란 하늘이 부여한 마음의 눈을 열어 보이지 않는 세계를 알아가는 '길 찾기'일 따름이다. 그러나 당시 사람들은 육신의 세계에 머물고 있었다. 고작 눈(육안)에 비치는 세속의 욕망에 휘둘려 이해타산에 골몰했다.

여기 노나라 평공 또한 그런 범속한 사람 가운데 하나였다. 맹자는 자신의 제안이 평공에겐 심드렁한 비현실주의로 비칠 것을 이미 알고 있었던 듯하다. '눈이 어질어질한 독한 약'(5:1)으로 비유한 '왕도=여민 정치론'을 고작 장창이라는 비부를 끼고 도는 깜냥으로는 받아들이지 못할 것을 알았던 것이다. 제자 악정자의 간절한 요청과 분주한 노력에 마지못해 평공을 만나기로 했지만[256], 맹자가 시종 시큰둥한 이유다. 임금이 오든 말든, 만나자든 말든 썩 개의치 않는 표정이 역력하다. 아, 권력에 목매지 않는 태도는 공자부터 그러했다.

> 노나라 대부 공백료가 공자의 제자 자로를 집정자 계손에게 참소하였다. 자복경백이 공자에게 귀띔하면서 말했다.
> "지금 계손께서는 공백료의 참소에 솔깃해 있습니다. 제가 힘을 다해 저놈을 저잣거리에다 육시할 수 있습니다만."
> 공자가 말했다.
> "진실(道)이 행해지는 것도 운명(命)이요, 진실이 묻히는 것도 운명일 터. 공백료 따위가 운명을 어찌 좌우한단 말이오!"
> _『논어』, 14:38

운명을 운운하면서 진리가 공백료 따위의 참소로 죽고 사는 것이 아니라고 내뱉은 공자의 묵묵한 자세는, 여기 맹자가 하늘을 거명하면서 비서실장 장창이란 자의 이간질에 대응하는 범범한 자세와 같다.

---

256 당시 악정자는 노나라 재상으로 임용된 지 얼마 되지 않았을 것이다. 12:13에는 노나라가 악정자를 재상으로 임용하려는 정황이 그려져 있다.

다만 "내가 노나라 임금을 만나지 못하게 한 것은 하늘이다"라는 맹자의 말에는 그 이상의 복합적 의미가 들어 있다. 맹자가 거명한 하늘에는 세 가지 의미가 있다. 하나는 군주의 본마음을 뜻한다. 자기 스승을 찾아가서 만나라고 권하는 악정자의 호소든, 가지 말라고 임금을 붙잡는 장창이든 외적 계기일 뿐이요, 본질은 평공의 마음이다. 그 마음이 맹자를 만날 뜻이 없었음을 하늘이라는 말로 지칭한 것이다.

둘째는 노나라의 운명을 뜻한다. 맹자의 생각으로는 소국인 노나라 역시 살길은 (등나라나 추나라와 마찬가지로) 오직 여민 체제의 건설뿐이다. 그러나 평공은 그런 뜻을 품고 있지 않다. 그 결과는 노나라의 멸망일 터인데, 눈앞에 번연히 와 있는 해결책을 놓치고 마는 군주를 둔 죄가 노나라의 운명이라는 것이다. 이것이 맹자가 거명한 하늘의 두 번째 뜻이다.

셋째, 만남이 불발된 현상 자체가 하늘의 뜻이기도 하다. 노나라 재상인 악정자와 비서실장인 장창이 인식하는 '정치'의 의미가 서로 크게 다르다는 점에서다. 일종의 노선 투쟁이 벌어진 것이다. 이 자체가 만남을 가로막은 운명적 요소인 셈이다. 악정자는 여민 체제 건설만이 살길이라고 확신하므로 맹자를 붙잡지만, 장창은 맹자의 방식으로는 오히려 멸망을 초래한다고 믿어 임금을 붙잡으니 만날 수가 없게 된 것이다. 어하든 평공과 맹자의 회견이 실패로 돌아간 것은 하늘의 뜻이 되었다. 자기 뜻을 실현하기에 노나라가 너무 작아서 맹자가 시큰둥한 것이 아니다. 노평공이 이른바 "큰일을 도모하려는 임금大有爲之君"(4:2)이 아님을 간파했기 때문이다. 마치 춘추시대 백리해百里奚가 조국인 우나라 임금이 국가 위기를 타개할 뜻이 없음을 알고 아예 입을 닫은 채 나라를 떠난 것과 같은 맥락이다(9:9 참고).

전국시대의 사상계를 염두에 두면, 맹자 모친의 장례에 대한 장창의 비판과 이를 수긍하는 평공의 생각 밑에는 박장薄葬과 절용節用을 중시한 묵가 사상이 깔려 있다. 『맹자』 제1편 제1장을 묵가 사상에 대한 맹자의 강렬한 비판(하필왈리!)으로 열었다면, 여기 제2편 마지막 장은 묵가 사상으로 맹자를 공박하는 것으로 마무리하는 셈이 된다. 맹자 사상의 밑바탕에 당시 유행하던 학문인 묵가와의 치열한 대결 의식이 깔려 있다. 이는 『맹자』 전편을 관통하며 내내 염두에 두어야 할 지점이다.

제3편

공손추 상 公孫丑上

이 편은 맹자 정치학의 뿌리인 마음을 다룬다.
특히 제2장 '마음, 호연지기 그리고 언어'는 마음과
기氣, 언어와 정치력의 관계를 논한다. 또 제8장
'여민 정치는 대화 정치다'는 순임금을 통해 여민주의
정치론의 기원을 설한다. 『맹자』를 보지 않으려면
모르되, 보려 한다면 놓쳐서는 안 되는 곳이다.
모두 9장이다.

3:1. 덕은 정치력이다

公孫丑[1]問曰, "夫子當路[2]於齊, 管仲・晏子之功, 可復[3]許[4]乎?"

孟子曰, "子誠齊人也. 知管仲・晏子而已矣. 或問乎曾西[5]曰, '吾子與子路[6]孰

賢?' 曾西蹴然[7]曰, '吾先子[8]之所畏也.' 曰, '然則吾子與管仲孰賢?' 曾西艴然[9]

不悅曰, '爾何曾[10]比予於管仲? 管仲得君如彼其專也, 行乎國政如彼其久也,

功烈[11]如彼其卑也; 爾何曾比予於是?' 曰, 管仲, 曾西之所不爲也, 而子爲我

願之乎?"

曰, "管仲以其君霸[12], 晏子以其君顯[13]. 管仲・晏子, 猶不足爲與?"

曰, "以齊王, 由[14]反手[15]也."

---

1 公孫丑(공손추): 맹자의 제자. 제나라 사람. 당나라 한유韓愈는 "맹자가 죽은 다음 그 제자
인 만장과 공손추가 생전에 맹자의 말씀을 함께 기록하여 『맹자』를 결집하였다"라고 하
였다.

2 當路(당로): 요직을 맡다. 참고로 '要路(요로)'는 권력을 쥔 자리.

3 復(부): 다시.

4 許(허): 기대하다, 기약하다.

5 曾西(증서): 증자의 아들(초순焦循, 『맹자정의孟子正義』). 이름은 신申.

6 子路(자로): 공자의 제자. 중유仲由라고도 한다. 무인 출신으로 용맹함으로 이름이 높았다.

7 蹴然(축연): 위축되어 움츠리는 모양. '움찔하며'라고 번역하였다.

8 先子(선자): '先親(선친)'과 같다. 곧 증자를 일컫는다.

9 艴然(불연): 발끈 화를 내는 모양.

10 何曾(하증): 왜, 어찌하여. '何則(하즉)'과 같다.

11 烈(열): 빛나다.

12 霸(패): "고대 중국어의 독음이 백伯과 같아 우두머리를 뜻하는 장長의 의미로 함께 쓰였
다. 천자 대신 제후를 소집하여 긴급 사태에 대응하는 가장 유력한 인물, 제후 회합의 맹
주를 패자라고 일컬었다."(이운구 옮김, 앞의 책)

13 顯(현): 이름을 드날리다, 영달하다.

曰, "若是, 則弟子之惑滋¹⁶甚. 且¹⁷以文王之德, 百年而後崩¹⁸, 猶未洽¹⁹於天下; 武王·周公²⁰繼之, 然後大行. 今言王若易然, 則文王不足法²¹與?"

曰, "文王何可當也? 由湯至於武丁²², 賢聖之君六七作, 天下歸殷久矣, 久則難變也. 武丁朝²³諸侯, 有天下, 猶運之掌²⁴也. 紂之去武丁未久也, 其故家遺俗²⁵, 流風善政²⁶, 猶有存者; 又有微子²⁷·微仲²⁸·王子比干²⁹·箕子膠鬲³⁰ — 皆賢人也 — 相與輔相之, 故久而後失之也. 尺地, 莫非其有也; 一民,

14 由(유): '猶(유)'와 같다.
15 反手(반수): 손바닥을 뒤집다, 쉽다.
16 滋(자): 더욱.
17 且(차): 하물며.
18 崩(붕): 죽다. 특히 천자의 죽음. 제후의 죽음은 훙薨, 대부의 죽음은 졸卒, 서민의 죽음은 사死라고 이른다(『예기』).
19 洽(흡): 무젖다.
20 周公(주공): 주왕조의 개국공신. 아버지 문왕과 형인 무왕을 도왔고, 조카인 성왕을 보좌하여 왕조의 기반을 닦았다. 그 공로로 노나라 제후에 봉해졌으니, 공자가 존경한 인물이다.
21 法(법): 모범, 본보기.
22 武丁(무정): 은나라 22대 왕. 왕조를 중흥한 군주. 묘호廟號는 고종高宗이다.
23 朝(조): 조회를 받다.
24 掌(장): 손바닥.
25 故家遺俗(고가유속): 유서 깊은 가문과 오랜 전통.
26 流風善政(유풍선정): 미풍양속과 좋은 정치.
27 微子(미자): 은나라 말기 왕족. '微'는 나라 이름. '子'는 제후의 칭호. 이름은 '계啓'.
28 微仲(미중): 은나라 말기 왕족. 미자 계의 아우.
29 王子比干(왕자비간): 은나라 말기 왕족. '王나라 제후 比干'이라는 말이니, 미자 계의 미자가 "미나라의 제후를 뜻하고, 계는 그의 이름인 것과 같다."(이익, 『성호사설』) '比干'은 폭군 주의 방탕함을 충언하다가 노여움을 사 심장이 쪼개지는 참혹한 죽임을 당했다.
30 箕子膠鬲(기자교격): 은나라 말기 왕족. '箕'나라 제후로서 이름이 '膠鬲'. '箕' 땅은 중국의 동북방, 북경에서부터 요동 지방을 아우른다. 고조선 강역이 곧 '箕' 땅이니, '箕子'가 고조선을 이어 기자조선을 열었다(이익, 『성호사설』).

莫非其臣也; 然而³¹文王猶方百里起, 是以難也. 齊人有言曰, '雖有智慧, 不如乘勢; 雖有鎡基³², 不如待時.' 今時則易然也; 夏后³³·殷·周之盛, 地未有過千里者也, 而齊有其地矣; 鷄鳴狗吠³⁴相聞, 而達乎四境, 而齊有其民矣. 地不改辟³⁵矣, 民不改聚矣, 行仁政而王, 莫之能禦也. 且王者之不作, 未有疏³⁶於此時者也; 民之憔悴³⁷於虐政, 未有甚於此時者也. 飢者易爲食, 渴³⁸者易爲飮. 孔子曰, '德之流行, 速於置郵³⁹而傳命.' 當今之時, 萬乘之國行仁政, 民之悅之, 猶解倒懸⁴⁰也. 故事半古之人, 功必倍之, 惟此時爲然."

공손추가 물었다.

"선생님께서 제나라의 요직에 임용된다면 관중과 안자의 치적을 다시 기약할 수 있을지요?"

맹자, 말씀하시다.

"그대는 정말 제나라 사람이로군. 관중과 안자밖에 모르다니.

---

31 然而(연이): 그럼에도. '그런 환경에서도'라고 번역했다.

32 鎡基(자기): 농기구, 호미.

33 夏后(하우): 하나라. '后'는 억님이 아니라 선양禪讓을 통해 나라를 얻었기에 붙이는 미칭美稱.

34 吠(폐): 짖다.

35 辟(벽): 열다, 개간하다. '闢(벽)'과 같다.

36 疏(소): 성기다.

37 憔悴(초췌): '까칠하다'라고 번역했다. '憔'는 파리하다. '悴'는 마르다.

38 渴(갈): 목마르다.

39 置郵(치우): 역참, 역말. '置'는 역참(驛). '郵'는 역마(駙).

40 倒懸(도현): 거꾸로 매달다.

누가 증자의 아들인 증서에게 '그대와 자로 가운데 누가 더 현명한가요?'라고 물었다지. 증서가 움찔하며 말하길 '자로는 내 선친도 경외하던 분이었소.' 이어서 그가 '그대와 관중 가운데는 누가 더 현명한가요?'라고 묻자 증서는 불끈 화를 내며 '그대는 어찌하여 나를 관중 따위와 비교하시는가. 관중이 임금 마음 얻기를 그토록 오롯이 하였고, 국정을 전단하기를 저토록 오래 하였으나 공적이 저리도 낮은데, 그대는 어찌하여 나를 그따위와 비교하시는가?'라고 하였다지. 관중은 증서도 비교되기를 거부하였는데, 자네는 내가 관중이 되길 바란다고 보는가?"

공손추가 말했다.

"관중은 그 임금을 패자로 만들었고, 안자는 그 임금의 명성을 드날리게 하였습니다. 관중과 안자가 외려 부족하다는 말씀입니까?"

맹자가 말했다.

"당시 제나라를 천하에 왕 노릇 하게 만들기는 손바닥 뒤집기만큼 쉬웠다네."

공손추가 말했다.

"그렇게 말씀하시니 저의 의심은 더욱 커집니다. 하물며 문왕의 덕으로도 100년 동안 애쓰다 돌아가셨으나 덕이 천하에 무젖지 못했고, 무왕과 주공이 계승한 다음에야 덕교가 널리 퍼졌습니다. 지금 천하에 왕 노릇 하기가 마치 손쉬운 듯 말씀하시는데 과연 문왕은 모범으로 삼기에 족하지 않단 말씀입니까?"

맹자, 마음의 정치학 1

맹자가 말했다.

"어찌 문왕에게 당키나 하겠더냐. 탕임금부터 무정까지 현군과 성군이 여섯, 일곱이나 나셨으니 천하가 은나라를 붙좇은 지 오래되었다. 오래되면 변하기 어려운 법. 무정이 제후들의 조회를 받으며 천하 다스리기를 손바닥 위에 놀리듯 하였는데, 무정에서 주紂까지 세월이 길지 않았다. 유서 깊은 가문과 오랜 전통, 미풍양속과 좋은 정치가 전해지고 있었고, 또 미자·미중·왕자 비간과 기자 교격이 모두 현인으로서 서로 함께 그를 보좌하였기에 한 세월이 지난 뒤에야 천하를 잃게 된 것이다. 한 뼘의 땅도 자기 나라가 아닌 곳이 없었고, 한 사람도 자기 신하가 아닌 자가 없었다.[41] 문왕은 그런 환경에서도 고작 100리 땅을 기반으로 몸을 일으켰으니 그토록 어려웠던 것이다.

제나라 사람들 말에 '지혜가 있다 한들 시세를 타는 것만 못하고, 호미가 있다 한들 봄을 기다리는 것만 못하다'라고 하던데 지금이야말로 왕도를 펼치기에 좋은 때다. 하나라·은나라·주나라가 흥성할 때도 땅이 사방 천 리를 넘은 적이 없었는데 지금 제나라는 그만한 땅을 가졌고, 닭 울음소리와 개 짖는 소리가 연달아 사방 국경까지 닿을 정도니 백성도 넉넉하다. 땅은 더 개간할 필요가 없고 사람도 더 모을 필요가 없으니, 다만 인

---

41 『시경』의 "왕의 땅이 아닌 곳이 없다莫非王土"를 부연한 것이다. 실제 은나라가 모든 토지를 소유하고, 모든 인민을 지배했다는 뜻이 아니라 그 강대함을 칭송한 노랫말로서 당시 회자되던 속담을 맹자가 인용한 것이다(9:4 해설 참고).

정을 펴서 왕도를 행한다면 그 누가 막을 수 있겠더냐.

더욱이 왕자가 나오지 않는 것이 지금보다 드문 적이 없었고, 천하 사람들이 학정에 시달려 까칠한 것이 지금보다 심한 때가 없었다. 굶주린 자는 먹이를 가리지 않고, 목마른 자는 마실 것을 가리지 않는 법. 공자께서 '덕이 퍼져나가는 속도는 역말이 왕명을 전달하는 것보다 빠르다'라고 하셨다. 오늘날 만승의 나라[42]가 인정을 시행하면 천하 사람들의 기쁨은 거꾸로 매달 렸다가 풀려나는 것과 같으리라. 그러므로 일은 옛사람의 절반만 하고도 그 성과는 반드시 옛사람의 갑절이 되는 것은 오로지 지금이 그런 때다."

해설

오늘날과 마찬가지로, 아니 지금보다 더더욱 전국시대는 패권의 정치가 상식인 시절이었다. '권력 정치가 현실Power politics is a real politics'이라는 상식! 그 상식을 공손추가 대변한다. "관중과 안자의 치적을 다시 기약할 수 있을지요?"라는 질문에 그런 당대의 상식이 담겨 있다. 그러나 이미 맹자는 춘추시대 관중의 패권 정치가 전국시대로 추락하는

---

42 萬乘之國(만승지국): 제나라를 지칭한다. 공손추의 "선생님께서 제나라의 요직에 임용된다면 관중과 안자의 치적을 다시 기약할 수 있을지요?"라는 질문으로 시작하였기에 그 끝도 제나라를 소재로 한 것이다.

맹자, 마음의 정치학 1

문을 열었다고 결산했던 터다. 관중에 대한 맹자의 강렬한 증오는 그가 현상 유지 정책으로 미적거리는 바람에 왕도 세계(요순과 삼대)를 회복할 절호의 기회를 놓치고, 오히려 전국시대로 추락하게 된 역사적 과오에서 비롯했다(1:6 해설 참고).

본문에서 증자의 아들 증서가 관중을 두고 화가 나서 내뱉었다는 말은 관중에 대한 맹자의 인식을 그대로 대변한다. 공자가 호언하였던 "1년이면 가능성을 보고, 3년이면 성과를 보리라"(『논어』, 13:10)던 왕도 정치의 효력을 맹자는 현실적 대안으로 받아들인다. 왕도 정치는 허공에 그린 설계도나 백면서생의 몽상이 아니라, 또 하나의 실제라는 것. 어렵지만 불가능하지만은 않은 길! 패도는 현실 정치요, 왕도는 이상주의라는 식의 분류는 맹자에게 부정확할 뿐 아니라 무의미하다. 왕도는 비현실적이지도 않고, 더욱이 무력하지도 않기 때문이다. '왕도=여민 정치'의 추동력인 덕은 폭력만큼 강력한 정치력political power이다. 다만 폭력이 외부에서 강제하는 힘이라 가시적인 데 반해, 덕의 힘moral power은 사람의 마음을 끌어들이는 흡입력인지라 눈에 띄지 않을 뿐이다.

비유하자면 덕의 힘은 진공청소기와 같다. 진공청소기의 흡입력은 눈에 보이시는 않으나 빗자루보다 더 강력하고 깨끗하게 청소를 해낸다. "덕이 퍼져나가는 속도는 역말이 왕명을 전달하는 것보다 빠르다"라는 공자의 말은 '덕의 힘'을 실감나게 예증한다. 폭력 행사를 정치의 전부로 알던 당시 사람들이 왕도의 세계와 그 추동력인 덕의 힘을 느껴보지 못했을 뿐이다. 더욱이 시절로 봐도 지금만큼 왕도를 행하기 좋은 기회가 없고, 효율성으로 따져봐도 왕도의 효과가 패도보다 탁월하다. "그러므로 일은 옛사람의 절반만 하고도 그 성과는 반드시 옛사람의 갑절이 되는 것은 오로지 지금이 그런 때다." 지금 제나라 군주에게 왕도 정치를 권하는 것은 도덕적 정당성이라는 윤리의 차원에서뿐만 아니라, 효율성이라는 경제의 차원에서나 시의성이라는 역사의 차원에서도 적실하다는 뜻이다.

맹자의 조급함과 안타까움이 여기 있다. 맹자의 긴 웅변 역시 이 때문이요, 관중에 대한 증오도 여기서 비롯한다. 관건은 선택이다. 전국시대의 핵심 의제는 패도(관중, 안영의 길)냐 왕도(요순, 문무의 길)냐 둘 가운데 결단하여 선택하는 것이었다. 요컨대 왕도 정치는 관념적이거나 이상적인 것이 아니라 패도 정치보다 정당하고 실질적이며 효율적인 '대안 정치'라는 것.

참고　관중에 대한 저평가는 순자 역시 그러했다. 공자의 말을 빌리는 방식으로 춘추시대 정치가들을 비교 품평하는 가운데 순자는 관중을 이렇게 평가하였다.

> 관중의 사람됨은 공을 세우는 데만 힘을 썼지 의에는 힘쓰지 않았고, 지략을 쓰는 데만 힘을 썼지 인에는 힘쓰지 않았으니, 야인이지 천자의 관리가 될 수 없는 사람이다.[43]

43　管仲之爲人, 力功不力義, 力知不力仁, 野人也. 不可以爲天子大夫(『순자』, 「대략」).

　여기서는 대인大人의 조건을 논한다. '평심한 마음(부동심)'에서 온축
된 정의감이 몸의 '큰 기운(호연지기)'과 어우러져 막강하고 거대한 정치
력, 곧 덕력德力[44]을 발산한다. 이 덕력을 소유한 정치가를 대인이라 이른
다. 부동심(심리학)과 호연지기(교육학), 언어(정치학) 등 다면적으로 접근
한다. '의로운 힘'을 발산하는 대인은 누구도 막을 수 없고 누구나 따르
기 마련이다. 공자의 제자들이 스승에게 심복하였듯. 그렇다면 이 장은
맹자의 '리더십론'이기도 하다.

　중요한 부분인지라 다섯 개의 절로 나누어 번역하고 낱낱이 해설하였
다. 『맹자』를 수천 번 읽었다는 조선의 유자 송시열조차 난해하다고 불
평했다는 장인 만큼 복합적이고 복잡하다. 그러므로 해설은 더욱 난해할
수밖에 없겠다. 어려운 것은 역시 어려운 것이다.

44　부동不動하는 마음, 호연지기로 가득한 몸, 올바른 언어에서 생기는 힘을 공자의 언어로
　　표현하면 '덕의 힘', 곧 덕력이 된다. 덕을 힘으로 이해하는 것에는 서양 번역가들도 동의
　　한다. 예컨대 노자의 『도덕경』을 'The Way and its Power'로 영역한 웨일리A. Waley는 덕
　　을 'power'라고 번역하면서 때로는 'moral force'라고도 하였다. 덕이 가진 힘의 속성을 드
　　러내고자 한 것이다. 데이비드 S. 니비슨 역시 덕을 'power'나 'force'로 번역하는 데 찬동
　　한다. "어떤 사람을 도덕적이게끔 해주는 속성인 덕을 가지고 있다면 다른 사람들에 대
　　해, 심지어는 자신을 둘러싼 환경에 대해서까지 '영적인 영향력'을 행사할 수 있다고 생
　　각되었다는 것은 상식에 속한다."(데이비드 S. 니비슨, 앞의 책, 48쪽)

3:2-1. 폭력의 시대, 용사의 조건

公孫丑問曰, "夫子加⁴⁵齊之卿相⁴⁶, 得行道焉, 雖由此霸·王, 不異矣. 如此, 則動心否乎?"

孟子曰, "否; 我四十不動心."

曰, "若是, 則夫子過孟賁⁴⁷遠矣."

曰, "是不難, 告子⁴⁸先我不動心."

曰, "不動心有道乎?"

曰, "有. 北宮黝⁴⁹之養勇也: 不膚撓⁵⁰, 不目逃⁵¹, 思以一毫挫⁵²於人, 若撻⁵³之於市朝⁵⁴; 不受於褐寬博⁵⁵, 亦不受於萬乘之君; 視刺⁵⁶萬乘之君, 若刺褐夫;

---

45 加(가): '居(거)'와 같다.

46 卿相(경상): 재상, 삼정승(조선).

47 孟賁(맹분): 고대의 용사勇士. 살아 있는 소의 뿔을 맨손으로 뽑았다고 전해진다.

48 告子(고자): "유가와 묵가를 겸하여 배우고 한때 맹자에게 수학하였다."(조기) 한편 근대 중국의 양계초는 "고자가 맹자의 제자라는 증거가 없으며, 외려 맹자보다 연상이었던 듯하다. 묵자의 죽음이 맹자의 태어난 해와 불과 10여 년밖에 차이 나지 않으니 고자의 젊은 시절은 묵자의 노년이었을 듯하고, 고자의 노년기와 맹자의 중년이 겹쳤을 것으로 보인다"(『묵자년대고墨子年代考』; 양백준에서 재인용)라고 했다.

49 北宮黝(북궁유): '北宮'은 성이요, '黝'는 이름(검다는 뜻). 필승必勝을 위주로 삼은 용사. 자객의 부류일 것이다(주희).

50 撓(요): 흔들리다, 움찔하다.

51 逃(도): 도망가다, 회피하다.

52 挫(좌): 꺾이다.

53 撻(달): 종아리 치다.

54 市朝(시조): 장터. 남쪽 장터를 '市', 동쪽 장터를 '朝'라고 불렀다. 처형장을 겸하였다.

55 褐寬博(갈관박): 비천한 사람(주희). '褐'은 털옷. '寬博'은 풍덩하고 큰 것.

56 刺(자/척): 찌르다.

無嚴[57]諸侯, 惡聲至, 必反之. 孟施舍[58]之所養勇也, 曰, '視不勝猶勝也; 量敵
而後進, 慮勝而後會, 是畏三軍者也. 舍豈能爲必勝哉? 能無懼而已矣.' 孟施
舍似曾子, 北宮黝似子夏[59]. 夫二子之勇, 未知其孰賢, 然而孟施舍守約[60]也.
昔者曾子謂子襄[61]曰, '子好勇乎? 吾嘗聞大勇於夫子矣: 自反而不縮[62], 雖褐
寬博, 吾不惴[63]焉; 自反而縮, 雖千萬人, 吾往矣.' 孟施舍之守氣, 又不如曾子
之守約[64]也."

공손추가 물었다.

"선생님이 제나라 재상이 되어 도를 펼칠 계기를 얻는다면, 패
도든 왕도든[65] 성취할 것은 분명합니다. 이럴 경우 마음의 흔들

---

57 嚴(엄): 거리끼다.

58 孟施舍(맹시사): '孟'은 성이요, '施'는 발어사, '舍'는 이름이다. 곧 '孟舍'다. '施'는 뒤에
나올 '庾公之斯(유공지사)'의 '之'와 같다(8:24). 역전의 용사였던 듯하다(주희).

59 子夏(자하): 공자의 제자. 본래 이름은 복상卜商이다. 공자 학교의 문학文學과에 속했다.
여기서 문학이란 책을 읽어서 지식을 획득하는 것을 위주로 삼는다는 뜻(『논어』, 11:2).

60 守約(수약): 지키기에 간략하다. '約'은 단순히 간략하기만 한 것이 아니라 중요하고 근
본적인 것이라는 의미도 함축하고 있다(쾽로이슌, 앞의 책, 151쪽). 뒤에 "말은 비근하면
서 뜻은 원대한 것이 좋은 말이고, 지키기는 간략하면서 널리 베풀어지는 것이 좋은 도
다"(14:32)라는 밀이 나온다. '守約'이 '좋은 도(善道)'이 필요조건임을 알 수 있다

61 子襄(자양): 증자의 제자(조기).

62 縮(축): 곧다. '直(직)'과 같다.

63 惴(췌): 두려워하다.

64 守約(수약): 증자의 '守(지킴)'는 '마음을 지킴'이니 여기 '守約'은 곧 존심存心(마음을 보존
함)과 같다.

65 覇·王(패·왕): 패도든 왕도든 어느 것이든 성취할 수 있다. 공손추가 맹자의 사상을 옳게
파악하지 못한 표지다. 맹자에게는 '패도든 왕도든'이 아니라 '오직 왕도만이 유일한 길'
이다.

림이 있을까요, 없을까요?"

맹자, 말씀하시다.

"아니다. 나는 마흔에 부동심[66]하였다."

공손추가 말했다.

"하면 선생님은 맹분보다 월등하십니다."

맹자, 말씀하시다.

"부동심은 어려운 것이 아니다. 고자는 나보다 먼저 부동심했던걸."

공손추가 말했다.

"부동심에 방법이 있습니까?"

맹자, 말씀하시다.

"있지. 북궁유의 용기 배양법은 살갗을 찔려도 움찔하지 않고, 눈동자를 찔려도 꿈쩍하지 않으며, 털끝 하나라도 남에게 꺾이면 장터에서 매를 맞듯 치욕으로 여기는 것이다. 상대가 미천한 자든 만승의 제후든 모욕을 당하면 참지 않았다. 만승의 제후를 찔러 죽이기를 미천한 자를 찔러 죽이는 것과 똑같이 여겼으니, 제후라도 거리낌이 없어 험담하는 소리가 들리면 반드시 보복하였다.

맹시사의 용기 배양법은 이기지 못할 상대라도 이긴다고 생각하는 것이다. '적의 역량을 헤아린 다음 진격하고, 승산을 따져

---

66 不動心(부동심): 태연자약함이다. 도덕 가치를 간직하며 살기 때문이다. 시간이 흘러도 변하지 않는 항심恒心, 외물外物에 휘둘리지 않는 평상심과 같다. '不動心'이 행동으로 표현된 것이 효효囂囂(9:7, 13:9)다.

본 다음 교전한다면 이미 상대방의 군사력에 주눅이 든 것이다. 내 어찌 꼭 이길 수 있겠는가. 다만 두려움을 없애는 데 능할 뿐이라'고 하였다. 맹시사는 증자와 닮았고[67] 북궁유는 자하와 비슷하다.[68] 두 사람의 방법 가운데 어느 게 더 나은지는 몰라도 맹시사의 것이 지키기에는 간략하다.

옛날 증자가 자양에게 이르기를 '자네는 용맹을 좋아하는가? 내 일찍이 공자로부터 참용기를 배운 바 있네. 스스로 돌이켜 보아 똑바르지 못하면 상대가 미천한 사람인들 어찌 그를 두려워하지 않겠는가. 반면 스스로 돌이켜 보아 똑바르다면 상대가 천 사람 만 사람이라도 나아가 대적하겠노라'고 하셨지. 맹시사가 지킨 것은 한 몸의 기[69]였으니 역시 증자가 지키는 간략함만은 못하다."

---

67 孟施舍似曾子(맹시사사증자): '曾子'는 성찰의 중요성을 이해한 공자의 제자다(『논어』, 1:4). '孟施舍'는 마인드 콘트롤(마음의 기술적 통제)을 행한다는 점에서 증자와 비슷하다는 것. 그러나 "맹시사의 용기는 여전히 기에 붙잡혀 있다. 반면 증자의 용기는 의를 세심하게 고려한다. 두려움 없음(부동심)은 오직 의와 일치할 때뿐이라고 보는 것이다."(퀑로이슌, 앞의 책, 152쪽)

68 北宮黝似子夏(북궁유사자하): 북궁유는 복수하는 용사다. 이런 용사가 자하와 비슷하다는 것은 왜일까? 군자라도 모욕을 당하면 싸운다고 『묵자』, 「경주耕柱」에서 자하의 제자들이 주장한 내용을 참고할 수 있다(퀑로이슌, 앞의 책, 151쪽)

69 氣(기): 그레이엄은 "장자가 육기六氣(음양陰陽·풍우風雨·양회陽晦)의 전통을 따른다"고 했다(앵거스 그레이엄, 김경희 옮김, 『장자』, 이학사, 2015, 26~27쪽 참고). 확대 해석하면 맹자의 호연지기도 육기론을 배경으로 제출되었다고 볼 수 있다.

전쟁의 시대는 칼잡이가 주인공이다. 협객, 무사, 용사가 그들이다. 전국시대는 극단적 실천, 곧 하나뿐인 목숨을 내던지는 짓이 용맹으로 추앙되고 또 유행처럼 번지던 시대였다. 『사기』의 「자객열전刺客列傳」이 그 증거요, 또 "죽어도 좋고 죽지 않아도 되는 경우에 죽으면 용맹을 해친다"(8:23)라는 맹자의 만류가 방증이다. 생명을 초개草芥처럼 여기는 용사들의 시대였던 것이다. 그렇다고 누구나 칼잡이가 될 수는 없는 노릇. 그 조건은 더욱 엄격하기 마련이다. 공자가 지적했듯 용사란 "전쟁터에서 머리가 날아갈 것을 각오하며"(6:1) 사는 존재인 터다. 그런 각오를 체화한 것이 용기요, 그 용기를 기르는 방법론이 부동심이다. 따라서 용기와 부동심이라는 말에는 전국시대의 피 냄새, 칼 냄새가 진동한다. 공손추가 부동심을 질문할 때 맹자가 대뜸 당대 최고 용사인 북궁유와 맹시사를 거론한 까닭이다. 즉 무사와 용기, 부동심은 서로 어깨동무한 단어들이다. 질문자인 공손추의 꿈은 전국시대의 '스타'인 용사가 되는 것이었고, 이를 위해 그는 용기 수련법을 배우고 싶었다. 그렇다면 용기란 무엇인가? 공자의 말씀에 선명하다.

의를 보고도 행하지 않는 것은 용기 없는 짓이다.[70]

---

70 見義不爲, 無勇也(『논어』, 2:24).

여기 공자의 꾸지람은 용기 부족에 대한 것이다. 정의를 인식하면서도 실천하지 못하는, 이를테면 의지박약이 용기 부족의 사태다. 반대로 머리로 인식한 정의를 행동으로 옮기는 힘, 즉 의지박약을 극복하고 바른 마음씨에서 터져 나오는 에너지를 실천하는 것이 용기다. 머리(인식)와 다리(실천)를 연결하는 마음에서 비롯하는 힘(氣)이 용기인 것이다.

여기서 맹자는 용기를 '작은 용기(소용)'와 '큰 용기(대용)'로 나눈다. 2:3의 소용과 대용의 구분을 떠올리자. 북궁유의 거리낌 없는 용기인 무엄無嚴과 맹시사의 두려움 없는 용기인 무구無懼는 2:3에서 지적한 "칼날을 어루만지며 부릅뜬 눈으로 상대를 쌔려보면서 '네가 어찌 감히 나를 감당하려고!'라고 으르는 것" 따위니 고작 사소한 용기에 해당한다. 당대의 용사들인 맹분, 북궁유, 맹시사의 용기는 작은 용기에 속할 따름이다. 이들의 용맹 수련법은 조금씩 다르긴 해도 '마음을 억누르고(不動)', 몸을 초개와 같이 던지는 종류이니 죽어도 개죽음에 지나지 않는다('개는 밥을 주는 주인을 위해 짖고, 용사는 알아주는 주군을 위해 몸을 바친다'는 속류 사무라이 속담이 제격이다).

외려 참된 용기인 대용은 거리낌이 '있고', 두려움이 '있는' 용기다. 이것은 공자로부터 그러하였다. 천하의 협객이나 무사들의 용맹과 딜리 공자는 "전쟁에 임하여 두려움을 가져야 한다臨事而懼"(『논어』, 7:10)고 권한 터였다. 이 점은 중요하다. 거리낌 없는 용기나 두려움 없는 용기가 고작 마음의 문을 닫고 몸의 기운을 작동시키는 용맹이라 소용에 속한다면, 외려 참용기는 스스로 성찰하여 두려워할 줄 아는 자에게 깃든다는 역설 말이다. 이 둘의 차이는 의미심장하다. 사실 공자는 당시 춘추시대를 두려워했고(孔子懼), 맹자 본인도 당대가 두렵다고 고백하였다(吾爲此懼, 6:9). 요컨대 두려워할 줄 아는 자에게 참용기가 깃든다!

이 대목에서 부동심과 용기의 기원으로 추정되는 공자와 자로의 대화를 주목해야 한다.

> 자로가 물었다.
> "군자란 용맹을 숭상하는(尙勇) 사람이겠지요?"
> 공자, 말씀하시다.
> "군자는 의를 숭상하는 법이다. 군자가 용맹만 갖추고 의리가 없다면 반란을 일으키고, 소인이 용맹만 있고 의리가 없다면 도둑질을 하지."
> _『논어』, 17:23

공자와 자로의 문답은 이 장의 밑바닥을 줄곧 흐른다. 맹자는 『논어』, 「양화陽貨」의 '군자상용君子尙勇'장을 깊이 읽고 숙고한 뒤 전국시대에 적용하여 부동심의 도덕적 근거와 큰 용기의 막강하고 막대한 힘(호연지기)을 발견하고 체득했음에 분명하다. 춘추시대 무사였던 자로의 '군자＝상용' 등식이 전국시대 용사들(맹분, 북궁유, 맹시사)에게 고스란히 전해졌다면, 공자가 새롭게 제시한 용기, 곧 '의를 숭상할 때 솟는 힘'이라는 새 지평은 증자의 성찰(나는 하루에 세 번 스스로를 성찰한다吾日三省吾身)을 거쳐 맹자에 이르러 부동심, 대용, 호연지기로 발전하는 참용기의 계보학을 구성한다. 『논어』에 등장했던 '용맹을 숭상하는 용사'와 '의를 숭상하는 군자'의 대결 구도는 맹자에 이르러 '북궁유·맹시사'와 '공자·증자'의 대결 구도로, 또 소용 대 대용으로, 그리고 '내 안에 의가 쌓여서 생겨나는(集義所生)' 호연지기 배양법에 이르기까지 관철된다. 이 장 전체의 기원이 『논어』의 '군자상용'장임은 분명하다.

그런데 두려움을 가진 자가 어떻게 두려움 없는 용기를 기를 수 있는가? 돌려 말해 참용기, 큰 용기는 어떻게 길러지는가? 앞당겨 답하자면 옳다고 믿는 마음가짐, 곧 뜻(志)에 육신의 기운(氣)이 딱 들러붙어서 마음이 가는 대로 몸이 따라가는 것, 그 자리가 참용기의 샘이다. '심·신·일·체'가 대용의 터전이다. 다만 그 마음가짐이 옳은지, 아닌지는 제 마음을 돌이켜 점검함, 곧 성찰을 통해 확인할 수 있다. 마음속의 마음, 곧 본성에 깃든 자연의 이치가 인의예지仁義禮智라는 네 실마리(四端)임은 곧 살펴볼 터이지만, 특별히 이 가운데 의를 검토하면 지금 마음의 뜻이 올바른 것인지 스스로 판단할 수 있게 된다. 이리하여 마음이 올바르다는 것이 선명하게 드러난다면, 달리 말해 '하늘을 우러러 한 점 부끄럼이 없고, 사람을 내려다봐도 한 점 거리낌이 없다면' 천 사람 만 사람이 가로막아도 '그 길'로 나아가는 것, 이것이 대용의 발현이다. 본문에서 "스스로 돌이켜 보아 똑바르나변 상내가 전 사람 만 사람이라도 나아가 대적하겠노라"는 말이 그것이다. 그렇다면 증자가 공자에게 전수받았다던 대용의 배양법이란 어떤 것인가? 『논어』의 다음 구절에 주목하자.

사마우가 군자의 정체를 물었다.

공자, 말씀하시다.

"군자란 근심이 없고, 두려움도 없는 존재지."

사마우가 말했다.

"근심이 없고, 두려움이 없으면, 곧 군자라고 할 수 있다는 말씀인지
요?"

공자, 말씀하시다.

"안으로 성찰하여 잘못이 없다면, 무엇을 근심하고 무엇을 두려워하
겠더냐!"

_ 『논어』, 12:4

지금 공자가 군자의 조건으로 제시한 '안으로 성찰하여 잘못이 없다
면(內省不疚)'이라는 조건은 여기 증자가 공자에게 배웠다며 제자 자양에
게 권한 '안으로 성찰하여 올바름을 확인할 때(自反而縮)' 솟아나는 기운
과 일치한다(즉 내성內省은 자반自反으로, 불구不疚는 이축而縮으로 발전하였다).
참용기의 필수조건이 자기성찰이라는 점을 여기서 재확인한다. 성찰은
부동심, 참용기(대용), 호연지기 등 이 장의 핵심 개념을 관통하는 요건이
다. 결국 증자의 성찰을 통한 용기 배양법은 맹시사의 육신 관리법보다
요긴하다. 그러므로 "맹시사가 지킨 것은 한 몸의 기였으니 역시 증자가
지키는 간략함만은 못하다"라고 결론을 맺었다. 눈을 내면(마음)으로 돌
려 자기 삶이 올바른지 성찰하고, 의로운 뜻을 세워 견지하는 것이 큰 용
기를 기르는 요긴한 방법이다.

맹자는 이런 큰 용기 수련법(부동심)을 공손추에게 전해주고자 한다.
앞으로 나오겠지만 이 수련법을 통해 증진된 힘의 세기와 규모는 천하의

전쟁을 종식할 정도로 강력하고, 천하 문명을 재건할 만큼 광대하다. 소용과 대용의 차이는 결국 가치value의 실현 여부로 좁혀진다. 인이 그 가치요, 그것을 실천하는 길이 의다. 의를 매일매일 행하면서 몸에 축적하면 스스로 어마어마한 용기를 자아내게 되는데 그것을 맹자는 호연지기라고 이름 붙일 참이다.

3:2-2. 용사에서 선비로

曰, "敢問夫子之不動心與告子之不動心, 可得聞與?"

"告子曰, '不得於言, 勿求於心; 不得於心, 勿求於氣.' 不得於心, 勿求於氣, 可; 不得於言, 勿求於心, 不可. 夫志, 氣之帥[71]也; 氣, 體之充也. 夫志至焉, 氣次焉; 故曰, '持[72]其志, 無暴[73]其氣.'"

"既曰, '志至焉, 氣次焉.' 又曰, '持其志, 無暴其氣'者, 何也?"

曰, "志壹[74]則動氣, 氣壹則動志也. 今夫[75]蹶[76]者趨[77]者, 是氣也, 而反動其心."

71　帥(수): 장수.

72　持(지): 견지하다. '存心(존심)'의 '存'과 같다.

73　暴(포): 사납게 하다.

74　壹(일): 하나. '一(일)'과 같다.

75　今夫(금부): 가령.

76　蹶(궐): 넘어지다.

77　趨(추): 달리다.

공손추가 말했다.

"선생님의 부동심과 고자의 부동심을 감히 여쭙습니다. 들어볼 수 있을지요?"

맹자가 말했다.

"고자는 말하기를 '말을 이해하지 못하면 마음에서 구하지 말고, 마음으로 납득되지 않으면 기에서 구하지 말라'고 한다. 마음으로 납득되지 않으면 기에서 구하지 말라는 것은 가하나, 말을 이해하지 못하면 마음에서 구하지 말라는 것은 잘못되었다. 대저 뜻은 기를 통솔하는 장수[78]요, 기는 몸에 가득 찬 에너지다. 저 뜻이 몸에 이르면 기는 그것을 따른다. 그래서 뜻을 견지하되, 기를 난폭하게 하지 말라고 하는 것이다."

공손추가 말했다.

"뜻이 몸에 이르면 기가 따른다고 하시고는, 또 뜻을 견지하되 기를 난폭하게 하지 말라고 하시는 것은 어째서인지요?"

맹자, 말씀하시다.

"마음에 둔 뜻이 한결같으면 기를 움직이는데, 거꾸로 기가 한결같아도 뜻을 움직이기도 한다[79]. 가령 몸을 넘어지게도 하고 달리게도 하는 것은 기의 작용이지만, 기(몸)가 거꾸로 마음을

---

78 뜻(志)을 장수에 비유한 것은 공자로부터다. "삼군을 통솔하는 장수의 목을 뺏을 수는 있으나, 한낱 필부에게 그 뜻을 빼앗을 수는 없다."(『논어』, 9:25)

79 氣壹則動志(기일즉동지): 마음을 닫고 기운대로만 부리면 뜻이 움직이기도 한다. 정이천은 뜻이 기를 움직이는 것이 8할이요, 기가 뜻을 움직이는 것은 2할쯤 된다고 하였다(주희).

맹자, 마음의 정치학 1

요동치게도 할 수 있다."

해설

　　용사들의 용맹을 논한 대목에 이어지는 구절임을 기억하자. 공손추는 부동심을 협객이나 역전의 용사들처럼 한 몸을 던져 명령에 복종하는 '굳센 마음'인 줄로만 알고 있었다. 이건 전국시대의 상식이었으니 공손추를 탓할 수가 없다. 그에게 이슈는 용사가 부동심할 수 있는 방법, 즉 어떻게 하면 '굳센 마음'을 얻을 수 있을까였다. 이를테면 멸사봉공滅私奉公의 사무라이식 무사가 되는 길을 찾고 있었다고 할까? 당시 그런 '용사의 부동심'의 대가가 고자였다. 고자의 부동심 방법론은 다음 열여섯 자로 요약된다.

　　　　격언 1 _ 不得於言, 勿求於心(부득어언, 물구어심).
　　　　　　말을 이해하지 못하면 마음에서 구하지 말라.

　　　　격언 2 _ 不得於心, 勿求於氣(부득어심, 물구어기).
　　　　　　마음으로 납득하지 못하면 기에서 구하지 말라.

　　우선 열여섯 자 격언의 순서는 말(言)에서 마음(心)으로, 마음에서 몸(氣)으로 진행된다. 즉 언어→마음→기(몸)의 방향이다. 타인(상부, 외부)

의 명령을 접수하고 실행해야 하는 무사의 원칙이 이 열여섯 자다. 아마
도 이 격언은 묵가의 군사 조직을 운용하던 원리였던 것 같다. 고자는 한
때 묵가에 몸담았던 사람인데(『묵자』, 「공맹자公孟子」 참고), 묵가는 학파이
기 이전에 군사 조직이었다.[80] 지도자(거자鉅子)의 명령에 철저히 복종하
는 상명하복의 피라미드식 조직이었다. 고자는 이런 조직의 일원이었으
므로, 여기 열여섯 자 격언은 묵가의 조직 운영 원리로 봐도 무방하다.
고자는 그 원리에 밝았음에 분명하다. "말을 이해하지 못하면 마음에서
구하지 말라"(격언 1)는 구절과 다음의 『묵자』 속 기사가 같은 것은 우연
이 아닐 것이다.

> 좋은 일이든 나쁜 일이든 들은 것은 모두 향장에게 보고하라. 향장
> 이 옳다고 판단하는 것은 반드시 모두 옳다고 여기고, 향장이 틀렸
> 다고 판단하는 것은 반드시 모두 틀렸다고 여겨라. 만약 자신의 불
> 선한 말과 행동을 버리고 향장의 선한 말과 행동을 배운다면 어찌
> 향리가 어지럽혀질 수 있겠는가! 향리가 다스려지는 이유가 무엇인
> 지 살펴라. 향장만이 향리의 도덕을 통일시킬 수 있다. 이것이 향리
> 가 다스려지는 이유이다(밑줄은 필자가 그었다).[81]

---

80 "묵가는 일종의 막강한 수령인 거자에 의해 영도되는 종교·군사적 조직의 운동이다."(벤
자민 슈워츠, 나성 옮김, 『중국 고대 사상의 세계』, 살림, 2004, 213쪽)

81 聞善而不善, 必以告其鄕長. 鄕長之所是, 必皆是之, 鄕長之所非, 必皆非之. 去若不善
言, 學鄕長之善言, 去若不善行, 鄕長之善行. 則鄕何說以亂哉. 察鄕之所治者何也. 鄕長
唯能壹同鄕之義, 是以鄕治也(『묵자』, 「상동 상」).

인용문은 묵가의 상명하복식 체제 구상(또는 군사 조직의 특성)을 잘 보여주는데, 특히 밑줄 친 부분은 고자의 격언 1과 일치한다. 이 격언은 용사를 지망하는 전국시대 사나이들에게 부동심의 수양 규범으로 널리 퍼져 있었으니 공손추도 잘 알고 있었을 것이다.

1. 고자의 마음

그렇다면 격언 1을 해석해보자. 그 첫 구절 "말을 이해하지 못하면"에서 말이란 상부의 명령 가운데 이해되지 않거나 불합리한 지시를 가리킨다.[82] 문제는 "마음에서 구하지 말라"에서의 마음이다. 묵가(＝고자)에게 마음이란 도덕성의 거처가 아니라, 생존을 위한 계산 능력이다. 즉 생존을 도모하고 죽음은 회피하는 생물학적 메커니즘이 고자의 마음이다. 이것은 약간 설명이 필요하다. 묵자에게 "인간은 일종의 합리적 계산기다. 그들에게 올바른 행동이란 자신의 이익과 관련해서 취할 수 있는 가장 이성적인 행동이 된다." 따라서 "어떤 문맥 속에서도 사람들에게 자신의 이익이 어디에 달려 있는가를 생각해내거나 그렇게 생각해낸 내용을 따르는 능력 외에, 그보다 복잡하거나 미묘한 무언가가 존재한다는 생각은 묵자에게 전혀 없다. 최적의 물질적 만족을 산출해내고자 하는 욕구 외에는 포착해서 발전시켜야 할 미덕이나 도덕감은 전혀 없다."[83]

---

82 이해되고 납득되는 명령(言)은 그냥 집행하면 된다(조직 속에서 행해지는 명령의 특징이 그렇다).
83 데이비드 S. 니비슨, 앞의 책, 173~174쪽.

곧 "마음에서 구하지 말라"는 계산하지 말라는 뜻이다. 종합하면 격언 1은 상부의 명령을 접수한 사람의 계산(=마음)은 개입시키지 말고, (이해되지 않고 불합리해 보이더라도) 지시된 말(명령)에 복종하라는 뜻이다. 고자의 부동-심은 입력된 언어를 컴퓨터가 처리하듯 마음을 기계화하라는 것이다. 그 말(명령)이 옳은지 그른지는 판단(계산)하지 말고 "명한 대로 집행하라!"(한 걸음 더 나아가면 '안 되면 되게 하라!')

따라서 고자 방식의 부동심 수양법은 마음을 얼려서(냉동) '작동하지 못하게 만드는 것'이다. 명령(言)과 행동(氣) 사이에 마음이 개입하지 못하게 하는 것이 부동심이다. 묵가에게 마음이란 늘 변화하기 때문에 신뢰할 수 없는 것이었다. 그보다는 이해할 수 없더라도 말로 한 약속이나 문서화된 글이 객관적이고 신뢰할 수 있다. 묵가가 마음을 불신하고 외려 말을 신뢰하는 것은 다음 지적에서 확연하다.

> 묵자는 '평천하'는 국가의 엘리트 지도자들에 의해서만 실현될 수 있다는 전체주의적, 권력적인 기획이 필요하다고 보았다. 이런 기획에는 인간을 신뢰하지 않는다는 생각이 내재되어 있다. 즉 사람의 마음(心)은 다양하고 또 변화가 심하므로, 고정불변의 어떤 기준(사랑의 기준)이 있어야 한다고 보았고, 그것을 '하늘의 의지(天志)'에서 찾았다. 묵자의 기본 관심은 윤리적인 근거를 객관화, 일반화하는 것이었다. 이때 묵자는 하늘의 의지를 증명하기 위한 <u>언어적인 노력이 무엇보다 중요하다</u>는 인식을 하게 된다(밑줄은 필자가 그었다)."[84]

끝 구절 "묵자는…… 언어적인 노력이 무엇보다 중요하다는 인식을 하게 된다"는 대목에 주의하면 "말을 이해하지 못하면 마음에서 구하지 말라"는 고자의 격언 1은 '명령이 납득되지 않더라도 이해하려고 하지 말라'로 정확히 번역된다. 용사 또는 조직원이라면, 개인의 판단(마음)은 접고 상부의 말(지시, 명령)에 복종하라는 것. 명령을 집행할 육신(氣)이 관심사지 마음은 말의 작용(실천)에 개입하면 안 된다! 따라서 마음을 냉동시키는 것이 고자의 부동심이고, 고자는 이런 '마음 얼리기'를 40대에 성취하였다는 것이다.

그러나 맹자가 보기에 고자의 문제점은 심중하다. 문제는 말과 마음 양쪽에 다 있다(그래서 불가不可라고 딱지를 놓았다). 맹자에게 말이란 행동 지침(명령, 지시)이 아니라, 마음에서 발출한 표현이다(아래 '지언知言' 참고). 즉 말(언어)은 마음의 표현이다. 고자의 큰 잘못은 말의 기원이 마음이라는 점을 무시한 것이다. 고자는 마음을 한낱 합리적인 계산 능력[85]으로만 보고 있는데, 맹자가 보기에 이는 마음을 전혀 이해하지 못한 것이다(11:1~11:4의 인성人性 논쟁에서 자세히 살펴볼 수 있다). 고자에게 인간의 도덕적 본성은 동물의 생리적 본능과 다를 바 없다. 따라서 사람의 마음도 도덕성(仁義)의 발현이 아니라 다만 생존을 위한 지각과 계산 능력에 지

---

84 염정삼,「선진시기先秦時期 언어관에 대한 소고小考」,『중국학보』, 제49집, 한국중국학회, 2004의 내용을 요약했다.

85 묵가는 언言에 대해 세 가지 측면에서 평가할 정도로 깊이 사고하였다. 그러나 그 결론은 같다. 핵심은 "언의 실행이 백성에게 이익을 가져다주는지 여부로 평가하는 것이다."(앵거스 그레이엄, 나성 옮김,『도의 논쟁자들』, 새물결, 2001; 쿵로이슌, 앞의 책, 76쪽)

나지 않는다. 이에 옳고 그름을 판단하는 도리인 의가 외부에 위치하게 된다. 다음 절에 나오지만, 맹자는 이를 두고 개탄하기를 "그래서 나는 '고자는 애당초 의를 바로 안 적이 없다'고 한 터다. 그는 의가 밖에 있다고 보기 때문이다"라고 했다. 의를 바깥에 두는 고자에 대한 맹자의 염려를 현대식으로 해석하면, 조지 오웰이 『1984』에서 그렸던 디스토피아, 곧 국가에게 판단력을 빼앗긴 '동물 세상'의 음울함과 유사하다.

고자의 방식으로 의를 바깥에 놓으면, 국가(권력)가 의를 담지하게 되고 국가가 말하는 것이 법칙인 세상이 된다고 염려하는 것이 맹자다. 고자의 의외론義外論을 추종한 결과 국가 권력의 언어에 세뇌된 사람은 자신의 마음으로 인식할 수 있는 객관적 실재가 있다는 믿음을 잃는다. 진실을 볼 수 없다는 무력감은 옳고 그름을 헤아리는 도덕적 정신마저 무너뜨린다. 맹자는 이 가공할 사태가 전국시대 최후최종의 결과일 것으로 두려워하는데, 그것이 춘추전국시대에 유행하던 묵가와 고자의 사설邪說에서 비롯한다고 확신했다. 스스로 판단하는 마음을 잃고 외부의 언어에 종속된 인간이란 이미 인간이 아니다.

이처럼 "말을 이해하지 못하면 마음에서 구하지 말라"는 격언 1은 치명적으로 잘못된 것이다. 그 말은 이렇게 교정되어야 한다. "말에서 얻지 못하면 반드시 마음에서 구해야 한다." 말은 객관적 사실의 서술이 아니라 마음의 표현이기 때문이다. 이를테면 시를 해석할 때도 맹자는 '시를 쓴 작가의 마음에까지 나아가 그의 뜻을 추구해야 한다'[86]라고 천명한다. 글의 근원은 말이요, 말의 기원은 작가의 마음이기 때문이다. 이렇게 말글의 기원은 마음이다. 따라서 말에서 얻지 못하면 반드시 마음에서 구해야지, 마음에서 구하지 말라고 하는 것은 천부당만부당한 일이다 (‘말과 마음’의 관계에 대한 맹자의 생각은 아래 ‘지언’ 항목에서 더 깊이 논한다. 정치가와 마음, 정치와 말은 서로 밀접히 관련되어 나라를 흥하게도 망하게도 할 뿐 아니라, 사람을 죽이기도 살리기도 하는 중차대한 사실이기 때문이다).

2. 맹자의 마음

그렇다면 맹자의 부동심은 무엇인가? 맹자의 것은 성선과 양심의 존재를 ‘확신’하고 흔들리지 않는 마음이다. 즉 ‘딱딱함’(고자)이 아니라 ‘변치 않음’이다. 변치 않는 마음은 외부 상황의 변화에도 불구하고 본래 타고난 양심을 유지하는 것이다. “항산恒産이 없어도 항심恒心을 유지할 수 있는 자는 오로지 선비일 뿐”이라는 것이 그 말이다. 이를 기점으로 당시 ‘몸의 기운’을 부리기만 하던 용사勇士는 ‘뜻’을 실천하는 지사志士, 곧 선비로 전환한다. 고자의 부동심이 용사의 것이라면, 맹자의 부동심은 도덕을 실천하는 선비의 것이 된다. 제 마음을 얼려버리는 것이 아니라 살아 있는 마음, 즉 동심動心에서 도덕적 지향(志)을 추출하고 그것을 실천하고 또 격려하는 것이 부동심이다. 그러므로 맹자는 성현의 말씀(言)일지라도 묵종해선 안 되며, 언제나 현재 니의 삶(생활 세계) 속에서 재해석되어야 한다고 강조한다. 때마다, 장소마다 올바름을 형량하고 조정하는 것이 뜻이다. 맹자에게는 마음이야말로 사람다움의 핵심처다.

---

86   “시를 해석할 때는 단어에 천착하여 구절을 해쳐서는(以文害辭) 안 되고, 구절에 집착하여 그 시의 본뜻을 놓쳐서도(以辭害志) 안 된다. 추리하여 시의 본뜻을 거슬러서 헤아려야(以意逆志) 시를 이해할 수 있다.”(9:4)

다음은 고자의 격언 2를 보자. 여기 여덟 글자는 "不得於心, 勿求於氣 (마음으로 납득하지 못하면 기에서 구하지 말라)"이다. 고자에게 마음은 계산 능력이므로 첫 네 글자 '不得於心(부득어심)'은 '승산이 없더라도'로 해 석된다. 뒤의 네 글자 '勿求於氣(물구어기)'는 '몸에서 구하지 말라', 또는 '몸을 구출하려 하지 말라', 즉 '피신避身하지 말라'는 의미다. 전쟁터에 서 승산이 없더라도 (앞에서 맹시사가 그랬듯) 한 몸 살려고 도피하지 말라 는 것. 결국 '위험을 회피하지 말고 제 임무에 몸을 바쳐라'가 격언 2의 뜻이다. 이제 격언 1과 2를 겹치면 다음과 같이 해석된다.

납득되지 않는 상부의 명령(言)이라도 이해하려 들지 말고(순종하고),
승산이 없다고 생각(心)되더라도 몸을 도피하지 말라(묵종하라)!

다시 묵가가 군사 조직이었음을 상기하자! 그런데 맹자에게 마음은 양심을 뜻하므로 고자의 격언 2를 맹자식으로 읽으면 '양심에 거리끼면 몸에서 구할 기가 없다'가 된다. 공자로부터 전수받은 참용기는 돌이켜 보아 의로울 때는 몸의 기운을 발휘하지만, 양심에 거리끼면 몸의 기운 이 쪼그라들어 사라져버린다. 상대가 비천한 자일지라도 이래라 저래라 명령할 힘(설득력)이 사라진다. 그래서 맹자는 고자의 격언 2는 '그나마 괜찮다(可)'라고 이해해준 것이다.

그러나 다 옳다는 것은 아니다. 고자는 마음과 기의 관계를 말과 마음 처럼 지배 복종 관계로 본다. 그러나 맹자의 생각에 몸과 마음은 같은 기 이기 때문에 서로 영향을 미친다. 몸동작이 마음에도 영향을 미치는 것이다. 자, 뛰고 달리며 자빠지는 사람들을 보라. 둘이서 뜀박질을 시작할 때는 '몸'이 달리다가(조깅), 점차 경쟁 '심'을 유발한다(경주). 몸의 기운이 마음을 자극하여 결국 제 몸을 자빠지게도 하는 것이다. 이렇게 기는 거꾸로 마음에 영향을 미치기도 한다. 마음 역시 기(몸의 한 요소)라는 점을 잊지 말아야 한다. 고자가 시야를 육신에서 보이지 않는 마음(계산 능력이긴 해도)으로 확대한 것은 '나쁘지 않지만(可)', 몸과 마음의 주인이 뜻(志)임을 놓치고 있어 아쉽다는 것이 격언 2에 대한 맹자의 평가다. 그러므로 기를 행사하는 몸과 마음을 양심이 다잡아주는 것이 중요하다. 뜻을 견지하면서(持其志) 몸과 마음이 난폭하게 발산하지 않도록(無暴其氣) 통제해야 한다. 함부로 기를 버려두면 난폭해진 기운이 거꾸로 마음을 흔들고 해치기 때문이다. 그래서 기를 부리는 뜻은 장수에, 마음과 몸은 그 뜻을 받들어 함께 집행하는 졸병에 비유할 수 있다(고자의 군사 조직에 견줘 맹자도 군대의 비유를 취했다). 고자가 말→마음→몸의 순서로 논했다면, 맹자는 마음(뜻)→말→몸으로 순서를 바꿨다. 그러나 졸병을 마구 부리다간 반란이 일어나듯 기를 난폭하게 부리면(만용) 마음을 망친다. 마음과 몸이 상호 교차한다는 점을 주의해야 한다.

참고　이 절은 사士의 계보학으로 볼 때 무사武士(사무라이)에서 지사志士(선비)로 전환하는 과도기를 보여준다. 전국시대 용사들이 마음을 닫은 채 상부의 지시를 의심하지 않고 몸을 바치는 존재라면, 맹자에 이르러 지사는 몸과 마음의 통솔자인 뜻을 보존하고 북돋는 선비로 진화한다. 용사의 부동심은 마음을 닫고 몸을 부리는 방법이요, 선비의 부동심은 마음을 통제하고 통솔하여 '사랑과 정의'의 도덕 세계를 실현하는 방법이다.

3:2-3. 호연지기는 정치의 동력이다

"敢問夫子惡乎長?"

曰, "我知言, 我善養吾浩然之氣."

"敢問何謂浩然之氣?"

曰, "難言也. 其爲氣也, 至大至剛, 以直養而無害, 則塞[87]于天地之間. 其爲氣也, 配義與道; 無是, 餒[88]也. 是集義所生者, 非義襲[89]而取之也. 行有不慊[90]於心, 則餒矣. 我故曰, 告子未嘗知義, 以其外之也. 必有事焉, 而勿正, 心勿忘, 勿助長也. 無若宋人然: 宋人有閔[91]其苗之不長而揠[92]之者, 芒芒然[93]歸, 謂其人曰, '今日病[94]矣. 予助苗長矣.' 其子趨而往視之, 苗則槁[95]矣. 天下之不助苗長者寡矣. 以爲無益而舍之者, 不耘[96]苗者也; 助之長者, 揠苗者也—非徒無

87   塞(색): 채우다.

88   餒(뇌): 쪼그라들다.

89   襲(습): 습득拾得하다. '밖에 있는 것을 취하다'라고 번역하였다.

90   慊(겸): 만족하다.

91   閔(민): 근심하다. '憫(민)'과 같다.

92   揠(알): 뽑다.

93   芒芒然(망망연): 허둥지둥, 지친 모양.

94   病(병): 피곤.

95   槁(고): 마르다.

맹자, 마음의 정치학 1

益, 而又害之."

공손추가 말했다.

"선생님은 무엇을 잘하시는지 감히 여쭙습니다."

맹자, 말씀하시다.

"나는 말을 알고, 나의 호연지기를 잘 기른다."

공손추가 말했다.

"호연지기란 무엇을 이르는 것인지 감히 여쭙습니다."

맹자, 말씀하시다.

"말로는 표현하기 어렵다. 호연지기는 지극히 크고, 지극히 강한 기다. 일상을 올바로[97] 살면 길러지는데, 올바름을 해치지 않으면 호연지기가 하늘과 땅 사이를 꽉 채울 수 있다. 그것은 마음이 의와 짝하고 자연의 이치와 함께할 때이니, 그렇지 못하면 곧 쪼그라들고 만다. 호연지기는 내 안에 의가 쌓여서 생겨나는 것이지[98], 따로 밖에 있는 의를 가져와 취하는 것이 아니

---

96 耘(운): 김매다.

97 直(직): 공자는 "사람의 삶은 直이니 속이며(罔) 사는 것은 요행이다"(『논어』, 6:7)라고 하였다. 맹자는 이 말에 근거하여 '直'을 호연지기의 기초 성분으로 삼았다. 정직이란 곧 부끄러움이 없는 삶이니 의로움(義)이 밖으로 드러난 것이다.

98 集義所生(집의소생): 성찰하여 자신의 잘못은 고치고, 타인의 잘못은 미워하고 광정匡正하는 수오지심羞惡之心이 몸에 익어 형성되는 것이 '集義'다. 여기서 만들어지는 힘이 호연지기다. 맹자는 '集義'라고 한 반면, 장자는 '集虛(집허)', 마음을 비워야 자연의 힘을 체화할 수 있다고 했다(『장자』, 「인간세」). 이 차이가 유교와 도교 사이를 가른다.

다. 자신의 말과 행동이 제 마음에 꺼림칙하면 바로 쪼그라드는 것이다. 그래서 나는 '고자는 애당초 의를 바로 안 적이 없다'고 한 터다. 그는 의가 밖에 있다고 보기 때문이다.

반드시 호연지기 기르기를 일로 삼되 집착하지 말고[99], 잊지도 말고[100], 조장하지도 말아야[101] 한다. 저 송나라 사람처럼 해서는 안 된다는 것이다. 날이 가물어 싹이 자라지 않는 것을 걱정한 송나라 사람이 싹을 키워준답시고 뿌리를 뽑아 들췄다지. 허둥지둥 돌아와 '싹이 크는 것을 도와주느라 오늘 내가 너무 피곤하다'라고 해서 가족이 들판으로 뛰어가 보니 싹들은 모두 말라버렸더란다.

그러나 천하에 싹이 자라는 것을 도와주지 않는 사람이 드물다. 도움이 되지 않는다고 버려두는 자는 싹의 김을 매주지 않는 것과 같고, 자라기를 도와주는 자는 싹을 뽑아버리는 격이다. 키워준답시고 돕는 것 — 이건 결코 도움이 되지 않을뿐더러 외려 싹을 해치는 짓이다."

---

99 勿正(물정): 집착하지 말라. '正'을 주희는 예기豫期(결과를 미리 예단하다)라고 보았다.

100 心勿忘(심물망): 마음에 잊지 말라. 존심存心, 곧 도덕심(인의)을 보존하라는 권유이자 '방심한 마음을 구출하라(求放心)'는 행동강령과도 같다. '심물망=존심=구방심'의 등식은 맹자가 심성론을 다루는 제12편과 제13편을 이해하는 기초가 된다.

101 勿助長(물조장): 크기를 도와주지 말라. 즉 위하지 말라는 것.

　　이 단락에서는 마음과 기의 관계를 호연지기라는 개념을 통해 다룬다. 용사들의 용맹이 몸의 에너지(氣) 분출이었다면, 맹자의 용기는 뜻(양심)에서 발출하는 것으로 호연지기라고 이름 붙인다. 기라는 말 자체는 당시에 널리 쓰인 육기六氣라는 말에서 유추할 수 있듯 의학적 개념이었다.[102]

1. 호연지기

　　호연지기라는 말은 맹자의 창작인 듯하다. 호연은 말 그대로 하자면 '큼(浩)'의 의태어(然)다. '막대한', '어마어마한' 등으로 표현할 수 있다. 그러므로 호연지기를 직역하면 '막대한 기운', '어마어마한 파워'를 뜻한다. 당시 팽배한 자연주의적 기학설氣學說을 수용하되 이를 도덕적으로 재해석하여 맹자는 호연-지기라는 말을 만들어낸 것이다. 맹자의 정치사상에서 호연지기가 중요한 이유는 이것이 천하의 평화를 이룰 추동력이기 때문이다. 난세를 극복하고 진정한 평화를 건설할 에너지원의 이름이 호연지기다. 앞 장에서 공자가 말한 '역말이 왕명을 전달하는 것보다 빠르게' 퍼지는 덕력이 맹자식 표현으로는 호연지기다.

　　공자의 정치학이 "가까운 데 있는 사람들은 기뻐하고, 먼 데 있는 사

---

102 기氣의 샤머니즘적 기원과 전통적 용례에 대해서는 앵거스 그레이엄, 『도의 논쟁자들』, 186~195쪽 참고.

람들은 몰려드는"작동 회로를 갖춘 것과 꼭 마찬가지로, 호연지기가 형성되고 작동하는 방식 또한 스스로 의로울 때라야(配義) 그 올바름에 동의하는 사람들의 힘이 모여(與道) 강력하고 강대한 힘으로 분출한다. 호연지기란 그저 몸의 기세가 아니라 정의감, 즉 의로운 뜻(義)이 도리와(與道) 합치할(配) 때 피어나는 지공무사至公無私한 의기義氣다. 그럴 때 하늘과 땅 사이를 꽉 채우는 어마어마한 힘이 된다(아래 참고를 볼 것).

현실적으로 천지를 가득 채울 지강지대至剛至大한 힘을 아무나 피워낼 수는 없을 것이다. 성인이라야 가능한 경지다(이것이 맹자가 말마다 요순을 일컫는 까닭이다. 하느님의 힘을 빌려 이룬 역사役事가 아니라, 사람의 '덕력=호연지기'로 평화를 일궈냈다는 역사적 증거가 요순이다). 다만 사람이라면 누구든 성인이 될 수 있다는 점에서 가능성은 모두에게 열려 있다.[103] 자기를 돌이켜 성찰하여 정의로운 뜻을 발견하고, 그 뜻에 합치하는 행동을 실천한다면 천지와 사회를 채우는 강대한 힘을 생산할 수 있다는 전망이 호연지기에 들어 있다. 무엇보다 그 힘이 마음속에서 싹터 솟아난다는 점이 중요하다. 내 마음이 의로 가득 차고, 그 마음과 인간의 도리(공공성)가 합치할 때(配義與道) 마치 풀씨가 봄을 맞아 싹을 틔우듯, 곡식의 싹이 가뭄에 단비를 맞아 부쩍부쩍 자라나듯 호연한 기세로 피어난다. 그 기세는 마치 홍수를 막을 수 없고 태풍을 피할 수 없듯 지극히 크고 지극히 강하다. 인문과 자연의 융합, 의義와 도道의 배합에서 초강력한 힘이 산생하는 것이 호연지기의 특징이다.

---

103 "성인聖人도 나와 동류이다."(11:7)

　　　　　　　　　　　　　　　　　맹자, 마음의 정치학 1

다시 강조하거니와 호연지기는 기의 새로운 종류이기만 한 것이 아니다. 결정적으로 중요한 사실은 맹자가 호연지기를 천하의 평화를 건설할 동력으로 이해했다는 것이다. 그러면 호연지기를 어떻게 몸에 장착하고 또 통제할 것인가. 여기서 뜻이 중요한 조타수가 된다. 뜻이란 주희가 말한 '도덕 실현을 향한 마음의 집중'이다. 이 점을 맹자는 "뜻이 몸에 이르면 기가 따른다"라고 표현한다. 이처럼 도덕 지향은 중요하다.[104] 그렇다고 행동의 의지[105]를 앞세워서 "하면 된다! 안 되면 되게 하라!"라는 맹시사 또는 묵가식 의지주의voluntarism로 몸을 몰아붙여서는 안 된다[106]. 뜻은 놓지 말되 역시 기를 해쳐서도 안 된다. 몸은 유기체인지라 뜻(마음)과 몸은 연결되어 있기 때문이다.

2. 호연지기 배양법

호연지기를 기르는 방법은 '일상생활 속 언행을 단속하며 살면서 외부의 권력이나 전통을 무의식적으로 추종하지 않는 것(以直養而無害)'이다. 구체적으로 직直은 언행이 "우러러 하늘에 부끄러움이 없고, 굽어보아 사람에 부끄러움이 없는 것"(13:20)을 뜻한다. 입때껏 밖(남)을 향했던 눈실을 돌려 몸속의 마음을 성찰하여 거짓이 없다면 곧 '의로운

---

104 공자, 맹자, 주희, 율곡 등 유자들은 모두 입지立志, 도덕 지향의 마음 세우기를 근본으로 여겼다. 공자의 지학志學, 맹자의 상지尙志, 주희와 율곡의 입지立志 등이 그렇다.

105 뜻(志)은 마음의 소관이지만, 의지(will, volunte)는 행동의 소관이다. 세워놓은 목표, 계획을 달성하기 위해 몸의 에너지를 쏟는 것이 의지다. 즉 '志'와 'will'은 다르다(프랑수아 줄리앙, 앞의 책 참고).

106 데이비드 S. 니비슨, 앞의 책, 175쪽.

나'가 된다. 만일 몸의 기운이 내 안의 의리와 짝을 짓고 사회와 자연의 도리와 함께한다면, 온 천하 사람과 더불어 가는 올바른 길이 되니 어찌 그 힘이 막강하고 막대하지 않을 것이며, 또 천지간을 채우지 못할 것인 가! 그 이력을 과시한 이들이 성왕이고, 그들이 실현한 의로운 길이 왕도 이며, 그 정치철학을 일러 여민주의라고 칭한다. 그렇다면 의와 기가 융합한 이 강력한 힘을 호연지기라 표현할 (수밖에 없을) 것이고, 또 그런 기운이 분출하는 현상은 "얼굴에는 해맑은 기운이 감돌고, 등짝으로도 넘실거리다睟面盎背"라고 표현할 수밖에 없을 터이다(13:21).

바로 호연지기가 넘실거려 주변을 맑고 밝게 하는 특별한 사람을 대인이라고 일컫는다. "대인이란 자신을 바로잡음에 남도 바루게 하는 사람大人者, 正己而物正者也"(13:19)이다. 이럴진대 그깟 공경대신 따위의 사람 벼슬(인작人爵)에 어찌 마음을 허여하리오. 또 빈천한 환경을 어찌 두려워하리오. 이런 사람을 맹자는 대장부라고도 칭하였다(6:2). 요컨대 의를 온축하여 기르기를 일로 삼되 다만 거기에 집착하지 말고(勿正), 잊지도 말고(勿忘), 조장하지도 않는다면(勿助長) 어느덧 내 안의 강한 에너지(호연지기)가 번져 나와 온몸을 감싸고 천지간을 꽉 채우는, 곧 평천하를 실현할 위대한 정치가가 될 수 있다는 것.

문맥으로 읽을 때 '勿正(물정)', '勿忘(물망)', '勿助長(물조장)'은 고자의 부동심 방법론인 '열여섯 자 격언'에 대응한다. 자기 수련뿐만 아니라 사회 활동에서도 맹자의 새로운 격언인 '心勿忘(심물망)'과 '勿助長'이 활용된다. '心勿忘'은 '마음에 잊지 말라'는 뜻인데 존심, 곧 '인의의 도덕심을 보존하라'는 권유와 같고, 적극적으로는 '방심한 마음을 구출하라'는 행동강령과 같다. 이 세 가지 금지사항 가운데 특히 중요한 것은 '勿助長'이다. 사람과의 관계에서 의를 키운답시고 조장하지 말아야 한다는 것. 맹자는 싹의 성장을 돕는답시고 뿌리를 뽑아 말려 죽인 송나라 농부의 어리석은 짓이 우스개가 아니라 실은 우리 모두가 흔히 범하는 잘못이라고 경책한다. 특별한 주의가 요망되기에 "천하에 싹이 자라는 것을 도와주지 않는 사람이 드물다"라고 경고하고, 나아가 "키워준답시고 돕는 것은 결코 도움이 되지 않을뿐더러 외려 싹을 해치는 짓"이라고까지 염려한다(곧 '위하지 말라'는 것이다). 국가의 통치자, 가족 안의 부모, 학교의 교사가 그 상대인 인민과 자식, 학생에게 가르친다며 또는 '위한다'며 무의식적으로 행하는 개입(동화)을 우려하는 것이다(1:3). 맹자는 상대가 자율적이고 자발적으로 자기 양심에 귀 기울이도록 이끄는, 그들의 성장을 기다리면서도 강요하지 않는 '어려운' 교육방식을 권하고 있다.[107]

3. 사람 관계 속에서 이루라

한편 호연지기에는 인간의 관계적 특성이 전제되어 있다. "호연지기는 내 안에 의가 쌓여서 생겨나는 것"이라 지적한 점에 유의하자(의는 사회 속에서만 성장한다). 호연지기는 사회와 격리된 채 신중이니 골방에서 행하는 고독한 수련이 아니라 생활세계에서, 다양한 사람들과의 관계 속에서 생겨난다. 이는 노자가 덕을 확충하는 방법으로 제시한 "그

---

107 고자의 교육철학이 공학적이고 교도적矯導的이라면, 맹자의 것은 식물적이고 양육적養育的이다. 고자 학교가 교도소라면, 맹자 학교는 식물원에 비할 수 있다.

마음을 비우고, 배를 채운다虛其心, 實其腹"와 다르고, 장자의 심재心齋, 즉 마음을 굶겨 기를 채우는 방법과도 다르다. 맹자의 호연지기는 인간의 사회적 관계 속에서 파생하며 그 관계 맺기의 과정(대화)에서 비롯한다.

말과 글은 타인과 관계를 맺고 사회를 이루는 도구다. 사람은 말글을 이용하여 소통하고 서로 연결된다. 호연지기의 성질을 논한 다음, 이어서 지언知言을 논하지 않을 수 없는 까닭이다.

참고 배의여도配義與道는 맹자 호연지기론의 토대다. 아래 바이시白奚의 지적은 참고할 만하다.

> 배의여도는 점진적인 두 단계, 즉 '의와 짝하는 것(與義相配)'과 '도와 합치하는 것(與道相合)'을 포함하고 있다. 다시 말해 배의여도는 인을 이루고(成仁), 의를 취하는(取義) 등 수양 공부를 통해 점차 도와 합치하는 최고 경지에 도달하여 호연지기를 기르는 것이다. 맹자는 호연지기가 '의를 모아서 생겨나는 것(集義所生)'이지 '어쩌다 의를 행하여 느닷없이 얻을 수 있는 것(襲而取之)'이 아니라고 하였으니, 그것은 모으거나(集) 함양하는(養) 점진적인 과정을 통해서만 비로소 성대하게 호연해지고 도와 합치되어 최고 경지에 도달할 수 있게 되는 것임을 알 수 있다.[108]

---

108 바이시, 앞의 책, 318~319쪽.

맹자, 마음의 정치학 1

일상적인 삶 속에서 의리와 도리가 상생하면서 호연지기를 형성한다는 말이다. 올바른 삶이란 문득 깨닫는 돈오頓悟의 도약이 아니라, 점수의 과정process이라는 뜻으로도 해석할 수 있다.

3:2-4. 말을 알면 마음을 알고 사람을 안다

"何謂知言?"

曰, "詖辭[109]知其所蔽[110], 淫辭[111]知其所陷[112], 邪辭[113]知其所離, 遁辭[114]知其所窮. ― 生於其心, 害於其政; 發於其政, 害於其事. 聖人[115]復起, 必從吾言矣."

　　공손추가 말했다.

　　"말을 안다는 것은 어떤 것입니까?"

109　詖辭(피사): 편파적인 말이라는 뜻으로 법가를 지칭한다. '詖'는 편벽되다.

110　蔽(폐): 가리다, 숨기다.

111　淫辭(음사): 궤변. 백미비비른白馬非馬論(흰말은 말이 아니다) 등 명가의 궤변을 지칭한다 (『여씨춘추』에 「淫辭」편이 있다). '淫'은 도리에 어긋남.

112　陷(함): 빠지다.

113　邪辭(사사): 양주와 묵적의 학설. 덧붙여 "사형보다 더 높은 형벌에 처해야 한다"고 비난한 병가, "그다음 형벌에 처해야 한다"라던 종횡가, 또 "그다음 형벌에 처해야 한다"라던 법가 등 제반 기술주의 학설을 통칭한다. '邪'는 사특함.

114　遁辭(둔사): 도망가는 말. 신농학파로 전향한 진상(5:4), 묵가로서 질문한 이지(5:5), 유세가 순우곤(12:6) 등의 논법이 여기에 속한다. '遁'은 달아나다.

115　聖人(성인): 공자를 지칭한다.

맹자, 말씀하시다.

"치우친 말에서 숨기려는 마음을 읽고, 궤변에서 함정에 빠진 마음을 읽으며, 사악한 논설에서 이치에서 벗어난 마음을 읽고, 도망가는 말에서 궁박한 마음을 읽을 줄 아는 것이다. ─ 곧 마음에서 생겨난 말이 정치를 타락시키고, 정치에서 나온 말이 백성을 해친다. 성인이 다시 태어나더라도 반드시 내 말을 옳다고 하시리라."

해설

고자의 '말과 마음'에 대한 맹자의 비판이 계속 이어진다. 공손추가 궁금해하는 지언知言은 말 속에 든 상대방의 마음을 이해하는 것이다. 지언은 지심知心으로, 지심은 지인知人으로 결착한다. 다시 말해서 말을 안다는 것은 발언하는 사람의 말글에서 마음을 읽고, 그 마음의 까닭을 파악하는 것이다. 그러면 자연히 말한 사람의 바람과 뜻까지 이해하게 되니 '마음을 아는 것'을 거쳐 끝내 '사람을 아는 것'에까지 닿는다. 공자는 "말을 알지 못하면 사람을 알 도리가 없다不知言, 無以知人也"(『논어』, 20:3)라고 하였고, "지혜로운 자는 사람을 잃지 않고, 또한 말도 잃지 않는다知者不失人, 亦不失言"(『논어』, 15:7)라고도 하였으니 맹자의 지언은 공자를 계승하는 것이기도 하다. 지언에는 경청하는 태도가 전제되어 있고, 상대방의 처지에까지 나아가 말 속의 뜻을 헤아리려는 '접어 생각하기', 곧 서恕가 관철되므로 인을 획득하는 한 가지 방편이 된다. 또 덕으로 실천되어 결국 여민 정치와 왕도의 건설로 나아간다.

한편 호연지기와 지언을 관련지으면 '호연지기로 자신을 세우고, 지언으로 남과 함께 더불어 함'으로도 해석할 수 있다. 공자로 돌아가면 호연지기를 충忠으로, 지언은 서恕로 연결할 수 있다. 그렇다면 "나는 말을 알고, 나의 호연지기를 잘 기른다"는 맹자의 자처는 충서에 능하다는 뜻으로 곧 인을 체화하였다는 자부가 된다. 이런 자처, 자부가 공손추로 하여금 '선생님은 성인이십니까?'라는 힐문으로 반응하게 했다(다음 절에서 다룬다). 여하튼 고자의 열여섯 자 방법론에 대한 맹자의 비판과 대안은 또 열여섯 자로 총결되었다.

生於其心, 害於其政(생어기심, 해어기정),
마음에서 나온 말이 정치를 타락시키고,

發於其政, 害於其事(발어기정, 해어기사).
정치에서 나온 말이 백성을 해친다.

살펴보았듯 맹자에게 말의 기원은 마음이다. 잘못된 마음에서 잘못된 말이 나오기 마련이다. 잘못된 말이 정사를 타락시키고, 말에 오염된 정사는 결국 백성의 삶을 해친다. 여기 '마음→언어 : 정치→사업' 구조의 기원은 공자의 정명正名론에서 비롯했다.

이름(名)이 바르지 않으면 말(言)이 순조롭지 않고, 말이 순조롭지 않으면 일(事)을 해낼 수 없다. 일을 해낼 수 없으면 문명(禮樂)을 이룩할 수 없고, 문명이 없는 야만의 땅에선 폭력이 자행되고, 폭력이 횡행하면 백성은 어디다 몸을 깃들일지 모르는 법. 그러므로 군자는 이름을 지으면 반드시 말로 표현할 수 있어야 하고, 말로 표현한다면 반드시 행(行)할 수 있어야 한다. 군자가 자기 말에 대해서 조금이라도 구차한 점이 있어서는 안 될 일이다.

_『논어』, 13:3

맹자는 공자의 정명론을 위의 열여섯 자로 요약한 것이다. 그는 "성인이 다시 태어나더라도 반드시 내 말을 옳다고 하시리라"[116]며 자신이 공자를 계승했음을 확신했다. 맹자의 열여섯 자는 묵자의 '언어 객관화, 말의 논리화가 정치를 바로잡을 수 있다'는 형식주의 정명론이 사람의 마음을 도외시하여 당대 혼란의 주범이 되었다는 인식에서 온 반응이기도 하다. 번역하자면 '오도된 마음에서 나온 묵자(고자)의 말(학설)이 지금 정사를 타락시키는 주범이요, 그 오염된 정사가 오늘날 백성의 삶을 해치고 있다.'

116 '성인이 다시 태어나도 반드시 내 말을 옳다고 하시리라'는 맹자의 확신은 지언에 대한 자신의 생각이 공자의 사상에서 비롯했다는 뜻이다. 공자가 신뢰(信)를 유독 강조한 것이 여기 맹자의 확신(피사, 음사, 사사, 둔사에 대한 경고) 속에 담겨 있는 듯하다. 또 공자가 극기복례를 인仁으로 규정하면서, 그 방법으로 제시한 '예에 어긋난 것은 보지도, 듣지도, 말하지도, 행하지도 말라'던 '사물四勿'의 금지조항도 이런 확신의 기원으로 참고할 만하다 (논어, 12:1).

맹자, 마음의 정치학 1

맹자는 500년 가깝게 지속된 천하 대란의 근본 원인이 이단학설을 주장하는 지식인들의 은닉된 이기심과 그 정치적 해악임을 파악했다. 곧 맹자의 지언은 정치적 차원의 발언으로서 구체적으로는 묵가를 위시하여 양주학파, 법가, 종횡가, 농가, 신농학파 등 제반 학설에 대한 비판이 된다. 지知의 목적어인 언言 속에 당시의 제반 학설이 총괄되어 있다는 뜻이다. 이는 맹자가 각 학파의 논점을 파악하여 알고 있었다는 뜻으로 해석할 수 있다. 맹자가 보기에 고자의 피사詖辭, 명가의 음사淫辭, 묵가와 양주학파, 병가, 종횡가, 신농학파 등의 사사邪辭, 그리고 변종인 각종 잡설이 둔사遁辭한 배후에는 공통적으로 이기심이 자리하고 있었다(8:26의 해설 참고).

호연지기를 논한 앞의 3:2-3과 지언을 논한 여기 3:2-4는 전국시대 용사들의 용기 배양법, 즉 부동심 방법론으로 유행했던 고자의 격언 1, 2에 대한 맹자의 비판과 대안을 담고 있다. 고자의 부동심이 상부의 명령이 납득되지 않더라도 이해하려 들지 말고, 승산이 없다고 생각되더라도 몸을 피하지 말라는 '마음 냉동'이라면, 맹자의 부동심은 마음에서 나온 말이 정치를 타락시키고, 타락된 정사가 백성을 해치니 마음을 잘 길러서 보존하는 것이다. 이 둘은 전혀 다르다. 그 사이는 사람에 대한 인식이 완전히 다르기 때문이다. 고자의 관심사는 용사, 무사, 조직원이다. 마음 없이 외부의 명령을 기계적으로 수행하는 군사 조직이 그의 사회다. 반면 맹자의 인간은 마음이 있고 언어를 성찰하며 불의를 비판할 줄 아는 자율적이며 자각적인 존재다. 인과 의라는 도덕의 발휘에 목숨을 바치는 사생취의捨生取義의 선비가 여기서 형성된다. 용사에서 선비로의 전환점이 여기다.

전국시대에 유행하던 용사의 부동심, 곧 전투에서 이길 용기를 배양하는 방법을 질문한 공손추에게 맹자는 천하를 평화롭게 할 새로운 용사, 곧 선비라는 존재를 제시하며 큰 용기를 기르는 방법을 열어주었다. 공자 학교로 거슬러 올라가 비유를 찾자면, 군자를 용맹의 달인으로 이해한 자로에게 '마음의 통솔자'라는 새로운 군자상을 제시한 공자의 역할과 유사하다(『논어』, 17:23). 결국 호연지기와 지언은 유교 인간론의 기초이며, 유교 정치학의 양대 기둥이다. 거꾸로, 정치가가 되려면 호연지기와 지언의 수양이 필수적이다.

호연지기(힘)와 지언(지혜)이 몸에 익은 주인공의 이름이 대인이요 대장부다. 대인이란 말은 당시 공경대인公卿大人, 곧 '정치적 파워 엘리트'라는 뜻으로 통용되었다. 따라서 맹자의 대인도 정치적 인간임을 전제한다. 다만 거기에 호연지기가 몸에서 떠나지 않고, 주변을 끌어들이는 강력한 자장磁場을 형성하여 인간관계의 중심점이 되는 매력적인 정치가라는 뜻을 새로이 담았다. 곧 마음에 온축된 도덕심에서 발산하는 몸의 호연지기에 주변이 빨려드는 존재가 맹자의 대인이다. 아리스토텔레스의 말을 빌리자면 메갈로프시키아megalopsicia, 곧 '강한 정신을 가진 사람'이 대인이요 대장부다. 그렇다면 대인이 건설해야 할 '새로운 길new route'은 어떤 것인가?

3:2-5. 성인, 공자

"宰我・子貢善爲說辭[117]; 冉牛・閔子・顔淵善言德行. 孔子兼之, 曰, '我於辭命[118], 則不能也.' 然則夫子旣聖矣乎?"

曰, "惡[119]! 是何言也? 昔者子貢問於孔子曰, '夫子聖矣乎?' 孔子曰, '聖則吾不能, 我學不厭而教不倦也[120].' 子貢曰, '學不厭[121], 智也; 教不倦[122], 仁也. 仁且智, 夫子旣聖矣.' 夫聖, 孔子不居 — 是何言也?"

"昔者竊[123]聞之: 子夏・子游・子張皆有聖人之一體, 冉牛・閔子・顔淵則具體而微, 敢問所安[124]."

曰, "姑舍是[125]."

曰, "伯夷[126]・伊尹[127]何如?"

曰, "不同道. 非其君不事, 非其民不使; 治則進, 亂則退, 伯夷也. 何事非君,

---

117 說辭(설사): 외교 활동(정약용, 『맹자요의孟子要義』 참고).

118 辭命(사명): '辭令(사령)'과 같다. 본래 뜻은 정치 문서 또는 외교 문서. 군주로부터 전권을 위임받은 외교관의 말글(言辭)을 뜻하였다. 여기서는 '외교술'이라고 의역하였다. 3:9에 다시 나온다.

119 惡(오): 아! 탄식하는 소리.

120 공자는 "學而不厭, 誨人不倦(학이불염, 회인불권)"이라고 하였다(『논어』, 7:2). 다만 『논어』에서의 뜻은 맹자가 인용한 것과 조금 다르다.

121 厭(염): 싫어하다.

122 倦(권): 게으르다.

123 竊(절): 남몰래.

124 所安(소안): 어느 쪽. '安'은 어디, 어찌. '所'는 곳.

125 姑舍是(고사시): 잠시 그 문제는 접어두세. '姑'는 잠깐, '舍'는 버리다(=捨), '是'는 이것, 그것.

126 伯夷(백이): 고죽국의 왕자. 맹자는 '성인 가운데 맑은 분(聖之淸者)'이라고 표현하였다 (10:1).

何使非民; 治亦進, 亂亦進, 伊尹也. 可以仕則仕, 可以止則止, 可以久則久,

可以速則速, 孔子也. 皆古聖人也, 吾未能有行焉; 乃所願, 則學孔子也."

"伯夷·伊尹於孔子, 若是班[128]乎?"

曰, "否; 自有生民而來, 未有孔子也."

曰, "然則有同與?"

曰, "有. 得百里之地而君之, 皆能以朝諸侯, 有天下; 行一不義, 殺一不辜[129],

而得天下, 皆不爲也. 是則同."

曰, "敢問其所以異."

曰, "宰我·子貢·有若, 智足以知聖人, 汙[130]不至阿[131]其所好. 宰我曰, '以

予[132]觀於夫子, 賢於堯·舜遠矣.' 子貢曰, '見其禮而知其政, 聞其樂而知其

德, 由百世之後, 等百世之王, 莫之能違也. 自生民以來, 未有夫子也.' 有若

曰, '豈惟[133]民哉? 麒麟之於走獸, 鳳凰之於飛鳥, 泰山之於丘垤[134], 河海之於

行潦[135], 類也. 聖人之於民, 亦類也. 出於其類, 拔[136]乎其萃[137], 自生民以來,

---

127 伊尹(이윤): 은왕조의 창건자인 탕임금의 참모로 건국 후에는 재상을 지냈다. 『묵자』, 『한
비자』 등에는 요리 솜씨로 성탕에게 접근했다는 설이 기록되어 있다. 아마 재宰가 요리사
라는 뜻을 겸했기 때문인 듯하다(9:7 참고).

128 班(반): 동등, 동급.

129 辜(고): 허물.

130 汙(우): 낮추다. '下(하)'와 같다. '불민하다'라고 번역했다.

131 阿(아): 아부하다.

132 予(여): 재아宰我의 이름. "옛 사람들은 자기 이름을 칭함으로써 겸양을 나타내었다."(양백
준)

133 豈惟(기유): 어찌 다만.

134 丘垤(구질): 작은 언덕. '두더지 흙더미'라고 번역하였다. '丘'는 둔덕. '垤'은 개밋둑.

135 行潦(행료): 길바닥에 괸 빗물(『설문해자』에서는 "료는 빗물이다潦, 雨水也"라고 하였다).

未有盛於孔子也.'"

공손추가 말했다.

"재아와 자공은 외교에 능했고, 염우·민자·안연은 덕행을 잘 말했는데 공자는 (외교와 덕행을) 겸비하셨으나 '나는 외교술에는 능숙하지 못하다'고 하였습니다. 하면 선생님께선 이미 성인이겠습니다?"

맹자, 말씀하시다.

"아니! 이 무슨 망발이냐? 옛날에 자공이 공자에게 '선생님은 성인이시냐'라고 물었을 때 공자는 '성인인즉 내가 미칠 바가 못 되고, 다만 배우기를 싫어하지 않고 가르치기에 게으르지 않고자 한다'라고 대답하셨다. 자공이 '배우기를 싫어하지 않으시니 지혜요, 가르치기에 게으르지 않으시니 인이다. 인하고 또 지혜로우시니 선생님은 성인이로다'라고 했다. 대저 성인의 경지는 공자도 자처하지 않으셨는데 ─ 이 무슨 망발이냐!"

공손추가 말했다.

"전에 선생님께 듣기로 '자하·자유·사상은 성인의 몸 가운데 일부를 얻었고, 염우·민자·안연인즉 성인의 체모를 모두 갖췄으나 미약하다[138]'고 하셨는데, 선생님은 어느 쪽인지 감히 여

---

136 拔(발): 빼어나다.
137 萃(췌): 무리.

쯥습니다."

맹자, 말씀하시다.

"그 문제는 잠시 접어두세."

공손추가 말했다.

"백이와 이윤을 공자에 비하면 어떻습니까?"

맹자, 말씀하시다.

"행한 방식이 같지 않다. 임금다운 임금이 아니면 섬기지 않고, 올바른 백성이 아니면 부리지 않고, 다스려질 만하면 출사하지만 어지러워지면 곧 물러난 것은 백이다. '임금답지 않은 임금을 어찌 섬기며, 잘못된 백성을 어찌 부리랴'[139]라며 다스릴 만해도 나아가고 어지러워도 나아가서, 군주를 바로잡고 백성을 교화한 이는 이윤이다. 벼슬할 만하면 벼슬하고, 멈춰야 할 만하면 멈추고, 오래 할 만하면 오래 하고, 빨리 할 만하면 빨리 한 분은 공자다. 다 옛 성인들이신데 나로서는 따라 행할 수가 없다. 다만 바라기로는 공자를 배우고 싶다."

공손추가 말했다.

"백이와 이윤은 공자와 동급이라고 할 수 있나요?"

---

138 具體而微(구체이미): '具體'는 오늘날의 '俱體(구체)'와 같다. 구체적이라는 뜻이 아니라 '모두 갖추다'라는 뜻이다. 성인의 역량을 다 갖추긴 했으나 미약하다는 것.

139 何事非君, 何使非民(하사비군, 하사비민): 폭군은 축출하거나 교정하고, 궁핍한 백성을 구제하겠다는 뜻이다. '何事非君'은 혁명의 인식이요, '何使非民'은 계몽의 인식으로 해석할 수 있다(9:7과 10:1의 해설 참고).

　　　　　　　　　　　　　　　　　맹자, 마음의 정치학 1

맹자, 말씀하시다.

"아니다! 세상에 인류가 생겨난 이래 공자와 같은 분은 없었다."

공손추가 말했다.

"하면 같은 점은 있는지요?"

맹자, 말씀하시다.

"있지. 사방 100리 땅을 얻어 임금이 된다면 제후들의 조회를
받는 천하의 제왕이 되었으리라.[140] 하나 불의한 짓을 털끝만큼
이라도 저질러야 천하를 얻을 수 있고, 무고한 사람을 하나라도
죽여야 천하를 얻을 수 있다면 결단코 행하지 않을 것임에는
같다."

공손추가 말했다.

"다른 점도 여쭙습니다."

맹자, 말씀하시다.

"재아·자공·유약은 다들 그 지혜가 성인을 알아볼 만했고, 불
민하다 해도 자기가 좋아하는 사람이라고 아부할 이들은 아니
다. 재아는 '내가 우리 선생님을 보건대 요순보다 훨씬 뛰어나
시다'라고 했고, 자공은 '한 나라의 예법을 보면 그 나라의 징
사를 알았고, 한 나라의 풍악을 들으면 그 나라의 덕을 아셨다.
내가 100세대 뒤에서 100대의 제왕들을 평가해보니[141] 누구도

---

140 사방 100리란 주왕조의 건설자 문왕의 영지 규모였다. '작은 땅으로도 천하의 제왕이 되
었으리라'는 대목은 자공이 공자를 기린 말을 채용한 것이다(『논어』, 19:25).

이 원칙에서 벗어나지 않았다. 세상에 인류가 생겨난 이래 선생님 같은 분은 없었다'라고 했다. 유약은 '어찌 인류일 뿐이랴! 기린이 길짐승과, 봉황새가 날짐승과, 태산이 두더지 흙더미와, 강과 바다가 길바닥 빗물과 동류[142]이듯이, 성인도 인류와 마찬가지다. 동류 가운데 뛰어나고 무리 가운데 빼어나다. 하나 세상에 인간이 생겨난 이래 공자보다 탁절한 존재는 없었다'라고 했다."

해설

호흡이 긴 이 장(3:2)을 읽어오다가, 문득 이 절(3:2-5)을 만나면 좀 생뚱맞다. 앞의 내용이 마음(부동심)과 몸(호연지기), 언어와 인간에 대한 난삽하고 심오한 논의였다면, 이 절은 갑자기 공자에 대한 제자들의 회상을 다루는 한가한 대화로 보이기 때문이다. 그러나 이 부분은 지언, 즉 말을 이해함이 실은 성인聖人의 핵심 요건이라는 것을 공자를 소재로 논단하는 중요한 대목이다.

---

141 由百世之後, 等百世之王(유백세지후, 등백세지왕): '等'을 주희는 차등差等, 곧 '다르다'는 뜻으로, 조기는 동등同等, 즉 '같다'는 뜻으로 보았으나 주희의 설이 합당하다(양백준). '평가하다'라고 번역하였다.

142 類(류): 종류. 현대식으로는 범주category와 같다(데이비드 S. 니비슨, 앞의 책 참고). 『묵경』에 '類'에 대한 논의가 자세하다. 맹자가 묵가의 영향을 많이 받았음을 알 수 있다.

앞의 절에서 맹자가 "나는 말을 알고(知言)"라 자평하고, 또 "성인이 다시 태어나더라도 반드시 내 말을 옳다고 하시리라"며 단언했더니 이 말을 공손추가 오해했던 것 같다. 이를테면 『논어』의 끝 구절 "말을 알지 못하면 사람을 알 도리가 없다不知言, 無以知人也"라는 대목을 연상했음직하다. 공자의 이 말을 뒤집으면 '말을 알아야 사람을 안다'가 된다. 위에서 지적했듯 사람을 아는 것은 곧 그 사람의 마음을 안다는 뜻이니, '지언=지심=지인'의 등식이 공손추의 머리에 그려졌던 것이다. 그러고는 남의 말을 듣고서 곧장 그 사람됨과 그 사람의 마음속까지 안다면 이는 성인의 경지가 아니냐는 감탄 혹은 의심이 따라왔다. 그래서 '남의 말뜻을 안다'는 맹자에게 문득 "선생님께선 이미 성인이겠습니다?"라는 비꼬는 투의 질문을 던진 것이리라.

실로 성인이란 남의 말을 잘 알아듣는 사람이다. 문자학적으로도 이미 '聖'이라는 글자의 모양은 '남의 말(口)을 귀(耳) 기울여(壬) 듣는 사람'을 표시하고 있다. 즉 성인이란 남의 말을 경청하는 사람이다. 경청을 통해 상대방을 이해하고understand, 이해를 통해 대화할dialogue 수 있으며, 대화를 바탕으로 소통할communicate 수 있게 된다. 소통하면 함께하는 것이니 곧 연대solidarity를 이루게 된다. 이런 일련의 과정을 실현하는 것이 여민 정치다. 이 여민 정치를 성취한 고전적, 역사적 성왕이 순임금인 터였다. 맹자가 순을 두고 대순大舜(위대한 순임금)이라는 칭호까지 부여하면서 신성시한 이유도 여기 있다(3:8 참고).

순의 이력을 환기하자면 스스로 몸을 낮춰 상대방의 말을 경청하고, 대화하고 이해하며 소통하였더니 고작 농사꾼 처지인 그의 주변으로 사람들이 모여들어 3년 만에 큰 도회지가 형성되었고, 그는 도군都君이라는 별명을 얻고 끝내 천자가 되었더랬다.[143] 지언-지인-지심-여민-성왕의 연쇄가 곧 순임금이 성왕이 된 까닭이다.

맥락에 유의하면, 맹자가 성왕의 계보를 작성하고(14:38), 또 이 절에서 "세상에 인류가 생겨난 이래 공자와 같은 분은 없었다"라며 공자를 숭모한 것은 고작 다른 학파들을 누르고 유가를 부식하려는 정치적 당파주의 때문이 아니다. 전통 속에서 '왕도=여민 체제'를 재발견하고, 또 '덕의 힘'을 마음속에서 발굴하여 평천하의 청사진을 제시한 공자 사상의 위대함에 대한 찬탄이다. 공자가 제시한 길 이외에 영구평화의 방법이 따로 없다는 절박감과 놀라움이 맹자의 논설을 채우고 있다(『맹자』의 밑에 『논어』가 깔려 있는 까닭이다).

복기하면, 공자와 그 사상을 만나기 전부터 맹자는 당시 인간이 처한 비극적 현실을 민감하게 느끼고 사람의 처지를 두려워했다. 그러면서 인간의 미래를 전망하고, 비극의 원인을 따져보았다. 그는 처방을 찾아 당대의 제반 학설을 낱낱이 검토하였다. 『맹자』 전편에 걸쳐 보이는 묵가 및 양주학파와의 논쟁, 법가·농가·종횡가·병가 등 제반 사상에 대한 비판은 그가 전국시대의 각종 학술을 탐색했음을 증명해준다. 맹자는 제반 사상을 편력하면서 당시 유행하던 학술들이 기술적 사유에 불과하다

---

143 사마천은 기록하기를, "순이 역산에서 농사를 지을 때부터 (그의 주변에 사람들이 몰려들어) 1년이면 마을이 이뤄지고, 2년이면 읍이 만들어지고, 3년이면 도회지가 이뤄졌다舜耕歷山, 一年所居成聚, 二年成邑. 三年成都"(『사기』, 「오제본기五帝本紀」)라고 하였다. 이로 인해 순의 별명이 도군이 되었다. 뒤에 순의 아우 상象도 형을 도군이라고 지칭한 바 있다(9:2).

맹자, 마음의 정치학 1

는 결론을 내린다(8:26). 이들은 인민을 권력자의 정치적 목적을 위한 수단으로 도구화하고 소외시킨다는 점에서 공통적이었다. 사람의 처지를 아파하고 치유하려는 학문이 아니라, 군주의 지배력을 강화하기 위해 인민을 도구로 삼는 기술이거나 수탈 대상으로 소외시키는 사상들이었다. 겉보기에는 방법이 다양한 듯해도, 이를테면 법이니 군사 전략이니 외교술이니 경제니 다 달라 보여도 막상 그 내막을 헤아려보면 이익(군주의 이익과 자기 이익)을 위한 이데올로기에 불과하다는 사실을 맹자는 발견했던 것이다. 이것이 지언의 내막이었다.

이러한 와중에 맹자는 단 한 사람 공자만이 사람의 처지를 느껍게 아파하고, 짐승보다 못한 수준으로 추락하는 인간의 조건을 진정으로 두려워했던 사상가임을 발견한다. 그리고 공자의 두려움이 자기가 전국시대에 대해 느끼는 고통과 같은 것임도 통절하게 깨닫는다. 맹자는 두려움의 공유를 통해 공자와 만난 것이다(6:9) 다만 맹자는 공자의 제자가 아니었음에 주의하자. 그가 공자의 가르침을 말하며 책을 통해 스승으로 섬긴다는 뜻의 '사숙私淑'이라는 말을 쓴 까닭이 이 때문이요(8:22), 또 "인류가 생겨난 이래 공자와 같은 스승은 없었노라"고 찬탄한 이유다. 덕의 힘을 통해 사람다운 세상을 열 수 있다는 확신으로 그 길을 제시한 이는 공자뿐이라는 사실에 맹자는 무릎을 꿇은 것이다. 전국시대의 암흑에 종지부를 찍고 평화시대를 열 '어마어마한 힘(덕력)'의 단서를 공자에게서 처음 발견한 맹자는 이 절에서 공자 제자들의 발언을 스크랩하여 정당화하는 '정치적 찬송'을 나열하고 있다.

이 장 전체를 요약하면 이렇다. 부동심, 호연지기, 지언을 논단한 이 장은 평천하를 건설할 설계도이다. 사람의 마음에서부터 말과 행동, 사람의 가치와 그 에너지에 이르기까지 총체적으로 투명하게 보여준 청사진이다. 이 장으로 인해 『맹자』라는 책이 '끝내 사람이 사람을 잡아먹는(人將相食)' 세태를 구제하여 평화와 질서가 구현되는 새로운 문명세계로 인도하려는 정치철학서임을 이해할 수 있다. 이어지는 3:3에서는 맹자의 정치 이념 가운데 낯익은 왕도와 패도를 다룬다. 3:1~3:3은 맹자 정치철학의 눈동자다!

3:3. 왕도 대 패도

孟子曰, "以力[144]假[145]仁者霸. 霸必有大國; 以德行仁者王, 王不待大 — 湯以
七十里, 文王以百里. 以力服人者, 非心服也, 力不贍[146]也; 以德服人者, 中心
悅而誠服也, 如七十子之服孔子也. 詩[147]云, '自西自東, 自南自北, 無思不服.'
此之謂也."

> 맹자, 말씀하시다.
>
> "힘으로 인을 흉내 내는 자는 패자다. 패자는 반드시 큰 나라를
> 소유해야 한다. 덕으로 인을 실행하는 자는 왕이다. 왕자는 큰
> 나라가 필요하지 않으니 — 탕임금은 70리 땅으로, 문왕은 100
> 리 땅으로 왕이 되었다.
>
> 사람들이 힘에 굴복하는 것[148]은 마음으로 복종함이 아니라 힘
> 이 부족하기 때문이요, 사람들이 덕에 복종하는 것은 마음이 움
> 직여서[149] 진정으로 복종하는 까닭이다. 마치 70명의 제자들

144 力(력). 정세력과 군사력을 뜻한다. "토지의 군사의 힘을 이른다謂土地甲兵之力."(주희)
145 假(가): 흉내 내다. 13:30에도 같은 용법이 있다.
146 贍(섬): 넉넉하다.
147 詩(시): 『시경』, 「대아」, '문왕유성文王有聲'. 주나라 문왕의 '덕의 힘'을 기린 시다.
148 以力服人(이력복인): 권력관계를 뜻한다. 춘추전국시대 통치자의 주요 관심사가 '服'이
    었다. 노나라 애공의 질문이 "어떻게 해야 백성이 복종할 수 있겠소?"였음은 상징적이다
    (『논어』, 2:19). 『맹자』 역시 마찬가지다(8:16, 13:13, 13:14 참고).
149 中心悅(중심열): 맹자의 정치학이 '마음에서(中心)' 기원함을 잘 보여준다. '마음 움직이
    기'가 맹자 정치학의 목적이다.

이 공자에게 심복하던 것과 같다. 『시경』, 「대아」, '문왕유성'에 '서쪽에서 동쪽에서, 남쪽에서 북쪽에서 복종하지 않는 사람이 없네'라고 하였으니 이를 노래한 것이다."

해설

널리 알려진 '왕도 대 패도'의 대립 구도를 통해 덕치의 유일성을 천명하는 장이다. 여기 「공손추 상」 전체 맥락을 염두에 두면, 이 장은 공손추의 무식한(!) 질문들을 교정하는 곳이기도 하다. 3:1에서 공손추는 "선생님께서 제나라의 요직에 임용된다면 관중과 안자의 치적을 다시 기약할 수 있을지요?"라고 물었다. 곧 패도만을 정치로 알았던 것인데 여기서 맹자가 패도 너머 왕도의 세계를 '참된 정치'로 제시하고 있으니 첫 번째 교정이 된다. 또 3:2에서 공손추가 "선생님이 제나라 재상이 되어 도를 펼칠 계기를 얻는다면, 패도든 왕도든 성취할 것은 분명합니다. 이럴 경우 마음의 흔들림이 있을까요, 없을까요?"라고 물었다. 사실 '패도든 왕도든(由此覇王)'이라는 공손추의 질문은 무지한 것이다. 뒤에 진대陳代라는 인물도 맹자에게 제후를 찾아가 만나길 권하면서 "크게는 왕도를, 작게는 패도를 실현할 수 있을 터입니다大則以王, 小則以覇"(6:1)라며 말을 꺼냈으니, 맹자의 뜻을 알지 못하기로는 공손추와 마찬가지다(패도만을 정치로 알고, 왕도를 알지 못한 것은 전국시대의 상식일 터다). 지금 이 장에서 '패도든 왕도든'이 얼마나 치명적 질문인지를 해명하고 있으니 두 번째 교정이 된다.

맹자가 천하를 주유하며 이 나라 저 나라 군주를 만난 까닭은 '패도든 왕도든' 권력을 쥐고자 함이 아니다. 이를테면 관중과 같은 권력자가 되고자 함이 아니었다. 여러 번 천명하듯 오랜 전쟁의 시대를 종식하고 사람 중심의 새 문명을 건설하는 길이 '오직 왕도 외에는 없다'는 확신을 실현하기 위해서였다. 그러니 '패도든 왕도든'일 수가 없고, '패도이거나 왕도이거나'도 아닌, 오로지 왕도를 실현할 뿐이다. 패도를 택하면 '사람이 사람을 잡아먹는' 지옥으로 추락하는 길이 기다리는 반면, 왕도를 택하면 '사람들이 함께 더불어 사는(여민 세계)' 평천하의 길이 열린다. '패도든 왕도든'은 마치 '천당이든 지옥이든'과 같은 무지한 질문이다. 맹자로서는 그 잘못된 질문을 명명백백하게 밝혀주지 않을 수 없는 노릇이다. 이 장에서 패도와 견주어 왕도의 특성을 조명하고, 다음 장(3:4)에서는 왕도를 이루는 방법론을, 3:5에서는 왕도의 구체적 작동 방식을 계속 논하는 까닭이다.[150]

패도는 힘으로 성취하고, 왕도는 덕으로 이룬다. 힘은 분명 폭력 또는 권력이다. 반면 덕은 그와 정반대 편에 위치한 '또 다른 힘'을 가리킨다. 힘이긴 하시만 폭력은 아닌 '제3의 힘'이 덕이디. 힘이 폭력과 권력을 뜻한다면, 덕은 사람의 마음을 끌어당기는 다른 성격의 힘이라는 것(참고를 볼 것).

---

150 이렇게 보면 제3편 「공손추 상」 전체가 왕도론을 주제로 제자(공손추)에게 펼치는 강연 시리즈의 형식을 띠고 있다.

맹자의 왕도는 비현실적인 이상주의 정치가 아니라, '또 하나의 현실 정치'임에 유의하자. 왕도 역시 힘을 통해 성취하는 현실 정치real politics 의 일종이다. 다만 왕도의 추진력은 패도의 강제력과 달리 사람의 마음, 정확하게는 양심良心에서 발출하는 덕의 힘이다. 그 덕을 결집하여 정의 로운 세계를 이루는 정치를 따로 덕치德治라고 일컫는다. 다시금 덕은 마 음의 힘이지 육신의 힘이 아니요, 바깥에서 강제하는 힘이 아니라 안에 서 발출하는 힘이라는 것에 유의해야 한다. 덕력은 사람의 마음에서 비 롯하고, '마음의 기쁨(心悅)'을 통과함으로써 '마음으로 복종함(心服)'을 결과하는 매혹적인 정치력이다. 맹자의 묘사에 의하면 "사람들이 덕에 복종하는 것은 마음이 움직여서 진정으로 복종하는 까닭이다. 마치 70 명의 제자들이 공자에게 심복하던 것과 같다." 다시 말해 왕도는 관념적 이지 않고, 권력 세계와 동떨어진 윤리 도덕 차원의 문제도 아니며, 비현 실적인 방안도 아니다.

그러나 덕의 힘과 마음의 정치학이 어찌 옛이야기이기만 할까? 지금 도 덕의 힘은 곳곳에서 발생하고 실제로 작동하고 있다. 다만 보이지 않 을 뿐! 미국의 경영학자 하워드 가드너Howard Gardner 교수는 이렇게 말 한다.

길을 가는 사람들을 붙들고 '어떻게 다른 사람을 변화시킬 수 있느 냐'고 물어보면 대개 보상reward과 벌punishment이라고 말합니다. 변 화하면 보상을 해주고, 그대로 있으면 벌을 준다는 것입니다. 하지 만 '보상과 벌'로는 행동을 변하게 할 수는 있지만, 마음을 바꿀 수

는 없어요. 보상과 벌을 제거하면, 사람들은 곧바로 이전으로 돌아
가지요.[151]

보상과 형벌, 곧 패도로는 근본적 변화가 불가능하고 오로지 마음의
정치, 이해와 심복만이 사람을 바꾸고 끝내 세상을 바꿀 수 있다는 사실
은 동서고금을 막론한 하나의 철칙이다. 다만, 육안으로는 보이지 않고
심안으로만 그것을 볼 수 있다. 그러므로 마음을 발견할 수 있는 사람만
이 덕치와 호연지기로 이룩되는 왕도의 신세계를 열 수 있다.

문제는 통찰력과 상상력이다. 전국시대 사람들은 오랜 세월 전쟁을 치
르며 사람의 마음에서 발휘되는 덕의 효력을 잊고, 왕도 정치의 상상력
을 잃었다. 그래서 그들은 덕치, 곧 왕도의 정치를 몽상으로 치부했지만,
막상 맹자는 또 하나의 현실 정치인 '덕치=왕도'의 효력을 역사 연구를
통해 발견했고, 고전(『시경』, 『서경』)에서 확인했다. 이에 그는 '왕도 대 패
도'라는 대결 구도를 통해 사람들의 눈을 틔워주고자 한다. '폭력의 정치
학power politics'을 정치의 전부로 아는 당대 사람에게 '마음의 정치학mind
politics'으로 전환하기를 도모한 것이다. 전환의 출발점은 정치가의 마음
먹기이기에 맹자는 군주의 마음을 바로잡는 일(格君心)을 당내 징지직 과
업의 첫째로 삼았다.[152] 이것이 그가 온갖 모욕을 감내하면서도 군주들의
초빙을 마다하지 않고 천하를 주유하며 힘껏 그들을 설득한 까닭이다.

---

151 하워드 가드너, "그대, 진정…… 망하고 싶다면 이렇게 하라", 〈조선비즈〉, 2008년 11월
1일자.
152 "오로지 대인만이 임금의 잘못된 마음을 바로잡을 수 있다惟大人爲能格君心之非."(7:20)

참고 공자와 맹자가 살던 춘추전국시대는 폭력과 폭행, 살육이 일상이던
시절이었다. 전국시대 사상가들 사이에 인간의 본성에 대한 쟁론이
끊이지 않았다는 사실(맹자의 성선설, 순자의 성악설 등)은 거꾸로 '인간
이 짐승과 다른 점은 과연 무엇인가?'를 근본적으로 따져봐야 할 만큼
그 환경이 참혹했다는 뜻이다. 그들은 천하에 가득 찬 무력과 폭력의
정체에 대해서도 질문하였다. 당대 지식인들은 폭력과 경제적 수탈의
본질로서 '힘이란 무엇인가'라는 질문을 중요한 연구 주제로 삼았다.
인간 본성에 대한 질문이 철학적 과제였다면, 힘에 대한 연구는 정치
학적 주제다. 전국시대 말기에 활동한 순자는 힘을 크게 세 가지로 구
분한다.

> 힘에는 세 가지 종류가 있다. 첫째는 도덕의 힘이요, 둘째는 폭압
> 의 힘이며, 셋째는 미친 힘이다.
> _『순자』, 「강국彊國」

여기서는 특별히 도덕을 힘으로 인식하는 순자의 분류법에 주목하자.
순자의 분류에 따르면, 덕은 도덕이나 윤리이기 이전에 힘이다! 다만
'폭압적 힘(暴察之威)'은 아니고 또 '미친 힘(狂妄之威)'도 아닌 또 다른
힘, 말하자면 제3의 힘이 '도덕의 힘(道德之威)'이다. 도덕이 힘이라는
순자의 지적은 우리가 유교 사상이라는 '앨리스의 이상한 나라'로 들
어가기 위한 토끼굴이다. '도덕은 힘이다'라는 사실에 주목할 때라야
만 공자와 맹자의 꿈, 그들이 분주하게 이곳저곳을 기웃거리며 천하

를 주유한 까닭을 이해할 수 있다. 공자와 맹자는 결코 당시의 폭력적 현실과 전쟁의 현장을 도외시한 사람들이 아니었다. 그들은 당대의 참상과 인민의 고통을 정면으로 응시하였지, 노장 사상을 신봉한 은둔자들처럼 산속으로 도피하지 않았다.

한편 법가의 원조인 상앙 역시 힘과 덕을 구별하며 덕은 힘에서 나온다고 말한 바 있다. 당시 사상가들에게 덕도 힘이라는 인식이 존재했음을 추론할 수 있다.

> 무릇 현명한 군주란 정치를 자신의 힘에 의거하여 행해야지, 덕에 의거하여 행해서는 안 된다.
>
> _『상군서商君書』[153]

거슬러 올라가면, 덕을 힘으로 인식하기로는 공자가 그 시초다. 공자는 힘(폭력)이 아닌 또 다른 힘, 즉 타인의 마음을 끌어들이는 신비한 힘이 있음을 처음 발견한 사람이다.

공자, 말씀하시다.

---

153 凡明君之治也, 任其力, 不任其德. 상앙이 파악한 힘과 덕의 관계는 '덕은 힘에서 나온다 (德生於力)'라는 말로 요약된다. 이 말은 다음 주장에서 나온다. "성군의 통치는 반드시 사람들 마음을 얻어야만 힘을 쓸 수 있다. 힘에서 강함이 나오고, 강함에서 위력이 나오며, 위력에서 덕이 나온다. 요컨대 덕은 힘에서 나오는 것이다聖君之治人也, 必得其心, 故能用力. 力生彊, 彊生威, 威生德, 德生於力."(상앙, 『상군서』)

"천리마 기驥를 칭탄하는 까닭은 그 힘 때문이 아니라, 그 덕 때문이다."

_『논어』, 14:35

천리마 기를 명마로 손꼽는 것은 천 리를 재빨리 달리는 속력(力) 때문이 아니라, 말 탄 사람의 뜻에 맞춰 배려하는 힘, 곧 덕 때문이라는 것. 여기서 공자가 힘의 범주를 '역力'과 '덕德'의 두 차원으로 구분하고, 둘 가운데 덕을 선택하고 있다는 것에 주목하자. 즉 공자는 힘의 세계에는 근대 서구 정치학(마키아벨리즘)에서 상식으로 통용되는, 그리고 춘추시대에 횡행했던 폭력과 권력이라는 1차원적 힘만이 아니라, 덕력이라는 또 다른 차원의 힘이 존재함을 발견하였고, 맹자는 공자의 덕치론을 고스란히 계승한 것이다.

孟子曰, "'仁則榮, 不仁則辱.'[154] 今惡辱而居不仁, 是猶惡濕[155]而居下[156]也. 如惡之, 莫如貴德而尊士, 賢者[157]在位, 能者[158]在職; 國家閒暇[159], 及是時, 明其政刑[160]. 雖大國, 必畏之矣. 詩[161]云, '迨[162]天之未陰雨[163], 徹[164]彼桑土[165], 綢繆[166]牖戶[167]. 今此下民, 或敢侮[168]之?' 孔子曰, '爲此詩者, 其知道乎! 能治其國家, 誰敢侮之?' 今國家閒暇, 及是時, 般[169]樂怠敖[170], 是自求禍也. 禍福無不自己求之者. 詩[171]云, '永言配命, 自求多福.' 太甲[172]曰, '天作孽[173], 猶可

---

154 이 구절은 당시 속담이다. 이를 근거로 맹자가 자신의 견해를 펼치고 있는 것으로 보여 인용문으로 처리하였다.

155 濕(습): 젖다.

156 下(하): 낮은 곳. '골짜기'로 번역하였다.

157 賢者(현자): 유덕자有德者를 뜻한다(주희).

158 能者(능자): 재능 있는 자(有才者)를 말한다(주희).

159 閒暇(한가): '閒'은 한가하다. '暇'는 겨를.

160 刑(형): "형은 법이다刑, 法也."(『이아석고爾雅釋詁』)

161 詩(시): 『시경』, 「빈풍豳風」, '치효鴟鴞'. 주나라 건국 초기 주공이 반란을 일으킨 은나라의 후예 무경武庚을 치효, 즉 올빼미에 비유하여 비난한 것이 1절이요, 이를 진압한 후 조카인 성왕에게 나라를 잘 건사하길 바라는 마음을 표현한 것이 2절이다.

162 迨(태): 미치다. '及(급)'과 같다.

163 陰雨(음우): 장맛비.

164 徹(철): 거두다, 벗기다.

165 土(두): 뿌리.

166 綢繆(주무): 얽어매다.

167 牖戶(유호): 창문과 방문.

168 侮(모): 업신여기다.

169 般(반): 즐기다.

170 敖(오): 놀다.

違[174]; 自作孽, 不可活[175].' 此之謂也."

맹자, 말씀하시다.

"'인하면 영예롭고, 불인하면 치욕을 당한다'라고 하였다. 만약 치욕을 싫어하면서 불인에 거처하면, 이는 습기를 싫어하면서 골짜기에 사는 꼴과 같다. 정녕 치욕이 싫다면 유덕자를 귀하게 대우하고 사를 존중해야 하느니[176], 현자가 조정에 마땅한 지위를 얻고 유능자가 합당한 직무를 얻도록 해야 하는 것.

국가가 한가하거든 그때를 활용하여 행정제도와 법률 체제를 정비한다면 설령 큰 나라라도 반드시 두려워하리라. 『시경』, 「빈풍」, '치효'에 '장맛비 내리기 전에 뽕나무 뿌리껍질을 벗겨 둥지의 봉창을 단단히 얽어매면, 저 아래 인간들이 감히 우리를 업신여길 수 있으랴' 하고 노래하였다. 공자께서 평하시길 '저 시를 지은 사람은 도를 알았구나. 자기 나라를 잘 다스리면, 누가 감히 업신여길 수 있으랴!' 하셨다.

---

171 詩(시): 『시경』, 「대아」, '문왕지십'.

172 太甲(태갑): 『서경』, 「상서」의 편명. 현본 '태갑'(상·중·하)은 모두 매색梅賾이 조작한 위고문僞古文이다(양백준).

173 孽(얼): 재앙.

174 違(위): 피하다. "違는 '辟(벽)'과 같다."(양백준)

175 活(활): 도망가다. "逃(도)와 같다."(양백준)

176 貴德而尊士(귀덕이존사): '貴德'은 유덕자를 공경公卿의 지위에 등용하는 것, '尊士'는 유능자를 임용하는 것. 바로 뒤에 나오는 "현자가 조정에 마땅한 지위를 얻고 유능자가 합당한 직무를 얻도록賢者在位, 能者在職"의 뜻과 통한다.

지금은 국가가 한가하면 이때를 놓칠세라 흥청망청 즐기면서 게으르고 방만하니 이는 스스로 재앙을 초래하는 짓이다. 화와 복은 다만 스스로 불러들이는 것일 뿐!『시경』,「대아」, '문왕'에 '길이 천명에 부합하면 스스로 많은 복을 얻게 된다'라고 노래하였고,『서경』,「상서」, '태갑'에는 '하늘이 내린 재앙은 외려 피할 수 있으려니와 스스로 지은 재앙은 도망갈 곳이 없다'라고 하였으니, 모두 이를 두고 이른 말이다."

해설

앞에서 개진한 '왕도 대 패도'의 작동 양상을 여기서는 구조적으로 들여다본다. 패도만을 정치의 전부로 아는 공손추에게 왕도의 정당성을 설득하기 위해서는 왕도와 패도를 서로 비교하여 각각의 패턴을 눈앞에 제시할 필요가 있었으리라. 여기서 왕도의 길은 '인仁-영榮-복福'의 라인으로, 또 패도의 길은 '불인不仁-욕辱-화禍'의 라인으로 선명하게 분리해 제시된다. 다만 두 패턴은 오로지 군주 '스스로(白)'의 선택에 달렸다. "화와 복은 다만 스스로 불러들이는 것일 뿐!"이라는 구절이 이 점을 잘 드러낸다. 당연히 하나는 멸망의 구렁텅이가, 또 하나는 번영이 기다리고 있다.

문제는 '또 다른 현실'을 꿈꿀 수 있는 상상력과 '습관적 현실(패도)'을 벗어나 왕도를 선택할 수 있는 용기다. 그건 그렇다 치고 세속적 행복론의 차원으로 낮춰 보더라도, 부귀영화를 꿈꾸고 복록을 바란다면 마땅히 왕도의 길을 택할 수밖에 없다는 것이 맹자의 생각이다. 이를 '인하면 영화롭다(仁則榮)'라는 속담을 끌어와 증명하고 있다(맹자가 이 속담을 제시하면서 이 장을 시작하는 까닭은 당시 사람들 눈높이에 맞춰 왕도를 설명하기 위함이리라).

이 장의 백미는 왕도의 이념이 정책적 형태로 선명하게 구체화된 부분이다. "유덕자를 귀하게 대우하고 사를 존중하는 일"이 그것이다. '좋은 사람'을 얻는 데서 왕도 정치가 시작된다는 것. 『중용』에서도 "그 사람이 있으면 그 정사가 일어난다其人存則其政擧"라고 하였으니 '그 사람(其人)', 곧 유덕자와 직분에 합당한 유능자를 얻는 일에서 왕도 정치가 출발하는 것은 유가의 공통 견해다. 오늘날 속담인 '인사가 만사다'가 인치의 전통을 요약한다. 일단 현자들이 몰려오면 그를 좇아 뭇사람들이 따라서 오고, 농부가 몰려오면 재화(땅)도 함께 커지게 마련이다. 왕도 정치의 실행 경로를 『대학』에서는 다음과 같은 정식定式으로 표현하였다.

> 사람을 얻으면 나라를 얻고, 사람을 잃으면 나라를 잃는다. 우선 지도자가 덕을 갖춰야 한다. 덕이 있는 자리에 사람이 몰려오고, 사람이 몰려오면 땅도 함께 오고, 땅이 있는 곳에 재화가 쌓이고, 재화가 있으면 베풂이 넉넉해지는 법.
> 그러므로 덕이 근본이 되고, 재화는 말단이 된다. 만약 근본을 멀리하고 말단을 가까이하면 백성과 재물을 놓고 갈등을 빚게 된다. 재물을 모으려 들면 백성은 흩어지고, 재물을 흩으면 외려 백성은 몰려든다.
> _『대학』, 제10장

사람(의 마음)을 끌어들이는 흡입력이 덕이요, 적재적소의 인재들이 운용하는 좋은 정책을 실현하는 것이 덕치다. 지도자의 덕성이 내뿜는 매력에 현자들이 불원천리 몰려오면, 이어서 서민들이 끌려들고 재화와 토지, 곧 이익은 그 뒤를 좇아 따라오는 것이 왕도 정치의 경로라는 것. 맹자의 왕도론이 공자의 덕치론을 계승하는 것임은 다음 장(3:5)에서 해설할 터인데, 우선 지도자의 덕성이 자아내는 흡입력에 현능자들이 끌려들면 일단 왕도 정치의 시동은 걸리는 셈이다. 저 뒤에 노나라 재상에 임명된 제자 악정자를 두고 맹자가 그렇게나 기뻐한 이유가 고작 그 사람됨이 호선好善하기 때문임은 이에 대한 방증이 된다(12:13).

참고 여기 "화와 복은 다만 스스로 불러들이는 것일 뿐!"이라는 맹자의 운명론은 당시 정황을 유추하면 혁명적 발상이다. 제선왕이 연나라를 50일 만에 손아귀에 넣었을 때 만승의 나라로서 만승의 나라를 얻은 것은 "사람 힘으로 할 수 있는 일이 아닙니다"(2:10)라던 말투에서 보이듯 당시는 길흉화복을 하늘(또는 운명)의 소관으로 여겼지 사람의 덕(힘)이 미치는 바로 생각하지 않았다. 당대 유력 학파이던 묵가도 운명, 곧 화와 복을 귀신이 주재한다고 보았다(『묵자』, 「명귀明鬼」). 그런데 지금 맹자는 운명을 사람 스스로 초래하는 것으로 뒤집은 것이다(인내천人乃天이 된 셈이다).

맹자에게 길흉화복은 사람이 자초한 것, 곧 그 사람의 덕과 부덕의 결과물일 뿐이다. 본문의 "화와 복은 다만 스스로 불러들이는 것일 뿐!"은 달리 "덕은 자신에게서 나온다德出自己也"라고 번역할 수 있다. 이것은 "인이란 자기 자신에게서 비롯하는 것이지, 어찌 남에게서 비롯하랴仁由己而由人乎哉"(『논어』, 12:1)라던 공자의 조언에 정확하게 조응한다. 공자에게는 자력自力, 자율自律, 자각自覺, 즉 스스로 '도덕적 주체성(인성)'을 인식하고 실천하는 것이 삶과 운명을 주관하는 요소였다. 그러므로 공자를 두고 "안 될 줄 알면서도 행하는 사람知其不可而爲之者"(『논어』, 14:41)이라고 비평한 은둔자의 말은 공자의 사람됨을 정확하게 지적한 것이다. 하늘과 땅이 뒤집히는 코페르니쿠스적 혁명이 여기 일어나고 있다(명리학에서 이른바 '팔자는 고쳐도 사주는 못 고친다'라는 말을 비틀자면, 타고난 사주조차 고치는 것이 덕이다. "선을 쌓은 집안에는 반드시 경사가 흘러넘친다積善之家, 必有餘慶"는 『주역』의 말이 그 예요, "유덕자에겐 반드시 이웃이 있다德不孤, 必有隣"라는 공자 말씀이 또 한 예다).

맹자는 공자를 통해 하늘(天)과 운명(命)의 관계, 사람의 숙명을 배워서 알았던 것이다. 사람으로서 어쩔 수 없는 한계인 숙명destiny을 인정하면서 동시에 그 한계 속에서 본분을 다하는 노력을 천명calling으로 여기는 것이 맹자의 운명론이다. 숙명을 두려워하지 않고 담담히 받아들이되, 그 역사적 현장에서 또 힘껏 '마음을 다하여(盡心)' 자신의 일에 정진할 뿐! 이것이 사람으로서 행하는 올바른 운명, 곧 정명正命이라고 여겼다(13:1). '잘하려고 하지만 안 되는 수가 있고, 생각지도 않게 남의 칭찬을 듣는 수도 있는 것'이 현실 속 인간의 삶이기에 그렇다(7:21).

孟子曰, "尊賢使能, 俊傑[177]在位, 則天下之士皆悅, 而願立於其朝矣; 市, 廛
而不征[178], 法而不廛[179], 則天下之商皆悅, 而願藏於其市矣; 關, 譏而不征[180],
則天下之旅[181]皆悅, 而願出於其路矣; 耕者, 助而不稅, 則天下之農皆悅, 而
願耕於其野矣; 廛[182], 無夫里之布[183], 則天下之民皆悅, 而願爲之氓[184]矣.
信[185]能行此五者, 則鄰國之民仰之若父母矣. 率其子弟, 攻其父母, 自[186]生民
以來未有能濟[187]者也. 如此, 則無敵於天下. 無敵於天下者, 天吏[188]也. 然而

177 俊傑(준걸): 빼어난 인물들. "1만 명 중에서 뛰어나면 英(영), 1000명 중에서 뛰어나면 俊,
100명에서 뛰어나면 豪(호), 10명 중에서 뛰어나면 傑이라고 한다."(유안, 이석명 옮김, 「수
무務務」, 『회남자 2』, 소명출판, 2010)

178 廛而不征(전이부정): 시장에 점포를 열어도 장세場稅를 물리지 않는 것. '廛'은 점포. '征'
은 세금.

179 法而不廛(법이부전): "팔리지 못한 물건은 나라에서 법정 가격으로 대신 구매하는 것."(양
백준)

180 譏而不征(기이부정): 기찰만 하고 관세는 면제하다. '譏'는 기찰하다. '征'은 통행세나 관
세.

181 旅(여): 여행자.

182 廛(전): 거처. 여기 '廛'은 (주석 178의 '廛'과 달리) '서민의 거주지(民居)'를 이른다(양백준).

183 夫里之布(부리지포): '주민세'라고 의역하였다. '布'란 돈(錢)과 같이 쓰였다. "무릇 직업이
없는 자는 夫布를 낸다."(『주례』, 「여사閻師」; 양백준)

184 氓(맹): 다른 나라에서 귀화한 백성을 일러 말한다. 글자가 '민民'과 '망亡'으로 구성된 것
으로 알 수 있다(양백준). 등문공의 인정仁政을 찾아 등나라로 귀화한 허행許行과 진상, 진
신 형제를 참고할 것(5:4).

185 信(신): 진실로, 정말.

186 많은 판본에는 '自(자)' 뒤에 '有(유)'가 붙어 있는데 주희의 『맹자집주』에는 빠져 있다.

187 濟(제): 이루다, 성공하다.

188 天吏(천리): "하늘의 명을 받들어 실행하는 것을 천리라 한다奉行天命, 謂之天吏."(주희)

不王者, 未之有也."

맹자, 말씀하시다.

"현자를 존중하고 유능자를 등용하여 빼어난 인물들이 조정에
있으면, 천하의 사가 다들 기뻐하며 그 조정에 서기를 바랄 것
이다. 시장에서 점포의 자릿세만 받고 장세는 물리지 않고, 팔
다 남은 상품은 나라에서 사주면 천하의 상인이 다들 기뻐하며
그 시장에 물건을 부리기를 바랄 것이다.

관문에서 기찰만 하고 관세를 면제하면 천하의 여행자가 다들
기뻐하며 그 길을 이용하려 할 것이요, 농민에게 공전公田 경작
을 돕도록[189] 하되 사전私田의 세금을 면제하면 천하의 농사꾼
이 다들 기뻐하며 이 들에서 농사짓고 싶어 할 것이다. 망명자
에게 거처를 마련해주고 주민세를 면제하면 천하 사람이 모두
기뻐하며 이 나라 백성이 되기를 바랄 것이다.

정녕 이 다섯 가지를 실행할 수 있다면 이웃 백성도 부모처럼
우러러볼 것이니, 인류가 생겨난 이래 자식을 끌어다가 부모를
공격하여 성공한 적은 없었다. 이렇게 되면 천하에 대적할 자가
없을 것이니, 천하에 대적할 자가 없는 사람을 천명을 집행하는
관리라고 이른다. 이렇게 하고서 천하의 왕자가 되지 못한 경우
는 없었다."

---

189 助(조): 정전제에서 여덟 농가가 공전을 함께 조력하여 나온 소출을 세금 대신 납부하는 것.

앞 장에 이어서 왕도 정치를 실현할 구체적인 정책 방안을 논한다(앞 장이 왕도 정치 개론이라면 이 장은 각론이다). 적재적소에 배치된 유덕자와 유능자가 인정책仁政策을 시행하여 얻는 정치적 성취를 다섯 방면에 걸쳐 점검한다.

1. 덕치가 곧 왕도다

군주가 "유덕자를 귀하게 대우하고 사를 존중하는"(3:4) 정책을 시행하여 "현자를 존중하고 유능자를 등용하여 빼어난 인물들이 조정에 있"게 되면, 그 첫째 효과가 천하의 사들이 기쁜 마음으로 몰려드는 것이다. 둘째로는 천하의 상인들이 몰려오고, 셋째는 천하의 여행자들이 찾아들고, 넷째 천하의 농민들이 몰려들고, 끝내 천하의 망명자들이 자신의 불만을 들어줄 해방구를 찾아 귀복하는 정치적 효과를 낳는다. 인정책이 파생하는 가짓수는 이렇게 많아도 요지는 하나다. '사람들이 마음으로 기뻐함(心悅)'이 왕도 정치의 핵심 동력이다.

흥미롭게도 앞에서 맹자는 제나라 선왕에게 인민의 다섯 가지 바람(欲)을 흡수하라고 권한 바 있는데(2:7), 그 바람이 여기서는 기쁨(悅)으로 변주되었다. 좋은 조정에 서려는 바람(출사자), 장사가 잘되는 나라에 가려는 바람(상인), 농사를 잘 짓고 싶은 바람(농사꾼), 안전한 길을 지나고 싶은 바람(여행자), 분노를 해결해주는 나라로 떠나고 싶은 바람(망명자)이 바로 그것이다. 이 장에서 바람이 충족된 상태를 기쁨이라고 하였으니 사람들 마음의 두 측면(바람/기쁨)을 제도화하여 성취하는 것이 왕도 정치론의 얼개임이 환하게 드러났다.

실로 이 장에 가득한 '다들 기뻐하며(皆悅)'라는 말은 '덕치=왕도 정치', 나아가 유교 정치학의 뇌수다. 희열→매력의 작동→몰려옴의 경로는 오로지 여민의 정치철학에서만 가능한데, 여민 정치는 '백성 가운데서 그들과 함께하는 정치'일 따름이다(위민과 여민의 차이는 왕도와 패도를 분간하고, 평화와 전쟁을 나누며, 삶과 죽음을 가르는 분수령임을 기억하자).

2. 맹자의 상업관

다섯 가지 인정책 가운데 대표적으로 맹자가 주장한 상업 관련 정책과 그 효과를 살펴보도록 하자. 곧 시장에 점포를 열어도 장세를 물리지 않는 정책(廛而不征)과 팔리지 못한 물건은 나라에서 법정 가격으로 대신 구매하는 정책(法而不廛), 국경에서 출입자를 기찰하되 세금은 물리지는 않는 정책(讥而不征)은 모두 화물과 사람의 집중을 꾀하는 상공업 진흥책에 해당한다.

잠깐 맹자가 제안한 상업 정책의 배경을 살펴보자. 춘추전국시대에는 의외로 상공업이 크게 번성했고, 화물의 흐름도 매우 원활하였다. 각 국가의 요충지에는 상업 중심 도시가 흥성했고, 상공업 관련 세금이 국가 재정에서 차지하는 비중도 커져갔다. 다음 해설은 최근 중국의 고대 사회경제사 연구 성과를 요약한 것이다.

춘추전국시기, 상공업 관련 세금은 국가 재정수입의 중요한 원천이

맹자, 마음의 정치학 1

되었다. 각국은 상세商稅, 시세市稅(=영업세), 관세關稅, 옥기세屋基稅
(=전포세) 등을 신설하여 상인에게 일정 비율의 세금을 납부하도록
하였다. 춘추시기 제나라의 시세는 여러 나라들 중에서 가장 높아
물품 가치 총액의 2퍼센트였고, 관세는 1퍼센트였다.

전국시대에 이르면 각국의 시세와 관세 총액은 물품 가치 총액의 10
퍼센트에 달하여 춘추시기보다 훨씬 높아졌다. 상공업이 발달한 일
부 도시들은 국가 세수의 중점 지역이 되어, 전국 중기 이후에는 각
국 간에 쟁탈의 표적이 되었다. 실제 많은 전쟁이 이러한 대도시의
쟁탈을 위해 발발하였다.[190]

위 인용문은 두 가지 중요한 정보를 제공한다. 첫째, 춘추시대 제나라
의 시장세가 당시 나라들 가운데 가장 높았다는 점이다. 맹자가 유세하
던 제나라의 시장세가 가장 높았다는 정보는 본문에서 맹자가 말한 상업
관련 대책, 즉 상업세를 낮출 때 발생하는 경제적 효과가 추상적인 논의
가 아니라 현실적이고 실제적인 대안임을 방증한다.

작은 세수에 연연하지 않고 상업세를 면제하거나 경감해주면 외려 천
하의 화물이 제나라에 십하고, 이에 따라 전하 상인이 제나라의 도로
를 이용하니 제나라는 자연히 물류와 교통의 중심(허브)이 된다. 그 결과
세액이 증대되어 민간 경제가 살아나는 큰 경제적 효과를 볼 수 있다는
것이다. 이런 제안은 자유무역지대를 만들어 경제를 활성화하는 오늘날

---

190 리우웨이·허훙, 조영현 옮김, 『패권의 시대』, 시공사, 2004, 72쪽.

의 무역 이론과 합치한다는 점에서도 참신하다.

이 대목에서 맹자가, 나아가 유교가 시장과 이익, 물류와 상업 활동을 부도덕하거나 사악한 것으로 적대시하지 않았음을 기억해야 한다. 맹자는 상업이 인민의 생활에 긴요한 역할을 한다는 점, 국가의 사회경제적 발전에 필수 요소라는 사실을 깊이 인식한 '중상주의 사상가'였다(참고로 중농주의는 법가인 상앙의 전매특허다). 물을 막아서 홍수를 방지하려다 실패한 곤鯀보다 외려 물을 터서 홍수를 극복한 우禹를 성왕으로 기리는 맹자의 군주관에서는 물의 흐름을 중시한다는 점이 핵심이다. 이는 물자의 흐름, 곧 물류物流를 중심으로 삼는 상업 중시 경제관과 통한다(수류나 물류나 모두 흐름이라는 점에 주의하면, 맹자의 정치관이 언어 소통을 중시하는 까닭도 이해된다).

둘째, 전국시대의 전쟁은 상업 도시 쟁탈전의 성격을 띠었다는 사실이다. 『맹자』 첫 장 첫머리에서 양혜왕이 맹자에게 '내 나라에 이익이 되는 방안'을 요구했을 때, 그 밑바탕에는 상공업의 흥성과 도시의 발달이 전제되어 있고, 이익이라는 말에는 자연히 상업 전쟁의 성격이 내포되어 있다. 주의할 점은 맹자가 도성 쟁탈전을 참혹하게 묘사하고 있다는 사실이다. "성城을 다투어 싸우다가 성 안이 죽은 사람들로 그득하니"(7:14)라는 지적은 전국시대의 전쟁이 상공업 요충지를 획득하려는 '경제 전쟁'이었음을 귀띔해주는 것이다. 맹자가 전쟁의 정치경제학을 정확하게 파악하고 있었음을 알 수 있다. 그렇다면 『맹자』는 윤리와 도덕을 논한 철학책이기를 넘어서 고대의 정치경제사를 담은 기록물로서도 그 가치를 평가할 수 있다.

3. '혁명가의 길'이 왕도다

전국시대는 천하의 주인이 없던 때다. 누구든 제왕이 될 수 있는 '열린 공간open terrain'이었다. 이럴 때 천하 사람(사土, 농農, 상商, 여旅, 맹氓)이 두루 마음으로 기뻐하며 몰려드는 나라를 건설하는 군주가 있다면, 그가 곧 천하의 새로운 주인이 되는 것이다. 3:3에서 이미 "사람들이 덕에 복종하는 것은 마음이 움직여서 진정으로 복종하는 까닭이다"라고 천명하였다. 즉 백성이 마음으로 감동함이 '덕치=왕도'의 추동력임을 지적한 바 있으니 본문은 그 덕치론을 정책 차원으로 구체화하여 논하고 있는 셈이다. 마치 폭군인 걸왕과 주왕이 비워놓은 열린 공간에서 탕임금과 무왕이 인심을 얻어 천하의 주인이 되었듯, 전국시대라는 현재 시점에서도 민심을 얻는 제후가 '천자天子=천리天吏'가 된다는 주장이다. 이 놀랍고도 혁명적인 비전을 맹자는 구체적인 정책 대안을 통해 실증적으로 제시했다. 이어 다음 장에서는 왕도 정치론의 근본인 '마음의 정치학'을 논한다.

孟子曰, "人皆有不忍[191]人之心. 先王有不忍人之心, 斯有不忍人之政矣. 以不忍人之心, 行不忍人之政, 治天下可運之掌上. 所以謂人皆有不忍人之心者, 今人乍[192]見孺子[193]將入於井, 皆有怵惕[194]惻隱[195]之心—非所以內[196]交於孺子之父母也, 非所以要譽[197]於鄕黨朋友也, 非惡其聲[198]而然也.

由是觀之, 無惻隱之心, 非人也; 無羞惡[199]之心, 非人也; 無辭讓[200]之心, 非人也; 無是非之心, 非人也. 惻隱之心, 仁之端[201]也; 羞惡之心, 義之端也; 辭讓之心, 禮之端也; 是非之心, 知[202]之端也. 人之有是四端也, 猶其有四體也. 有是四端而自謂不能者, 自賊者也; 謂其君不能者, 賊其君者也. 凡有四端於我者, 知皆擴[203]而充之矣, 若火之始然[204], 泉之始達. 苟能充之, 足以保四海; 苟

---

191 不忍(불인): 차마 어쩌지 못하다.

192 乍(사): 잠시, 문득.

193 孺子(유자): 젖먹이.

194 怵惕(출척): 놀라고 두려워함. '怵'은 두려워하는 마음. '惕'은 놀라 어쩔 줄 모르는 마음.

195 惻隱(측은): 아파하고 고통스러워하는 마음. '惻'은 아픔이 절절한 것. '隱'은 고통이 심한 것.

196 內(납): 들이다. '納(납)'과 같다.

197 要譽(요예): '要'는 구하다. '譽'는 영예, 칭찬.

198 聲(성): 여기서는 원망하는 소리. 아기를 구해주지 않았을 경우에 들릴 비난을 뜻한다.

199 羞惡(수오): 부끄러워하고 미워하다.

200 辭讓(사양): 겸손해하고 양보하다.

201 端(단): 실마리, 단서. 원래는 '耑(단)'이다. "耑은 사물이 처음 생겨나는 촉이다. 윗부분은 싹을 형상했고, 아랫부분은 잔뿌리가 나는 모양이다."(『설문해자』; 양백준) '端'을 근본(뿌리)으로 보는 학자들도 있다(정약용, 이토 진사이).

202 知(지): 지혜. '智(지)'와 같다.

不充之, 不足以事父母."

맹자, 말씀하시다.

"사람이라면 누구나 '차마 어쩌지 못하는 사람의 마음'을 갖고 있다. 선왕들은 차마 어쩌지 못하는 사람의 마음을 가지고 곧 '차마 어쩌지 못하는 사람의 정치'를 이루었다. 차마 어쩌지 못하는 마음으로 차마 어쩌지 못하는 정치를 시행한다면, 천하 다스리기는 마치 손바닥 위에서 놀리는 듯할 테다.

누구나 차마 어쩌지 못하는 사람의 마음을 가졌다고 하는 까닭은, 만일 우물로 기어 들어가는 젖먹이를 문득 본다면 누구나 놀라고 안타까운 마음이 들 것인데 — 그러나 이것은 젖먹이 부모와 사귀기 위해서가 아니며, 마을 사람들의 칭찬을 기대해서도 아니요, 또 원망을 사기 싫어서도 아닐 것이다.

이렇게 보자면 측은지심이 없으면 사람이 아니요, 수오지심이 없으면 사람이 아니며, 사양지심이 없어도 사람이 아니고, 시비지심이 없어도 사람이 아니다. 측은지심은 인의 실마리요, 수오지심은 의의 실마리며, 사양시심은 예의 실마리고, 시비지심은 지의 실마리다. 사람에게 이 네 가지 실마리, 즉 사단이 있는 것은 누구나 사지를 갖추고 있는 것과 같다. 이미 사단을 갖추고

203 擴(확): 넓히다.
204 然(연): 사르다. '燃(연)'과 같다.

있으면서 스스로 '할 수 없다'라고 한다면 저 자신을 해코지하는 자요, 자기 임금더러 '할 수 없다'라고 한다면 자기 임금을 해치는 자이다.

무릇 누구나 갖춘 네 가지 실마리를 자각하여 보존할 줄 안다면, 누구든 이것을 넓히고 채울 줄도 안다. 마치 불이 처음 타오르는 것과 같고, 샘물이 솟기 시작하는 것과도 같다. 정녕 네 가지 실마리를 확충해 나간다면 천하 사람을 두루 평안케 할 수 있으려니와 확충해 나가지 못한다면 가까운 부모를 섬기기도 어려우리라."

해설

이 장에서 왕도론은 마음의 밑바닥에까지 닿았다(到底). 앞 장에서 '마음의 기쁨'이 덕치=왕도의 동력임을 살펴보았는데, 이 장에서는 왕도=덕치를 형성할 샘물인 '마음의 속살'을 해명한다. 이는 맹자가 발견한 것으로 성선설의 토대가 된다. 지금 맹자가 제시하는 가설에 독자가 찬동하느냐 아니냐에 '사상가 맹자'의 목숨이 걸려 있다. 전혀 알지 못하는 젖먹이가 우물 속으로 기어 들어가는 순간을 갑자기 목격할 때, 문득 마음속 균열의 틈새로 섬광처럼 새어 나오는 사람의 사람다움, 인성의 선함에 찬동하느냐 마느냐. 우리도 맹자가 제공하는 '심리학 실험'에 같이 참여해보자.

맹자, 마음의 정치학 1

1. 사단: 마음의 내부

나비는 바다의 무서움을 모른 채 수면 위로 날아가듯 젖먹이는 우물이 얼마나 깊은지 모르고 기어들 참이다. 낯선 집의 아기가 우물 속으로 기어드는 장면을 문득 본다면 당신은 '그냥 즉각적으로' 아기를 구하려 뛰어들겠는가? 이 질문에 '그렇다'라고 답한다면, 맹자가 발견한 측은지심의 보편성을 긍정하는 것이다. 맹자는 교묘하다. '그렇다'라고 긍정한 우리에게 다시 따져 묻는다. 과연 무엇이 그 무의식적인 뛰어듦을 만든 것인가? 첫째, 아이의 부모와 친교를 맺기 위함인가? (아니다) 둘째, 아이를 구해주었다고 이웃과 동료들로부터 칭찬을 듣기 위함인가? (아니다) 셋째, 아이를 구해주지 않아 죽도록 만들었다는 비난을 회피하기 위함인가? (아니다)

모두 아니라면, 왜 나와 아무 관계없는 '절대적 타자'인 젖먹이를 구하려 뛰어드는 것일까? 일단 적어도 그것은 무엇을 '위한' 계산적 행동은 아니다. 달리 말해서 그 행동은 두뇌의 회로를 통과하지 않고, '마음'에서 발출한 자연스러운 반응이다. 맹자는 이 무의식적 행동이 사람다움의 표시라고 주장한다. 이 무의식적 행동은 순수히 사람(만)의 고유한 심성에서 발줄한 것이므로, 이것을 인산의 본성이라 부르고 그 징표를 측은지심이라 이름 붙였다.

놀람과 두려움이 뒤엉킨 측은한 마음! 저 아이가 뉘 집 아이냐를 따지는, 머리를 통과하는 계산의 회로는 폐쇄되고, 갑자기 눈에서 마음으로, 마음에서 다리로 곧장 전달되는 순식간의 전환! 제선왕이 도살장으로 끌려가는 소의 모습을 본 순간처럼, 저 밑에서 터져 나온 측은지심의 빛

줄기. 머리에서 계산하는 지식의 차원이 아니라(이를 '지성의 회로'라고 부르자), 눈에서 마음을 거쳐 몸(다리)으로 곧장 전달되는 마음의 회로(이를 '인성의 회로'라고 부르자). 맹자는 그 인성의 회로를 처음 발견한 것이다.

맹자는 바로 이 회로, 즉 눈→마음→몸→동작의 경로를 사람다움의 '존재적 근거'로 판단한다. 다시 맹자의 표현을 인용하면, 아이를 구하는 행동은 "젖먹이 부모와 사귀기 위해서가 아니며, 마을 사람들의 칭찬을 기대해서도 아니요, 또 원망을 사기 싫어서도 아닐 것이다." 인성의 회로는 외부의 가치(인정이나 비난)를 '위한' 의식적 행위가 아니라, 천성에서 발출한 자연스러운(무의식적) 행동이라는 말이다. 요컨대 인성은 '위하여' 행위하지 않고, 자발적이고 즉각적이며 자연스러운 행동을 유발한다!

아, 물론 사람이 언제나 누구나 이타적이라는 말은 아니다. 사람의 표면은 이기적이고 충동적이다. 저 무의식적 헌신은 그 밑에 깔려 있는 매우 희소한 싹에 불과하다(그래서 단서, 곧 실마리라고 이름 붙였다). 측은한 마음, 수오하는 마음, 사양하는 마음, 시비를 분간하는 마음은 고작 씨앗처럼 무의식 속에 잠겨 있다(그래서 사단이다). 이들은 계발하지 않으면 싹트지 않을 것이다. 그럼에도 모든 인간의 마음속에 잠재된 형태로 존재한다. 마치 모든 휴대폰에 '기본 앱'이 다 깔린 채 출시되지만, 사용자는 그것을 모르고 쓰듯이.

2. 마음의 정치학

다만 맹자가 철학의 차원에서 인간의 심성을 논하는 것이 아니라, 정치학의 차원에서 마음을 논하고 있다는 점에 유의해야 한다. 지금 맹자는 마음의 성격을 해명하여 거기에 새로운 정치론, 즉 왕도 정치와 여민 체제의 토대를 구축하고 있다. 마음 정치학의 기획은 사단→마음→정치의 3단계로 구성된다. 이 장의 핵심 문장과 3:3의 핵심 문장은 구조적으로 같은데, 이 둘을 비교하면 이 장이 왕도 정치론의 토대로서 마음을 따지는 것임을, 즉 맹자의 '마음 정치학'의 구조를 드러내는 것임을 확실하게 볼 수 있다.

(3:3)　以德,　　　　行仁者,　　　　王.
(3:6)　以不忍人之心, 行不忍人之政, 治天下可運於掌上.

　3:3의 以德(이덕)과 여기 3:6의 以不忍人之心(이불인인지심)이 짝을 짓고, 3:3의 行仁者(행인자)는 3:6의 行不忍人之政(행불인인지정)과 조응하며, 그 결과로서 3:3의 王(왕)은 3:6의 治天下可運於掌上(치천하가운어장상)을 내실로 삼고 있다. 즉 덕의 내실이 '차마 어쩌지 못하는 사람의 마음'이요, 덕치의 목표인 인은 '차마 어쩌지 못하는 사람의 정치'와 조응한다. 그 결과, 왕도의 구체적 표현이 '천하를 손바닥 위에서 놀리는 정치'가 된다. 왕도는 어렵지 않다! 쉽고도 쉽다. 꼭 손바닥 위에서 공깃돌을 놀리는 듯하다.

　실로 사람의 마음을 어떻게 이해하는가에 따라 국가의 성격이 결정된다. "인간의 본성을 어떻게 보느냐에 따라서 인간을 다스리는 체제의 모습도 달라지며, 체제의 성격에 따라서 인간의 모습도 달라"[205]지기 때문이다. 이를테면 '마음은 악하다'고 이해한 순자가 제시하는 국가는 사람을 예禮로써 옥죄고, 법法으로써 묶는 교도소의 형태가 될 것이고[206], '마음은 선하다'고 파악한 맹자의 국가는 선한 싹을 배양하여 양육하는 식물원의 형태가 될 것이다. 이렇게 마음의 이해는 정치학에서 중요하다. 어떤 세상을 꿈꾸느냐는 사람을 어떻게 바라보느냐, 마음을 어떻게 인식하느냐에 따라 달라진다. 성선설이 맹자의 정치학과 국가론의 토대가 된다는 말이다.

그다음은 실현 과정이 문제다. 성선과 마음을 정치 현실 속에 어떻게 제도화하느냐, 즉 확충擴充의 방안을 찾는 것이 중차대한 과제가 된다. 본문의 "차마 어찌지 못하는 마음으로 차마 어찌지 못하는 정치를 시행한다면"에서 앞부분이 인성을 발견하는 차원이라면, 뒷부분은 확충의 차원 곧 정치의 영역이다. "정녕 네 가지 실마리를 확충해 나간다면 천하 사람을 두루 평안케 할 수 있으려니와 확충해 나가지 못한다면 가까운 부모를 섬기기도 어려우리라"고 맹자가 경고한 것은 확충(정치 과정)에 인성론의 사활이 걸려 있다는 다급함을 표명한 것이다(참고를 볼 것).

역시 저 뒤에서 "사람은 누구나 차마 어찌지 못하는 마음이 있으니 이것을 차마 할 수 있는 데까지 미치면 인이 된다. 사람이라면 누구든 하지 않는 것이 있으니 이것을 하려고 하는 데까지 미치면 의가 된다"(14:31)라고 했을 때, 여기 확충과 거기 '미치다(達)'는 부절처럼 짝을 이룬다. 마음속 인성을 발견하는 철학적 과업을 정치에 미치게 하는 일이 군자

---

205 김용민, 「페더럴리스트-미국 헌법과 새로운 정치학의 탄생」, 강정인 외 엮음, 『서양 근대 정치사상사』, 책세상, 2007, 512쪽.

206 우치야마 도시히코, 석하고전연구회 옮김, 『순자 교양강의』, 돌베개, 2013 참고.

(또는 군주)의 평생 사업이 된다(그 정책적 실천을 앞의 장에서 다섯 가지로 지적하였고, 또 앞서 여러 차례 인정仁政이란 이름으로 제시하였다).

3. 마음과 정치의 관계

마음의 발견과 마음이 정치의 기초라는 생각은 맹자의 특허다. 비교철학자 프랑수아 줄리앙François Julien은 정확하게 "마음(心)이라는 개념은 맹자의 이론적인 혁신점이며, 그것은 루소의 의식conscience과도 일치한다"[207]라고 특필한 바 있다. 전국시대 사상가들은 대개 사람의 마음을 불신하거나 마음에 무지한 상태였다. '마음은 사람마다 다르고, 자기 마음도 하루에 열두 번씩 변하는데 어떻게 정치의 근거가 될 수 있겠는가'라고 의심했기 때문이다. 당대 유행하는 사상이던 묵가가 특히 마음을 불신하였다. 묵자는 사람 마음을 고작 이익을 추구하고 해악을 피하려는 계산 능력, 생존 욕망과 같이 보았다. 사회를 유지하기 위한 질서의 좌표축을 흔들리는 마음에서 확보할 수는 없다고 보고, 사람 관계의 공약公約인 언어에서 '객관적' 기준을 찾으려 노력하였다. 그들이 '언어과학' 사전인 『묵경』을 최초로 제작한 것도 이 때문이다. 묵가학파는 (명가와 더불어) 고대의 언어과학이었다. 객관적 진리를 외부에서 추구하고, 언어 속에서 진실을 탐구하며, 이에 기초한 '정치과학'을 수립하려 했던 것이 묵가의 사상사적 의의라 할 수 있다.

반면 맹자는 사람을 마음으로 이뤄진 존재라고 본다. 사람의 마음은

---

207 프랑수아 줄리앙, 앞의 책, 65쪽.

보편적이고 공통적인 기반, 곧 본성(=사단)을 공유한다. 정치는 그 마음에서 발출한다(生於其心). 현상적으로 언어와 정치는 외부에 객관적으로 존재하는 것 같지만, 그 근거를 추적하면 사람(화자)의 마음을 만나게 된다. 마음속 본성이야말로 언어와 정치의 공통 기반이다. 이것이 바로 지언이 곧 지심이요, 지인인 까닭이다(3:2) 대화란 고작 언어의 교통이 아니다. 내 마음과 상대방의 마음이 통할 때라야 대화가 성립한다. 대화와 소통, 이를 통해 형성되는 인간 상호 간의 신뢰, 이것이 정치일 따름이다. 그렇다면 정치와 언어의 기원은 마음속이요, 그 주체는 사람이다.

그렇다면 주체적 인간으로 살기 위해 찾아야 할 방법은 무엇일까? 맹자라면 언어가 그 자체로서 독립적이라는 환상에서 깨어나야 한다고 지적할 것이다. 언어는 다만 사람, 아니 마음속에서 발출한 소산임을 정확히 알아야 한다고 경고할 것이다. 마음을 놓치면 환상으로서의 말글이 딱딱한 쇠뭉치(이데올로기)가 되어 도리어 사람을 잡아먹을 것임을 맹자는 준엄하게 견책하리라. 마치 공자가 예악의 가치를 인정하면서도 그 기원을 망각하지 말기를 누누이 강조한 것처럼(『논어』, 「팔일八佾」).

그러나 끝내 묵가의 꿈은 달성되었다. 언어와 문자를 고착하려는 기획인 『묵경』 편찬이 천하를 통일한 진秦나라의 어문 정책인 '서동문書同文'으로 제도화되었다. 아이러니하게도 진나라의 천하통일과 더불어 묵가가 소멸한 것은 그들이 사회적 소명을 다해서라기보다는 언어 이론 자체의 허망함이 폭로되었기 때문이리라. 요컨대 보존해야 할 것은 언어가 아니라 마음이다. 맹자의 마음 논의는 다음 장으로 이어진다.

맹자, 마음의 정치학 1

일본 에도시대 유학자 이토 진사이는 이 장을 특별히 중시했다. 그는 맹자의 뜻이 마지막 구절 "정녕 네 가지 실마리를 확충해 나간다면 천하 사람을 두루 평안케 할 수 있으려니와 확충해 나가지 못한다면 가까운 부모를 섬기기도 어려우리라"에 집약되어 있다고 보고, 확충이라는 두 글자의 실천 여부에 정치의 성패가 갈린다고 강조하였다. 진사이의 지적처럼 확충에 맹자 사상의 사활이 걸려 있다면, 과연 인(사랑)의 확충은 어디까지 닿는 것일까?

맹자는 사랑의 밀도를 차등差等으로 구조화했다. 부모 형제의 사랑이 가장 깊고, 이웃에 대한 사랑은 그다음이요, 그보다 가벼운 사랑이 사물과 자연 생명들에 대한 것이다(13:45). 그러나 차등성에도 불구하고 사해동포주의는 유교 사상의 기본 틀이다. 공자는 물고기의 생명을 아껴서 "낚시질은 하되 그물질은 하지 않았"고 또 "잠자는 새는 잡지 않았다"고 하였으니 확충의 끝자락이 어디까지 미치는지를 보여준다(『논어』, 7:26). 또 공자의 제자 자하가 "온 천하 사람들이 모두 형제다四海之內, 皆兄弟也"(『논어』, 12:5)라고 한 말이나, 훗날 북송의 유학자 장재張載가 "사람들은 내 형제요, 만물은 나의 벗이다民吾同胞, 物吾與也"(『서넝西銘』)라고 했던 토로는 '차마 이찌지 못하는 미음'이 확충히여 닿는 그 끝이 어디인지를 두루 보여준다.

3:7. 선택이 중요하다!

孟子曰, "矢人²⁰⁸豈不仁於函人²⁰⁹哉? 矢人惟恐²¹⁰不傷人, 函人惟恐傷人. 巫匠²¹¹亦然. 故術²¹²不可不愼也. 孔子曰, '里仁爲美. 擇不處仁, 焉得智?' 夫仁, 天之尊爵²¹³也, 人之安宅也. 莫之禦而不仁, 是不智也. 不仁·不智, 無禮·無義, 人役²¹⁴也. 人役而恥爲役, 由²¹⁵弓人²¹⁶而恥爲弓, 矢人而恥爲矢也. 如恥之, 莫如爲仁. 仁者如射: 射者正己而後發; 發而不中, 不怨勝己者, 反求諸己而已矣."

맹자, 말씀하시다.

"화살장이가 어찌 갑옷장이보다 인하지 않으리오? 다만 화살장이는 사람을 어떻게 하면 해치게 할 수 있을까 골몰하고, 갑옷장이는 사람이 어떻게 하면 다치지 않게 할 수 있을까 골몰한다. 병을 고치는 무당과 관을 짜는 목수도 마찬가지다. 그러니 기술의 선택은 신중하지 않을 수 없다.

---

208 矢人(시인): 화살장이, 화살 만드는 장인.

209 函人(함인): 갑주甲胄를 만드는 장인. '函'은 갑옷.

210 恐(공): 두려워하다. '골몰하다'라고 번역하였다.

211 巫匠(무장): 의사와 장의사. '巫'는 무당, 곧 무의巫醫. '匠'은 관곽棺槨을 짜는 목수.

212 術(술): 재주, 기술.

213 爵(작): 벼슬.

214 役(역): 사역하다, 부림을 당하다.

215 由(유): '猶(유)'와 같다.

216 弓人(궁인): 활장이, 활 만드는 장인.

맹자, 마음의 정치학 1

공자는 '인에 거처함이 아름다우니, 인을 택하여 살지 않는다면 어찌 지혜롭다 하리오!'라고 하였다. 여기 인은 하늘이 준 존귀한 벼슬이요, 사람이 사는 편한 집[217]이다. 가로막는 사람이 아무도 없는데 불인한 것은 지혜가 없는 짓이다. 불인하고 지혜롭지 않아서 예가 없고 의가 없다면, 곧 남에게 부림을 당한다. 남의 부림을 당하면서 그제야 부끄러워한다면, 활장이가 활 만드는 일을 부끄러워하고 화살장이가 화살 만드는 일을 부끄러워하는 것과 같다. 만일 부림을 당하는 것이 부끄럽다면 인을 실천하기보다 좋은 게 없다. 인자는 마치 궁사와 같다. 궁사는 자세를 바로잡고 나서 활을 쏜다. 또 쏜 살이 과녁에 적중하지 못하면 이긴 사람을 원망하지 않고 자신에게 돌이켜 잘못을 찾는다[218]."

해설

앞에서 사람이라면 누구나 마음속에 가지고 있는 선한 싹인 사

---

217 安宅(안택): 편안한 집. 맹자는 인을 집에 자주 비유한다. 여기 '안택'과 '광거廣居'(6:2, 13:36)가 그렇다. 이것은 공자의 처인處仁(『논어』, 4:1)을 맹자가 '인에 거처하다'라고 해석했기 때문이다.

218 反求諸己(반구저기): "안으로 성찰하여 올바름을 확인하다自反而縮"(3:2)와 같다. 회심回心하여 스스로 성찰하는 과정이다.

단을 논하고, 그 끄트머리에서 선한 인성의 싹을 키워 확충하는 과정의 중요성을 강조했다. 이 장은 그 염려를 잇는다. 공자는 "인성은 서로 가깝지만, 습성이 서로 멀리하게 만든다性相近也, 習相遠也"(『논어』, 17:2)라고 하였던 터다. 맹자는 이 염려를 계승하여 습성의 출발점(직업의 선택)에서 신중하지 않으면 끝을 그르친다고 경고한다.

반복하거니와 사람도 짐승의 일원이다. 먹어야 살고, 입어야 추위를 버틴다. 그러니 육신의 생존을 어찌 함부로 여기랴. 작가 김훈처럼 '밥벌이의 던적스러움'을 무시하지 않는 것에 유교의 리얼리즘이 있으니 맹자 역시 마찬가지다. 제 한 몸은 그만두고라도 늙은 부모와 어린 자식의 배고픔을 어찌 팽개칠 수 있으랴! 먹어야 산다는 절체절명의 생존 요구를 맹자는 도외시하지 않는다. 먹고살기 위해 화살도 만들어야 하고, 갑옷도 지어야 한다. 더욱이 화살장이나 갑옷장이나 선한 마음은 다 똑같이 타고났다("화살장이가 어찌 갑옷장이보다 인하지 않으리오?").

문제는 98퍼센트의 육신의 요구에 굴복하면, 희박한 2퍼센트의 선한 싹이 커나가지 못하고 뿌리 뽑히고 만다는 점이다. 마르크스도 말했다. "먹고 마시고 생식하는 것 등은 참으로 인간적인 기능이다. 그러나 이를 다른 인간적인 활동에서 분리하고 최후의, 유일하고도 궁극적인 목적으로 만드는 추상에서 본다면 그러한 일들은 동물적이다."[219] 그러므로 선택이 중요하고 또한 결단이 요구된다. 이 장은 그 선택의 어려움을 논한다. 어렵기 짝이 없지만 올바른 선택을 촉구하며 결단하기를 요구한다.

---

219 카를 마르크스, 강유원 옮김, 『경제학-철학 수고』, 이론과실천, 2006.

맹자는 공자의 지적인 "인을 택하여 살지 않는다면 어찌 지혜롭다 하리오擇不處仁, 焉得智"(『논어』, 4:1)를 끌어들여 올바른 '선택과 결단'을 강조한다. 사람의 사람다움은 2퍼센트의 선택에 달려 있다!

아, 둘러보면 직업은 많다. 화살장이가 있고, 갑옷장이가 있다. 장의사가 있고, 의사도 있다. 그 외에 농사꾼, 밭 일꾼, 도공, 상인 등 많은 직업이 있고, 먹고살 기술도 많다. 다만 습관적으로, 생각 없이 아무 기술이나 먹고살 요량으로 택하지 말기를 조언한다. "기술의 선택은 신중하지 않을 수 없다." 직업 선택, 기술 선택에 유의해야 하는 까닭은 그 결과가 사람다움을 훼손하는 데 이르기도 하기 때문이다. "화살장이는 사람을 어떻게 하면 해치게 할 수 있을까 골몰하고, 갑옷장이는 사람이 어떻게 하면 다치지 않게 할 수 있을까 골몰한다. 병을 고치는 무당과 관을 짜는 목수도 마찬가지다."

다만 '화살장이 대 갑옷장이', '무당 대 목수'의 예화와 그 선호는 실제 화살장이를 죄악시하고, 목수를 비천한 직업으로 멸시하는 것이 아님에 유의하자. 화살장이가 아니면 사냥은 어떻게 할 것이며, 또 목수가 관곽을 짜지 않으면 장례는 어떻게 치를 것인가. 이 예화가 가리키는 지점은 '기氣가 마음에 영향을 미치기도 하는 것'과 같다(3:2 참고). 즉 육신의 요구(이익 추구)가 미칠 인성의 훼손을 염려하는 것이다. 맹자와 대조적으로 한비자는 직업과 기술을 사회 이익social interests의 관점에서 논한다.

의사가 남의 상처를 빨고 남의 나쁜 피를 머금는 것은 골육의 정이 있어서가 아니라 이익이 더해지기 때문이다. 수레 만드는 사람은 수레를 만들면서 사람들이 부귀해지기를 바라고, 관 짜는 사람은 관을 짜면서 사람이 일찍 죽기를 바란다. 그것은 수레 만드는 사람이 인 자하고 관 짜는 사람이 도적이어서가 아니라, 사람들이 부귀하지 않 으면 수레가 팔리지 않고 사람들이 죽지 않으면 관이 팔리지 않기 때문이다. 마음속으로 남을 미워해서가 아니라, 이익이 사람의 죽음 에서 얻어지기 때문이다.

_『한비자』, 「비내備內」²²⁰

　이익을 취하려는 점에서는 수레 장인이나 관곽장이나 같다고 보는 것 이 한비자다. 한비자는 그 이익을 매개로 사회가 구성된다고 본다. 마치 애덤 스미스Adam Smith의 '정육점 가설'과 같다. 고기를 저며 파는 정육 점 주인은 사람들의 저녁식사를 위해서가 아니라 자기 이익을 위해서 일 하지만, 이것이 시장(보이지 않는 손)을 통하면서 사회 구성원들의 생활이 가능해진다는 가설 말이다.

　그러나 맹자는 문제를 추상화하지 않기를 바란다. 사람이 봉착하는 문 제는 구체적이고 역사적이다. 사회는 기하학적인 추상이 아니라, 구체적 인 삶의 현장으로서 사람의 선택에 따라 전혀 다른 가치를 형성한다. 사 람들의 이성적 선택으로 올바른 사회가 이뤄질 수도 있고, 이기적 욕망 으로 타락한 사회가 되기도 한다는 점에 주의하길 촉구한다. 정녕 그렇 다. 선택에 "조심하지 않을 수 없다不可不愼." 신愼은 신중함, 사려 깊음

220　최윤재, 『한비자가 나라를 살린다』, 청년사, 2000, 37쪽에서 재인용.

이라는 뜻이니 '생각하는' 사람만이 선한 사회(里仁)를 구성할 수 있다고 해석할 수 있다.

만일 사람들이 생각하지 않고 이익만 추종하다 보면 그 결과는 어떻게 되는가? 사람은 '악의 진부함banality of evil'으로 떨어지고, 사람이 사람을 잡아먹는 두려운 사회가 탄생한다. 그 결과는 현대 인류가 직접 보고 겪은 사실이다. 고작 100년도 채 되지 않은 사건이다. 나치 친위대원 아돌프 아이히만Adolf Eichmann이라는 인간 도살자가 그 증거다. 그는 2차 세계대전 중에 유대인을 많이, 빨리, 잘 죽이는 방법을 찾아 가스실을 만들고, 또 열차를 가스실로 개조하기도 했던 기술자다(화살장이를 연상하자). 그의 손에 죽은 유대인이 수백만에 이른다. 그렇다고 그가 무지한 사람은 아니었다. 그는 이스라엘 역사에 밝았으며 유대인의 언어(이디시어)를 구사할 줄 알았고, 유대교 교리에도 일가견이 있던 '지식인'이었다(관을 짜는 목수를 연상하자). 종전 후 이스라엘에서 전범재판이 열렸을 때, 그 재판을 참관한 정치철학자 한나 아렌트Hannah Arendt는 그의 심리를 이렇게 분석하였다.

> 아이히만의 결정적인 성격적 결함은 그가 타인의 관점에서 바라볼 수 있는 능력을 전혀 갖추지 못했다는 점이다. …… 그의 말을 들으면 들을수록 '말하기의 무능함inability of speak'은 '생각하기의 무능함inability of think', 즉 다른 사람의 입장에서 생각하는 것의 무능함과 밀접히 연관되어 있음이 분명했다. 그와는 어떠한 소통도 가능하지 않았다. 이는 그가 거짓말을 하기 때문이 아니라, 그가 자신이 언어

와 타인의 존재로부터, 현실 자체로부터 보호받는 어떤 막에 둘러싸여 있다고 믿고 있었기 때문이다.[221]

말을 하지만 '자기 말'을 하지 못한다. 상대방의 처지를 이해하는 눈이 없다. 유교식으로 말하자면 진정성이 없고(충忠의 결여), 처지를 바꿔 생각하지 못한다(서恕의 결여). 요컨대 불인한 자가 아이히만이다. 고작 주어진 법률, 문서 속 규칙, 위에서 내려온 지령을 하늘처럼 여기는 기능주의자(묵가를 연상하라). 법과 규정, 기술을 곱씹어 의미와 맥락을 헤아리지 못하고 외려 절대시하는, '생각하기'의 근원적 무능함이 그를 도살자로 몰고 갔다. 이를 두고 아렌트는 '악의 진부함'이라고 이름 붙였다. 자기가 하는 일의 의미와 맥락을 모르고, 고작 기계적 성실성으로 주어진 일을 효율적으로 처리하는 데만 골몰하는 자들은 언제든 '악의 진부함'으로 떨어질 수 있다. 과학주의, 기술주의, 관료주의의 함정이 이곳이다.

배운 자가 더 무섭고 지식인이라는 자들이 더 두려운 까닭이 이 때문이다. 지금 맹자는 이 사태를 두려워하고 있다. 맹자가 치를 떤 "끝내 사람이 사람을 잡아먹는人將相食"(6:9) 사태를 초래한 것이 '악의 진부함'이다. 이 장을 오늘날로 당겨 해석하자면, 분업화가 초래한 기능주의, 과학기술의 분화가 가져온 전문주의, 근대 국가의 거대화가 도입한 관료주의, 이익 추구가 끝에 다다라 괴물로 변한 자본주의에 대한 비판으로 읽을 수 있다. 나아가 재벌 기업에 취업하는 것을 능사로 아는 세태에 대한

---

221 한나 아렌트, 김선욱 옮김, 『예루살렘의 아이히만』, 한길사, 2006(필자 윤문).

경고이기도 하다.

현대 중국의 맹자학자 양백준은 평하기를 "전국시대에 합종연횡설이나 병술을 배우는 자들이 있었다. 그 행적은 모두 남의 불행을 보고 좋아하는 것과 다를 바 없었다. 여기 '術을 택함에 신중하지 않을 수 없다'라는 맹자의 말은 그런 지식 기술자들을 빗대어 한 말일 수 있다."(『맹자역주』) 이 해석은 수긍할 만하다. 일찍이 공자가 "이단을 전공하면 해롭다"(『논어』, 2:16)라고 하였으니 서로 통한다. 한 경제학자는 "시장을 전문적으로 연구하는 경제학은 어떤 것이 합리적인 선택이며 그리고 어떤 결과가 나타날 것인가를 예측하는 데에만 골몰할 뿐, 이 선택의 과정이나 결과가 다시 우리 인간에 미치는 영향에 대해서는 외면한다"[222]라고 지적한 바 있다. 이는 맹자가 기술과 경제에 대해 도덕성을 논한 출발점이 어디였는지를 추론할 여지를 준다.

---

222 이정전, 『시장은 정말 우리를 행복하게 하는가』, 한길사, 2002.

3:8. 여민 정치는 대화 정치다

孟子曰, "子路, 人告之以有過, 則喜[223]. 禹[224]聞善言, 則拜[225]. 大舜有[226]大焉, 善與人同[227]. 舍[228]己從人, 樂取於人以爲善. 自耕稼[229]·陶·漁以至爲帝, 無 非取於人者. 取諸人以爲善, 是與人爲善者也. 故君子莫大乎與人爲善."

　　맹자, 말씀하시다.

　　"자로는 남이 허물을 지적해주면 기뻐하였다. 우임금은 좋은 말을 들으면 절을 하였다. 위대한 순임금은 이보다 더욱 훌륭한 점이 있었으니 남과 소통하기를 잘하였다. 자기를 버리고 남을 좇고[230] 남의 선을 취해 자기 것으로 만들기를 즐겨했다. 일개

---

223 喜(희): 기뻐함. 희열喜悅이라고도 한다. '喜'는 외부의 자극을 계기로 반응하는 것이요, '悅'은 내부(심중)에서 우러나오는 것이다. 예컨대 '喜'는 "부모님이 아껴주면 기뻐하며 잊지 않는다父母愛之, 喜而不忘."(9:1) '悅'은 "사람들이 덕에 복종하는 것은 마음이 움직여서 진정으로 복종하는 까닭이다以德服人者, 中心悅而誠服也."(3:3)

224 禹(우): 중국 고대의 성왕. 물길을 뚫어 황하의 범람을 막았다. 이 공으로 순임금에게 왕위를 선양받아 하왕조를 열었다. '禹'를 아이콘으로 삼은 학파가 묵가였다.

225 善言, 則拜(선언, 즉배): 『서경』에 우배창언禹拜昌言이라, 즉 "우는 창언, 곧 좋은 조언을 들으면 절을 하였다"고 했다. "자로가 허물을 저지른 후 조언을 수용했다면, 우임금은 먼저 몸을 낮춰 천하의 좋은 말을 받아들였다."(주희)

226 有(유): 더욱. '又(우)'와 같다.

227 善與人同(선여인동): 남과 소통하기를 잘하였다. '與人'은 '與民(여민)'과 같다. '同'은 '通(통)', 즉 소통하다(양백준).

228 舍(사): '捨(사)'와 같다.

229 耕稼(경가): '농사꾼'이라고 번역하였다. '耕'은 논밭을 갈다. '稼'는 씨앗을 뿌리다.

농사꾼에서 옹기장이, 어부를 거쳐 천자에 이르도록 남에게서 취하지 않은 것이 없었다. 남의 선을 취하여 자기 것으로 만든 다는 말은 곧 남과 더불어 선을 함께 실행한다는 뜻이다. 그러 므로 군자는 남과 더불어 선을 함께하는 것보다 큰일이 없다."

해설

여기 거듭 등장하는 '상대방과 함께하기'를 뜻하는 여인與人은 여민동락의 여민과 같은 말이다. '여與'는 맹자가 순임금의 정치 설화에 서 찾아낸 열쇳말이다. 이 장은 맹자 여민 정치론의 역사적 기원을 밝히 고 해설하는 중요한 대목이다. 결론적으로 맹자는 "군자(=정치가)는 남과 더불어 선을 함께하는 것보다 큰일이 없다"라고 했으니 맹자 정치사상 의 요체가 '남과 함께하기'에 있음을 확연하게 알 수 있다. 다르게 보면, 맹자는 자기 사상의 기원이 누구나 우러르는 순임금임을 짐짓 천명하여 자기 이론을 신성화하고 있다고도 할 수 있다.

위가 아래를 지배하고 아래는 위에 복종하는 위계 사회가 아니라, 동 료로서 상호 유대 관계를 맺는 공동체의 꿈이 이 장에 들어 있다. 새 세 상에 대한 맹자의 꿈이 순의 이력에 투영된 것이다. 맹자가 제시하려는

---

230 舍己從人(사기종인): 남의 비위를 맞추거나 추종함이 아니다. 조언을 통해 자기 잘못을 깨 닫고, 상대방과 내가 융합한다는 뜻. 출전은 『고문상서古文尙書』, 「대우모大禹謨」.

여민 정치의 기원이 여기 있으므로 핵심 대목을 꼼꼼히 살펴보자.

1. 경청

"자로는 남이 허물을 지적해주면 기뻐하였다. 우임금은 좋은
말을 들으면 절을 하였다."

정치에서 듣기, 곧 경청listening의 중요성을 말하고 있다. 아, 물론 정치
의 출발은 '말하기'이다. 정치는 언어로 구성된다. 말하기는 오늘날도 권
력 그 자체다. 원시시대에 무당(巫)이 권력자인 까닭도 그가 말하는 존재
였기 때문이다. 정치인류학자 피에르 클라스트르Pierre Clastres는 인디언
사회에서 '말하기=권력자'의 등식을 이렇게 보고한 바 있다.

> 인디언들은 추장의 말에 높은 가치를 부여한다. 말솜씨는 정치권력
> 의 조건이자 수단이다. 많은 부족들에서 추장은 매일, 새벽이든 석
> 양이 질 때든, 교훈적인 말로 자신이 속한 집단의 사람들을 즐겁게
> 해야만 한다. …… 이들 사회에서는 말하기가 추장의 특권이자 그
> 이상으로 의무이다. 언어에 대한 지배권을 갖는 것은 추장이다. 그
> 렇기 때문에 북아메리카의 어떤 부족에 대해 "추장은 말하는 사람
> 이기보다는 말하는 자가 곧 추장이라고 할 수 있다"고까지 기록되
> 어 있다.[231]

임금을 뜻하는 '군君'의 본래 뜻도 다를 바 없다. '군'은 우두머리를 뜻

하는 '윤尹'과 입을 가리키는 '구口'가 합쳐진 글자다. 곧 군주란 '말하는 군장'이라는 뜻인데, 이는 인디언 사회의 추장에 대한 인류학적 분석과 동질적이다.

그런데 지금 맹자는 공자의 제자 자로와 우임금이 '말하는 존재'가 아니라 도리어 '듣는 존재'라는 점에 주목하고 있다. 남이 제 허물을 지적해주는 것을 듣고서 기뻐하는 자로와 좋은 정책을 조언해주는 이에게 절을 하는 우임금의 일화를 통해 정치 리더십이 말하기에서 듣기로 전환되었음을 선언한다. 원시시대부터 연면히 전해오던 말하는 존재로서의 권력자가 경청하는 정치가로 변화하고 있는 것이다.

이 새로운 리더십은 법가의 리더십과 비교할 때 차이가 선명해진다. 한비자에게 군주는 눈으로 표상된다. 그에게 통치자는 관찰자요, 응시자이며 평가자다. 군주는 항상 신하들의 말을 그 실적과 교차하여 점검하고 평가해야 한다. 군주는 위에서 아래를 내려다보는 존재인 것이다. 그래야 '시선의 권력'을 확보할 수 있다(미셸 푸코Michel Foucault의 파놉티콘을 연상케 하는 것이 한비자의 국가요 군주다). 따라서 한비자는 군주에게 남의 말을 들어서는 안 된다고 조언한다. 이런 한비자의 군주론을 '눈의 리더십'이라고 이름 붙인다면, 맹자의 것은 분명 '귀의 리더십'이다. 보기와 말하기에서 권력이 나온다면, 듣기에서는 덕력이 형성된다. 말하기에서 듣기로의 전환이 맹자(유교) 정치사상의 특징임에 주의하자. 듣기에서 비

<hr>

231 피에르 클라스트르, 홍성흡 옮김, 『국가에 대항하는 사회』, 이학사, 2005, 42쪽 및 54쪽 (발췌 인용).

롯하는 덕의 흡입력이야말로 맹자의 여민 체제를 형성할 단서가 된다.

2. 대화

"위대한 순임금은 이보다 더욱 훌륭한 점이 있었으니, 남과 소
통하기를 잘하였다. 자기를 버리고 남을 좇고 남의 선을 취해
자기 것으로 만들기를 즐겨했다."

자로나 우임금이 수동적인 듣기, 즉 남의 조언을 기다리는 소극적 경
청에 머물렀다면 순임금의 경청은 적극적이다. 스스로 전문가를 찾아가
배우려는 노력이 순의 특징이다. 맹자는 이 적극적인 경청의 자세에 대
해 자로와 우임금에게 부여하지 않은 '대大(the Great)'라는 글자를 써서
대순大舜이라 칭한다(순임금의 이력에 대한 맹자의 기대가 얼마나 컸는지를 반증
하는 표현이다). 순의 위대함은 '나아가서 남의 견해를 취함(取諸人)'에서
비롯하는데, 이는 대화를 통해 남의 의견을 경청하고 좋은 것을 선택하
는 과정이다.

『중용』에서는 특별히 이를 두고 "순임금은 질문하기를 좋아하였고, 실
제에 근접한 대답을 좋아하였다. 조언들 가운데 잘못된 것은 버리고 적
절한 것은 대안으로 수용했다. 그 대안의 양단을 잡아 그것을 시행할 만
한 합당한 사람을 등용하여 일을 맡겼다. 이 점이 순임금을 순임금답게
한 것일 따름"[232]이라고까지 표현하였다. 질문하고 답변을 경청하고, 그

232　舜好問而好察邇言, 隱惡而揚善, 執其兩端, 用其中於民. 其斯以爲舜乎(『중용』, 제6장).

가운데 좋은 것을 골라 정책으로 만드는 노력이 "자기를 버리고 남을 좇고 남의 선을 취해 자기 것으로 만들기를 즐겨함"이 된다. 결국 대화dialogue야말로 순임금이 정치적으로 성공한 핵심 요인이었다고 할 수 있다.

현대 정치철학자 한나 아렌트는 마치 이 장을 읽어보기라도 한 듯 대화와 '함께하는 정치'의 연관성을 논했는데, 이 대목에서 요긴하다. 아렌트는 말을 통해서만 정치적 행동이 모습을 드러낸다고 하면서 해설하기를 "말과 행동의 계시적 특성은 다른 사람들과 더불어with 있을 때에만, 다시 말해서 결코 다른 사람을 위해서for 있거나 또는 다른 사람들에 대항해서against 있지 않을 때에만 비로소 뚜렷이 나타난다. 이것이 바로 '인간의 함께함human togetherness'이다"[233]라고 지적한다. 아렌트가 타인을 '위해서'도 아니고 '비판을 위한 비판'도 아닌, 상대방과 '더불어' 말하는 행위, 곧 대화를 통해 소통할 때라야만 '말과 행동의 계시적 특성'이 드러나고 그래야 비로소 '인간의 함께함'이 가능하다고 지적한 것은 맹자의 순론舜論에 그대로 적용할 수 있다. 순의 '왕도 정치=여민 정치'는 대화를 속성으로 한다.

급기야 맹자는 대순이 대화를 통해 "남의 선을 취해 자기 것으로 만들기를 즐겨했나"라고까지 상찬한다. 끝 대목 '즐겨하다(樂)'리는 말은 몸에 무르익어서 자연스럽게 행하는 경지다.[234] 곧 '함께 더불어 함'을 '즐거워하는 것'에서 순의 위대함이 총체적으로 드러난다. 순임금이나 우임

---

233 김홍우, 『현상학과 정치철학』, 문학과지성사, 1999, 342쪽.

234 "아는 것은 좋아하는 것만 못하고, 좋아하는 것은 즐기는 것만 못하다知之者, 不如好之者, 好之者, 不如樂之者."(『논어』, 6:18)

금이나 자로나 모두 남의 견해를 경청하여 자신을 바로잡았지만, 이 가운데 그것을 즐길 수 있었던 이는 순임금뿐이다. 순임금이 위대한 까닭은 경청과 소통, 사람들과의 연대가 체화되어 안에서 밖으로 우러나오는 '즐김'의 경지에 이르렀기 때문이다.

한편 자로나 우임금의 소통 방식이 '일 방향'인 데 반해 순임금은 쌍방향, 즉 상호성과 배려를 갖춘 소통을 한다는 점에도 주의할 만하다. 상명하복식 조직organization이 아니라, 소통의 공동체community를 형성하고 경영한 것이 순임금의 위대함이라는 뜻으로 해석되기 때문이다. 이렇게 읽자면 맹자가 꿈꾼 나라의 성격이 선명하게 드러난다. 그곳은 인민과도(與民), 또한 주변 사람들과도(與人) 두루 함께 더불어 법률적 강제가 아닌 대화와 소통으로 연대를 이루는 과정이 정치가 되는 세계다.

3. 연대[235]

"남의 선을 취하여 자기 것으로 만든다는 말은 곧 남과 더불어 선을 함께 실행한다는 뜻이다."

---

235 연대連帶는 맹자 본령의 개념이다. "서양 문화는 존재의 '상호 의존성interdependence'을 이해하는 데 많은 어려움을 갖고 있다. 존재(인간)들 간에 긴밀한 상호 의존적 관계를 설정하기 위하여, 최근에 와서 서양철학은 그것을 '가치(이념)'의 차원에서 해결하여야만 했다. '연대성solidarite'이라는 가치를 만들어낸 것이다. 그런데 '연대성'이란 우리가 알고 있듯이 『맹자』의 기초 개념에 지나지 않는다. 필자는 맹자의 사상이 서양의 시각이 겪고 있는 어려운 문제들에 명확한 해답을 줄 수 있을 것으로 믿는다."(프랑수아 줄리앙, 앞의 책, 127~128쪽)

맹자, 마음의 정치학 1

우선 맹자는 전국시대라는 참혹한 세월의 궁극적 원인이 권력자들의 '스승 노릇하기 좋아함'에 있다고 보았다. 그가 "사람의 병통은 남의 스승 노릇하기 좋아하는 데 있다"(7:23)라고 개탄한 것도 그런 뜻이다. 이 말에는 500년에 걸친 춘추전국시대, 즉 전쟁과 살육, 광기의 장기 지속성에 대한 맹자의 통찰이 압축되어 있다. 스승이란 말하는 사람이다. 지식을 매개로 위에서 아래를 향해 말하는 사람이 스승이다. 사제 관계는 지식을 매개로 한 권력 관계이기 일쑤다. 군주 역시 말하는 사람이다. 스승은 지식 권력자요, 군주는 정치 권력자다. 둘 다 홀로 아래를 향해 말하는 사람이라는 공통점을 갖는다. 더욱이 맹자의 지적처럼 군주가 스승을 자처하면 완벽한 독백monologue의 공간이 만들어진다. 맹자는 당시 군주들이 독재와 독선의 권력에, 가르치려고 드는 지식 권력까지 더해 대화는커녕 완벽한 독백의 구조를 고착시켰고, 이것이 끝없는 전쟁 상태로 현상화되었다고 분석했다(2:9 해설 참고). 이를 거꾸로 읽으면 군주-신하 사이의 대화와 군주-인민의 소통이 새로운 정치 운영원리가 되어야만 한다는 맹자의 확신이 드러난다.

맹자는 순임금의 출세기를 연구하는 가운데, 순이 평민에서 입신하여 천자에 이른 동력은 홀로 말하기와 내적점에 있는 듣기와 대화, 소통이었음을 발견하였다. 순이 위대한 성왕인 까닭은 자기(에고)를 버리고 남의 말을 경청하여 대화의 장을 만들고, 그 장에서 소통의 길을 열어 여민정치를 실현했기 때문이다. 이는 맹자가 당시 급속히 진행되던 국가의 사유화, 권력의 독점화 추세에 저항하여 소통의 나라를 건설하려 했음을 의미한다. 맹자에게 정치란 군주와 인민 '사이'에서, 그리고 그 '속'에서 형성되는 것이지 위나 바깥에서 강요하는 것이 아니다(이 점에 착안하자면 맹자 정치사상의 열쇳말인 여민은 'with-in the people'로 번역할 수 있을까?).

요컨대 맹자의 새 정치 구상은 여민 정치요, 여민 체제는 대화와 소통이 핵심이다. 지금껏 유교에 덧씌워진 충효론 혹은 억압적인 지배 복종의 이미지, 이를테면 군주에 대한 맹종, 부모에 대한 복종 등과는 전혀 다른 모습이다. 맹자가 꿈꾼 나라는 쌍방향 커뮤니케이션을 통해 획득되는 '말의 세계'이자 '말이 곧 사람'이 되는 신뢰 사회였음도 확인할 수 있다. 2000여 년 전 맹자의 꿈이 지금껏 이뤄지지 못하고 있으니 참으로 안타까운 노릇이다.

3:9. 공자를 다시 기리다

孟子曰, "伯夷, 非其君, 不事; 非其友, 不友. 不立於惡人之朝, 不與惡人言; 立於惡人之朝, 與惡人言, 如以朝衣²³⁶朝冠²³⁷坐於塗炭²³⁸. 推惡²³⁹惡之心, 思與鄕人立, 其冠不正, 望望然²⁴⁰去之, 若將浼²⁴¹焉. 是故諸侯雖有善其辭命²⁴² 而至者, 不受也. 不受也者, 是亦不屑²⁴³就已. 柳下惠不羞汚君, 不卑小官; 進 不隱賢, 必以其道; 遺佚²⁴⁴而不怨, 阨窮²⁴⁵而不憫²⁴⁶. 故曰, '爾爲爾, 我爲我, 雖袒裼²⁴⁷裸裎²⁴⁸於我側, 爾焉能浼我哉?' 故由由然²⁴⁹與之偕而不自失焉, 援 而止之而止. 援而止之而止者, 是亦不屑去已."

孟子曰, "伯夷隘²⁵⁰, 柳下惠不恭. 隘與不恭, 君子²⁵¹不由²⁵²也."

---

236 朝衣(조의): 관복.

237 朝冠(조관): 관모.

238 塗炭(도탄): 진흙탕과 숯구덩이.

239 惡(오): 미워하다.

240 望望然(망망연): "떠나면서 뒤도 돌아보지 않는 모양."(주희)

241 浼(매): 더럽히다.

242 辭命(사명): '辭令(사령)'과 같다. '임명장'이라고 번역하였다.

243 屑(설): 깨끗함.

244 遺佚(유일): 밀려나 숨어 산다. 유하혜의 '遺佚'은 공자도 안타까워했다(『논어』 15:13).

245 阨窮(액궁): 불운하여 궁박함. '阨'은 운수가 막힘, 고난. '窮'은 곤궁함.

246 憫(민): 근심하다.

247 袒裼(단석): '袒'은 웃통을 벗음. '裼'은 소매를 걷어붙임.

248 裸裎(라정): '裸'는 벌거숭이(곧 나체). '裎'도 벌거숭이. 주석 247의 '袒裼'과 여기 '裸裎' 은 모두 무례한 행동.

249 由由然(유유연): 유유자적. "스스로 만족하는 모양自得之貌."(주희)

250 隘(애): 좁다. '협애狹隘'라고 번역하였다.

251 君子(군자): 공자를 가리킨다.

맹자, 말씀하시다.

"백이는 임금다운 임금이 아니면 섬기지 않았고, 사람다운 사람이 아니면 사귀지 않았다. 폭군의 조정에는 출사하지 않았고 악인과는 함께 말하지 않았으니, 폭군의 조정에 출사하거나 악인과 같이 말하기를 마치 관복과 관모를 차려입고 진흙탕과 숯구덩이에 주저앉는 것처럼 꺼렸다. 악을 미워하는 마음을 미루어 마을 사람과 같이 섰을 때 그가 쓴 갓이 비뚜름하기만 해도 뒤도 돌아보지 않고 떠나, 마치 더러운 것이 몸에 묻는 듯 여겼다. 그러므로 제후들이 영예로운 벼슬로 임명해도 받아들이지 않았다. 이것은 곧 그가 벼슬에 나아가는 것을 탐탁찮게 여겼다는 뜻이다.

유하혜는 더러운 임금을 부끄럽다 여기지 않고, 미관말직도 하찮다 여기지 않았으며, 출사하면 지혜를 숨기지 않고 반드시 합당한 도리로 정사를 밝혔다. 벼슬에서 밀려나 숨어 살아도 원망하지 않았고, 곤궁해져도 근심하지 않았다. 그러므로 말하길 '너는 너고 나는 나다. 내 옆에서 웃통을 벗어던지고 또 벌거벗은들 네 어찌 날 더럽힐 수 있을까 보냐'라고 했다. 그래서 유유자적 남들과 어울려 함께하면서도 자신을 잃지 않았으니 떠나려다가도 붙잡아 머물라면 또 머물렀다. 이것은 곧 그가 떠나는 것을 탐탁찮게 여겼다[253]는 뜻이다."

252 由(유): 행하다.

맹자, 말씀하시다.[254]

"백이는 협애하고 유하혜는 오만하다. 협애와 오만을 군자는 행하지 않는다."

3:2에서는 백이와 유하혜를 모두 성인聖人의 반열에 올려놓고, 여기서는 또 "백이는 협애하고 유하혜는 오만하다"라고 결론지으니 어리둥절하다. 이 장이 3:2를 부연하고 있는 것은 분명하다. 거기서도 공자를 백이, 유하혜, 이윤과 비교한 다음 "세상에 인류가 생겨난 이래 공자와 같은 분은 없었다"라고 결론 내리는데, 가리키는 지점이 서로 같기 때문이다. 분명 맹자는 공자에게 깊이 감동하였고, 또 『논어』를 깊이 연구했다. 그런데 한 곳에서는 백이와 유하혜를 성인이라고 칭탄해놓고 여기서는 또 어찌하여 낮추어 비평한 것일까?

이런 어긋남을 해명하기 위해 공자가 백이와 유하혜를 평하는 대목들을 찾아서 살펴보자. 맹자는 기본적으로 공자의 사상을 계승하기 때문이

---

253 不屑去己(불설거이): 윗단락 끝부분의 백이가 "벼슬에 나아가는 것을 탐탁찮게 여겼다", 즉 '不屑就己(불설취이)'와 짝을 이룬다.

254 孟子曰(맹자왈): 위에 맹자의 말이 나오고, 또 '孟子曰'이 나온 것으로 보아 이 구절은 따로 백이와 유하혜를 비평한 맹자의 말을 요약한 것인 듯하다. 혹 이 구절은 제자들이 덧붙인 것인지도 모른다.

다. 『논어』를 추적하면 성현에 대한 맹자의 일견 모순되는 비평을 이해할 수 있을지 모른다.

우선 백이에 대한 공자의 평을 찾아보자. 공자는 백이를 "옛날 잘못(惡)을 염두에 두지 않았으므로 원망함이 드물었다"(『논어』, 5:22)라고 하였다. 적어도 악평은 아니다. 제자 자공이 백이와 숙제의 이력을 물었을 때 공자는 "옛 현인賢人"이자, "인을 구하여 인을 얻었던 사람"이라고 높이 평가했다(『논어』, 7:14). 다른 곳에서는 백이를 유덕자有德者로 칭찬하기도 했다(『논어』, 16:12). 이처럼 공자가 백이를 현인이자 인인仁人이며 유덕자로 칭탄했으니, 맹자가 백이를 성인의 반열에 놓은 이유를 납득할 수 있다.

다음 유하혜에 대한 공자의 비평을 찾아보자. 공자는 유하혜를 현자로서 존중하였다. 공자가 분노를 드러내는 일은 『논어』에서 몇 번 되지 않는데 유하혜와 관련해 당시 노나라 재상인 장문중의 처사를 크게 비난한다. 이는 공자가 유하혜의 지혜를 존중했기 때문이다.

> 공자, 말씀하시다.
> "장문중은 그 자리(재상의 지위)를 도둑질한 자다! 유하혜가 현자임을 알면서도 조정에 함께 서지 않으니!"
> _『논어』, 15:13

여기서 공자는 유하혜를 백이와 같은 반열의 현인으로 칭하며 존경을 표하고 있다. 또 공자가 유하혜의 정치적 처신을 높게 평가한 대목도 있다.

맹자, 마음의 정치학 1

유하혜가 노나라 검찰관이 되었다가 세 번이나 물러났다.

사람들이 말했다.

"그대를 알아주지 않는 이 나라를 왜 떠나지 않는 것이오?"

유하혜가 말했다.

"올바른 도로써 사람을 섬기다 보면, 어느 나라로 간들 세 번은 쫓겨나지 않겠소. 도를 굽혀 사람을 섬기려면, 하필 조국(부모의 나라)을 떠날 것은 무엇이겠소?"

_『논어』, 18:2

공자는 백이와 유하혜를 불의한 정부에 참여하기를 거부하고 숨어 사는 현자로 이해하였음을 알 수 있다. 특히 둘을 한 자리에서 비교하면서 각각의 특징을 지적한 곳도 있다. 백이는 "자기 뜻을 굽히지 않고, 자기 몸도 욕되게 하지 않은 칼칼한 선비"라고 평하고, 유하혜를 두고는 "뜻을 굽히고 몸은 욕되기도 했으나, 말은 사리에 적중하고 처신은 깊은 생각에서 비롯한 선비"라고 지목한 것이 그렇다(『논어』, 18:8). 맹자로서는 공자가 높이 평한 백이와 유하혜를 성인의 반열에 올려놓을 수밖에 없었을 것이다.

그런데 맹자는 왜 이 장에 와서는 백이를 협애한 사람, 또 유하혜를 오만한 사람으로 비판하는 것일까? 무엇보다 맹자는 공자를 계승하면서도 주체성을 잃지 않은 독립적 지성인이었다. 앞서 보았듯 공자가 존중한 인물을 맹자가 비판한 예가 몇 있는데, 춘추시대 명재상 정자산鄭子産과 관중의 경우가 그러하였다. 이들에 대한 공자의 평가를 계승하면서도 맹자는 자기 생각을 견지했다(스승이라고 그저 무릎 꿇지 않았다는 뜻이다). 공

자가 정자산을 혜인惠人, 즉 '은혜로운 사람'으로 평한 점[255]을 인정하면
서도 맹자는 "은혜롭기는 하나 정치를 할 줄 모른다惠而不知爲政"(8:2)라
고 다르게 비평하였다. '은혜롭긴 하나'라고 전제한 것은 분명 혜인으로
고평한 공자의 뜻을 수용한 것이다. 그러면서도 "정치를 할 줄 모른다"
라고 꼬리말을 붙여 비판한 것은 맹자가 자기 뜻을 관철하는 주체적 사
상가임을 드러낸다. 전국시대 사상계는 다양한 학파들이 백가쟁명하였
으므로 춘추시대보다 자기 정체성을 드러낼 필요가 강했던 측면도 있다.
정자산은 법가에서 시조로 삼은 인물이므로 유가의 정체성을 확보해야
하는 맹자로서는 공자보다 엄격하게 비판해야 했으리라는 것.

관중도 비슷하다. 공자는 관중을 '전반적으로' 탁월한 정치가로 높이
평가하였다.[256] 그러나 앞서 보았듯 맹자는 관중을 두고 왕도를 회복할
절호의 기회를 놓쳐버린 최악의 정치가라며 비난한다(1:6, 1:7, 3:1). 이는
동시대인으로서 관중을 이해한 공자와 뒷날 전국시대의 기원을 탐색하
던 맹자의 관점 차이일 것이다. 똑같은 패턴이 백이와 유하혜에 대해서
도 반복된다.

그렇다면 맹자는 왜 백이는 협애하고, 유하혜는 오만하다고 비평했을
까? 먼저 백이, 유하혜와 함께 '성인 3종 세트'로 등장하는 이윤[257]이 여

---

255 "누군가 정자산의 사람됨을 물었다. 공자, 말씀하시다. '은혜로운 사람이니라.'"(『논어』,
14:10)

256 공자는 문명을 보존한 것은 "관중의 힘이었다. 그의 인과 같다면, 그의 인과 같다면"(『논
어』, 14:17)이라고 거듭 그를 인자로 칭송하였다. 물론 관중의 그릇이 작다고 흠잡은 대목
도 있긴 하다(『논어』, 3:22).

기에는 유독 출연하지 않는다는 점부터 의심해보자. 맹자가 이윤을 백이, 유하혜에 비해 단점이 적은 성인이라 여겼으리라 가정해볼 수 있다. 그렇다면 이윤은 어떤 사람인가? 성리학자 정이천은 이윤을 "인격은 공자와 비슷하지만 다만 업무에 대한 집착이 공자에 비해 흠이다"라고 비평한 바 있다. 인격이 공자에 준한다는 말은 이윤을 매우 높이 평한 것이다. 맹자도 이윤을 "의에 합당하지 않고 도에 걸맞지 않으면 지푸라기 한 오라기도 남에게 주지 않았고 지푸라기 한 오라기도 남에게서 받지 않았다"(9:7)라고 고평했다. 남을 위하지도 않고, 또 남에게 요구하지도 않는 선비라는 것이다. 또한 맹자는 이윤을 백이의 장점인 칼칼함과 유하혜의 장점인 대범함을 겸비한 성인으로 인식했다.

더욱이 이윤은 백이, 유하혜와 다른 '정치 참여' 이력을 갖추었다. 그는 제후 탕湯의 권유로 출사했다가 끝내 혁명을 성공시킨 '혁명 정치가'였다. 이를테면 삼고초려의 원형을 보여준 인물이라 할 수 있다. 해석하자면 왕도의 이념을 실천하고 혁명을 통해 여민 정치를 실현했다는 점이 이윤의 특장이다. 그래서인지 이윤의 정치적 행동에 대해 맹자는 유독 우호적이고, 그의 단점은 적극 변명한다(특히 9:6, 9:7 참고).

이윤을 중심으로 백이와 유하혜를 비교해보면 대략 이런 그림을 그릴 수 있다. 맹자는 백이와 유하혜를 성현으로서 인정하지만(공자를 계승), 정치에 적극적으로 참여하여 세태를 광정하지 못한 점, 즉 왕도 정치를

---

257 "백이는 성인 가운데 청렴한 분이요, 이윤은 성인 가운데 자임한 분이며, 유하혜는 성인 가운데 화목한 분이고, 공자는 때에 맞게 처신한 분이다."(10:1)

실현하려는 정치적 실천이 미흡한 점을 결정적인 흠으로 여긴 듯하다. 이는 거꾸로 맹자는 그 무엇보다 여민, 곧 백성과 더불어 세상을 광정해가는 정치 참여를 핵심 가치로 여겼음을 뜻한다. 아, 정치에 참여하는 삶을 지식인의 핵심 가치로 여긴 것은 공자부터다. 은둔자들과 만난 후 공자가 토로하는 말에 공자의 지식인론이 드러난다.

> 공자, 말씀하시다.
> "날짐승 들짐승과 더불어 같이 살 수 있겠더냐? 내가 이 사람의 무리와 더불어 살지 않으면 누구와 함께 살겠더냐! 천하에 도가 살아 있다면, 내 이들과 함께 바꾸려 하지 않았을 터!"
> _『논어』, 18:6

> 자로가 말했다.[258]
> "정치에 참여하지 않는 것은 의롭지 않다. 장유의 예절도 폐할 수 없거늘, 군신 간의 의리를 어찌 폐지할 수 있으랴. 제 한 몸 깨끗이 하고자 사람의 큰 윤리를 어지럽히는 것이다. 군자가 벼슬을 사는 것은 그 의리를 실행하고자 함이지. 도가 행해지지 않는 것이야 이미 알고 있노라."
> _『논어』, 18:7

---

258 여기 인용한 글은 자로의 말이지만, 주석가들은 대체로 공자의 속마음이 드러난 문장으로 본다.

공자는 춘추시대가 도가 행해지지 않는 난세임을 알고 있었다. 그럼에도 불구하고, 아니 그렇기 때문에 더욱 지식인이라면 현실에 참여하여 난세를 광정할 도덕적 책임이 있고, 그 책임을 자임自任하는 것에 지식인의 정체성이 있다고 보았다. 공자의 이런 정치론을 계승한 맹자는 대혼란에 빠진 인간세에 참여하여 결국 은나라 혁명을 성공시킨 이윤의 위상을 공자에 비견하는 성인으로 높여 본 것이다. 이윤이 백이나 유하혜보다 높이 평가된 까닭은 공자의 '정치 참여론'을 역사 속에서 실현했기 때문이다. 폭정을 광정하여 인민을 구제하고, 평화 세계로 인도한 여민 정치가인 이윤의 실행력은 성현이지만 협애한 백이, 오만한 유하혜와 질적으로 달랐다. 이것이 이 장에서 백이와 유하혜의 단점을 지적하면서, 이윤은 '의도적으로' 거명하지 않은 이유다(성인들의 특징을 나열한 10:1과 통한다. 같이 보자).

왕도와 패도의 구별조차 헷갈려하던 공손추를 대상으로 한 '왕도=여민 정치론' 연속 강의는 이것으로 끝났다. 정리하면 첫째, 정치적 행동은 기운이 아니라 마음에서 비롯한다. 둘째, 마음과 기운이 합하여 호연지기로 전환될 때 강한 에너지, 곧 덕력이 발생한다. 셋째, 호연지기는 '언어를 이해함(지언)'을 통해 정치력으로 전환된다. 넷째, 그 정치를 '왕도=덕치'라고 이르는데 이는 역사적으로 실현된 사실史實로서 순임금의 왕정을 가리킨다. 그리고 요순에서 시작된 왕도 정치는 우탕, 문무를 거쳐 공자에 이르러 덕치로 이어지고, 맹자는 이를 여민 정치로 계승한다는 '도통론'을 포함한다. 요컨대 제3편 「공손추 상」은 맹자 정치사상의 얼개, 곧 '왕도=덕치=여민 체제'의 등식을 연속적으로 밝힌 곳이다.

제4편

공손추 하 公孫丑下

이 편은 맹자의 실제 정치 경험을 다룬다.

'정치가 맹자'의 면모를 볼 수 있다.

모두 14장이다.

孟子曰, "天時[1]不如地利[2], 地利不如人和[3]. 三里之城, 七里之郭[4], 環[5]而攻之
而不勝. 夫環而攻之, 必有得天時者矣; 然而[6]不勝者, 是天時不如地利也. 城
非不高也, 池[7]非不深也, 兵革[8]非不堅利[9]也, 米粟[10]非不多也; 委[11]而去之, 是
地利不如人和也. 故曰, '域[12]民不以封疆[13]之界, 固國不以山谿[14]之險, 威天下
不以兵革之利.' 得道者多助, 失道者寡助. 寡助之至, 親戚畔之[15]; 多助之至,
天下順之. 以天下之所順, 攻親戚之所畔; 故君子有不戰, 戰必勝矣."

1 天時(천시): "음양陰陽, 추위와 더위(寒暑), 계절(時制) 등이다."(손무, 유동환 옮김, 『손자병법孫
子兵法』, 홍익출판사, 2005, 66쪽)

2 地利(지리): "지형, 지세, 성채의 원근과 고저 등이다."(위의 책, 같은 곳)

3 人和(인화): 인심의 화합.

4 郭(곽): 외곽, 바깥 성.

5 環(환): 포위하다.

6 然而(연이): 그런데도.

7 池(지): 해자, 성 밖을 둘러싼 연못.

8 兵革(병혁): 무기와 갑주.

9 堅利(견리): 단단하고 날카로움.

10 米粟(미속): 군량미.

11 委(위): 버리나.

12 域(역): 가두다. '域'은 '國(국)'과 같은데 원래는 '或(혹)'이다. '或'이 '혹시'로 쓰이자
'域', '國'이라는 글자가 발명되었다(김언종, 앞의 책, 746~747쪽).

13 封疆(봉강): 국경. '疆'은 땅의 경계.

14 山谿(산계): 높은 산과 낮은 골짝. '谿'는 골짜기.

15 親戚畔之(친척반지): '親戚'의 용례는 대략 세 가지다. 첫째 부모를 지칭하는 경우, 둘째
부모와 형제, 자매를 포괄하는 경우, 셋째 '親'은 족 내의 혈족, '戚'은 족 외의 인척을 뜻
하는 경우다. 본문의 '親戚'은 두 번째 혹은 세 번째의 용례에 속하는 듯하다(양백준). 여
기서는 '피붙이'라고 번역하였다. '畔'은 '배반하다'를 뜻하는 '叛(반)'과 같다.

맹자, 말씀하시다.

"천시는 지리만 못하고 지리는 인화만 못하다. 3리의 내성, 7리의 외곽[16]을 포위하여 공격해도 이기지 못하는 수가 있다. 내성까지 포위하고 공격하는 데는 반드시 천시의 도움을 얻었을 것인데 그런데도 이기지 못하는 것은 천시가 지리만 못하기 때문이다. 성곽이 높지 않은 것이 아니요, 해자가 깊지 않은 것도 아니며, 병기와 갑주가 단단하고 날카롭지 않은 것이 아니고, 군량이 많지 않은 것도 아니건만, 모두 내버리고 떠나기도 하나니 이는 지리가 인화만 못하기 때문이다.

그러므로 '국경을 삼엄하게 단속한다고 백성을 가둘 수 없고, 높은 산과 낮은 골짝의 험준함으로도 나라를 견고하게 만들지 못하며, 날카로운 병장기로써도 천하에 위세를 떨치지 못한다'라고 하는 것이다. 도를 얻은 사람에게는 도와주는 이가 많고 도를 잃은 사람에겐 도와주는 이가 드문데 드물기가 극에 달하면 피붙이도 배반하고, 도와주는 이가 늘어남이 극에 달하면 천하 사람이 붙좇는다. 천하 사람이 따르는 도리로써 피붙이마저 배반하는 자를 치므로, 군자는 싸우지 않을지언정 싸우면 반드시 이기는 법이다."

---

16 '3리의 내성, 7리의 외곽'은 작은 성채를 뜻하는 상투적 표현이다.

　　제3편에서 논한 "왕도를 시행하는 자는 천하무적"(3:5)인 까닭을 이 장에서는 병가의 논리에 눈을 맞춰 논한다. 제자 공손추를 상대로 한 왕도론 강의가 여기까지 이어진다. 당시는 전쟁의 시대요, 병법이 상식이 된 시대! 공손추는 패도를 취향하고 용맹을 선호하며 전쟁을 통해 천하를 광정해야 한다는 당대 상식을 곧이곧대로 믿는 지식인이었던 까닭이다(3:1 해설 참고).

　이 장은 맹자의 병가 비판이다. 유교 지식인들은 군사 문제에 일가견이 있었다. 공자는 그 출신이 무사 집안일뿐더러 본인 역시 전술과 전략에 견식이 있었다. 그랬기에 자타가 공인한 무사인 자로의 정강이를 쳐서 제자로 삼을 수 있었겠다. 또 다른 제자 염유 역시 전술과 전략에 밝아 노나라 장군으로 활약하기도 했다(『사기』, 「중니제자열전仲尼弟子列傳」). 공자는 전투의 성공 조건으로 '두려움(懼)'을 든 바 있는데, 병사들의 생명을 중시했기 때문이다. '주도면밀한 계책을 도모하는(好謀)' 전술가를 중시한 것도 마찬가지 이유에서다(『논어』, 7:10). 공자가 전쟁의 기술을 알지 못하는 분약한 사람이 아니었다는 말이다. 다만 공자는 군사력이나 전술 전략으로는 궁극의 평화를 이룰 수 없다는 비관주의를 갖고 있었다. 한나 아렌트의 지적처럼 "폭력의 실천은 모든 행동과 마찬가지로 세계를 변화시키지만, 더 폭력적인 세계로 변화시킬 가능성이 가장 크다"[17]는 사실을 고뇌하였다. 그래서 위나라 영공이 진법陳法을 묻자 부랴부랴 그 나라를 떠났던 것이다(『논어』, 15:1).

본문에 거론된 '천시天時'와 '지리地利', '인사人事'는 병법, 군사 전술의 3대 요소였다. 다만 그 요소들 간의 중요성에 대해 학파마다 생각에 차이가 있었다. 전국시대 병술가 손빈孫臏은 이렇게 논한다.

> 군사는 국가 대사요, 인명 생사의 마당이자, 나라의 존망이 걸린 일이니 깊이 헤아리지 않으면 안 된다. 군사는 5요소를 근본으로 삼아야 하는데, 첫째는 인도人道, 둘째 천시, 셋째 지리, 넷째 장수의 자질, 다섯째 진법이다.[18]

춘추시대『손자병법』의 저자 손무孫武 역시 전술의 3대 요소로서 천시, 지리, 사람을 열거하고 그중 사람을 핵심 요소로 지목하였다. 다만 병가의 인간과 유교의 인간은 크게 다르다. 전국시대 오기吳起의 일화는 사람 목숨을 도구로 인식하는 병가의 관점이 잘 드러나 있다.

> 오기는 장군이 되자 언제나 하급 병졸들과 의식衣食을 같이 했고 누울 때도 자리를 까는 법이 없었으며 행군할 때도 수레에 타지 않았다. 또 자기가 먹을 양식은 자기가 가지고 다니는 등 병사들과 수고를 나누었다. 언젠가 병졸 가운데 종기를 앓는 사람이 생기자 오기는 그를 위해 고름을 입으로 빨아내었다.

---

17 한나 아렌트, 김정한 옮김,『폭력의 세기』, 이후, 1999, 123쪽.
18 孫子曰, "兵者, 國之大事, 死生之地, 存亡之道, 不可不察也. 故經之以五事, …… 一日道, 二曰天, 三曰地, 四曰將, 五曰法."(『손자병법』,「계計」)

병졸의 어머니가 그 소식을 듣고는 소리 내어 울었다. 어떤 사람이 의아하여 묻기를 "당신 아들은 병졸에 지나지 않는데도 오기 장군이 친절하게 종기를 빨아주기까지 하였는데, 어찌하여 우는 것이오?" 그 어미가 말하기를 "그런 것이 아닙니다. 옛날 그 장군은 아이 아비의 종기를 빨아주었습니다. 아이 아비는 감격하여 분투하다가 결국 전사하고 말았습니다. 오기 장군이 지금 또 아들의 종기를 빨아주었으니 아들도 아비처럼 결국에는 어디선가 전사할 것이 아닙니까? 그래서 우는 것입니다" 하였다.

_『사기』, 「손자오기열전孫子吳起列傳」

잘 알려진 오기연저吳起吮疽(오기가 종기를 빨다), 연저지인吮疽之仁(종기 빨아주는 거짓 인)이라는 고사가 출현하는 대목인데, 사람을 용병의 도구로 보는 병가의 인간관이 잘 드러나 있다. 오기는 사람 심리를 꿰뚫어보고 생명을 전투에 이용했다. 이것이 병가의 인사人事다. 오기가 병사를 '위하여' 종기를 빨아준 것이라지만, 그 '위하여'의 종착역은 거꾸로 오기 장군 본인을 '위하여' 병사들이 죽는 것이다. 사람이 인격체가 아니라 고작 군사력의 한 요소, 사물로 전락했다. "백성을 가르치지 않고 전쟁에 동원하는 것을 백성을 내버리는 짓이라 한다"(『논어』, 13:30)던 공자의 경고가 이 대목에 부합한다.

반면 맹자의 인화人和는 사람도 중요하지만, 외려 '화和'에 방점이 찍힌다. 즉 사람의 관계가 핵심이다. 상하, 주종이 '함께 더불어 호흡하는 상태'가 인화다. 맹자가 천시, 지리보다 인화가 중요하다고 말한 것은 기술적 차원이 아니다. 국가 생존의 최후 마지노선이 인화에 달려 있기 때문이다. 앞서 "백성과 함께 지키되, 백성이 죽더라도 나라를 떠나려 하지 않는다면 이건 해볼 만한 일"(2:13)이라 했을 때, 거기 여민과 민불거民不去(백성이 떠나지 않으려 함) 속에도 인화가 가득하다.

인화는 공자의 화이부동이 분명하게 드러내었듯 나와 상대방이 서로 다름을 인정한 바탕에서 상호 간 이해(和=不同)를 통해 공감대를 형성하는 경지다(『논어』, 13:23). 여민주의는 차이를 인정하면서(이질성) 함께 관계를 맺어(관계성) 더 큰 하나로 융합한다(우리)는 점에서 인화와 똑같다. 화이부동의 맹자식 표현이 여민동락이자 인화인 것이다.

요컨대 맹자의 평천하 전략은 두 가지다. 첫째는 '날카로운 병장기로써 천하에 위세를 떨치지 못한다'라는 반전주의, 둘째는 '군자는 싸우지 않을지언정 싸우면 반드시 이긴다'라는 왕도주의다. 요약하면 인자무적仁者無敵이다(12:8, 14:4 참고).

참고　천시, 지리, 인화는 전국시대의 상투어였다. 순자는 "농부가 농사에 전념하여 온 힘을 다하면 위로는 천시를 잃지 않고, 아래로는 지리를 잃지 않고, 가운데로는 인화를 얻어서 뜻대로 되지 않는 일이 없으리라"(『순자』, 「왕패王霸」)고 하였다. 순자의 천시는 농사철을, 지리는 지력地力을, 인화는 분공分工을 가리킨다는 점에서 맹자의 용법과는 다르지만 용어는 같다(양백준).

병가에서 천시, 지리, 인사는 전투의 기본 요소로 인식되었다. 전국시대 노중련魯仲連은 「요성의 연나라 장군에게 보내는 글」의 첫머리에

"나는 지혜로운 자는 때(時)를 어기지 않고, 이로움(利)을 버리지 않는다고 들었다"라고 하였고, 또 맹상군孟嘗君과의 토론에서 "군주는 반드시 때를 알고(知時), 천체의 운행을 알며(知行), 합당함을 알아야 한다(知宜)고 강조한 바도 있다."[19]

훗날 한나라 때의 저작이지만, 춘추전국시대의 사상을 종합했다고 평가되는 『회남자』에도 같은 인식이 보인다.

> 전쟁에서 은밀히 논의해야 할 것은 천도天道이고, 상세히 살펴야 할 것은 지형地形이며, 분명히 해야 할 것은 인사人事다. 그러나 승리를 결정짓는 것은 핵심적 형세(鈐勢)다."
>
> _『회남자』, 「병략兵略」[20]

다만 형세를 중시하는 병가와 달리, 맹자는 인화를 중시한 것이 둘 사이의 차이점이다. 한편 천시, 지리, 인화는 『삼국사기』에도 인용되어 일찌감치 우리 땅에 『맹자』가 전래되었음을 보여준다.

> 그러므로 맹자기 말하기를 '천시와 지리는 인화만 하지 못하다'라고 하였다.[21]

---

19 바이시, 앞의 책, 163쪽.

20 유안, 앞의 책, 281쪽.

21 故孟子曰, 天時地利, 不如人和(『삼국사기』, 「고구려본기」, 보장왕 27년조 논찬).

4:2. 모든 전제권력에 반대한다

孟子將朝[22]王. 王使人來曰, "寡人如就見[23]者也, 有寒疾[24], 不可以風. 朝, 將視朝, 不識可使寡人得見乎?"

對曰, "不幸而有疾, 不能造[25]朝."

明日, 出弔於東郭氏[26]. 公孫丑曰, "昔者辭以病, 今日弔, 或者不可乎?"

曰, "昔者疾, 今日愈[27], 如之何[28]不弔?"

王使人問疾, 醫來.

孟仲子[29]對曰, "昔者有王命, 有采薪之憂[30], 不能造朝. 今病小愈, 趨造於朝, 我不識能至否乎?"

使數人要[31]於路, 曰, "請必無歸, 而造於朝!"

不得已而之景丑氏[32]宿焉.

22　將朝(장조): 조회에 나가다. '將'은 가다. '朝'는 조회하다.

23　如就見(여취현): 왕이 맹자를 스승으로 여겨 '찾아가서 뵈려 했다'는 것. 그러나 속뜻은 감기를 핑계로 나에게 오라는 것(해설 참고). '如'는 마땅히. '就'는 나아가다. '見'은 뵙다.

24　有寒疾(유한질): '有'는 ~ 때문에. '寒疾'은 감기.

25　造(조): 나아가다. '참석하다'라고 번역했다.

26　東郭氏(동곽씨): 제나라 대부.

27　愈(유): 병이 낫다.

28　如之何(여지하): 왜, 어떻게.

29　孟仲子(맹중자): 맹자의 종형제로서 맹자에게서 수업하였다(조기).

30　采薪之憂(채신지우): 몸이 아파 땔나무조차 구하지 못한다는 뜻으로 겸사다. '사소한 질병'이라고 번역하였다. '采'는 캐다. '薪'은 땔감.

31　要(요): 맞이하다, 기다리다. '邀(요)'와 같다. "죽이려는 사태를 맞아要而殺之"(9:8)에도 같은 용례가 있다.

景子曰, "內則父子, 外則君臣, 人之大倫也. 父子主恩, 君臣主敬. 丑見王之敬子也, 未見所以敬王也."

曰, "惡[33], 是何言也! 齊人無以仁義與王言者, 豈以仁義爲不美也? 其心曰, '是何足與言仁義也' 云爾, 則不敬莫大乎是! 我非堯舜之道, 不敢以陳[34]於王前, 故齊人莫如我敬王也."

景子曰, "否; 非此之謂也. 禮曰, '父召, 無諾[35]; 君命召, 不俟駕[36].' 固將朝也, 聞王命而遂[37]不果, 宜與夫禮若不相似然."

曰, "豈謂是與? 曾子曰, '晉楚之富, 不可及也; 彼以其富, 我以吾仁; 彼以其爵, 我以吾義, 吾何慊[38]乎哉?' 夫豈不義而曾子言之? 是或一道也. 天下有達尊三: 爵一, 齒[39]一, 德一. 朝廷莫如爵, 鄉黨莫如齒, 輔世長民[40]莫如德. 惡得有其一以慢其二哉? 故將大有爲之君, 必有所不召之臣; 欲有謀焉, 則就之. 其尊德樂道, 不如是, 不足與有爲也. 故湯之於伊尹, 學焉而後臣之, 故不勞

---

32 景丑氏(경추씨): 제나라 대부. '景'씨는 제나라 명문거족. 강姜씨(강태공의 후예)를 몰아낸 전田씨와 함께 과두 체제를 구성한 가문이 진陳씨, '景'씨다(전씨와 진씨는 동성이라는 설도 있다).

33 惡(오): 감탄사. '아니!'라고 번역하였다.

34 陳(신): 진술하다. '아뢰다'라고 번역했다.

35 諾(락): 느리게 대답하다. 반대는 '즉답하다'를 뜻하는 '唯(유)'. 『예기』에 "아버지가 부르시면 늦추어 답하지 않는다父命呼, 唯而不諾"고 하였다.

36 俟駕(사가): '俟'는 기다리다. '駕'는 말에 멍에를 씌우다.

37 遂(수): 드디어, 끝내.

38 慊(겸): 부족하다. '거리끼다'라고 번역하였다.

39 齒(치): 나이, 연세.

40 輔世長民(보세장민): '輔'는 보좌하다. '世'는 세대. '長民'은 백성을 기르다. 경세제민經世濟民과 같다.

而王; 桓公之於管仲, 學焉而後臣之, 故不勞而霸. 今天下地醜[41]德齊, 莫能相尚[42], 無他, 好臣其所教, 而不好臣其所受教. 湯之於伊尹, 桓公之於管仲, 則不敢召. 管仲且猶[43]不可召, 而況不爲管仲者乎!"

맹자가 왕을 조회하러 나서려는데 왕이 사람을 보내 전갈했다.

"제가 마땅히 찾아뵈어야 하는데 감기 때문에 찬바람을 쐴 수가 없습니다. 아침에 조회를 볼 터인데 거기서 만나뵐 수 있을지 모르겠습니다."

맹자, 대하여 말씀하시다.

"불행히 나도 병이 나서 조회에 참석할 수가 없군요."

다음 날 맹자가 동곽 씨에게 조문하러 집을 나서자, 공손추가 말했다.

"어제는 병을 구실로 왕명에 응하지 않으시고, 오늘은 조문을 가신다니 사람들이 잘못되었다고 하지 않을까요?"

맹자, 말씀하시다.

"어제는 병이 있었고 오늘은 나았으니 왜 조문하지 못하겠는가?"

왕이 사람을 보내어 문병하고 의원도 보내왔다.

맹중자가 대하여 말했다.

---

41 醜(추): 같다.

42 尙(상): 뛰어나다.

43 且猶(차유): ~조차도.

"어제는 왕명이 있었으나 사소한 질병이 있어 조회에 참석할 수 없었습니다. 오늘 차도가 있어 날듯이 조정으로 가셨는데, 도착했는지는 제가 알지 못하겠습니다."

사람들로 하여금 길목을 지키게 하고서 전하기를

"결코 집으로 돌아와서는 안 됩니다. 조정으로 납시기 바랍니다."

부득이 맹자는 경추 씨 집에 가서 묵었다. 경자⁴⁴가 말했다.

"안으로는 부자간이, 바깥으로는 군신 간이 사람의 큰 윤리입니다. 부자간은 은혜를 주로 삼고 군신 간은 공경을 주로 삼습니다. 저는 왕께서 선생을 공경하는 것은 보았으나 선생께서 왕을 공경하는 것은 보지 못했습니다."

맹자, 말씀하시다.

"아니, 이게 무슨 말씀이오! 제나라 신하들 가운데 왕에게 인의를 말하는 사람이 없는 것이 어찌 인의를 불미스럽게 여겨서이겠소? 그들 마음에 '왕과 더불어 어찌 인의를 논할 수 있으랴' 하고 여긴 때문이니⁴⁵ 임금을 불경하기가 이보다 더 큰 것이 없지 않겠소! 나는 요순의 도가 아니면 감히 왕 앞에 아뢴 적이 없으니, 그렇다면 제나라 신하들이 나만큼 왕을 공경하지 않는 것이외다."

---

44 景子(경자): 경추 씨를 말한다.

45 자기 임금(제선왕)을 두고 "인과 지는 주공도 미진한 터에 하물며 왕에게 있어서이겠습니까?"라던 진가陳賈라는 자(4:9), 또 맹자를 희롱하려다가 왕을 비아냥거리는 속내를 드러내고만 윤사라는 자(4:12)가 여기 해당한다.

경자가 말했다.

"아닙니다. 그런 것을 말하는 게 아닙니다. 예법에 이르기를 '아버지가 부르시면 늦추어 답하지 않고, 임금이 명으로 부르면 말등에 멍에 얹기를 기다리지 않는다'라고 하였습니다. 선생은 당초엔 조회에 나가려 하셨다가 왕명을 받고는 도리어 수행하지 않았으니, 아마도 예법에 맞지 않는 듯하다는 것입니다."

맹자가 말했다.

"어떻게 그런 말씀을! 증자는 '내가 진나라와 초나라의 부유함에는 미칠 수 없으나 저들이 부유함으로 으스댄다면 나는 인으로 상대하고, 저들이 벼슬로 으스댄다면 나는 의로 상대할 터. 내가 거리낄 게 뭐가 있으랴!'라고 했지요. 증자가 어찌 옳지 않은 말씀을 했겠습니까! 이 역시 하나의 도리일 것이외다. 세상에는 누구나 어디서든 존중해야 하는 것이 세 가지 있는데 벼슬이 그 하나요, 나이가 그 하나요, 덕이 그 하나올시다. 조정에서는 벼슬만 한 것이 없고, 마을에서는 나이만 한 것이 없으며, 경세제민[46]에는 덕만 한 것이 없습니다. 어찌 셋 중에 하나를 가지고 나머지 둘을 업신여길 수 있으리오! 그러므로 큰일을 도모하려는 임금은 반드시 '불러들일 수 없는 신하'가 있어야만 합니다. 그와 무엇을 논의하려면 임금이 그를 찾아가야만 합

---

46 經世濟民(경세제민): 원문은 보세장민輔世長民이다.

맹자, 마음의 정치학 1

니다. 임금이 이만큼 덕을 존중하고 도[47]를 즐길 수 없다면, 그로서도 임금과는 함께 큰일을 도모할 수 없는 노릇입니다.

그러므로 탕임금은 이윤에게 가서 배운 다음 신하로 삼았기에 힘들이지 않고 천하의 왕자가 될 수 있었고, 환공도 관중에게 가서 배운 다음 신하로 삼았기에 힘들이지 않고 패자가 될 수 있었던 것이외다. 오늘날 천하 국가들이 땅 크기가 비슷하고 능력도 비등해서 특출한 나라가 없는 까닭은 다름 아니라 자기가 가르칠 수 있는 자는 신하로 삼기 좋아하면서 가르침을 얻을 만한 사람은 신하로 삼기 좋아하지 않기 때문이지요.

탕임금은 이윤을, 환공은 관중을 감히 오라 가라 못 하였소이다. 관중조차 호출할 수 없었거늘 하물며 관중 따위가 되지 않으려는 사람에게라면 어찌해야 할까 보오!"[48]

해설

여기서부터는 현실 정치가로서 맹자의 처신이 다뤄진다. 이 장은 특별히 주목을 요한다. 모든 전제정치despotism/tyranny[49]에 반대하고,

---

47 道(도): 왕도, 곧 '요순의 도'를 말한다.

48 앞서 맹자가 곧 천하가 통일되리라는 전망을 하고 있음을 보았는데(1:6) 문제는 어떤 통일이냐는 것이다. 다양성을 인정하는 여민 체제냐, 아니면 전제정치냐가 여기 제선왕에 굴복하느냐(신하가 되느냐), 아니면 스승이 되느냐에 달려 있다.

다원사회의 원칙을 보존하는 것만이 '왕도=여민 체제'의 핵심 조건임을 천명하는 곳이기 때문이다.

전제專制란 무엇인가. 서양 근대 철학자 파스칼Blaise Pascal의 표현을 빌리자면 "다음과 같은 진술은 거짓이며 전제적이다. '내가 잘생겼으니까 나는 존경을 받아야 한다. 나는 힘이 세다. 따라서 사람들은 나를 사랑해야 한다……' 혹은 '나는 …… 어떠하다' 등등. 전제는 하나의 수단을 통해 그 수단이 아닌 다른 수단으로만 얻을 수 있는 것을 얻고자 하는 바람이다. 우리는 서로 다른 자질에 대해서는 서로 다른 의무를 지고 있다. 즉 사랑은 매력에 대한 적절한 반응이며, 두려움은 힘에 대한, 믿음은 학습에 대한 적절한 반응이다."[50]

지금 제선왕은 권력의 힘만으로 다른 가치, 곧 나이와 덕을 가진 맹자를 굴복시키려 한다는 점에서 전형적으로 전제를 행사하고 있다. 파스칼

---

49 전제정치는 데스포티즘despotism과 티러니tyranny라는 두 가지 다른 단어로 표현된다. 티러니는 원래 고전 고대의 정체 유형의 하나다. 왕의 자격이나 적격성이 결여된 자가 권력을 장악, 찬탈하는 사태를 나타내며 참주정僭主政으로 번역된다. 통치의 정통성 결여를 문제로 삼는다는 함의는 서구에 계승되어 17세기 영국의 사회계약설과도 연계되었고, 정당한 권한이 없는 지배 일반이 티러니라는 개념으로 확립된다. 그러나 18세기 후반 이후 데스포티즘이라는 개념과 섞여 양자의 구별이 어려워진다. 데스포티즘은 국민을 자의적恣意的 또는 노예적으로 지배하는 정치나 정치적 자유를 억압하는 체제를 말한다. 17세기 후반 프랑스에서 생겨난 조어다. 원래는 아리스토텔레스가 가정에서 노예를 지배하는 주인despótes의 권력을 나타내는 데 사용한 데스포티아에서 유래한다. 이 말은 자유인을 노예처럼 지배하고 있다고 하여 동양의 여러 제국을 비판할 때도 사용되었다(정치학대사전 편찬위원회 편, 『21세기 정치학대사전』, 아카데미아리서치, 2002의 '전제정치' 항목 참조).

50 Blaise Pascal, *The Pensées*, trans. J. M. Cohen, Harmondsworth, England, 1961, p.96(no. 244); 마이클 왈저, 정원섭 외 옮김, 『정의와 다원적 평등』, 철학과현실사, 1999, 54쪽에서 재인용.

의 말을 반복하자면, "하나의 수단을 통해 그 수단이 아닌 다른 수단으로만 얻을 수 있는 것을 얻고자" 한다. 이 장에 묘사된 맹자의 신경질적인 반응, 아니 떨리는 분노는 바로 제선왕의 전제주의적 자행恣行 때문임을 우리는 분명히 인식해야 한다.

더 본질적인 문제는 전제정치가 맹자와 제선왕의 개인적 관계에 국한되지 않는다는 점이다. 현대 정치철학자 마이클 왈저Michael Walzer의 말을 빌리자면, "정치적 삶에서 가치들에 대한 전제적 지배는 백성에 대한 지배로 나아간다."[51] 즉 이 장은 맹자 개인의 처우를 두고 임금과 벌이는 '밀당'이 아니다. 군주의 전제정치가 지향하는 독재 체제와 전일적 지배가 자행할 인민 수탈, 국가 간 전쟁, 살육사태에 저항하는 맹자의 분투다. 그렇지 않다면 이 장은 권력자에 대한 맹자의 투정 또는 인정認定 투쟁으로 추락하고 말 것이다.

1. '밀당'

만나러 갈 것인가, 아니면 불러서 만날 것인가? 이 장은 맹자와 왕 사이에 '먼저 찾아가는 예'를 둘러싼 팽팽한 공방으로 문을 연다(1:7에서 노나라 평공과 맹자 사이에 이런 신상의 단초가 보였다). 오늘날 우리 눈에는 사소해 보일지 모르나, '왕도=여민'의 실현 여부가 이 순간에 걸려 있다. 군주가 몸소 평민을 뵈러 간다면 상대방을 현자(스승)로 대우하는 것이니 제선왕과 맹자는 사제 관계(스승-제자)가 되고, 궁궐로 오라 명하고 이

---

51   마이클 왈저, 앞의 책, 56쪽.

에 응하면 군신 관계(지배-복종)가 된다. 맹자는 전국시대가 장기 지속하는 원인이 군주들의 독단적 권력 행사 때문이라고 인식했다. 지리한 장기 전쟁 시대를 깨트릴 수 있는 유일한 방책은 군주가 현자를 스승으로 섬기고, 그의 지혜를 빌려 덕력을 발산하는 나라를 만드는 것이었다. 그 역사적 사례가 탕임금과 이윤의 관계다. 즉 "탕임금은 이윤에게 가서 배운 다음 신하로 삼았기에 힘들이지 않고 천하의 왕자가 될 수 있었"다. 거꾸로 현자의 처지에서도 자신을 스승으로 섬기지 않는 임금에게는 군이 지혜를 제공할 이유가 없다. 즉 "임금이 이만큼 덕을 존중하고 도를 즐길 수 없다면, 그로서도 임금과는 함께 큰일을 도모할 수 없는 노릇"이다.

다급한 사람은 군주다. 기나긴 '국가 간-전쟁-상태(전국시대)'를 종식하는 일은 당시 정치가들의 도덕적 책무이기도 했지만, '천하를 경영하려는(王天下)' 욕망 실현의 차원에서도 시급한 일이었다. 목마른 사람이 우물을 파야 하는 법. 왕도가 아니라 패도로 천하를 주무를 수 있었던 제환공조차도 관중을 스승으로 삼았기에 가능했던 일 아닌가. 그렇다면 공식은 간단하다. "큰일을 도모하려는 임금은 반드시 '불러들일 수 없는 신하'가 있어야만 합니다. 그와 무엇을 논의하려면 임금이 그를 찾아가야만 합니다."

정치학적 차원에서 읽자면, 맹자를 자기 휘하에 두고서 상명하복의 권력 관계 속에 집어넣으려는 제선왕의 권력적 정치관과, 천하통일을 꿈꾸는 군주라면 스승-제자의 상여相與 관계 수립이 우선이라는 맹자의 여민주의 정치관이 충돌하고 있는 현장이다. 그 팽팽한 대결이 제선왕과 맹자 사이의 '밀당'으로 표출되고 있다. 감기가 걸려서 찾아뵐 수 없으니

맹자, 마음의 정치학 1

조회할 때 만날 수 있겠느냐는 제선왕의 요구는 곧 둘의 관계를 상하, 지배-복종의 권력적 형태로 재설정하자는 뜻이다. 곧 내 명을 받아 집행하는 관리가 되라는 것. 한편 나도 병이 있어서 조회할 때 만날 수 없다는 맹자의 대응은 나는 그대의 명을 받는 관리가 아니라 그대의 초빙에 응하는 '현자=스승'이라는 뜻이다.

군주가 직접 만나러 가느냐, 아니면 그를 불러와서 만나느냐는 맹자가 천하에 실현하려는 혁명적 비전, 즉 '왕도=여민 체제'의 분수령이다. 따라서 공자의 꿈을 계승하여 덕치를 실현할 '정치사상적 책무'를 자임한 맹자의 처지에서는 한 치도 양보할 수 없는 일이다. 맹자는 지금 백척간두의 끝에 서 있다.

2. 요순의 도

그렇다면 맹자는 무엇을 실현하고자 임금과 '밀당'을 벌이고 있는가? 본문에 "나는 요순의 도가 아니면 감히 왕 앞에 진술한 적이 없다"라고 하였으니 '요순의 도'가 무엇인지 알아야겠다.[52]

첫째는 사람을 잘 알아서 적재적소에 배치하는 것이다. 곧 지인知人과 용인用人에 요순 정치의 핵심이 있다. "순임금이 천하를 얻고서 사람들 가운데 고요의 사람됨을 알아보고 등용하였더니, 사악한 사람들이 회개하여 착한 사람으로 바뀌었다"[53]라는 말에 요순 정치의 구조가 담겼다.

---

52 『논어』 등 유교 경전을 총괄하여 정리해보겠다.
53 舜有天下, 選於衆, 擧皐陶, 不仁者遠矣(『논어』, 12:22).

사람을 알아보고 등용하려면 우선 군주가 사람다운 사람이 어떤 존재인지 배워야 하고, 또 정무를 파악해야 한다. "순임금은 질문하기를 좋아하였고, 실제에 근접한 대답을 좋아하였다"[54]라는 『중용』의 구절이 이 뜻이다. 지금 제선왕과 맹자 사이의 '밀당'은 이쯤에 위치한다. 임금이 배우려 하지 않고 외려 맹자를 선전propaganda에 이용하려 들기 때문이다(이를테면 '맹자 같은 현자가 내 나라에 와 있다. 이것은 문왕의 초빙에 백이와 태공이 응한 것과 같다'라는 식).

둘째는 분권 정치다. 일찍이 공자는 "순임금과 우임금은 천하를 소유하였으되, 각 분야에는 관여하지 않았다"[55]라고 하였다. 여기 '관여하지 않음(不與焉)' 세 글자에 순임금의 정치가 들어 있다. 그 결과 "순임금은 신하 다섯을 기용하여 천하를 잘 다스렸다"[56]니 적어도 공자는 요순의 정치적 성공에 분권 정치가 작동했다고 인식했다(맹자식 표현으로는 여인與人이 곧 분권 정치다).

요순의 도가 지닌 세 번째 특징은 정치와 행정의 분리다. 전임자 요임금은 하늘과 백성의 뜻을 물어 전권을 순임금에게 양여했다고 했는데, 이는 정치 영역이다(9:4, 9:5). 한편 정권을 양도받은 순임금은 분야(치수, 치화, 교육, 농경, 총괄)를 나눠 다섯 신하에게 임무를 분속시켰으니 이는 행정의 자율성을 의미한다. 정치와 행정을 구분한 것이 요순의 정치임을

---

54 舜好問而好察邇言(『중용』, 제6장).

55 舜禹之有天下也而不與焉(『논어』, 8:18).

56 舜有臣五人而天下治(『논어』, 8:20). 신하 5인은 치수 담당 우禹, 치화 담당 익益, 농경 담당 직稷, 교육 담당 설契, 총괄(재상)에 고요皐陶 등이다.

알겠다. 분권에는 책임이 동반되기 마련이다.

즉 책임 정치가 네 번째 요순의 도다. "순임금은 공공을 유주에 유배했고, 환두를 숭산에 유폐했으며, 삼묘는 삼위에서 죽였고, 곤은 우산에서 처형하였습니다"(9:3)라는 지적은 분권을 통해 맡긴 각자의 임무를 장관들이 수행하지 못한 것에 대한 징벌로 이해할 수 있다.

끝으로 정치와 행정은 유기적으로 소통한다. 한마디로 대화 정치다. 앞에 "순임금은 남과 소통하기를 잘하였다. 자기를 버리고 남을 좇고 남의 선을 취해 자기 것으로 만들기를 즐겨했다"(3:8)라고 하였다. 또 『중용』에도 "조언들 가운데 잘못된 것은 버리고 적절한 것은 대안으로 수용했다. 그 대안의 양단을 잡아 그것을 시행할 만한 합당한 사람을 등용하여 일을 맡겼다. 이 점이 순임금을 순임금답게 한 것일 따름"[57]이라고도 했다. 이는 일종의 정치 과정 또는 운영 방식이라고 할 만한 것으로 요순 정치를 요순 정치답게 만든 기반이 소통에 있음을 말해준다.

요컨대 여민주의, 분권 정치, 책임 행정, 소통 과정이 '요순의 도'라고 할 수 있다. 맹자 사상의 혁명성은 분권과 분리, 권한과 책임, 대화와 소통으로써 권력자 중심의 독재 체제를 무너뜨리고자 한 데 있다.

3. 다원사회론

이 장에서는 맹자가 꿈꾼 이상사회론이 개진된다는 점에 주목하자. 자율적인 자립 공간이 다양하게 공존하는 이른바 다원적 사회 구

57　隱惡而揚善, 執其兩端, 用其中於民. 其斯以爲舜乎(『중용』, 제6장).

성이 맹자의 정치사회론이다. 맹자는 최소한 삼분三分의 다원사회를 전제하고 있다. 권력의 세계(위계), 마을의 세계(나이) 그리고 '국가 경영·교육의 세계(덕)'가 각기 자율적이면서 자립적으로 존재하는 '삼원三元사회론'이다. 맹자는 이 다원사회론을 증자에게서 계승했다고 하였는데 각각 다른 곳에서 그 단서들을 찾아볼 수 있다. 첫째 '국가 경영·교육의 세계'가 가진 자율성은 8:31에서 확인할 수 있다. 거기서 증자는 무성 사람들의 존경을 받았다고 했으니 이는 유덕자가 사회에서 존귀한 영예를 누렸음을 증명하는 예가 된다. 또 증자는 교장으로 초빙된 마을에서 난리가 났을 때 학교를 숨기고 학생들을 피신시켰다. 이 역시 교육 세계의 자율적이며 자립적인 위상의 증거가 된다.

둘째, 권력 세계와 교육 세계가 각기 자립적이고 자율적이라는 점은 10:6에서 확인할 수 있다. 거기서 현자인 자사子思는 군주인 노목공의 말을 불쾌하게 여겨 관계를 끊는다. 권력의 세계에서는 목공이 군주이므로 상위자이지만, 교육의 세계에서는 본인이 노목공보다 상위자(스승)이므로 상호 공경의 관계여야 한다고 보았기 때문이다. 이는 유덕자와 권력자가 구별되고, 권력 세계와 교육 세계가 각기 구분된 공간이므로 접촉할 때는 상호 공경의 예로써 회합해야 한다는 증거다(독립된 존재들이 서로 접촉할 때는 예가 중요한 도구가 된다).

셋째, 마을의 세계에서 연장자가 높은 지위를 누리는 것은 동서를 막론하고 전통사회의 현저한 특징이다(다양한 인류학 보고서들이 이를 증명한다). 대표적으로 『삼국유사』의 기사를 보면 일연은 신라의 초창기 왕호인 이사금을 설명하면서 유리왕의 장자인 노례가 석탈해에게 왕위를 양보한 까닭으로 "신성한 지혜가 있는 사람은 이빨이 많다고 한다. 이에 떡을 물어서 이빨을 비교하였더니 탈해가 많았다"[58]라고 해설한다. 이 기사는 전통사회에서 연장자가 권력자(군왕의 아들)를 이기는 사례를 보여준다(나이를 연치年齒라고도 표현하는 데서 이빨=나이의 등식을 이해할 수 있다).

또 성리학자들이 향약鄕約 공동체를 건설하면서 사회 계급보다 연장자를 존중하는 규약을 우선으로 삼았던 것도 이런 유습이다. 예컨대 주희는 '향약의 우두머리(약정約正)'를 "나이 많고 덕스러운 어른들 중에서 선택한다"(『증손여씨향약增損呂氏鄕約』)라고 규정하였다. 따라서 "주희의 향약 규정에서 연치는 예속상교 규정 가운데 첫 번째 항목인 서열과 윗사람에 대한 준수 내용에 해당한다. 결국 연치는 신분 고하를 뛰어넘어 공동체 내에서 연령이 갖는 존경을 표시하는 것이며, 이것은 향약 시행의 본질이라고 할 수 있다."[59] 공동체 내부에서 장유유서는 누구에게나 수용되는 상식적이고 보편적인 규범인 것이다(2:3에서 보듯 국가 내부의 다원 사회론은 국제적 차원에서는 다원주의 국가론으로 펼쳐진다. 그러므로 여민주의는 단지 군신, 군민 간의 정치적 관계뿐만 아니라, 사회 구성 및 천하 구성에까지 관철되는 맹자 정치철학의 기본 구조다).

요컨대 유교사회론의 원형은 조정, 마을, 학교의 영역이 각각 지립적으로 구성되고, 자율적 가치를 보유하는 다원적 사회임을 분명하게 인식

---

58 尼師今. 言謂齒理也. 初南解王薨. 子弩禮讓位於脫解. 解云. 吾聞聖智人多齒. 乃試以餠噬之(『삼국유사』, 「남해왕」).

59 윤인숙, 「조선시대 향약의 구현을 통한 사문화士文化의 확산」, 김경호 · 손병규 엮음, 『전근대 동아시아 역사상의 사士』, 성균관대학교출판부, 2013, 203~204쪽.

하자. 맹자는 다원사회론이 분립과 분권, 소통을 요소로 한 순임금의 왕
도 이론을 기원으로 한다고 확신했다. 그러나 춘추전국시대는 사회적 다
양성이 정치권력의 폭압적 위세에 무너져가는 과정이자, 독점 권력이 전
체 사회를 전일적으로 지배하는 추세였다. 유교 사상가들(공자, 증자, 자사
및 맹자)은 이런 전제화 추세와 다양성의 소멸, 권력 내부로 통합 서열화
하는 풍조에 맹렬하게 저항한 것이다(춘추전국시대 정치권력의 전일화專一化
는 오늘날 시장자본주의가 세계화하면서 금권이 모든 사회 분야를 지배하는 독점 양
상과 흡사하다. 참고를 볼 것).

참고　현대의 정치이론가 마이클 왈저는 다원적 정의론, 다원적 평등론을
펼쳤다. 그의 주장을 개괄하면 맹자의 생각에 아주 가깝다.

> 다원적 정의가 보장하는 다원적 평등이란 다양한 사람들이 다양
> 한 활동과 역할을 통해 다양한 삶의 목표를 추구하고, 다양한 삶
> 의 방식을 영위한다고 해도 이들 간에 어떠한 위계적 질서도 존
> 재하지 않는 상태, 즉 삶의 다양성이 보장됨으로써 다양한 삶이
> 비교 불가능한 자율적 가치를 갖는 상태를 말한다.[60]

다양한 삶을 영위한다고 해도 어떠한 위계도 존재하지 않는 상태를
정의justice로 이해하는 왈저의 정의론은 맹자의 삼원사회론 및 상호

60　연구모임 사회 비판과 대안 엮음, 『현대 정치철학의 테제들』, 사월의책, 2014, 214쪽.

존중의 관계를 수립하겠다는 비전과 상통한다. 나아가 "정치란, 비록 그것이 가장 중요한 것일지라도, 사회 활동의 수많은 영역들 가운데 하나에 지나지 않는다. 보다 넓은 정의관이 요구하는 것은 시민들이 번갈아 통치하고 통치받는 것이 아니라 그들이 어떤 영역에서는 주도하지만, 다른 영역에서는 주도를 당하는 것이다"[61]라는 주장도 맹자의 삼원사회론을 현대적으로 번역한 것이라 여겨질 정도다.

왈저는 현대 자본주의 사회의 과제가 "다원적 정의를 실현하기 위해서 하나의 재화(화폐)를 다른 재화로 둔갑시킴으로써 지배적 재화의 등장을 가능하게 하는 사회적 연금술이 해체되어야 하는 것"이라고 주장한다. 다양한 재화(권력, 영예, 재력, 교육)가 지닌 사회적 가치들 간의 경계를 유지하여 각 재화들이 저마다 자율성을 갖고 분배되게 하는 '분화의 예술'이 필요하다는 것이다. 그리고 "이런 역할을 담당하는 것은 다름 아닌 민주주의 국가다"[62]라고 결론짓는다. 독점적 전제 권력을 부정하는 것이 민주주의의 역할이라는 주장인데, 왈저를 맹자의 번역자로 여겨도 잘못이 아니다.

61　마이클 왈저, 앞의 책, 485쪽.
62　위의 책, 42~43쪽.

4:3. 맹자, 농락당하다

陳臻[63]問曰, "前日於齊, 王餽[64]兼金[65]一百, 而不受; 於宋, 餽七十鎰[66]而受; 於
薛[67], 餽五十鎰而受. 前日之不受是, 則今日之受非也; 今日之受是, 則前日之
不受非也. 夫子必居[68]一於此矣."

孟子曰, "皆是也. 當在宋也, 予將有遠行, 行者必以贐[69]; 辭曰[70], '餽贐.' 予何
爲不受? 當在薛也, 予有戒心; 辭曰, '聞戒, 故爲兵餽之.' 予何爲不受? 若於
齊, 則未有處也. 無處而餽之, 是貨[71]之也. 焉[72]有君子而可以貨取[73]乎!"

진진이 물었다.

"전날 제나라에서는 왕이 순금 100일을 드렸을 때 거절하셨는
데, 그에 앞서 송나라에 계실 적엔 70일을 드린 것은 받으셨고,
또 설나라에서는 50일을 준 것도 받으셨습니다. 저번에 거절한

---

63 陳臻(진진): 맹자의 제자(조기).

64 餽(궤): 주다. '饋(궤)'와 같다.

65 兼金(겸금): 값이 두 배인 황금. '순금'이라고 번역했다. 여기 '兼金'은 황동黃銅이란 설도
있다.

66 鎰(일): 20냥 또는 24냥.

67 薛(설): 나라 이름.

68 居(거): 택하다.

69 贐(신): 전별금. '노잣돈'이라고 번역했다.

70 辭曰(사왈): 글로써 말하다. 곧 예를 갖추었다는 뜻.

71 貨(화): 뇌물.

72 焉(언): 어찌, 어떻게.

73 取(취): 농락하다(주희).

것이 옳다면 이번에 수령한 것이 잘못일 것이고, 이번에 수령한 것이 옳다면 저번에 거절한 것이 잘못일 터입니다. 선생님께서는 반드시 둘 가운데 하나를 택해야 옳을 듯합니다만."

맹자, 말씀하시다.

"둘 다 옳다. 송나라에서는 곧 먼 길을 떠날 참이었다. 길 떠나는 사람에게는 노잣돈을 반드시 챙겨주는 법이다. 예를 갖춰 '전별금입니다'라고 써 보냈으니 어찌 받지 않을 수 있겠더냐? 또 설나라에서는 경계하는 마음이 있었다. 예를 갖춰 '경계하신다고 들었습니다. 경호비용입니다'라고 써서 보냈더군. 받지 않을 이유가 있겠더냐? 제나라의 경우는 해당하는 근거가 없었다. 까닭 없이 보내는 금품은 뇌물로 매수하려는 것이지. 어찌 군자가 뇌물에 농락당하는 수가 있다더냐!"

해설

제나라는 끝까지 맹자를 모욕하고 조롱한 것이다. 애당초 왕도를 논하는 맹자를 앞에 두고 제선왕이 '나는 용맹을 좋아합니다-여색을 좋아합니다-돈을 좋아합니다'라고 말장난을 할 때부터 희롱이 시작됐던 터다(2:5). 끝 마당에서도 제나라는 대국이니까 떠나는 맹자에게 수만 금을 안기며 "먹고 떨어져라!"는 식이었던 것. 그러나 맹자는 마음이 깃들지 않은 선물은 뇌물이라며 툭 쳐내고 말았다. 담담하게 모욕을 버티는 맹자에 주목할 일이다. 뒤에서 선물이랍시고 보낸 물건에 뜻(志)이 깃들지 않았다면 답례하지 않아도 좋다고 하였고(12:5), 또 발로 차서 주는 밥은 굶어 죽더라도 받아먹지 않으면서 수만 금을 주면 예와 의를 따져 보지도 않고 덜컥 받는 것은 본디 마음을 잃은 짓(11:10)이라고도 했다. 다들 통한다.

소국인 송나라와 설나라가 전별금으로 보낸 재화는 그 액수가 제나라의 것보다 적었지만 예의를 갖췄고 또 용처가 분명했다. 송나라 경우는 노잣돈, 설나라 경우는 경호비용이었던 것. 수령할 맹자의 처지를 감안하여 예를 차린 것이니, 주는 쪽이나 받는 쪽이나 의리(義)에 합당하다. 이런 경우는 예물이다. 그러나 제나라에서 보낸 순금 100일이라는 큰 액수는 맹자의 처지를 전혀 고려하지 않았을뿐더러 용처도 불분명했다. 이는 무례한 짓이요, 무례한 선물은 예물일 수가 없다. 이에 맹자는 그것을 뇌물(貨)로 여기고 '군자를 돈으로 사려는 짓'으로 규정하였다. 공자도 "군자란 천하에 꼭 해야만 할 것도 없고, 반드시 하지 말아야 할 것도 없어 다만 의를 기준으로 삼을 뿐"(『논어』, 4:10)이라 했으니 참고가 된다.

결국 맹자는 제나라 군주에게 왕도 정치를 설득하는 데 실패하였다. 선왕에게 눈앞의 이익이 아닌 여민 체제로의 혁신을 간곡히 권하였으나 마지막 대우조차 돈으로 몸을 사는, 입막음의 뇌물이었다는 점에서 맹자의 실패는 처절하다. 제나라를 떠나는 맹자의 발걸음이 무거웠을 것은 불문가지. 그러나 자기 뜻을 펴지 못한 사사로운 감정을 넘어서, 반 천년에 이르는 암흑시대(춘추전국)를 끝낼 마지막 기회를 놓친 것에 대한 탄식이 발걸음을 더 무겁게 했으리라. 그 아쉬운 마음이 제나라를 떠나는 맹자의 발걸음을 더디게 했다. 어정거리는 걸음을 두고 윤사라는 자가 조롱하고 맹자가 해명하는 일도 이즈음 일어났다(4:12).

참고 공자는 부잣집 제자인 자화子華에게는 먼 길의 심부름을 시키고도 사례를 하지 않으려 했으나, 가난뱅이 제자 원헌原憲에게는 억지로 일을 맡기고 봉급을 챙겨주었다. 부잣집 제자에게 일을 맡기고 사례를 하지 않는 것도 이치에 합당하고, 가난뱅이 제자에게 일한 만큼 사례를 하는 것도 이치에 합당하다(『논어』, 6:3). 이를 시중時中이라 하는데, 유교에서 가장 중시하는 바다(『중용』이란 이름의 책이 유교 경전 가운데 하나인 까닭이다).

시중이란 처한 상황에 따라 적절하게 판단하고 이치에 합당한 행동을 선택하는 것이니, 혹 겉으로는 앞뒤가 상반되어 보일 수도 있다. 곧 현상적으로는 다를 수 있으나 그 속의 맥락은 다를 바 없는 것이 시중이다. 그러므로 남을 판단할 때는 겉만 아니라 그 속살에도 유념해야 한다. 겉말이나 행위에 휘둘려서는 안 되고, 말의 내력과 행동의 속내를 깊이 파악할 수 있어야 한다. 그제야 "사람을 잃지 않고, 또한 말도 잃지 않는다."(『논어』, 15:7)

4:4. 공직은 위탁받은 권력이다

孟子之平陸[74], 謂其大夫[75]曰, "子之持戟之士[76], 一日而三失伍[77], 則去[78]之否
乎?"

曰, "不待三."

"然則子之失伍也亦多矣. 凶年饑[79]歲, 子之民, 老羸[80]轉於溝壑, 壯者散而之
四方者, 幾千人矣."

曰, "此非距心[81]之所得爲也."

曰, "今有受人之牛羊而爲之牧之者, 則必爲之求牧與芻[82]矣. 求牧與芻而不
得, 則反諸其人乎? 抑亦[83]立而視其死與?"

曰, "此則距心之罪也."

他日, 見於王曰, "王之爲都者[84], 臣知五人焉. 知其罪者, 惟孔距心." 爲王誦[85]之.
王曰, "此則寡人之罪也."

---

74 平陸(평륙): 노나라와 제나라의 접경지. 산동성 문산현汶山顯 북쪽에 있었다(양백준).
75 大夫(대부): 속읍의 성주. '수령'이라고 번역하였다. 아래 주석 84의 '爲都者'와 같다.
76 持戟之士(지극지사): 창을 든 전사. '戟'은 창. '근위병'이라고 번역했다(참고를 볼 것).
77 伍(오): 항오. 5인을 한 조組로 짠 군대 편제의 기본 단위. '대오隊伍'라고 번역했다.
78 去(거): 죽이다(주희).
79 饑(기): 굶주리다.
80 老羸(노리): 노약자. '羸'는 여위다.
81 距心(거심): 공거심. 평륙 땅 대부의 이름.
82 牧與芻(목여추): 풀밭과 여물. '牧'은 기르다. '풀밭'으로 번역했다. '芻'는 꼴, 여물.
83 抑亦(억역): ~이 아니면.
84 爲都者(위도자): 성주. '爲'는 '治(치)'와 같다. 참고로 '爲政者(위정자)'는 나라를 다스리는 자.
85 誦(송): 외다. 읊다.

맹자, 마음의 정치학 1

맹자가 평륙 땅에 가서 그곳 수령을 만나 말하였다.

"당신의 근위병 가운데 하루에 세 번 대오를 이탈한 자가 있다면 죽이겠소, 살려두겠소?"

그가 말했다.

"세 번까지 기다릴 것도 없습니다."

맹자가 말했다.

"그러하다면 그대 역시나 대오를 이탈한 적이 많더군요. 흉년이 들어 굶주린 해, 그대의 백성 가운데 노약자들은 도랑과 골짝에 굴러 떨어지고 장정들은 천지 사방으로 뿔뿔이 흩어져 그 숫자가 수천을 헤아립디다."

수령이 말했다.

"그건 제가 할 수 있는 일이 아닙니다."

맹자가 말했다.

"여기 남의 소와 양을 위탁받아 기르는 사람이 있다고 하면, 반드시 가축에게 풀밭과 여물을 구해주어야 할 것이외다. 한데 풀밭과 여물을 구하려 해도 얻지 못한다면 가축을 맡긴 사람에게 돌려주어야겠소, 아니면 그냥 서서 죽어가는 꼴을 보고 있어야겠소?"

수령이 말했다.

"아, 그건 저의 허물이 맞습니다."

훗날 맹자가 왕을 만나보고 말했다.

"왕의 지방 수령 가운데 제가 아는 사람이 다섯인데, 그 가운데 자기 허물을 아는 사람은 공거심 하나뿐입디다."

그러고는 일화를 들려주었다. 왕이 말했다.

"그건 저의 허물입니다."

해설

2:6의 "왕의 신하 가운데 처자식을 친구에게 맡기고 초나라로 간 사람이 있다고 합시다. 돌아와 보니 맡겼던 처자식이 추위에 얼고 굶주려 있다면 그 친구를 어떻게 하겠습니까?"라는 질문과 같은 유형의 대화다. 다만 거기서는 '벗에게 맡기다'라는 능동형이 여기서는 남의 가축을 '위탁받다'라는 수동태로 바뀌었다. 앞에서는 하늘이 군주에게 백성을 맡긴 것이요, 여기는 수령이 군주로부터 백성을 위탁받은 것인데, 주술 관계가 바뀌었을 뿐 다 마찬가지다. 뒤의 '백성이 가장 귀하다(民爲貴)'고 웅변하는 장(14:14)에서도 천자는 '인민=하늘'로부터 위탁받은 권력이지만 제후 이하 대부 등은 천자가 수여한 권력임을 논설하는데, 이들과 '지방 수령=목자'에게 위탁된 임무는 그 뜻이 같다.

이 장의 주제는 '공직자란 무엇인가?'이다. 공자의 정명 사상이 밑에 깔려 있다. "임금은 임금답고, 신하는 신하다우며, 아비는 아비답고, 자식은 자식답다君君臣臣, 父父子子"(『논어』, 12:11)라는 격언의 변주가 이 장이다. 맹자의 정명론 해석에 앞서 공자의 정명론을 특화하여 계승 발전시킨 것으로 전국시대의 명실론名實論이 있었다(이 주제를 전문적으로 다룬

맹자, 마음의 정치학 1

학파가 명가다. 즉 이 장은 명가와의 영향 관계를 드러내고 서로 가치를 공유하는 곳이다).

여기서는 맹자가 공직을 목축에 비유했다는 사실에 특별히 주의하자. 목축의 비유는 차후 지방 행정의 상징으로 정착한다. 우리에게 낯익은 정약용의 『목민심서牧民心書』에도 이런 역사가 들어 있는데, 지방관을 목민관牧民官이라고 별칭하는 것 역시 여기서 유래했다. 문자학적으로 '牧(목)'은 '政(정)'이나 '教(교)'와 유형이 같은 글자다. 세 글자 모두 '攵(복)'을 공유하고 있다. '攵'은 '치다', '채찍질하다'는 뜻으로 본래 상형은 '攴(복)'이다. '攴'은 오른손(又)에 채찍(卜)을 쥐고 있는 모양이니 '채찍을 든 손'이 원래 뜻이다. 여기 '牧'은 가축인 소(牛)와 채찍(攵)이 합쳐진 글자이고, '教'는 배움(學)과 회초리(攵)가, '政'은 정당성(正)과 무기를 든 손(攵), 곧 폭력이 합쳐진 글자다.

여기서 정치(政)에 대한 유교의 오래된 정의인 "정치란 곧 올바름이다 政者, 正也"(『논어』, 12:17)를 문자학의 맥락에서 살펴보자. 여기에는 폭력(攵)을 정치의 전부로 오해하던 춘추시대 군주들에게 정치란 폭력이 아니라 실은 정당성(正)임을 가르치려는 뜻이 서려 있다. "政者, 正也(정자, 정야)"란 말과 내용의 합치, 즉 언어의 신뢰를 회복하는 일임을 강조한 것이다. 부연하면 "군주는 군주답고, 신하는 신하다움"이라고 할 때 '언어(군주)=내용(다운 군주)'의 정합성을 회복하는 행위가 곧 정치라는 경책이다.

그렇다면 지방 수령(공거심)에게 행정을 목축에 비유해 이야기한 맹자의 의도를 쉽게 추측할 수 있다. '牧' 가운데 '牛(우)'는 생명을 상징하고

'攴(복)'은 통제와 폭력을 상징한다. 목자는 채찍(폭력)을 손에 쥐지만, 그 채찍은 소와 양을 목초지로 인도하기 위함이다. 산 생명을 살릴 때만 채찍(폭력)이 정당화된다는 뜻이 여기 숨어 있다. 즉 목자(언어)는 살림(의미)일 때만 밥을 먹을 수 있다는 뜻이다. 『성경』의 "하나님은 나의 목자시니……"라는 비유가 여기서도 관통한다. 목자에게는 양떼, 곧 생명이 살아갈 수 있게끔 초지와 여물을 제공해야 할 책무가 있듯, 수령(목민관)은 관할의 백성, 곧 사람의 생명이 살아갈 수 있도록 그 생존 환경을 제공할 책임이 있다. 이것이 이해되어야 "여기 남의 소와 양을 위탁받아 기르는 사람이 있다고 하면, 반드시 가축에게 풀밭과 여물을 구해주어야할 것이외다. 한데 풀밭과 여물을 구하려 해도 얻지 못한다면 가축을 맡긴 사람에게 돌려주어야겠소, 아니면 그냥 서서 죽어가는 꼴을 보고 있어야겠소?"라는 맹자의 진술을 올바로 이해할 수 있다.

그러나 현실은 정반대다. 당시 목자들은 소의 생명은 아랑곳 않고 폭력만 휘두른다. 사람을 살리기는커녕 살해하고 있다. "그러하다면 그대역시나 대오를 이탈한 적이 많더군요. 흉년이 들어 굶주린 해, 그대의 백성 가운데 노약자들은 도랑과 골짝에 굴러 떨어지고 장정들은 천지 사방으로 뿔뿔이 흩어져 그 숫자가 수천을 헤아립디다." 이름이 실제와 분리되니 정치는 폭력이 되었으며 생명은 죽음이 되었다. 저 뒤에 "옛날 관문은 침탈을 막으려고 만들었는데, 오늘날 관문은 수탈을 하려고 만드는구나!"(14:8)라는 개탄이나, 앞서 보았던 "사람을 죽이는 데 곤장을 쓰는 것과 창칼을 쓰는 것 사이에 차이가 있습니까?"(1:4)라는 질책이 이 장 밑에 깔려 있다. 공직과 권력은 사람을 살리는 도구이지 결코 창칼의 손잡이가 아니라는 항변이 이 장의 전제다(이어지는 4:5에서 지와蚳鼃의 언책言責에 대한 논의도 같은 맥락이다).

그렇다면 이 차이를 어떻게 메울 것인가. 마음, 구체적으로 정의를 잣는 수치심에 열쇠가 있다. 맹자가 공거심이라는 구체적인 성명까지 거론하면서 그를 칭찬한 까닭은 잘못을 인정하고 부끄러워할 줄 아는 마음, 즉 '수치심=책임감'을 새로운 정치를 형성할 핵심으로 여겼기 때문이다. 공직자가 잘못을 느끼고 부끄러워하는 마음이야말로 폭력으로 타락한 권력을, 생명을 살리는 본래의 정치로 전환하는 문지방이다. 여기서 왜 수오지심, 즉 "부끄러움이 정의의 단서羞惡之心, 義之端"(3:6)인지 올바로 알게 되고, 나아가 왜 군신유의君臣有義, 즉 정의가 정치적 관계의 중심 가치인지 알게 된다. 부끄러움이 왜 정의의 단서인가? 부끄러움은 불의의 감촉, 즉 옳고 그름의 경계를 '인식한 증거'이기 때문이다. '내가 잘못을 저질렀구나!'라는 느낌이 부끄러움이므로, 이는 곧 불의의 감각이다. 불의의 한계선을 기억하고 다시는 그 선을 넘지 않을 때 정의의 경계선이 형성되므로 정의의 단서가 되는 것이다.

해석하자면, 공직자는 상부의 명령을 생각 없이 집행하는 기계, 즉 '행정 기술자'가 되어서는 안 된다. 정권이 바뀔 때마다 고위 공직자들이 능치는 '공무원에게는 영혼이 없다'라는 발뺌은 그냥 넘어가서는 안 되는 말이다. 기능주의, 전문주의, 관료주의에 빠져 있는 공직자의 '숨은 꿈'은 보신保身인 경우가 대부분이다. 그 출발점이 부끄러움을 무시하는 것이다. 맹자는 부끄러움(마음)은 공직자의 문턱이요, 사람과 짐승을 가르는 경계선임을 누누이 역설한다. 저 뒤에 나오는 "부끄러움이 없다면 사람이라고 할 수 없다"(13:6)라는 극언이나 "기변機變이 교묘한 자는 부끄러움이 소용 닿지 않는다"(13:7)라는 비판도 같은 맥락이다. 공직자는 행정 기술을 잘 아는 지자智者에 그쳐서는 안 되고, 공직의 의미를 반추하는 식자識者에까지 나아가야만 한다. 공직의 의미를 모른 채 상부의 지시를 기술적으로 집행하는 데만 능한 지자는 머지않아 '덕을 해치는 도적'인 향원鄕原으로 타락할 가능성이 크다고 맹자는 경고한다(14:37).

놀라운 것은 맹자에게 공거심의 참회를 전해 듣고 그 책임을 자신에게 돌리는 제선왕의 반응이다. "그건 저의 허물입니다."(앞서 가족을 맡기고 떠난 친구의 비유를 들었을 때와는 다른 반응이다. 많이 늘었다, 제선왕!) 그러나 달리 보면 제선왕이야말로 정말 무서운 자다. 맹자의 말에 겉으로는 동의하는 척하면서 속마음은 주지 않았다. 그는 권력 정치의 원리를 체득한 영민한 젊은 군주임에 분명하다. 권력의 맛을 아는 자다. 유들유들하고 솔깃해하면서도 결정적인 변화 앞에서는 발걸음을 멈춘다. 가진 것이 많기 때문이리라(루소, 『에밀』 참고). 맹자는 이 점을 안타까워하지만, 아마 변하지 않을 사람인 줄도 알고 있었을 것이다. 4:14에서 맹자가 토로한 바 "숭 땅에서 내가 왕을 만나고 나올 때 진작 떠나려는 뜻을 품었더랬다"라는 말에서 이런 유추가 가능하다.

참고 본문에서 지극지사持戟之士를 '근위병'으로 번역하였다. 실은 사士 자체가 일반 병졸과 다르다. 장기판을 보면 알 수 있다. 장기는 한漢나라와 초나라의 전쟁을 게임으로 만든 것인데, 거기서 한나라 군졸은 병兵으로, 초나라 군졸은 졸卒로 되어 있다(이 둘을 합치면 병졸이 된다). 반면 사는 두 나라 모두 궁궐 안에서 왕을 수호하는 군인이다. 왕궁을 수비하는 군주 직할의 근위병, 번역하면 청와대 경호원이 사인 셈이다. 그들이 들고 있는 극戟이라는 무기도 특수하다. 극은 낫 모양의 창인 '과戈'와 뾰족한 미늘을 단 '모矛'를 합쳐서 만든 특별한 무기다. 이에 지극지사는 첨단 복합무기를 든 특수부대 용사이니 여기선 근위병으로 번역한 것이다.

춘추시대 『논어』나 전국시대 『맹자』는 오랜 전쟁의 시대에 나온 책이면서도 무기의 명칭(예컨대 검劍, 도刀, 창槍, 과戈)이 거의 출현하지 않는다. 역시 인의와 덕으로 폭력의 시대를 극복하려 했던 유교 텍스트답다. 죽음과 살상이 일상이었던 춘추전국시대를 살았으면서도 책에서 무기를 거의 언급하지 않았다는 사실은 공자와 맹자가 그런 살상 도구를 본능적으로 증오했다는 무의식을 드러내는 것이리라.

孟子謂蚔鼃⁸⁶曰, "子之辭靈丘⁸⁷而請士師⁸⁸, 似也, 爲其可以言也. 今旣數月矣, 未可以言與?"

蚔鼃諫⁸⁹於王而不用, 致⁹⁰爲臣而去.

齊人曰, "所以爲蚔鼃則善矣; 所以自爲, 則吾不知也."

公都子⁹¹以告.

曰, "吾聞之也: 有官守者⁹², 不得其職則去; 有言責者⁹³, 不得其言則去. 我無官守, 我無言責也. 則吾進退, 豈不綽⁹⁴綽然有餘裕⁹⁵哉?"

맹자가 지와에게 일러 말씀하시다.

"그대가 영구 땅 수령을 그만두고 감찰관을 청한 것은 잘한 듯하오. 언로를 담당하는 직책이 감찰관이지요. 한데 감찰관이 된 지

86 蚔鼃(지와): 제나라 대부의 이름.
87 靈丘(영구): 제나라 소읍.
88 士師(사사): 판관判官 또는 옥리獄吏. 여기서는 간쟁하는 역할이라 '감찰관'으로 번역했다.
89 諫(간): "諫은 군주의 정치적 결정에 잘못이 있을 때 면전에서 그것을 지적하는 것이다. 이를 통해 군주가 군대와 국가에 관한 대사를 처리할 때 범하는 오류를 적시에 시정할 수 있게 하였다."(바이시, 앞의 책, 131쪽)
90 致(치): 사직하다. '致仕(치사)'로도 많이 쓴다. '致仕'는 벼슬을 그만둔다는 뜻.
91 公都子(공도자): 맹자의 제자.
92 官守者(관수자): 맡은 직책이 있는 관리. 행정 실무자를 말한다.
93 言責者(언책자): 간쟁하는 직책. 간관諫官을 말한다.
94 綽(작): 너그럽다.
95 裕(유): 넉넉하다.

여러 달이 지났건만 아직 임금께 간언한 실적이 없습니다, 그려?"

지와가 왕에게 간언하였으나 받아들여지지 않자 사직하고 조정을 떠났다.[96]

제나라 사람이 비아냥거렸다.

"맹자가 지와에게 한 말은 반듯한데, 맹자 본인이 하는 짓은 나는 잘 모르겠네."

공도자가 말을 전했다.

맹자, 말씀하시다.

"내 들기로 맡은 직책이 있는 관리는 직무를 완수하지 못하면 물러나고, 언로를 담당하는 관리는 간언이 행해지지 않으면 직을 버린다고 하였다. 나는 맡은 관직도 없고 간언할 책임도 없다. 내 어찌 진퇴에 여유작작하지 않을까 보냐!"

해설

맹자는 자신의 처지를 "나는 맡은 관직도 없고 간언힐 책임도 없다"라고 하였다. 그렇다면 제나라에서 맹자의 정치적 지위는 어떠했을까? 앞서 제선왕은 맹자를 자기 휘하의 관리로 삼을 의도를 보였고, 맹

---

96 간관은 "세 번을 조언해도 임금이 들어주지 않으면 사직한다三諫不聽則去"(『예기』)라고 하였다. 이 밑에는 군주부터 일개 사에 이르기까지 공직자라면 누구든 자기 직분을 수행하지 못하면 사직해야 한다는 직업 윤리가 깔려 있다.

자는 감연히 왕의 스승을 자처하였음을 보았다(4:2). 한편 제나라가 맹자에게 부여한 지위는 대부였다. 대부는 최고위 관직이다. 진짜 대부는 독립된 영지(家)를 소유한 자족적인 권력자로, 수도에서 군주와 정무를 의논하는 정승(卿)들이 이에 속한다(10:2 참고).

그런데 전국시대 중후기에 이르러 대부라는 명칭은 상당히 부풀려졌던 듯하다. 앞서 나온 공거심도 지방 도성의 수령인데 대부로 칭한 것 역시 방례가 된다. 당시 열대부列大夫라는 명칭도 있었다. 제나라가 부국강병을 위한 군주 자문단을 꾸릴 적에 천하의 현자들을 초빙하면서 그들에게도 대부라는 명칭을 부여하고 후한 대우를 했다. 여기서 형성된 지식인 집단이 직하학궁이었다. 사마천에 따르면 직하학궁에 초빙된 선생들을 "모두 열대부에 임명하였다皆命曰列大夫."(『사기』,「맹자순경열전」) 열대부는 직함만 대부지 실제는 명예직에 불과했던 것으로 보인다. 중국의 학자 바이시의 설명을 빌리면, 열대부란 다만 '대부 반열에 드는 지위'라는 뜻으로 직하학궁 학자들에게 제공된 지위와 대우를 보여주지만, 이들은 실제 관직을 보유한 진짜 대부들과는 달랐다. 열대부가 정식 관료에 속하지 않았다는 증거로 직하학궁의 대표적 학자였던 순우곤이 "평생 직위가 없었다終身不仕"라고 했다거나, 전병田騈이 "벼슬을 하지 않는다고 공언하였다設爲不宦"라고 한 『사기』의 기록을 들 수 있다. 이는 열대부로 임용된 학자들이 자유로운 지식인 신분을 유지하였음을 보여준다. 다만 일정한 작위爵位가 있었기에 대부에 상응하는 경제적 대우를 누렸다. 그들은 큰 저택에 거주할 뿐만 아니라 "상대부의 봉록을 누렸으며受上大夫之祿", 심지어 전병처럼 "천종의 봉록을 받고, 문하생이 100명이었으며, 벼슬살이를 안 했지만 부유하기는 벼슬아치를 넘어서는"[97] 인물도 있었다.

이 설명에 따르면 맹자에게 부여된 경卿이라는 작위도 여기 열대부에 해당하는 것이고, 맹자에게 제공된 경제적 지원(4:10)도 정식 봉급이 아니라 정치적 자문료의 성격이었음을 추론할 수 있다. 당시 지식인들의 생계는 이런 예물에 크게 의존했던 것으로 보이는데, 군주의 자문료든 학생의 수업료든 정해진 액수가 있거나 정기적인 급여는 아니었던 듯하다. 예물을 주고받는 예법이 매우 섬세하게 작동했던 사례에서 유추할 수 있고(10:4), 결정적으로 맹자 스스로 "봉록을 받지 않았다"(4:14)라고 고백했던 점에서 그러하다. 제나라에서 맹자의 정치적 위상은 직하학궁 소속의 비참여적 순수 학자도 아니고, 그렇다고 정부의 정식 관리도 아닌, 자유로이 군주에게 정치적 조언을 하는 대부급 정치 고문(카운슬러), 곧 '빈사賓師'로 보는 것이 합당할 듯하다.

주희는 "맹자는 빈사의 지위로서 봉록을 받지 않았다. 그래서 그 진퇴의 즈음이 여유작작할 수 있었다"(『맹자집주』)라고 주석하였고, 청나라 고증학자 최술崔述도 맹자의 정치적 위상을 빈사, 즉 '초빙된 군주의 스승'으로 보았는데 이게 가장 사실에 가까울 것이다(『맹자사실록孟子事實錄』). 바로 나음 4:6에서 "맹사가 세나라 정승으로서 등나라 조문 사질을 인솔하였다"라는 것은 열대부(명예직 대부)가 군주의 대리인 자격으로 국가 외교에도 참여하였음을 보여준다. 물론 실무를 주관한 사람은 맹자를 동반한 부관으로 진짜 대부이자 제선왕의 복심이었던 왕환王驩이다.

97　바이시, 앞의 책, 127쪽.

4:6. 함께하지 못할 자

孟子爲卿[98]於齊, 出弔於滕[99]. 王使蓋大夫[100]王驩[101], 爲輔行[102]. 王驩朝暮[103]
見, 反[104]齊滕之路, 未嘗與之言行事也.

公孫丑曰, "齊卿之位, 不爲小矣; 齊滕之路, 不爲近矣, 反之而未嘗與言行事,
何也?"

曰, "夫旣或治之, 予何言哉!"

맹자가 제나라 정승으로서 등나라 조문 사절을 인솔하였다[105].
왕이 합 땅의 대부 왕환을 부사로서 수행하게 하였다. 왕환이 아

---

98 卿(경): 정승. 장관급 이상의 벼슬. 제후의 상대부上大夫도 '卿'이라 한다. 여기서는 객경客
卿이다(4:5 해설 참고).

99 滕(등): 나라 이름.

100 蓋大夫(합대부): '蓋'은 제나라의 속읍(下邑). 산동성 기수현沂水縣 서북쪽 80리에 있었다.
"진중자陳仲子의 형 대戴는 합에서 나오는 봉록이 만종이다兄戴, 蓋祿萬鍾"(6:10)에 나온 합
과 같은 곳이 분명하다. 염약거閻若璩에 따르면 "절반은 국가에서 다스리는 읍으로 왕환이
관리하고, 절반은 공경 귀족의 사읍私邑으로 진씨 가문이 대대로 소유하였다."(양백준)

101 王驩(왕환): 자오子敖라고도 한다. 제선왕이 총애한 근신近臣의 이름. 노평공의 총신 장창
과 유사한 자다(2:16). 맹자는 여러 대목에서 왕환을 증오했다(해설 참고).

102 輔行(보행): 부사副使. '輔'는 돕다.

103 朝暮(조모): '朝'는 아침. '暮'는 저녁.

104 反(반): 돌아오다. '返(반)'과 같다.

105 出弔於滕(출조어등): 등나라 문공의 장례에 맹자가 정사正使로 간 것인데, 등나라는 소국
이므로 객경인 맹자를 대리로 보낸 것이다. 맹자는 등문공에게 등용되었던 터였으니, 감
회가 깊었을 것이다. 이에 계본季本의『맹자사적도보孟子事績圖譜』에는 "맹자는 친히 가서
조문하여 생전에 모셨던 군주의 죽음에 큰 예로써 대하고 싶었기 때문"이라고 그 뜻을
유추하였다(양백준).

맹자, 마음의 정치학 1

침저녁으로 맹자를 뵈었지만, 등나라로 갔다가 제나라로 돌아오는 길에도 맹자는 행사에 관해 그와는 한마디도 나누지 않았다. 공손추가 말했다.

"제나라 정승의 지위[106]가 작은 자리가 아니며, 제나라에서 등나라가 가까운 거리도 아닌데 일을 보고 돌아오는 동안 그와 행사에 관해 한마디도 나누지 않으시니 어째서인지요?"

맹자, 말씀하시다.

"이미 누가 일을 다 처리했는데, 날더러 무슨 말을 하란 건가!"

해설

지금 맹자는 제나라 임금을 대리하여 조문 사절을 이끄는 사절단 책임자로 임명되었다. 객경客卿의 지위는 임시적이고 의례적인 것이었지만, 맹자는 이것이 실제 정사에 개입하여 생각을 펼 수 있는 계기가 되기를 바랐던 것 같다. 그러나 제선왕은 심복인 왕환을 따라 붙여 맹자를 수행하게 하였으니, 실권은 부사副使인 왕환에게 있었다. 맹자는 병실名實, 곧 이름과 실질이 어긋난 허울뿐인 처지가 되어 꼭두각시놀음을 하는 형국이었다. 부사인 왕환이 정사正使인 맹자를 아침저녁으로 깍듯이

---

106 齊卿之位(제경지위): 주희는 '齊卿(제나라 정승)'이 구체적으로 왕환을 가리킨다고 본다 ("왕환이 아마 경을 대행하여 간 듯하다. 이에 제경이라고 말한 것이다"). 그러나 나는 문맥상 맹자를 가리키는 것으로 본다(해설 참고).

찾아뵈었으니 겉보기에는 최상의 예의를 차린 듯하지만, 실제 외교상 업무는 전결로 처리하였으니 맹자로서는 할 일이 없었던 것.

맹자가 제나라로 온 까닭은 그저 밥벌이를 위해서가 아니었다. 전국시대라는 대혼란을 극복할 대안(왕도)을 제시하고 실천하여 평화의 시대를 열기 위해서였다. 스스로를 책상에 앉아 머리로만 새 시대를 꿈꾸는 한낱 서생이 아니라 직접 세상을 개조할 정치가요, 새로운 문명을 건설할 창조자로 여겼던 터다.

젊고 가능성 있는 제선왕을 통해 왕도를 회복하려던 맹자의 시도를 방해하는 이가 왕환이었다. 그는 눈에 띄게 무례하거나 적대적이지 않다는 점에서 더욱 치명적이었다. 왕환은 겉으로는 깍듯이 맹자를 예우하였지만, 뒤로는 군주와 맹자 사이에서 "햇볕을 하루 쪼이고 열흘을 차갑게 내버려둔다면 살아남을 수 없으리라"(11:9)와 같은 행동을 자행하는 장본인이었다. 맹자는 겉보기에는 흠잡을 수 없이 성실하고 매끈하지만 실제로는 요순의 나라로 더불어 함께 가지 못할 악종을 향원이라 일컬었는데, '아는 자가 더 무섭다'라는 속담 속 향원에 대한 설명을 들어보면 꼭 여기 왕환을 지명하는 듯하다(14:37의 해설 참고).

예를 차리는 듯하면서 사실상 독단적으로 업무를 처리하는 왕환에 대해 맹자는 침묵으로 분노를 표현했다. 이것이 "제나라로 돌아오는 길에도 맹자는 행사에 관해 그와는 한마디도 나누지 않았다"의 속사정이다. 그 속내를 알지 못한 제자 공손추가 의아하여 "제나라 정승의 지위가 작은 자리가 아니며, 제나라에서 등나라가 가까운 거리도 아닌데 일을 보고 돌아오는 동안 그와 행사에 관해 한마디도 나누지 않으시니 어째서인지요?"라고 묻자 맹자는 심드렁하게 "이미 누가 일을 다 처리했는데, 날 더러 무슨 말을 하란 건가!"라며 불편한 심기를 토로한 것이다.

왕환에 대한 맹자의 증오심을 다른 곳에서도 찾아보자. 다음은 어느 상갓집에서 벌어진 둘 사이의 팽팽한 신경전이다.

> 공항자가 아들 초상을 당했다. 우사(왕환)가 조문하러 왔다. 그가 문
> 에 들어서자 그에게 쫓아가 말하는 자가 있고, 우사가 자리를 잡자
> 그에게 붙어서 말하는 자도 있었다. 맹자는 그와 말 한마디 나누지
> 않았다. 우사가 불쾌한 듯 말했다.
> "여러 군자들이 모두 나와 같이 말을 나누는데 유독 맹자만은 나와
> 함께 말하지 않으니, 이것은 나를 무시하는 처사다."
> 맹자가 이 말을 듣고 말했다.
> "예법에 '조정에서는 남의 지위를 건너서 서로 말하지 않고, 품계를
> 넘어서 서로 인사하지 않는다'라고 하였다. 나는 예를 행하고자 하는
> 데, 자오(왕환)는 내가 저를 무시한다니 참 이상한 놈이 아닌가?"
> _ 8:27

제나라 대부 공항자의 상가에서 맹자가 왕환과 말을 나누지 않았던 것은 바로 여기 본문에서 등나라 상가에 다녀오던 맹자가 왕환을 짐짓 무시하며 침묵으로 일관한 것과 같은 이유다. 이는 왕환을 더불어 상종할 인간이 아니라고 판단했기 때문이다. "예법에 조정에서는 남의 지위를 건너서 서로 말하지 않고, 품계를 넘어서 서로 인사하지 않는다"라는

맹자의 언급은 핑계였을 것이다. 증오심이 정의를 실현하는 단서임을 상기하자. 맹자의 꿈은 서로 더불어 소통하는 사회의 건설이지만, '함께하지 못할 자'인 향원에 대해서는 철저히 증오하는 것이 또한 올바른 정치적 행동이 된다. 일찍이 공자도 "비부鄙夫들과 정사를 함께할 수 있겠더냐"(『논어』, 17:15)라며 의절하기를 권한 터였다.

하나 더 보자. 맹자와 왕환은 복잡하게 얽히는데 제자인 악정자가 왕환과 한데 어울렸던 적이 있다. 이에 대한 맹자의 반응이다.

> 제자 악정자가 자오(왕환)를 좇아 제나라에 왔다. 악정자가 맹자를 뵈러 왔다.
>
> 맹자, 말씀하시다.
>
> "자네가 어찌 나를 보러 오시는가?"
>
> 악정자가 말했다.
>
> "선생님께서는 어찌하여 이런 말씀을 하시는지요?"
>
> 맹자가 말했다.
>
> "자네가 여기 온 게 언제인가?"
>
> 악정자가 말했다.
>
> "어제입니다."
>
> 맹자가 말했다.
>
> "어제라니까 내가 이런 말을 하는 것이 또 마땅하지 않은가?"
>
> 악정자가 말했다.
>
> "유숙할 여관을 얻지 못해 그렇게 되었습니다."

맹자가 말했다.

"자네는 여관을 얻은 다음에 어른을 찾아뵙는다고 배웠는가!"

악정자가 말했다.

"제가 잘못되었습니다."

_ 7:24

지금 맹자는 의아하게 느껴질 만큼 심하게 제자를 꾸짖고 있다. 먼 길에 여장을 풀다 보면 하루 이틀 지나 스승을 뵐 수도 있는 것이지, 꼭 스승을 당일에 찾아뵈어야 하는 법이라도 있단 말인가? 우리가 보기엔 도리어 제자가 스승보다 성숙해 보이기까지 한다. 스승의 얼토당토않은 꾸지람에 "제가 잘못되었습니다"라고 고개를 조아리는 끝 대목이 그러하다. 그런데 맹자는 분이 풀리지 않은 듯, 혹은 분한 까닭을 (독자들에게) 설명하려는 듯 장을 이어서 제자를 꾸짖는다.

맹자, 악정자를 일러 말씀하시다.

"자네가 자오를 따라온 것은 고작 배불리 먹고 마시고자 함이지! 나는 그대가 배불리 먹기 위해 '옛사람의 도'를 배울 술은 미저 몰랐네."

_ 7:25

맹자가 악정자에게 극렬하게 화가 난 까닭은 그가 향원인 왕환의 사람됨을 알아채지 못하고, 고작 기름진 밥 얻어먹을 계산으로 내게 '옛사람의 도', 즉 왕도 정치를 배웠단 말인가 싶어서였다. 바로 현자와 향원을 구별하지 못하는 어리석은 눈 때문이었던 것. 하루 늦게 찾아왔다고 꾸짖은 것은 구실에 불과하였고, 속사정은 옳고 그름(의와 불의)을 따지지 않고 권력자의 꽁무니를 따라 직장을 얻으려는 제자의 행태 때문이었다. 물론 여기에는 왕환에 대한 증오와 분노가 담겨 있다. 그에 더해 멋모르고 그런 자와 어울려 한 자리 얻어보려는 제자의 꼴에 더욱 화가 치민 것이다(뒤집어보면 맹자가 악정자에게 큰 기대를 걸었음을 추측할 수 있다. 이에 대해서는 12:13 참고).

　맹자는 왕에게도 크게 실망했을 것이다. 제선왕의 잘못은 맹자를 정사로 임명해놓고 그에 합당한 책임(실권)을 부여하지 않은 것이다. 정명正名의 원칙에 어긋난 처사이니 맹자는 입을 다물었다. 그저 엉뚱한 공손추에게 "이미 누가 일을 다 처리했는데, 날더러 무슨 말을 하란 건가!"라며 역정을 낼 뿐이었다. 이를 계기로 맹자는 제나라를 떠나려는 생각을 굳혔을지 모른다. 결국 맹자의 꿈은 권력 정치의 현장에서 이용되거나 소모되고 말았다. 직하학궁의 학자들과 마찬가지로, '현자를 모시고 있다'라는 외교적 선전에 소용되는 장식품이 맹자의 실제 처지였던 것. 문득 오늘날 자본주의 사회에서 인문학자의 위상도 그와 다를 바가 없는 듯해 입맛이 쓰다.

참고　이 장은 앞의 4:5와 연결해서 읽을 수도 있다. 4:5가 '맡은 직책이 없다면 책임도 없다'는 공직의 무책無責 원칙을 제시한 것이라면, 여기 4:6은 '맡은 직책이 있다면 책임도 있다'는 유책有責의 원칙을 제시했다는 점에서 서로 부합한다.

4:7. 묵가는 들어라!

孟子自齊葬於魯, 反於齊, 止於嬴[107].

充虞[108]請曰, "前日不知虞之不肖[109], 使虞敦[110]匠事[111]. 嚴[112], 虞不敢請. 今願竊有請也: 木若以[113]美然."

曰, "古者棺槨[114]無度[115], 中古棺七寸[116], 槨稱之. 自天子達於庶人, 非直[117]爲觀美也, 然後盡於人心. 不得, 不可以爲悅; 無財, 不可以爲悅. 得之爲[118]有財, 古之人皆用之, 吾何爲獨不然? 且比[119]化[120]者, 無使土親膚[121], 於人心獨無

---

107 嬴(영): 산동성 내무현莱蕪縣 서북쪽 40리에 있었다(양백준).

108 充虞(충우): 맹자의 제자(조기).

109 不肖(불초): 닮지 않다. 자식이 '不肖'라고 할 때는 부모를 닮지 않았다는 겸사요, 제자가 쓸 때는 스승을 닮지 않았다는 인사말이다.

110 敦(돈): 감독하다.

111 匠事(장사): 관과 곽을 짜는 일.

112 嚴(엄): 다급하다.

113 以(이): '已(이)'와 같다. '너무'라는 뜻.

114 槨(곽): '椁(곽)'으로 된 판본도 있다.

115 度(도): '치수'를 말한다.

116 七寸(칠촌): 도량형 기준은 시대마다 나르다. 예건대 1척尺은 오늘날 미터법으로 30.30센티미터다. 반면 은나라 때는 1척이 15.78센티미터였다(조선탁, 앞의 책, 75쪽). '寸'은 10분의 1척에 해당하니 당시 1寸은 1.5센티미터쯤이요, '七寸'은 대략 10센티미터 두께로 보면 될 듯하다.

117 直(직): 다만.

118 爲(위): '與(여)'와 같다. '그리고'라는 뜻.

119 比(비): '爲(위)'와 같다. '위하다'라는 뜻.

120 化(화): 죽다. '死(사)'와 같다.

121 膚(부): 살갗.

憍[122]乎? 吾聞之也: '君子不以天下儉[123]其親.'"

맹자가 노나라로 가서 장례를 치르고[124] 제나라로 돌아오는 길
에 영 땅에 머물렀다.

충우가 청하여 여쭈었다.

"전날 저의 어리석음을 모르시고 관곽 짜는 일을 감독케 하셨
습니다. 당시엔 사정이 다급하여 감히 여쭐 생각을 하지 못했습
니다. 이제 삼가 여쭙습니다만, 관곽에 사용한 재목이 지나치게
호사스러운 듯했습니다."

맹자, 말씀하시다.

"먼 옛날엔 관곽에 일정한 치수가 없었다. 중고[125]에 이르러 관
의 두께는 일곱 치로 하고, 곽의 두께는 그에 맞추도록 하였다.
이건 위로는 천자로부터 아래로는 뭇 백성에 이르기까지 다 같
은 것[126]으로서 다만 보기에 아름답게 하고자 함이 아니라, 그
런 다음에야 사람의 마음에 아쉬움이 남지 않기 때문이다.

---

122 憍(교): 만족하다.

123 儉(검): 아끼다.

124 葬於魯(장어노): 맹자의 고향은 추鄒인데, 노나라에서 어머니의 장례를 치른 까닭은 무엇
일까? "맹자는 노나라 공족公族인 맹손씨孟孫氏의 후손이다. 그러므로 맹자가 제나라에서
벼슬살이를 하다가 어머니 상을 당하자 노나라로 모셔다가 장사를 지냈다."(조기)

125 中古(중고): 주공이 주례를 제정하던 때인 듯하다(조기).

126 "신체발부, 수지부모身體髮膚, 受之父母"(『효경』)라, 천자도 필부도 부모의 몸을 받아 태어
난 것은 다 같다. 그러므로 부모의 장례는 천자든 필부든 삼년상으로 동등한 것이다.

맹자, 마음의 정치학 1

합당한 재목을 얻을 수 없다면[127] 마음이 편하지 않을 것이고, 재력이 없어서 얻지 못해도 마음이 편하지 않을 터다. 재목을 구득할 수 있고 재력도 있다면 옛사람은 누구나 다 그렇게 하셨으니, 어찌 나 홀로 그렇게 하지 않겠더냐! 더욱이 죽은 사람의 살갗에 흙이 닿지 않게 한다면 사람의 마음에 더욱 흡족하지 않겠느냐! 내 듣건대 '군자는 천하를 위해 부모의 장례는 간소하게 치르지 않는다'라고 하더구나."

해설

춘추전국은 인명 경시를 넘어 상해傷害와 살육의 시대였다. 어디 주검을 관곽으로 싸고 말고 할 여가가 있었으랴. 야생 짐승처럼 죽어서 너부러진 자리가 곧 무덤이었을 터. 장례식 자체가 사치로 여겨질 판이었다. 맹자에 앞서 유행한 묵가에서 절장節葬, 곧 간략한 장례를 유포한 것도 그런 시대 풍조의 반영이었다. 묵자의 말을 들어보자.

세 치 두께의 관으로도 넉넉히 시신을 담을 수 있고, 수의 세 벌로도 추한 것을 넉넉히 가릴 수 있다. 시신을 매장함에는 밑으로는 물에

---

127 不得(부득): 예법에 규정되어 있는 재목을 얻지 못하는 것. 법제 때문에 하고 싶어도 하지 못하는 것으로 해석하기도 한다.

닿지 않고, 위로는 썩는 냄새가 나지 않을 정도면 되고, 봉분은 세 사람이 나란히 밭을 갈 정도의 너비에서 그친다. 매장하고 나면 산 사람들은 절대 오래 곡하지 말고, 곧바로 생업에 종사하도록 한다.

_ 『묵자』,「절장 하節葬下」

'장례를 간소화하자'라는 묵자의 말은 재물을 절약하자, 산 사람의 이익을 위하자는 뜻이다. 반면 상장례喪葬禮를 후하게 치르는 것은 공자 이래 유교의 대표적 의식이다. 특히 삼년상은 "위로는 천자로부터 아래로는 뭇 백성에 이르기까지" 동등하게 적용되어야 한다. 누구나 부모에게서 태어났고 또 누구나 부모의 신체를 타고났으니, 부모의 장례는 천자에게나 서민에게나 동등하게 신성한 의례이기 때문이다(이 점에서 만인은 평등하다). 물론 공자 당대부터 후장厚葬 풍속은 안팎의 반발에 봉착했다. 공자의 제자 재아가 삼년상을 비판했고(『논어』, 17:21), 제나라 재상 안영은 나라를 망칠 사치라고 공격했던 터다(참고를 볼 것!).

『맹자』에서도 등문공이 아버지 장례를 삼년상으로 확정하는 데 많은 어려움을 겪었다(5:2). 산 사람이 권력과 욕망, 이익의 포로가 된 판에 죽은 자야 물질 덩어리에 불과할 터였다. 이 시대는 이미 죽임과 죽음에 익숙한 상황이니 상례니 제례니 하는 것 자체가 사치로 여겨졌던 것이다. 이런 배경을 염두에 둘 때, 우리는 유교 삼년상의 혁명성을 느낄 수 있다.

경제 논리로 볼 때 가장 무가치한 것이 시체요, 가장 비효율적인 것이 장례식이다. 사람의 시체는 고기로 쓸 수 없고, 장례식은 효율성 제로의, 아니 노동 시간을 빼앗고 장례 물품을 소비한다는 측면에서 효율성 마이

맹자, 마음의 정치학 1

너스의 '소모적 행동'이 된다(묵자의 논리를 연장하면 여기까지 닿는다). 이런 시각으로 유교의 삼년상과 후장의 의례를 보면, 그 속에는 반反경제, 효 율성 비판, 인명 경시의 관습에 대한 저항이 담겨 있다.

사람이란 무엇인가, 삶과 죽음이란 무엇인가라는 철학적이고 성찰적 인 질문이 이 속에 들어 있다. 특히 본문 끝 구절 "군자는 천하를 위해(以 天下) 부모의 장례는 간소(儉)하게 치르지 않는다"라는 인용문은 공자에 서 증자로 계승된 말을 맹자가 되풀이한 것인데, 실은 묵가를 겨누어 비 판하는 직격탄이다. 저 뒤에서 맹자는 "묵자는 겸애를 주장하여 정수리 를 갈아 발꿈치에 이르더라도 천하를 이롭게(利天下) 할 수 있다면 행한 다"(13:26)라고 평하였다. 본문의 '천하를 위해'라는 말과 여기 '천하를 이롭게'라는 비평이 바로 겹친다.

반면 "지혜로운 임금은 언제나 공손하고 검소하였다"(5:3)라고 명토 박은 맹자나, 자공이 "우리 선생님은 따뜻하고 탁월하며 공손하고 검소 하시다"(『논어』, 1:10)라고 평했던 공자나 두루 검소함을 숭상하였음에도 "부모 장례는 간소하게 치르지 않는다"라고 하였으니 유교가 지향하는 '인문의 세계'를 넉넉히 짐작케 한다.

다시금 사람도 먹어야 생존할 수 있고, 자식을 낳아 기르는 생식 본능 을 가졌다는 점에서 짐승과 다를 바 없다. 그럼에도 미세하지만 인간만의 고유한 특성, 곧 인성人性이 존재하는 것도 사실이다. 아이가 우물에 기어 들어갈 때 발출하는 인류 공통의 측은지심을 보라! 이 사소한 사람다움 의 고유성 속에는 부모의 죽음을 안타까워하는 마음(측은지심)과 부모의 시신을 흙에 닿지 않게 하고 두텁게 장송하고자 하는 애틋한 마음(공경지심)도 함께 깃들어 있다. 유교는 이 마음이 있을 때라야 사람이요, 이 마음이 없다면 겉은 사람이되 실제는 짐승이라고 여긴다. 부모의 죽음을 아파할 줄 모르는 자가 어찌 낯선 천하 사람들의 목숨을 아낄 수 있으랴!

맹자는 살상이 습관이 되어버린 전국시대에 공자에서 증자로 계승된[128], 그러나 사라져버린 이벤트를 어머니의 장례식에 되살려 재현하고 있다. 이 이벤트는 제자 충우조차 낯설었으니 본문의 내용이 그것이다("재목이 너무 호사스러운 듯했습니다"). 그러나 맹자는 부모의 장례를 법도에 따라 치를 수 있도록 관곽과 의금衣衾을 제공하는 것이 왕도의 세계로 나아가는 첫 조치라 여겼다. 앞에서 왕도 정치의 출발을 논하는 대목이 그것이다.

> 곡식과 물고기, 자라를 이루 다 먹을 수 없고 재목을 이루 다 쓸 수 없을 정도가 되면, 곧 백성이 생명을 기르고 주검을 장송하는 데 유감이 없을 것입니다. 생명을 기르고 주검을 장송하는 데 유감이 없는 것이 왕도의 시작입니다.
>
> _ 1:3

그러나 부모의 장례를 호사스럽게 하는 낯선 풍경에 사람들은 수군수군 소문을 내고 삐죽삐죽 손가락질이 난무하였으니(더욱이 맹자가 아버지

---

128 증자가 말했다. "내가 스승님께 들건대 '사람의 일 가운데 온 힘을 다할 것은 따로 없으나, 반드시 어버이 장례(親喪)만큼은 온 힘을 다해야 한다'라고 하셨다."(『논어』, 19:17)

장례보다 어머니 장례를 후하게 치른 격이 되어 섶에 불을 붙였다) 맹자와 노평공의 회견을 비서실장 격인 장창이라는 자가 가로막는 데까지 이르렀던 터다(2:16).

우리는 유교의 삼년상과 후한 장례식이 품은 인문주의에 주목해야 한다. 사람이 화폐로, 통계로, 수치로 계량되는 지구적 규모의 시장자본주의 세계에서 살아가는 오늘날, 사람이 사람다울 수 있는 지름길이 부모의 장례를 힘껏 치르는 것이라고 생각한 사람들을 함부로 여겨서는 안 된다(유교 삼년상의 의미와 의의는 5:2 및 5:5 해설 참고).

참고 사마천의 『사기』에는 춘추시대 제나라의 재상 안영이 공자가 지나치게 의례를 중시하여 나라를 망칠 것이라고 비판하는 대목이 상세하게 나온다. 유교의 삼년상 의례와 후장 풍속, 절차와 의식을 중시하는 예악 사상에 대한 비판이 전국시대 묵가 이전, 즉 공자 당대에 벌써 있었음을 알려준다.

제나라 경공이 공자를 만난 것이 기뻐 이계尼溪의 땅으로 공자를 봉하려 하니 재상 안영이 반대하며 말했다.
"대체로 공자와 그 제자들은 고지식하여 본받을 것이 못 되고, 거만하면서 스스로 공순한 척하니 밑에 둘 수 없습니다. 무엇보다 상례를 지나치게 숭상하여 파산할 지경으로 장사를 후하게 치르니 이 나라가 그런 풍속이 되도록 할 수 없습니다. 또 여러 제후들에게 돌아다니면서 정치를 말하고 남의 물건으로 생활하니 그런 사람에게 나라를 맡길 수 없습니다. 성현들이 사라진 뒤 주 왕실이 이미 쇠약하여 예악이 붕괴된 지 오래되었습니다. 지금 공자가 화려한 예복 차림으로 오르고 내리는 예와, 나아가고 물러나는 절차를 번잡스럽게 행하고 있습니다만 여러 세대를 두고 행하더라도 그 절차를 다 배울 수 없고, 한 평생 실행해도 그 예를 다 익힐 수 없습니다. 임금께서 그를 등용하여 우리 풍속을 고치고자 하시면 백성을 위하는 일이 아닙니다."

_『사기』, 「공자세가孔子世家」

예절과 의례가 사람다움의 표지이며 문화와 문명의 내실이라는 공자의 생각과, 정치는 인민의 (경제적) 생존과 국가의 (군사적) 보존을 위주로 삼아야 하며, 예식이 생존과 보존에 장애가 된다면 금지해야 한다는 안영의 실용주의가 날카롭게 부딪치는 장면이다. 소박과 실질을 숭상하는 안영은 묵가를 거쳐 예악(문화)을 금지하는 데 이르는데, 그리되면 인간의 삶은 짐승의 생존과 다를 바 없다는 공자와 맹자의 비판에 봉착한다. 뒤에 맹자는 봉분을 만드는 의례가 부모의 시신이 노출되어 벌레들에게 뜯어 먹힌 모습을 목도한 어떤 사람의 '뜨거운 마음'에서 비롯되었다고 추리한다(5:5). 예는 외부에서 더해지는 쓸데없는 장식(문채)이 아니라 사람다움의 발로라는 것이다(11:6). 그러므로 삼년상과 후장의 풍속은 결코 재력을 자랑하거나 아름다움을 숭상하기 위함이 아니라 짐승과 다른 인간다움이 발현된 것이다. 즉 사람의 사람다운 표현이란 뜻이다.

맹자, 마음의 정치학 1

4:8. 국가는 사유물이 아니다

沈同[129]以其私[130]問曰, "燕可伐與?"

孟子曰, "可; 子噲[131]不得與人燕, 子之[132]不得受燕於子噲. 有仕[133]於此, 而子[134]悅之, 不告於王而私與之吾子之祿爵; 夫士也, 亦無王命而私受之於子, 則可乎? — 何以異於是?"

齊人伐燕.

或問曰, "勸齊伐燕, 有諸?"

曰, "未也; 沈同問 '燕可伐與?', 吾應之曰, '可', 彼然而伐之也. 彼如曰, '孰可以伐之?' 則將應之曰, '爲天吏, 則可以伐之.' 今有殺人者, 或問之曰, '人可殺與?' 則將應之曰, '可.' 彼如曰, '孰可以殺之?' 則將[135]應之曰, '爲士師, 則可以殺之.' 今以燕伐燕, 何爲勸之哉?"

심동이 맹자에게 몰래 물었다.

"연나라를 쳐도 괜찮겠습니까?"

129 沈同(심동): 제나라 신하. '沈'은 성으로 쓰일 때는 '심', 물에 가라앉는다는 뜻일 때는 '침'으로 읽는다.

130 私(사): 은밀하게, 몰래.

131 子噲(자쾌): 연나라 군주. '子'는 성씨.

132 子之(자지): 연나라 재상.

133 仕(사): '士(사)'와 같다. '벼슬할 만한 선비'라고 번역했다.

134 子(자): 상대방에 대한 존칭.

135 將(장): 아마도.

맹자, 말씀하시다.

"괜찮소. 자쾌도 사사로이 연나라를 남에게 줄 수 없고, 자지도 자쾌에게서 연나라를 받을 수 없소이다. 만약 여기 벼슬할 만한 선비가 있는데 그대가 그를 좋게 보아서 왕에게는 알리지 않고 사사롭게 당신의 벼슬과 봉록을 주고, 그 선비 역시 왕명도 없는데 사사로이 그대에게서 벼슬과 봉록을 받는 게 옳겠소? ─ 이것과 무엇이 다르겠소?"

제나라가 연나라를 쳤다. 누가 맹자에게 물었다.

"제나라가 연나라를 치도록 권했다는데, 그렇습니까?"

맹자가 말했다.

"아니오. 심동이 연나라를 쳐도 괜찮으냐고 묻기에 내가 괜찮다고 했는데, 그는 그렇게 하라는 말로 여겨 연나라를 친 것이외다. 만일 그가 누가 연나라를 칠 수 있느냐고 물었다면, 나는 천명을 받은 관리라야 칠 수 있다고 답했으리다. 여기 살인자가 있는데 누가 '저놈을 죽여도 괜찮을까?'라고 묻는다면, 누구나 '죽여도 괜찮다'라고 할 테지요. 만일 그가 '누가 저놈을 죽일 수가 있을까?'라고 묻는다면, 아마 '감찰관이라야 그를 죽일 수 있다'라고 대답할 것이오. 지금은 연나라로써 연나라를 친 셈인데, 내 어찌 그러라고 권했을까 보오?"

첫 구절 "심동이 맹자에게 몰래 물었다"의 '몰래(私)'는 제나라
가 연나라를 침략하기에 앞서 비밀리에 맹자의 의향을 떠본 것이다. 당
시 연나라 정치는 군주권을 둘러싸고 독특한 분쟁에 휩싸였다. 군주 자
쾌가 사람들의 동의를 구하지 않고 사사로이 권력을 자지에게 넘기는 바
람에 발생한 갈등이었다. 『사기』를 요약하면,

> 연나라 임금 자쾌가 재상 자지에게 왕위를 물려주려 하였는데 연나
> 라 백성이 불복하였다. 내분이 일어나 장군 시피市被와 태자 평平이
> 자지를 공격하였고 자지는 또 이에 대항하여 공세를 취하였다. 여기
> 서 장군 시피와 태자 평이 죽었다.
>
> _『사기』, 「연소공세가」

맹자는 연나라의 내분을 정당성이 결여된 사사로운 군주권 수수授受
에서 비롯한 것이라 보고, 이 사태는 바로잡혀야 한다고 판단했다. 군주
인 자쾌가 재상인 자지에게 연나라를 양여한 것은 국가를 사유물로 여긴
처사다. 맹자는 누누이 국가는 군주의 사유물이 아니라, 공물임을 강조
한다(天下爲公). 만일 국가가 사유물이라면 인민의 처지는 사유물을 기르
는 노비 또는 머슴에 불과하다(일본어 봉공奉公이 군주의 고용인, 곧 머슴이라
는 뜻이다).

이것이 심동의 질문에 맹자가 연나라를 쳐도 괜찮다고 대답한 내력이

다. 공물(국가)을 개인 소유물로 여겨 사사롭게 수여하고 양도받는 행위는 중대 범죄이기 때문이다. 그런데 제나라가 연나라를 치고 난 뒤 '맹자가 제나라를 부추겨 연나라를 정벌했다'는 소문이 돌았다. 이에 맹자는 시큰둥하게 "만일 그가 누가 연나라를 칠 수 있느냐고 물었다면, 나는 천명을 받은 관리라야 칠 수 있다고 답했으리다. …… 지금은 연나라로써 연나라를 친 셈인데, 내 어찌 그러라고 권했을까 보오?"라고 부언했다. 즉 맹자는 제나라 조정이 연나라를 침략하려는 의사를 굳혔다는 걸 알고 있었다. 연나라를 병탄하려는 의지도 알고 있었다(2:10, 2:11에는 제선왕과 맹자가 연나라 합병 문제를 논의하는 대목이 있다. 여기 4:8과 4:9는 앞의 두 장과 겹쳐서 보아야 한다).

연나라는 연나라 인민의 것이라는 게 맹자의 생각이었다. 주권재민이다. 주권재민의 철학에 기반하여 '왕도=여민 체제'를 실현하는 정치가가 천리天吏다. 하나라의 폭정을 뒤집어엎고 인민의 뜻에 부응하여 은나라를 건설한 탕임금이 천리요, 또 은나라 말기 주의 폭정을 혁명한 무왕이 천리다. 기본적으로 전국시대를 무주공산의 '열린 공간'이라고 보는 것이 맹자의 인식이다. 따라서 누구든 천하 인민의 마음을 끌어들일 덕력을 발휘한다면, 그가 동이東夷 오랑캐 출신이든 서융西戎 야만족 출신이든 관계없이 천하의 왕이 된다고 보았다. 뒤에서 "순임금은 제풍에서 태어나 부하에 옮겨 살다가 명조에서 죽었으니 동이 사람이다. 문왕은 기주에서 태어나 필영에서 죽었으니 서이 사람이다"(8:1)라고 말하기도 하였다.

그러나 고작 폭력으로 남의 나라를 복속하고, 전제정치로 타국을 지배하려는 시도라면 그것은 성공할 수도 없으려니와, 그 자체로도 "연나라로써 연나라를 친 것"과 다를 바 없다. 맹자는 연나라의 내분이 권력투쟁인 것과 마찬가지로, 제선왕이 연나라를 삼킨 것도 권력욕의 실현에 불과하다고 본 것이다. 그 결과는? 제나라 식민지배 체제에 대한 연나라 민중의 저항이었다. 이에 대해서는 다음 장에서 다룬다.

참고　서양 역사에서 국가는 중세는 물론 근세까지도 사적 소유의 대상이었다. 이른바 '국민'은 국가의 소유자인 군주에게 정치적 혹은 경제적 의미를 가진 인간이 아니라 세금 수취의 대상에 불과했다. 반면 본문에서 보듯 동아시아에서는 국가가 개인의 소유물이 아니라는 공적 의식이 매우 오래되었다. 맹자 사상의 핵심에 '국가=공공성' 및 '주권재민'과 정의 관념이 놓여 있음을 감안하면 여민주의의 가치를 새삼 확인할 수 있을 것이다. 다음은 유럽의 전통적 국가관에 대한 서술이다.

> 중세 유럽의 군주나 영주들은 자기네 신민들의 살림살이가 어떠한가에 대해 관심을 표명하는 일이 드물었다. 16세기 초에 쓰인 마키아벨리의 『군주론』도 군주가 나라의 살림살이 같은 내부 사정에 관여할 이유에 대해서는 조금도 암시하지 않는다. 국가는 영토를 정복하여 확장하거나 취득하고 또 빼앗기도 하는 일종의 재산 같은 것으로, 그저 군주가 확실하게 해야 할 것은 그 영토를 빼앗기지 않고 확실하게 자기의 지배하에 있도록 묶어두는 것뿐이었다.

실제로 마키아벨리의 글에서 국가라는 의미의 이탈리아어 스타토*Stato*가 쓰인 수백 개의 용례를 조사해보았더니 두세 번의 예외를 빼고는 모조리 목적격으로 쓰였다고 한다. 군주에게 국가는 어원이 같은 부동산estate처럼 그저 뺏고 뺏기는 어떤 것에 불과했던 셈이다. 실제로 당시 스타토는 매매의 대상이 되기도 했다.[136]

---

136 홍기빈, 『아리스토텔레스, 경제를 말하다』, 책세상, 2001, 41쪽.

燕人畔¹³⁷. 王曰, "吾甚慙¹³⁸於孟子."

陳賈¹³⁹曰, "王無患焉. 王自以爲與周公孰仁且智?"

王曰, "惡, 是何言也!"

曰, "周公使管叔¹⁴⁰監殷, 管叔以殷畔; 知而使之, 是不仁也; 不知而使之, 是不智也. 仁・智, 周公未之盡也, 而況於王乎? 賈請見而解之."

見孟子, 問曰, "周公何人也?"

曰, "古聖人也."

曰, "使管叔監殷, 管叔以殷畔也, 有諸?"

曰, "然."

曰, "周公知其將畔而使之與?"

曰, "不知也."

"然則聖人且有過與?"

曰, "周公, 弟也; 管叔, 兄也. 周公之過, 不亦宜乎? 且古之君子, 過則改之; 今之君子, 過則順之. 古之君子, '其過也, 如日月之食, 民皆見之; 及其更¹⁴¹也, 民皆仰之.' 今之君子, 豈徒¹⁴²順之, 又從爲之辭¹⁴³."

---

137 畔(반): 반란을 일으키다.

138 慙(참): 부끄러워하다.

139 陳賈(진가): 제나라 대부.

140 管叔(관숙): 무왕의 아우이자 주공의 형. 무왕의 사후 주공이 섭정을 하자 은나라 유민들과 반란을 일으키다 주공에게 토벌당하여 죽었다.

141 更(경): 고치다. (예) 갑오경장甲午更張

연나라 백성이 제나라에 반란을 일으켰다. 왕이 말했다.

"내가 맹자에게 몹시도 부끄럽구나."

진가가 말했다.

"왕께서는 근심하지 마십시오. 왕은 스스로 주공과 비교할 때 누가 더 인하고 지혜롭다고 생각하십니까?"

제선왕이 말했다.

"아니, 이게 무슨 말인가!"

진가가 말했다.

"주공이 관숙으로 하여금 은나라 유민들을 감독하라 했는데, 관숙은 외려 은나라 사람들과 모반하였습니다. 주공이 그럴 줄 알고 시켰다면 이는 불인한 처사요, 모르고 시켰다면 이는 지혜롭지 못한 것입니다. 인과 지혜는 주공도 다 갖추지 못하였는데, 하물며 왕이겠습니까? 제가 맹자를 만나서 해결하겠습니다."

진가가 맹자를 뵙고 물었다.

"주공은 어떤 사람입니까?"

맹자가 말했다.

"옛 성인이시오."

진가가 말했다.

"관숙에게 은나라를 감독하게 하였으나, 외려 관숙은 그들과

---

142 豈徒(기도): 어찌 ~만이. '~은커녕'으로 번역했다.

143 辭(사): 변명하다.

맹자, 마음의 정치학 1

반란을 일으켰다는데 그렇습니까?"

맹자가 말했다.

"그러하오."

진가가 말했다.

"주공은 장차 반란을 일으킬 것을 알고서 그렇게 시킨 것입니까?"

맹자가 말했다.

"알지 못했지요."

진가가 말했다.

"하면 성인도 역시 과오를 저지릅니까?"

맹자가 말했다.

"주공은 아우요 관숙은 형이니, 주공의 잘못이 또한 마땅하지 않겠소?[144] 한데 옛날 군자는 잘못을 저지르면 곧바로 고쳤는데 요즘 군자는 잘못을 저지르고도 고칠 줄을 모르는군요. 옛날 군자는 자신이 저지른 허물을 일식이나 월식처럼 만백성이 지켜본다고 여기고, 잘못을 고치면 만백성이 우러러 본다고 여겼다[145]는데, 요즘 군자는 잘못을 고치기는커녕 또 좇아서 변명까지 하는구려!"

---

144 "형제애는 천하에 가장 고귀한 정이다. 성인만이 이 정을 다 발휘할 수 있다. 미리 나쁜 점을 탐지해서 형제를 버린다면 성인이 아니다. 잘못을 저지르는 것이 당연하지 않은가. 소위 '잘못을 보면 바로 인仁을 알 수 있다'(『논어』, 4:7)는 말씀이 이를 두고 말한 것이다."(이토 진사이)

145 이는 자공의 말이다(참고를 볼 것).

제나라 선왕이 "맹자에게 몹시도 부끄럽구나"라고 고백한 것은 저 앞 2:11과 직결되는 내용이다. 거기서 맹자가 권고한 대로 연나라 인민의 의사를 좇아 왕을 옹립하고 제나라 군사를 철수하였다면, 분명 연나라 민중은 제나라에 반란을 일으키지 않았을 것이다. 역시 그러했다면 이른바 '연제연합燕齊聯合'의 동맹이 이뤄졌을 것이고, 훗날 동아시아의 역사는 전제주의 천하가 되지는 않았을 것이다(2:11의 해설을 볼 것).

그나마 왕은 부끄러움(恥)을 느낄 줄 아는데, 여기 임금의 심기를 풀어주겠노라고 억지로 말을 지어내는 진가라는 자는 부끄러움조차 없는 악종이다. "부끄러움은 사람됨의 큰 것이다"(13:7)라고 지적했듯, 사람과 짐승을 구별 짓는 경계선에 수치심이 자리하고 있으니, 공직자의 경우라면 더 무슨 말을 하리오. 임금이 부끄러움을 느낀다는데도 '임금은 잘못이 없다'고 부추기고 뻗대는 논리를 개발하는 꼴은 참혹하다.

춘추시대 안영이 자기 임금(제경공)에게 백성을 구휼하는 정치를 권하면서 "임금을 가로막는 것은 곧 임금을 사랑하는 것"(2:4)이라고 경책한 것까지는 거론할 것도 없다. 맹자가 "임금의 악행을 조장하는 짓은 외려 그 죄가 작으나, 임금의 악행을 부추기는 짓은 그 죄가 크다. 오늘날 대부들은 모두 임금의 악행을 부추기므로 '오늘날 대부는 제후에게 죄인'이라 한 것이다"(12:7)라며 손가락질한 '악행을 부추기는 짓(逢君之惡)'이 바로 진가의 행동에 부합한다. 임금의 잘못된 지시를 묵묵히 실행하는 데서 한 걸음 더 나아가, 잘못을 뉘우쳐 부끄러워하는 임금을 도리어 부추겨 '악의 논리'를 개발하는 죄는 최악이다. 공자가 비부鄙夫라고 지칭한 자들이 바로 이런 놈들이다(『논어』, 17:15). 수오지심이라, 미워해야 할 자에 대해서는 철저히 증오하고 징치하는 것이 사회 정의를 실현하는 한 길, 공공선을 회복하는 한 길이기도 하다. 여기서 유교는 옆구리에 칼을 찬다.

왜 증오심이 정의의 핵심 단서인지를 다시 생각해본다. 이건 함부로 용서하지 말란 뜻이다. 유대인식으로 '용서하되 잊지 말라'는 건 상대방의 참회가 진정일 때다(가령 독일의 수상 빌리 브란트Willy Brandt가 폴란드를 방문해 유대인 희생자 위령비 앞에서 무릎을 꿇고 진심으로 용서를 구한 것). 그렇다고 해서 남이 저지른 불의라고 '마구 증오해야 정의가 선다'는 말도 아니다. 스스로 돌이켜 부끄러움이 없는 성찰의 과정을 전제하고서다. 그래서 수羞-오惡요, 이직보원以直報怨(『논어』, 14:36)이다.

춘추전국시대 고위 관리들의 자화상이 여기 진가라는 놈의 짓거리 속에 고스란히 들어 있다. 참고로 전국시대에 장자는 임금에게 아양을 떨어 수십 대의 수레를 얻으니 차라리 진흙탕 속을 자유로이 뒹구는 자라가 되겠다고 했고, 공자의 제자 자로는 차라리 여름날 밭에 김을 매겠다고 했으며(6:7), 맹자 또한 고위 관리늘이 아첨하는 짓거리를 그 저자식이 본다면 아마 통곡하지 않을 자가 없으리라고 했다(8:33). 이것이 어찌 전국시대에 국한되리오. 비부를 증오한 춘추시대 공자의 분노 속에도 들어 있고, 오늘날 역시 다르지 않으렷다.

'증오심이 정의의 단서가 된다'라는 맹자의 말은 아무렇게나 용서하지 말라는 권고요, 사악한 짓을 단단히 기억해두었다가 끝까지 그에 합당하게 복수하라, 분명한 악은 뿌리를 뽑으라는 뜻이다. 여기서 우리는 증오의 철학이 정의의 두 기둥 가운데 하나임을 잊지 말아야 한다. 이 기둥이 없으면 유교는 '노예의 윤리'로 추락한다. 프랑스의 현대 지성 알베르 카뮈Albert Camus가 "어제의 범죄를 벌하지 않는 것, 그것은 내일의 범죄에 용기를 주는 것과 똑같은 어리석은 짓이다. 공화국 프랑스는 관용으로 건설되지 않았다"라고 말한 것이 바로 이 자리다. 역시 프랑스 근대의 출발점이 루이 16세와 마리 앙투와네트를 단두대에서 처형한 일이었음을 기억해야 한다. 전국시대 진가의 행태와 오늘날 추악한 자들의 짓거리를 비교해서 살펴보면, 사람 꼴이 거의 다르지 않으니 어찌 인간이 진보한다고 할 수 있으랴. 애재哀哉!

참고　이 장은 맹자가 『논어』를 얼마나 독실하게 읽고, 체득했는지를 보여주는 증거이기도 하다. 본문 후반부 "옛날 군자는 자신이 저지른 허물을 일식이나 월식처럼 만백성이 지켜본다고 여기고, 잘못을 고치면 만백성이 우러러 본다고 여겼다"는 구절은 『논어』에 자공이 한 말로 기록돼 있다(『논어』, 19:21). 또 "요즘 군자는 잘못을 고치기는커녕 또 좋아서 변명까지 하는구려!"라는 맹자의 비판은 "소인의 허물은 반드시 변명하는 데 있다"(『논어』, 19:8)라던 자하의 말을 따온 것이다.

요컨대 군자란 허물을 저지르지 않는 사람이 아니라 허물을 저지르되 반성하고 고치는 사람이다. 반면 소인은 허물을 저지르고도 묵인하고 나아가 변명까지 하는 사람이다. 즉 군자나 성인이나 모두 범부와 같이 잘못을 저지르지만(요순도 보통 사람과 다를 바 없다. 성인이란 어미 쥐 뱃

속에 든 새끼 숫자까지 알아맞히는 무당이 아니다) 허물을 처리하는 패턴(유형)에서 군자와 소인이 구별된다. 이를테면 승패는 병가지상사兵家之常事라 한 번 잘못은 항용 저지르지만 두 번 짓는 허물은 죽음인 줄 알고 다시는 실수를 반복하지 않는 사람이 군자요 성인이다. 이를 두고 공자는 "허물을 저지르고도 고치지 않는 것, 이것이야말로 진짜 허물이라"(『논어』, 15:29)고 경고한 바요, 또 제자 안연을 칭찬하는 대목에서 "그가 두 번 허물을 저지르지 않았던 점"(『논어』, 6:2)을 거론한 까닭이다. 또 자신을 두고서도 "나는 다행스런 사람이다. 내가 잘못을 저지르면 누군가가 반드시 알려주니 말이다"(『논어』, 7:30)라고도 하였다.

4:10. 독점 방지가 정치의 역할이다

孟子致[146]爲臣而歸. 王就見[147]孟子, 曰, "前日願見而不可得, 得侍同朝, 甚喜;

今又棄寡人而歸, 不識可以繼此而得見乎?"

對曰, "不敢請耳, 固所願也."

他日, 王謂時子[148]曰, "我欲中國[149]而授孟子室, 養弟子以萬鍾[150], 使諸大夫

國人皆有所矜式[151]. 子盍[152]爲我言之!" 時子因陳子[153]而以告孟子, 陳子以時

子之言告孟子.

孟子曰, "然; 夫時子惡知其不可也? 如使[154]予欲富, 辭十萬而受萬, 是爲欲富

乎? 季孫[155]曰, '異哉子叔疑[156]! 使己爲政[157], 不用, 則亦已矣, 又使其子弟爲

---

146 致(치): 그만두다.

147 就見(취현): 찾아가 뵙다. 임금이 직접 맹자의 숙소로 찾아온 것이다. 가서 만날 것이냐,
와서 배울 것이냐 하는 '밀당'의 정치적 의미에 대해서는 4:2 참고.

148 時子(시자): 제나라 신하.

149 中國(중국): '國中(국중)'과 같다. 도성 중심지. 곧 제나라 서울 임치의 중심.

150 萬鍾(만종): '鍾'은 무게 단위. 제나라에는 무게 단위가 네 가지 있었다. '豆(두)', '區(구)',
'釜(부)', '鍾(종)'이다. '區'는 1말 6되요, '釜'는 6말 4되, '鍾'은 6섬 4말이며, '萬鍾'은 6
만 4000섬. '萬鍾'은 오늘날로는 1만 3000섬 정도다. "왕이 萬鍾의 녹봉으로 제자를
기르게 해주겠다는 것은 공경公卿의 한 해 녹봉에 해당하는 곡식을 준다는 것이니, 후대
에 벼슬을 그만둔 자에게 주는 퇴직금과 같은 것이다."(송상봉宋翔鳳, 『맹자조주보정孟子趙注補
正』; 양백준)

151 矜式(긍식): 본보기로 삼다. '矜'은 공경하다. '式'은 법도.

152 盍(합): 어찌 ~ 아니하랴.

153 陳子(진자): 맹자의 제자 진진陳臻을 이른다(조기).

154 如使(여사): 만약. '假使(가사)'와 같다.

155 季孫(계손): 누구인지 알 수 없다(주희).

156 子叔疑(자숙의): 누구인지 알 수 없다(주희).

맹자, 마음의 정치학 1

卿. 人亦孰不欲富貴? 而獨於富貴之中有私龍[158]斷焉.'

古之爲市也, 以其所有易其所無者, 有司者治之耳. 有賤丈夫焉, 必求龍斷而
登之, 以左右望, 而罔[159]市利. 人皆以爲賤, 故從而征[160]之. 征商自此賤丈夫
始矣."

맹자, 자리를 내놓고 귀향하려 하였다. 왕이 맹자를 찾아와서
뵙고 말했다.

"옛날부터 뵙기를 바랐으나 그럴 수 없었다가 한 조정에서 모
실 수 있어 무척 기뻤습니다. 이제 또 과인을 버리고 떠나신다
니, 알지 못하겠습니다만 계속 뵐 수 있을지요?"

맹자, 대하여 말씀하시다.

"감히 청하진 못하지만, 정녕 바라는 바올시다."

뒷날, 왕이 시자에게 일러 말했다.

"나는 맹자에게 도성 중심지에 학교를 열고 만종의 봉록으로써
제자들을 기르게 하여, 여러 대부들과 나라 사람들의 본보기로
삼고자 하오. 그대가 나를 위해 말을 전해주지 않겠소?"

시사가 진사에게 귀띔하자, 진자는 그 말을 맹자에게 진하였다.
맹자, 말씀하시다.

---

157 爲政(위정): 위정자. 곧 재상을 뜻한다.

158 龍(농): 언덕. '壟(농)'과 같다.

159 罔(망): 그물질하다. '網(망)'과 같다.

160 征(정): 세금.

"그렇다. 저 시자가 어찌 그 말이 잘못된 것인 줄 알겠는가. 만약 내가 부자가 되려 한다면, 10만 종을 물린[161] 터에 만 종을 받는 것이 부자가 되는 길이라고 할 수 있겠느냐? 옛날 계손이 말했다지. '이상도 하구나, 자숙의는! 자기가 재상이 되고 싶었어도 쓰이지 않으면 그만둘 따름이지 또 제 자식으로 정승을 삼게 하다니. 누군들 부귀를 바라지 않을 사람이 있으랴만, 재력과 권력을 독차지하고 또 사사로이 농단[162]까지 하려 드는구나'라고.

옛날 시장에서는 제가 가진 것으로 없는 것과 교환했고, 관리는 분쟁을 다스릴 뿐이었다. 언젠가 비천한 사내가 있어 꼭 깎아지른 언덕을 찾아 올라가 좌우를 살펴보고 시장의 이익을 훑어가자 사람들이 모두 더럽게 여겼다. 이에 그로부터 세금을 물리게 되었으니 상인에게 세금을 걷는 일은 저 비천한 사내로부터 시작된 것이다."[163]

---

161 辭十萬(사십만): 맹자가 제나라를 떠난 후 "벼슬 살면서 봉록을 받지 않음仕而不受祿"(4:14)을 논하는 대목과 통한다.

162 龍斷(농단): '龍'은 언덕(壟)을, '斷'은 단애斷崖, 곧 '깎아지른 절벽'을 뜻하는데 이것이 '이익을 독점하다'라는 뜻으로 전변하였다. 번역하면 농단은 불공정 거래를 통한 이익의 독점, 이른바 '갑질'을 상징한다.

163 맹자가 농단의 고사를 설한 까닭은 "이미 도가 행해지지 않는데 또 봉록을 받는다면 이는 비천한 사내의 짓과 다를 바 없음을 밝히고자 해서다."(주희)

떠난다는 맹자에게 찾아와 계속 머물러주기를 바란다며 건넨 제선왕의 의례적 인사를 맹자가 덥석 "감히 청하진 못하지만, 정녕 바라는 바올시다不敢請耳, 固所願也"라며 물어버리자 도리어 난처해진 것은 제선왕 본인이다. 이에 꾀를 낸 것이 직하학궁 학자들에 준한 대접을 해주되("도성 중심지에 학교를 열고 만종의 봉록으로써 제자들을 기르게 하여, 여러 대부들과 나라 사람들의 본보기로 삼고자 하오"), 정치에는 관여하지 않는다는 조건이었다(4:5 해설 참고). 그러나 맹자로서는 이런 조건이 붙은 제안을 결코 받아들일 수 없었다. 이 나라에 와 있는 이유가 고작 밥을 벌기 위함이 아니었기 때문이다. 수백 년에 걸친 전쟁의 시대를 종식하는 왕도의 꿈을 실현하는 길이 아니라면, 아무리 좋은 저택과 높은 지위라 한들 그에게는 소용없는 짓이다. 그러니까 맹자는 끝까지 우롱당한 것이다.

제선왕의 제안에 대한 맹자 속마음을 풀어보면 이렇다. '아니, 정승으로 초빙되었을 때 준다던 10만의 봉록도 물린 터에, 지금 가정교사를 하라는데 1만의 봉록에 목을 매란 말인가! 하필왈리라, 남을 위하지도 말고 자기 이익을 위하지도 말고 다만 함께하기를 권했던 것이 내 시론이지 않나. 게다가 앞서 공거심과 지와에게도 책무로서의 공직을 수행할 수 없다면 그만두기를 권한 사람이 나 아니던가. 일국의 정치 고문으로 초빙되었다가 아니면 그만둘 일이지, 지금 또 가정교사나 하고 있으란 말인가? 대장부는커녕, 소인배도 아니고 천장부賤丈夫로 만들 참이로구나!' 맹자의 눈에 설핏 어리는 눈물을 보는 듯하고, 속에서 치밀어 오르는 뜨거운 분노가 손에 잡힐 듯하다.

후반부에 인용된 농단의 고사는 맹자의 정의론과 직결된다. 훗날 사사로이 이익을 취하여 독점한다는 나쁜 뜻으로 회자되는 '농단'이라는 말이 처음 출현하는 곳이 여기다. 농단의 문제점은 사취와 독점에 있다. 본문의 독어부귀獨於富貴, 즉 재력과 권력을 독점하고 사농단私龍斷, 곧 사사로이 농단함에 이런 뜻이 담겼다. 맹자의 지향인 공공성과 정의, 여與의 정치론과 정반대되는 곳에 농단의 일화가 위치한다. 공동체의 정의를 파괴하는 악이 사유(私)와 독점(獨)에서 비롯하기 때문이다.

아, 맹자가 시장의 발달, 재화의 축적, 기술 발전에 따른 편리를 반대한다고 오해해서는 안 된다. 화폐·물질·기술은 그 자체로는 사회에 필수적인 탈-도덕적 도구다. 맹자는 이것들을 인정하고, 나아가 부추기기까지 한다(5:4 신농학파 허행과의 논쟁 참고). 이 점에서 맹자는 경제적 현실성과 세속적 합리성을 견지한다. 다만 조건이 있다. 이것들이 공공선과 관계 증진에 기여하는 공공재로서 사회성을 견지해야 한다는 점이다. 맹자가 염려하는 바는 기술 또는 재화의 반反사회적 전환이다. 따라서 이것들은 언제나 조심스럽게 주의해서 다뤄야 한다. 사회적 공공재가 사유화되거나 독점되지 않도록 유의해야 한다. 재화나 기술이 독점되면 사회적 균형을 잡아줄 재분배의 흐름이 동력을 잃고 왜곡된다(군주의 독재/재벌의 발생). 이런 경향은 사회 전체를 이익 추구의 경쟁 상태로 몰아간다. 이익 때문에 서로를 살상하고, 전쟁으로 이어져 결국 공동체는 파괴되고 짐승보다 못한 야만의 세상을 초래한다(맹자는 당시를 이 악순환의 최종 상태, 즉 '사람이 사람을 잡아먹는' 사태에 도달했다고 판단한다).

다시금 맹자가 문제로 삼는 것은 시장 자체가 아니다. 사농단이라는 말에 들어 있듯, 부정한 방법으로 시장을 사유하고 이익을 독점하는 경향을 우려하는 것이다. 맹자가 이런 자들을 두고 천장부, 즉 '비천한 놈'이라는 욕설로 지적한 까닭은 농단하는 자들이 시장의 고유한 거래 질서를 허물고, 이익을 독점하고, 끝내 다양한 가치를 이익이라는 하나의 원리로 지배하려 들기 때문이다. 따라서 거래 질서의 혼란으로 독과점이 빚어지는 사태, 또 부당한 축재로 불균不均이 발생할 때 정치(국가)는 마땅히 시장에 개입하여 기울어진 운동장을 바로잡아야 한다.

요컨대 맹자에게 시장은 분업으로 생산된 재물을 교환하는 마당이어야지, 폭리와 독점의 장소로 방치돼서는 안 된다. 만일 시장 내부에 폭리와 독점이 발생하고, 그것이 범람하여 사회 각 분야(정치, 군사, 사회 등)를 이익으로 전제專制하려 한다면, 그 날개를 꺾어서 시장을 교환의 장소로 복원하는 것이 정치의 역할이다. 이것이 농단의 고사를 통해 맹자가 제시하고자 한 정치-경제학이다(1:1, 5:4 및 여민주의론을 함께 참고하자).

참고　여기 맹자의 '반독점, 유통 보장'의 정치경제론은 칼 폴라니Karl Polanyi
　　　의 자본주의 시상 비판을 연상케 한다.

　　　폴라니의 주장에는 두 개의 층위가 있다. 첫 번째는 도덕적 주장
　　　으로서, 자연과 인간을 마치 전적으로 시장에서 가격이 결정되
　　　는 물건들인 것처럼 다루는 것이 한마디로 옳지 못한 일이라는
　　　것이다. ……

두 번째 층위는 경제에서 국가가 차지하는 역할에 중심을 두고 있다. 비록 경제가 자기조정적이라고 가정한다고 해도 국가는 계속해서 화폐와 신용의 공급을 조절하여 인플레이션과 디플레이션이라는 이중의 위험을 피할 수 있도록 역할을 맡아야만 하는 것이다. ……

시장 논리와 그에 따르는 온갖 위험들을 서민들에게 강제하려면 국가 통치의 기술과 억압이 반드시 필요했던 것이다.[164]

프레드 블록이 개관한 칼 폴라니의 경제론 가운데 첫째, 만물을 가격으로 환산하는 경제 환원주의에 대한 비판과 둘째, 국가가 시장에 개입해야 한다는 주장은 농단의 고사에 저류하는 맹자의 정치경제론과 맥락이 통한다.

---

164 칼 폴라니, 홍기빈 옮김, 「프레드 블록의 해제」, 『거대한 전환』, 길, 2009, 41~43쪽(발췌 인용).

4:11. 번지수를 잘못 찾았네!

孟子去齊[165], 宿於晝[166]. 有欲爲王留行者, 坐[167]而言. 不應, 隱几[168]而臥.

客不悅曰, "弟子齊宿[169]而後敢言, 夫子臥而不聽, 請勿復敢見矣."

曰, "坐! 我明語子. 昔者魯繆公[170]無人乎子思[171]之側[172], 則不能安子思; 泄
柳[173] · 申詳[174], 無人乎繆公之側, 則不能安其身. 子爲長者[175]慮, 而不及子思;
子絶長者乎? 長者絶子乎?"

> 맹자, 제나라 도읍을 떠나 주 땅에서 묵었다. 왕을 위하여 맹자
> 의 행차를 붙잡으려는 사람이 찾아와 간곡하게 말했다. 맹자는
> 대꾸도 없이 안석에 기대더니 비스듬히 누워버리는 것이다.
> 찾아온 손이 발끈하며 말했다.

---

165 去齊(거제): 제나라 도읍 임치를 떠났다는 말

166 晝(주): 제나라 도읍 임치의 서남쪽에 위치한 속읍(조기).

167 坐(좌): 위좌危坐이니 '단정히 앉아서'라는 뜻(조기). '간곡하게'라고 번역하였다.

168 隱几(은궤): 앉을 때 몸을 기대는 등받이. '隱'은 기대다. '几'는 안석.

169 齊宿(제숙): 목욕재계하고 하룻밤을 묵는 것. '齊'는 '재계하다'를 뜻하는 '齋(재)'와 같다.

170 繆公(목공): 노나라 제후. 이름은 현顯. '繆'은 시호, '穆(목)'으로도 쓴다.

171 子思(자사): 공자의 손자. 이름은 급伋.

172 側(측): 곁.

173 泄柳(설류): '예류'라고도 발음한다. 춘추시대 노나라 현자. 자字는 자류子柳. 뒤에 "泄柳
는 (노목공이 찾아와도) 문을 닫아걸고 집 안에 들이지 않았다"(6:7)라고 하였다.

174 申詳(신상): 노나라 사람. 공자의 제자 자장子張의 아들이자 자유子游의 사위다(『예기』, 「단
궁檀弓」; 정현의 주석).

175 長者(장자): 맹자가 연로하였기에 스스로 장자라고 칭한 것이다(조기).

"저로서는 재계하며 밤을 새운 다음 감히 말씀드리는 것이온데, 선생께서는 들은 척도 않고 돌아누우시니 다시는 찾아뵙지 않겠습니다."

맹자, 말씀하시다.

"앉게나! 자네가 알아듣도록 내가 말해주지. 옛날 노나라 목공은 자사 곁에 사람이 없으면 제대로 대접하지 못한다고 여겼고, 설류와 신상은 목공 주변에 사람이 없으면 스스로 불편하게 여겼다네. 자네가 나를 위해 생각한다고 하네만 목공이 자사를 생각한 것에 미치지 못하니 자네가 나를 끊는 것인가, 내가 자네를 끊는 것인가?"

해설

발끈한 젊은이(!)에게 가르친 맹자의 말뜻을 해설하면 이렇다. 제나라를 떠나는 것이 내 잘못인가, 나를 합당하게 쓰지 못한 그대 임금의 잘못인가? 내가 제나라에 머문 것이 나를 위함이던가, 그대의 나라를 위함이던가? 내가 떠나면 자네 임금이 손해인가, 내가 손해인가? 그대가 "재계하며 밤을 새운 다음 감히 말씀드리는 것"이라는 걸 보면, 나를 현자로 대접한다는 뜻인가 본데, 나를 제대로 대접한다면 그리고 정녕 나라의 장래를 걱정한다면 나를 붙잡고 하소연할 것이 아니라 임금에게 나를 붙잡도록 하소연해야 할 것이 아닌가?

맹자, 마음의 정치학 1

더욱이 내가 그대의 충정을 알아주지 않는다며 나와 절교하겠다는데, 어디 한번 따져보세나. 춘추시대 노나라 목공 같은 어리석은 임금도 자사를 현자로 여겨 주변에 시중드는 사람이 없으면 자사가 떠날까 불안해했고(10:6), 목공의 신하였던 설류와 신상은 자사가 노나라를 떠나면 임금 주변에 보필할 사람이 없을까 안절부절못하였다지. 그렇다면, 그대의 임금에게 가서 나를 붙잡길 권하는 것이 옳은 처사가 아니겠는가? 붙잡아야 할 사람에게는 말을 못하면서, 머물고 싶어도 그럴 수 없어 떠나는 나에게 화를 내는 것이 옳은 처사인가? 지금 내가 자네를 끊는 것인가, 자네가 나를 끊는 것인가? 자네는 지금 번지수를 잘못 찾았네. 스승 대접을 하지 않으면 그만이지만, 나를 스승으로 대접하겠다면 과연 누구에게 말해야 할 것이며, 절교를 선언한다면 또 누가 누구에게 해야겠는가!

첫머리에 맹자를 설득하려는 사람을 소개하기로 "왕을 위하여 맹자의 행차를 붙잡으려는 사람爲王留行者"이라고 하였다. 이 말에 숨은 함의를 번역하자면 정치적 행동이란 '왕을 위하여' 하는 일이어서는 안 된다. 적어도 '나라를 위하여(爲國)' 할 것이요, 궁극적으로는 '백성과 더불어(與民)' 할 일이다. 나라는 인민의 공유물이요, 왕은 인민을 대리하여 공무를 총괄하는 도구이기 때문이다. 인민이 국가와 군주의 도구가 아니라, 군주와 국가가 인민의 도구인 것이다. 뒤집힌 사태, 전도된 세계관을 바로잡기 위해 맹자가 (공자를 이어) 천하의 군주들을 만나는 것이지, 군주의 손발이 되어 그의 사적 욕망을 실현하기 위해 취업하려 한 것이 아니다.

제나라를 떠나는 맹자의 그림자가 스산하다. 한때 제자였던 듯한 젊은 이에게까지 난데없는 수모를 당하면서 떠나는 발걸음이 무거웠겠다.

4:12. 소인의 눈, 현자의 눈

孟子去齊. 尹士[176]語人曰, "不識王之不可以爲湯武, 則是不明也; 識其不可, 然且至, 則是干[177]澤也. 千里而見王, 不遇故去, 三宿而後出晝, 是何濡滯[178]也? 士則玆[179]不悅."

高子[180]以告.

曰, "夫尹士惡知予哉? 千里而見王, 是予所欲也; 不遇故去, 豈予所欲哉? 予不得已也. 予三宿而出晝, 於予心猶以爲速, 王庶幾[181]改之! 王如改諸, 則必反予. 夫出晝, 而王不予追也, 予然後浩然[182]有歸志. 予雖然, 豈舍王哉! 王由[183]足用爲善; 王如用予, 則豈徒[184]齊民安, 天下之民擧[185]安. 王庶幾改之, 予日望之. 予豈若[186]是小丈夫然哉? 諫於其君而不受, 則怒, 悻悻然[187]見於其面, 去則窮日之力[188]而後宿哉!"

---

176 尹士(윤사): 제나라 사람(주희).

177 干(간): 구하다.

178 濡滯(유체): 머뭇거리다. '濡'는 머무르다. '滯'는 지체하다.

179 玆(자): 이것.

180 高子(고자): 제나라 사람으로 맹자의 제자였다(조기).

181 庶幾(서기): 부디 ~하기를.

182 浩然(호연): '완전히'로 번역했다. '浩'는 크다.

183 由(유): '猶(유)'와 같다.

184 豈徒(기도): 어찌 ~만이.

185 擧(거): 모두.

186 豈若(기약): 어찌 ~처럼.

187 悻悻然(행행연): 붉으락푸르락. 성난 표정.

188 窮日之力(궁일지력): 아침부터 저녁까지 조금도 쉬지 않고 힘쓰다.

尹士聞之, 曰, "士, 誠[189]小人也."

　　맹자, 제나라를 떠났다[190]. 윤사가 주변에 말했다.

　　"알지 못할 일이지. 우리 왕이 탕임금이나 무왕처럼 되지 못할 줄 모르고 왔다면 맹자는 지혜가 없는 것이요,[191] 그런 줄 알면서 왔다면 시혜를 구걸하러 온 것이네. 천릿길을 와서 왕을 만났다가 뜻이 맞지 않아서 그만둔 마당에, 주 땅에서 사흘이나 유숙한 뒤 떠났다는데 그 머뭇거리고 지체하는 꼴은 무엇 때문이던고? 나는 그런 짓이 불쾌하더군."

　　고자가 말을 전했다.

　　맹자, 말씀하시다.

　　"저 윤사가 어찌 나를 알리오? 천릿길을 와서 왕을 만난 일은 내가 하고자 한 것이지만, 뜻이 맞지 않아 떠난 것이야 어찌 내가 바라는 것일까? 내 부득이해서일 뿐. 내가 주 땅에서 사흘을 머무르다 떠나온 것도 오히려 빨랐다고 나는 생각한다. 왕께서

189　誠(성): 성낼로.

190　去齊(거제): 여기서는 제나라 강역을 완전히 벗어난 것이다.

191　간교한 놈이다. 여기 윤사라는 자! 자기 임금이 탕무 같은 성왕이 될 싹이 없는 인간임을 알고도 방치했다는 뜻 아닌가. 맹자가 제나라 신하들의 행태를 강하게 비판한 4:2를 비교해 읽어보면 당시 제나라 조정의 꼴이 선명하게 드러난다. "제나라 신하들 가운데 왕에게 인의를 말하는 사람이 없는 것이 어찌 인의를 불미스럽게 여겨서이겠소? 그들 마음에 '왕과 더불어 어찌 인의를 논할 수 있으랴'라고 여긴 때문이니 임금을 불경하기가 이보다 더 큰 것이 없지 않겠소! 나는 요순의 도가 아니면 감히 왕 앞에 아뢴 적이 없으니, 그렇다면 제나라 신하들이 나만큼 왕을 공경하지 않는 것이외다."

부디 마음을 고쳐먹기를 나는 바랐다. 왕이 마음을 고쳐먹는다면 반드시 나를 도로 부를 것이었다. 그러나 주 땅을 떠나는데도 나를 쫓아올 기미가 없으니, 나는 그제야 귀향할 뜻을 완전히 굳혔다. 비록 그러하나 내 어찌 왕을 버릴쏘냐? 왕은 그럼에도 충분히 선정을 행할 수 있으니 왕이 만일 나를 등용한다면 어찌 제나라 백성만 평안해지겠더냐? 천하 사람이 모두 평안해질 수 있을 터! 왕께서 부디 마음을 고치시기를 나는 날마다 앙망하고 있는 것을! 내 어찌 소인배처럼, 왕에게 충고한 말이 받아들여지지 않는다고 발끈 화를 내서 붉으락푸르락 성난 표정이 얼굴에 드러나고, 또 떠난답시고 진종일 쉬지 않고 내달린 다음에야 멈출까 보냐!"

윤사가 전해 듣고서 말했다.

"나야말로 정말 소인배로구나!"

해설

이 장에는 맹자의 감정이 가감 없이 드러나 있다. '나'를 뜻하는 '여予'가 13회나 출현하고, 또 부사들이 빈번하게 등장한다. 부득이不得已, 어찌(豈), 아니(惡), 도리어(猶), 바라건대(庶幾), 만약(如), 반드시(必), 정말(誠) 등이 그렇다. 분하고, 서럽고, 더럽고, 아니꼽지만, 그럼에도 평천하의 장래가 제선왕의 회심回心 한 자락에 달려 있다는, 역사적 유례가

'있는' 실수(관중!)를 되풀이하지 않으려는 '공적 의지'가 맹자의 옷소매를 붙잡았다. 마땅히 해야 할 일을 다 하지 못했다는 '공심公心의 미진함'이 사사로운 분노와 치욕을 감내하고, 사흘 동안 제나라 강역 안에서 유숙하게 만든 것이다. 나, 나, 나를 13번이나 반복하는 자기 결백의 하소연과 거듭되는 부사어 속에 가득한 새 세상의 꿈(어렵지만 불가능하지만은 않은 길), 그 사이의 큰 진폭이 이 장에서 격렬하게 부딪치고 있다.

생각하면, 부사는 힘이 없다. 인간사에서 삶과 죽음을 결정하는 정치가 명사요, 생존을 도모하는 경제가 동사라면 사람다움이란 고작 부사에 불과하다. 그러하나 이 허약한 부사에 인간 문명의 관건이 달렸다. 사람도 짐승인 터라 먹어야 살지만(명사/동사), 그럼에도 불구하고 아무거나 먹지 않는 데 사람다움이 있듯이! 어쩌면 맹자 사상 자체가 부사적이다. 인仁의 발단이 '차마 어쩌지 못하는 마음'의 '차마'라는 부사어로 표현되고, 의義라는 것도 '정녕코 하지 않으면 안 되는 마음'의 '정녕코'에 응축되어 있듯, 예禮 역시 '감히 하지 않는 것'의 '감히'에 방점이 찍히고, 지智 또한 '마땅히 알아야만 하는 것'의 '마땅히'라는 부사어에 초점이 있기에 그러하다. 여기 인의예지를 표현하는 부사들, 즉 차마, 정녕코, 감히, 마땅히 등이 사람 '다움'의 싹, 즉 사단의 정체일 터다.

그렇다. 전쟁과 질병, 기근과 재난의 사태 앞에 사람 '다움'의 부사는 취약하다. 살아남아야 하는 절체절명의 재난 속에서 드러나는 것은 동물성(동사/명사)이요, 묻혀버리기 십상인 것은 인성(부사)이기 때문이다. 그러나 또 죽는 자는 죽고, 살 자는 살아남는 절박한 전쟁터에서도 동료 대신 목숨을 던지는 전우애가 꽃피고, 물 한 모금 마시면 살아남고 못 마시면 죽는 숨 막히는 사막에서도 양보의 미덕이 피어나는 것이 또 '사람의 세상'이다.

통일운동가 백기완 선생이 회고하기를, 대여섯 살 때 동네 아이가 먹다가 흘려 발로 짓이긴 엿 조각을 어머니께 가져가 모래를 털어달라고 했더니, 아무리 단 것이라도 땅바닥에 떨어진 것은 주워 먹는 게 아니라는 꾸지람을 듣고 평생의 경책으로 삼았다는 말씀이 같은 뜻이다. 먹어야 육신을 영위하는 것이 사람이지만 또 사람의 사람다움은 땅바닥에 떨어진 음식은 먹지 않는 것이다. 이것을 지켜 천하의 '단 것'으로 유혹하고, 높은 벼슬로써 우대해도 '옳고 그름(의와 불의)'을 분별하며 살기를 기약하는 사람이 선비다(상세한 논의는 6:1 해설 참고).

여기 맹자가 행한바 '부득이' 사흘을 유숙하고 떠남! 이 역시 맹자가 제나라 선왕에게 마지막까지 베푼 '차마 어쩌지 못하는 마음', 곧 인의 선물이라고 할 것이다. 이 장의 머뭇거림에 대한 시비를 읽자니 공자가 조국을 떠나던 것에 대한 맹자의 비평이 연상되기도 한다. 저 뒤에 맹자가 제나라를 떠나던 무렵에 전국시대의 유명한 '소피스트'였던 순우곤과 맞붙는 장면이 있다(12:6). 순우곤이 맹자에게 제나라에서 호의호식하다가 아무런 공적 없이 떠난다고 조롱하면서 '척 보면 그 속마음을 알 수 있다'고 비아냥거리자, 맹자가 이에 응대하는 내용이다. 거기의 순우곤을 여기의 윤사로 바꿔 읽으면 두 장은 겹쳐진다.

4:13. 그때나 지금이나 다 같다

孟子去齊. 充虞路問曰, "夫子若有不豫[192]色然. 前日虞聞諸夫子曰, '君子不怨天, 不尤人.'"

曰, "彼一時, 此一時也. 五百年必有王者興, 其間必有名世者[193]. 由周而來, 七百有餘歲矣. 以其數, 則過矣; 以其時考之, 則可矣. 夫天未欲平治天下也; 如欲平治天下, 當今之世, 舍我其誰也? 吾何爲不豫哉!"

맹자, 제나라를 떠났다. 제자 충우가 길에서 물었다.

"선생님 표정이 울적하신 듯합니다. 전날 제가 선생님께 배우기로 '군자는 하늘을 원망하지 않고, 사람을 탓하지 않는다[194]'라고 하셨습니다만."

맹자, 말씀하시다.

"그때나 지금이나 다 같다. 500년마다 반드시 왕자가 일어나고, 그 사이 현자도 출현하는 법이다. 주나라 이래 700여 년이 흐른 지금, 햇수로 치면 때가 지났지만 시기를 보면 지금이 가능한 때다. 다만 하늘이 아직 천하를 평화로 이끌지 않으시려는 게지. 만일 하늘이 천하를 평화롭게 하시겠다면 지금 세상에 나 말고 또 그 누가 있겠더냐? 한데 내가 왜 울적해한단 말이냐!"

---

192 豫(예): 기뻐하다.

193 名世者(명세자): 현자賢者와 같다.

194 不怨天, 不尤人(불원천, 불우인): '尤'는 탓하다. 원래 공자의 말이다(『논어』, 14:37 참고).

진인사대천명盡人事待天命이라, 사람으로서 할 일을 다 하였으니 천명을 기다리는 일만 남았다. 맹자는 천하통일의 추세를 앞두고 '어떤 통일이냐'라는 문제에 노심초사했다. 전제정치가 아니라 여민 정치만이 올바른 통일 천하였다. 다시는 관중의 실패를 재현하지 않기 위해 그는 동분서주했고, 특히 강대국인 제나라의 총명한 젊은 군주 선왕에게 기대를 걸었던 터다. 앞서 보았듯 맹자는 제나라를 떠나는 마당에도 사흘을 미적거리면서 최후의 굴욕까지 감내했으나, 결국에는 회답이 없었다. 스스로 돌이켜 보아도 인사人事는 나름 최선을 다했다. 처절한 실패 앞에 의심스러운 것은 천명天命이었다. 울적한 마음, 하늘의 뜻은 어떤 것인가!

제자 충우가 스승의 마음을 짚었다. "표정이 울적하신 듯합니다. 전날 제가 선생님께 배우기로 '군자는 하늘을 원망하지 않고, 사람을 탓하지 않는다'라고 하셨습니다만." 혹 스승의 울적함이 저 왕환을 위시한 제선왕의 근신들, 아니 끝까지 맹자를 우롱한 제선왕의 처사 때문은 아닐까? 또 끝내 실패로 돌아가게 한 하느님의 처사를 야속히 여기시는 것은 아닐까? 이렇게 충우는 공자의 말씀을 인용해 짐짓 그 마음을 떠본 것이다.

그런데 맹자의 대답은 의외로 "그때나 지금이나 다 같다彼一時, 此一時"이다. 내 마음은 울적하지 않다는 말('그때는 그때고, 지금은 지금이다'라는 상황주의적 변명이 아님에 유의하자. 참고를 볼 것). 시공간의 변화에도 불구하고 관철되는 의리는 한결같다는 뜻이다. 그렇다면 무엇이 한결같다는 것인가.

하늘을 원망하지 않고 사람을 탓하지 않으니, 곧 문제의 실마리를 바깥이 아니라 '나'에게서 찾고, 그 해결의 책임을 스스로 짊어지는(自任) 의리가 동일하다는 것. 자반이축自反而縮, 즉 스스로 돌이켜 보아 올바르다면 천 사람 만 사람이 가로막아도 그 길을 간다는 의리가 한결같다는 자부다.

충우가 인용한 "군자는 하늘을 원망하지 않고, 사람을 탓하지 않는다"는 원래 공자의 말씀이다. 공자가 저 말을 했을 때의 마음과 지금 맹자가 그 말을 수용하는 지점을 비교하면 맹자의 말이 허언인지 참말인지 헤아릴 수 있으리라. 공자의 '그때'는 천하를 주유하던 중에 크게 고초를 당했던 광匡 땅에서의 처지일 터요, 맹자의 '이때'란 바로 지금 제나라를 떠나는 상황이다. 그러면 '그때' 공자의 토로와 '이때' 맹자의 자부를 나란히 놓고 비교해보자.

> (공자) 문왕이 이미 떠나셨으니, 이제 문文은 내게 있지 않겠더냐? 하늘이 사문斯文을 절멸시키려 하셨다면 내가 사문을 몰랐으려니와, 하늘이 사문을 버리지 않으려 하신다면 저 광 땅 사람들이 감히 나를 어찌하겠느냐!
>
> _『논어』, 9:5

> (맹자) 주나라 이래 700여 년이 흐른 지금, 햇수로 치면 때가 지났지만 시기를 보면 지금이 가능한 때다. 다만 하늘이 아직 천하를 평화로 이끌지 않으시려는 게지. 만일 하늘이 천하를 평화롭게 하시겠다면 지금 세상에 나 말고 또 그 누가 있겠더냐?

'그때' 공자가 토로한 고백의 끝마디 "하늘이 사문을 버리지 않으려 하신다면 저 광 땅 사람들이 감히 나를 어찌하겠느냐!"와 '이때' 맹자가 토로하는 자부, "만일 하늘이 천하를 평화롭게 하시겠다면 지금 세상에 나 말고 또 그 누가 있겠더냐?"는 앞뒤가 꼭 맞는다. 공자가 처한 시공간과 맹자가 겪는 사태가 역사적으로는 다를 수밖에 없겠으나 그 속을 관통하는 이치, '왕도=사문'을 계승하여 당대를 광정하는 책무야 다름이 없다. 춘추시대에 '사문이 나에게 있다'라던 공자의 자임自任을 계승하여 맹자 역시 전국시대인 '지금 나 말고 또 누가 있으랴' 하고 자부自負한 것이다. 공자가 사람다움의 유일한 길을 내버리고 다른 길을 헤매는 무지몽매를 한탄했듯[195] 맹자 역시 전국시대 앞에 펼쳐진 어둠을 개탄하여 울적한 것이지, 고작 제 한 몸의 안위나 사적 욕망을 이루지 못해 울적한 것이 아니다.

공자의 토로가 오만한 자기애가 아니라 전통문화 계승자로서 품은 자부심의 표출이듯, 맹자의 것 또한 사사로운 욕망이 좌절되어 느끼는 우울이 아니라 사람이 짐승보다 못한 처지로 전락하는 것에 대한 '공적 두려움'의 발로다. 이런 해석이 의심스럽다면 앞서 노나라 평공을 만나지 못했을 때 맹자가 보인 반응을 통해 간접적으로 확인해볼 수 있다. "가게 하고 가지 못하게 하는 것은 사람이 할 수 있는 일이 아니다. 내가 노나라 임금을 만나지 못하게 한 것은 하늘이다."(2:16)

---

195 "누군들 문으로 출입하지 않는 사람이 있던가? 그런데 어찌하여 이 길(斯道)로 드나들지 않는 것인가."(『논어』, 6:15)

2:16의 해설에서도 지적했듯, 불행한 것은 내가 아니라 도리어 왕천하의 기회를 놓쳐버린 노평공(과 제선왕), 그리고 노나라(와 제나라) 백성, 나아가 천하 사람들이다. 그러니 어찌 고작 나 개인의 문제로 불쾌해하리오. 외려 안타까운 것은 제나라의 장래와 천하 백성의 처지다. 안심입명安心立命, 즉 '마음을 편히 하고 천명을 실현한다'는 말이 여기 맞춤하다. 맹자가 저 뒤에서 "일찍 죽건 오래 살건 마음에 두지 않고, 몸을 닦으며 천명을 기다리는 것이 소명을 세우는 길"(13:1)이라고 말한 것도 그가 삶의 좌표를 자연과 인간의 이치, 곧 천명을 기준으로 헤아렸다는 뜻이다. 충우의 눈에 비친 맹자의 어두운 표정은 울적한 것임에 분명하지만, 그 우울은 본인의 신상에 관련한 것이 아니라 천하의 장래에 대한 것이다. 광 땅 사람이 공자를 해치지 못했듯, 지금 전국시대의 정치가들이 맹자의 뜻(志)을 어찌 꺾으랴! 몸이 살아 있는 한 왕도의 재건을 향해 길을 걸어갈 터이지만, 다만 안타까운 것은 지금 사람들의 참혹한 처지와 곧 닥쳐올 전제정치하의 노예적 삶이다.

시의적절時宜適切이라는 말 가운데 '시時'와 '의宜' 두 단어 중 어디에 방점을 찍느냐에 따라 다른 유교가 나온다. 순자의 유교는 '시(=현재)'에 방점을 찍으니 상황주의로 간다(후왕後王론). 반면 맹자는 '의(=가치)'에 방점을 찍는다. 시공간의 변화에도 불구하고 실현할 가치는 유일하다(선왕先王론). 도덕적 가치(인의)는 과거에 실현되었던 역사적 유물이 아니라, 오늘 아니 미래에도 필수적인 인간 세계의 유일한 가치다(7:2에서 강조했듯 "길은 두 갈래, 인과 불인일 뿐"). '시'에 방점을 찍으면, 지금의 구체적 정황이 중시되므로 가치의 현재적 실현을 위한 정책 대안, 기술적 대응에 치중하게 된다(율곡의 시무책이 여기 해당한다). 다만 이는 기변지교機變之巧의 기능주의에 빠질 위험이 있다. 반면 '의'에 방점을 찍으면, 보편적 가치가 중시되므로 그 본래 가치를 체득하기 위한 이념의 해석학에 치중하게 된다(퇴계의 출처진퇴出處進退가 이쯤이다). 따라서 완고함과 이론 위주의 폐단에 빠질 위험이 있다(송시열의 직直 철학이 딱딱해진 것이 이 지점이다).

요컨대 맹자는 나의 뜻을 알아주지 않아서 하늘을 원망하거나 남을 탓해서 울적한 것이 아니라, 하늘(역사)과 사람(백성)이 덕치의 혜택을 받지 못함이 울적할 따름이다. 여기 나(맹자 자신)야 언제나처럼 흔연히 기쁘다. 올바른 길을 걷는 자신을 확신하기 때문이다. 지금 세상에 나 말고 따로 왕도의 도리를 알고 행할 자가 있겠느냐는 말이 그 확신을 보여준다. 그러므로 "군자에게는 평생의 근심은 있으나 하루아침 걱정은 없다. …… 인이 아니면 하지 않고 예가 아니면 행하지 않을 뿐이다. 만일 하루아침의 걱정거리가 있다 해도 군자는 이를 걱정거리로 삼지 않는다."(8:28) 그러니 어찌 "그때나 지금이나 다 같다"고 하지 않을 수 있으리오. 공자가 고난의 땅 광에서 만났던 하느님을, 맹자는 지금 제나라를 쫓겨나듯 떠나는 길목에서 다시 만난 것이다. '하느님, 이제는 당신 뜻대로 하소서!'

참고 '彼一時, 此一時(피일시, 차일시)'를 '그때나 지금이나 다 같다'로 번역할 때 참고할 것은 "우와 직과 안회의 도는 같다禹·稷·顔回, 同道"(8:29)라는 대목이다. 치세를 만나 출사하여 공무에 분주한 우와 직의 정치적 행동(즉 피일시)과 난세를 만나 은둔하여 도리를 보전한 안회의 정치적 행동(곧 차일시)은 한결같다는 판단은 이 장에도 적용할 수 있다.

4:14. 맹자, 공밥 먹은 적 없다

孟子去齊, 居休[196]. 公孫丑問曰, "仕而不受祿, 古之道乎?"

曰, "非也; 於崇[197], 吾得見王, 退而有去志, 不欲變, 故不受也. 繼而有師命[198], 不可以請. 久於齊, 非我志也."

> 맹자가 제나라를 벗어나 휴 땅에 머물렀다. 공손추가 물었다.
> "벼슬 살면서 봉록을 받지 않는 것[199]이 옛사람의 도입니까?"
> 맹자, 말씀하시다.
> "아니다. 숭 땅에서 내가 왕을 만나고 나올 때 진작 떠나려는 뜻을 품었더랬다. 그 뜻을 바꾸고 싶지 않았기에 봉록을 수령하지 않았다. 연달아 군사 동원령이 내렸기에 품신할 틈이 없었을 뿐. 제나라에 오래 머문 것[200]은 내 뜻이 아니었니라."

---

196 休(휴): 산동성 등현滕縣 북쪽 15리 지점. 맹자의 고향과 약 100리 떨어진 곳(엄약서, 양백준).

197 崇(숭): 지명인데 어디인지 알 수 없다(양백준).

198 師命(사명): 군사 동원령. 연나라와의 전쟁을 위한 동원령인 듯하다. '師'는 군대.

199 앞에서 "10만 종을 물린 터"(4:10)라고 하였으니 서로 참고가 된다. 청나라 최술은 "맹자는 제나라 채읍을 수령한 적이 없다孟子不受齊采邑"(『맹자사실록』)라고 하였다.

200 久於齊(구어제): 제나라에 오래 머물다. '久'는 '速(속)'의 반대말이다. 이는 공자의 출처진퇴 처신을 요약한 "오래 할 만하면 오래 하고, 빨리 할 만하면 빨리 한 분은 공자다"(3:2)를 염두에 둔 표현.

　　　제나라 강역을 벗어나 귀향하는 길에 주고받은 사제 간 회고담이다. 언젠가부터 맹자는 객경의 봉록조차 사절했던 모양이다(4:10 참고). 직책은 '왕의 정치적 고문'을 유지하면서도 봉록을 수령하지 않으니 공손추의 눈에 무료 봉사로 비쳤던 듯하다. 앞서 공거심이나 지와의 예에서 보듯 공직자는 제 직분을 다해야 밥을 먹을 수 있다(공직은 책무다). 또 뒤의 제10편에서는 목숨을 부지하는 최소한의 구휼미는 얻어먹을 수 있으나 일 없이 녹봉을 먹어서는 안 된다고도 했다. 사정이 여의치 않으면 야경꾼이나 문지기 같은 하천한 공직이라도 수행해야 한다는 것.[201] 요컨대 공직자는 공밥을 먹어서는 안 된다!

　여태 살펴보았듯 맹자는 제나라에서 갖은 수모를 당하면서도 왕도의 꿈을 버리지 않았다. 그러나 그쪽에서 이쪽의 뜻을 수용하려 하지 않는다는 걸 알았을 때(숭 땅에서의 회견), 더 이상 공적인 지위(군사君師=정치 고문)를 가지고 이 땅에 머물 이유가 없다는 판단을 했노라고 회고한다. 그때부터 예물을 거절하고, 떠날 기회를 엿보았다는 것. 마치 공자가 위영공에게 진법陳法에 대한 질문을 받고 표표히 떠났듯, 또 제나라에서는 쌀을 일다가 거두어 급급히 떠났듯(『논어』, 15:1) 맹자 역시 그럴 참이었던

201　"가난 때문에 벼슬 사는 사람은 높은 자리는 사양하고 낮은 자리에 머물러야 하고, 많은 녹봉은 사양하고 적은 녹봉에 족해야 한다. 높은 자리는 사양하고 낮은 자리에 머무르며, 많은 녹봉은 사양하고 적은 녹봉에 족하는 벼슬로는 어떤 자리가 합당한가? 문지기나 야경꾼이 적합하다."(10:5)

것이다. 그럼에도 또한 '안 될 줄 알면서 행하는 것'이 공자의 길이기도 했다. 맹자 역시 상대방이 이미 손을 놓은 줄 알았기에 녹봉(예물)은 거절했지만, 스스로는 '어렵지만 불가능하지만은 않은 길'로 여겨 제선왕의 회심을 끝까지 바랐다. 제선왕을 떠나는 일을 미적거렸던 것이 고작 맹자 개인의 호구지책 때문이 아님을 이 장은 명토 박고 있다.

참고 독자여, 잘 봐두시라! 특별히 정치나 공직에 투신하려는 뜻을 둔 독자라면, 더욱 괄목하여 보라! 여기 세상을 바로잡고 뜻을 실현하려 들 때 봉착하는 차갑고 시린 고난을 눈여겨보시라. 공자의 별명인 '상갓집 개'의 변주! 역사적 유례가 '있는' 고난과 난관, 고뇌와 분노가 여기 제4편에 생생하게 드러나 있다. 초청한 군주의 변심, 질시하는 고위 관리들, 틈만 있으면 틈을 벌리려는 근신들, 권력자에게 아양 떠는 비부들, 냉소와 비아냥거림, 조롱과 손가락질! 그리고 비현실적이라느니, 관념적이라느니, 물정 모르는 소리라느니 등등.

생각하면 순자의 현실주의는 맹자의 정치적 실패에서 출발한다. 순자의 정치사상은 맹자의 '마음의 정치'가 실패한 자리에서 일어나 '지식의 성치학'으로, 심리과학으로 선환한 것이나. 즉 순사 사상(성악설)은 맹자 사상(성선설)에 대한 비판이 아니라, 욕망과 근시안, 질시와 악행을 인간의 조건으로, 사람의 본질로 '정시正視하자'는 리얼리즘이다. 이는 이렇게도 표현할 수 있을 것이다.

순자는 선심善心을 가로막는 인간 마음의 움직임에 더 주목한 사람이다. 맹자는 인간은 본래 선하다고 했지만, 순자는 선한 사실을 부정한 것이 아니라 선함을 가로막는 근본적인 인간의 마음 상태에 더 주의를 기울였고 이 사고가 결국 성악설이라는 주장으로 귀결된다.[202]

그러나 순자의 현실주의는 나쁜 정치, 군주 전제에 이용당했다. 그 결과는 2000년에 걸친 황제의 독재 체제와 전제정치, 인민의 자율성 상실이었다. 이에 맹자는 순자의 옷소매를 지긋이 붙잡는 듯하다. 현실을 감안해야 한다며 의리에 눈 감는 순간부터 인간은 제 스스로 리얼리즘의 먹이가 되고 만다는 사실을 귀띔하면서. 모든 엔지니어링의 말로가 그러하지 않던가. 토사구팽, 용도 폐기! 토마스 만Thomas Mann의 소설 『마의 산』의 주인공 한스 카스트로프의 별명이 '엔지니어'였다. 사람이 지켜야 할 것은 지켜야 한다. 현실을 감안한다며 뒷걸음질 치다 보면, 사람은 권력(재력, 금력, 폭력)의 먹이가 되고 만다. 그 죽음의 길로 인도하는 당근이 현실주의, 기술주의, 관료주의라는 사실을 맹자는 순자에게 알려줄 터다. 순자는 당대에 적절히 사용된 다음 버려졌고, 맹자는 1000년 동안 침묵을 강요당했다. 그러나 맹자 사상은 송대 성리학자들의 눈에 띄어 부활하였고, 오늘날 금전만능 자본주의 시대에 도리어 희망의 빛을 발하고 있다. 사상사, 아니 인간사의 아이러니다.

---

202 최경열, 「옮긴이 해제」, 이토 진사이, 앞의 책, 790쪽.

제5편

등문공 상 滕文公上

맹자 정치학의 정수가 다뤄진다. 배경은 등나라에서
행한 정치 실험이다. 고대 그리스, 플라톤의 시라쿠사
체험과 유사하다. 플라톤과 마찬가지로 맹자의 정치
실험 역시 실패하였다. 등나라가 약소국이기도
하려니와 시절이 다급했던 탓도 있다. 주목할 것은
맹자의 정치적 비전(제1장), 의례가 발휘하는 정치적
힘(제2장), 그리고 여민 체제의 제도들이다(제3장).
또 제4장에서 신농학파와의 논쟁을 통해 드러나는
여민 개념의 정체는 더욱 주목할 만하다(제4장 해설이
긴 이유다). 이 편은 모두 5장이다.

5:1. 맹자의 정치적 비전: 성선과 선국

두 개의 절로 나누어 번역하고 해설하였다.

5:1-1. 성선과 요순

滕文公爲世子, 將之楚, 過宋而見孟子. 孟子道[1]性善, 言必稱堯舜.

> 등나라 문공이 세자였을 때, 초나라로 가는 길에 송나라를 지나
> 가다가 맹자를 만났다. 맹자는 성선을 논하고, 말마다 꼭 요순
> 을 일컬었다.

해설

맹자 사상의 축은 성선설과 요순론이다. 성선설은 인간론이요,
요순론은 정치 이론이다. 맹자는 잔학한 세월, 사람이 짐승보다 못한 세
상을 극복하기 위한 유일한 방안은 인간 본성의 선함에 대한 확신, 그리
고 요임금과 순임금이 성취했다는 왕도 정치, 곧 여민 체제라고 믿었다.
맹자에게 성선은 사람이 사람다울 수 있는 근거요, 요순은 그 사람다움

---

1 道(도): 말하다, 논하다.

이 성취한 '과거 속의 미래'다.

1. 성선

사람은 짐승이다. 먹어야 살고 자기 유전자를 번식하려는 욕망을 가졌다는 점에서 그렇다. 그럼에도 미약하나마 인간다움이라는 고유한 특성을 따로 갖고 있다. 유교는 인간의 생물학적 육신(생리生理, secular) 속에 든 신성(성리性理, the sacred)의 씨앗을 발견한다. 고전 속에서 "인심은 위태롭고, 도심은 은미하다人心唯危, 道心唯微"(『서경』)라는 선언을 인간 존재의 조건으로 수용했다. '도심은 은미하다'란 '사람다움의 요소는 몹시 미세하다'라는 뜻이다. 맹자가 그 뜻을 이어 선언한다. "사람이 짐승과 다른 까닭은 몹시 드물다"[2]라고. 동물성과 아주 조금 다른 특성, 인간만이 가진 고유한 성질이 성性이다. 흥미롭게도 최근 생물학계의 보고는 사람에 대한 맹자의 인성론을 과학적으로 입증한다. 인류(호모종)와 가장 가까운 동물인 침팬지의 유전자 염기 서열과 인류의 차이가 1.6퍼센트에 불과하다는 연구 결과가 그것이다. 채 2퍼센트가 되지 않는 미세한 차이에 인간다움의 사활이 걸려 있다. 『서경』은 이 미세한 인간의 고유성을 도심道心이라 불렀고, 공자는 인仁이라 칭했으며, 맹자는 성性이라 이름 붙였다. 정이천은 "성性의 발견은 맹자의 기여다"라고 말하기도 했다.

나아가 맹자는 인성이 선하다는 사실을 발견한다(인간의 본성이 선하다는 확신이 들었을 때, 그는 얼마나 다행스러웠을까. 실낱같은 구원의 길을 발견했을

---

2   人之所以異於禽獸者幾希(8:19).

테니!). 나아가 성선을 바탕으로 건설한 왕도의 나라 '선국善國'이 역사적 사실이라는 확신에까지 닿았다. 이것은 통찰, 아니 종교적 개안이라고까지 할 수 있으리라. 마치 공자가 개천가에서 흐르는 물을 보고 문득 우주 자연의 질서를 깨달았던 만큼이나 그러하다.

> 공자가 개천가에서 물을 보고 말했다.
> "이렇구나, 흘러가는 것이! 밤과 낮을 가리지 않고 흐름이여."
> _『논어』, 9:16

　　개천의 물이란 본시 그냥 흘러가는 것이라 대수롭지 않게 보아 넘겼던 공자에게 어느 날 물이 스스로 흘러간다는 사실 자체가 낯설고 새로운 광경으로 확 덤벼든 것이다. 공자는 순간 개천을 재발견하였다. 풍경처럼 존재하던 개천의 물이 문득 자연의 주인공이 되어 불쑥 앞으로 돌출하고, 도리어 그간 세계의 주인공이던 나는 물가에 선 손님으로 쪼그라드는 체험을 한 것이다. 고작 개천에 불과했던 물의 흐름이 천지자연의 자연스러움을 체현하고 있다는 걸 불현듯 목도하였다. 우주의 중심이 나(사람)가 아니라 저 흘러가는 물임을, 물속에 자연의 진리가 흐르고 있음을 퍼뜩 깨닫고 토로한 것이다. "이렇구나, 흘러가는 것이! 밤과 낮을 가리지 않고 흐름이여." 아마 이것이 지천명知天命의 순간일 터다.

　　동양 사상은 서양의 철학과 다르다. 개념으로 관념과 형이상학을 수립하는 독립적인 사유 체계가 아니라 당면한 시대 문제를 해소하려는 종합적 사유다. 동양 사상의 인성론은 인간에 대한 철학적 검토에 국한되는 것이 아니라, 당대의 문제를 해소하고 새로운 사회를 설계하는 재료다. 동양 사상은 대부분 인성론과 정치론을 함축한다. 가령 '인성이 선하다'고 보는 관점에서는 학교가 중시되는 나라를 꿈꾸고, '인성이 악하다'고 보는 관점에서는 교도소 같은 나라를 지향하게 된다. 인성론은 곧 정치적 주제다!

맹자는 인간의 행동을 깊이 관찰했다. 길 가다가 남의 집 젖먹이가 우물에 기어 들어가는 장면을 만난 것은 성선을 실제로 체험한 운명적 조우였다. 이 만남은 이후 성선을 주장할 수 있는 '심리학적' 근거가 되었다. 그는 이 장면을 추론하여 인성의 싹, 곧 사단을 확정한다. 맹자의 통찰, 개안은 인간의 실제 행동을 깊이 관찰하여 나온 것이다. 성선설을 논한 까닭으로 "사람의 실정(情=생명 현상)에 주의해서 보면 누구나 선할 수 있는 능력을 갖추고 있다. 이것이 내가 선으로 의미하는 바다"(11:6)라고 토로한 것이 그 방증이다. 그는 자연의 이치와 인간 행태를 관찰하여 인성이 선하다는 확증을 얻었다.

다만 인간론에 머물러서는 유교가 아니다. 유교 사상의 골자는 인성론과 정치론 두 가지로 구성된다. 정치론까지 미루어 나아가야 한다. 인간의 선한 본성을 바탕으로 선한 나라를 실현한 '신화적 정치가'가 요순이다. 사람의 본성이 선하단 말도 이해하기 어렵지만(유학자들조차 그랬다. 아래 참고를 볼 것) 태곳적 인물인 요순은 더욱 모호하다. 그런데 맹자는 지금 "말마다 꼭 요순을 일컬었다言必稱堯舜"라고 하였다.

맹자, 마음의 정치학 1

2. 요순

사람이 짐승과 다르다면, 그 사람다움의 근거는 무엇인가. 동서를 막론하고 사람다움의 기원은 두 가지다. 저 위에 있는 하느님이거나, 저 먼 데 있는 역사다. 『성경』의 "태초에 말씀이 있었다"(「요한복음」)라는 선언은 사람다움과 행위의 선악을 정하는 기준이 절대신의 말씀 logos에서 비롯한다는 뜻이다. 이 신의 형상을 전유한 만물의 영장이 사람이다. 신은 사람에게 "바다의 고기와 공중의 새와 육축과 온 땅과 땅에 기는 모든 것을 다스리게 하"(「창세기」)셨던 것이다.

그러나 동아시아에는 조물주로서의 절대신이 없다. 자연과 인간을 창조하고, 의와 불의를 규정하는 유일신 야훼가 없다는 뜻이다. 실은 천도교의 교리로 알려진 인내천人乃天에 동아시아의 신관神觀이 잘 들어 있다. 인내천, "사람이 곧 하늘이다"라는 말을 풀면 '모든 사람의 마음속에 하느님이 깃들어 있다'는 뜻이다. 세상의 중심이 인간이라는 뜻이니 듣기에는 좋지만, 갈등과 분쟁을 해결하기는 오히려 힘들다. 무엇이, 또 누가 옳고 그른지 판정할 권위를 사람 속에서 찾아야 할 형편인데, 누구나 제 주장이 옳다고 나설 것이기 때문이다. 사람다움의 근거와 행위의 정당성을 판정할 권위가 하늘에서 내려올 수 없다면 시간 속에서, 즉 역사에서 찾는 길밖에 없다. 동아시아에서 나이 많은 것, 오래된 것, 신화나 설화처럼 해묵은 이야기가 힘을 갖는 까닭도 이것이다. 서양이 신에게서 인성의 기원을 찾는다면 동양은 역사에서 찾는다. 공자가 "옛것을 서술할 뿐 창작하지 않으며, 옛것을 믿고 또 좋아하노라述而不作, 信而好古"(『논어』, 7:1)라고 학문의 방법론을 요약한 것도 역사 속에서 말과 글의 권위를 확보하려는 노력의 일환이다.

동양 고전에 요와 순이라는 이름이 자주 출현하는 이유도 여기에 있다. 요임금과 순임금은 실존 인물이 아니라 인간 사회의 문제를 해결하고 분쟁을 극복하기 위해 만든 신화적 장치다. 서양에서 신이 했던 역할을 대신하기 위해 요청된 존재인 것이다. 이런 점에서 "공자가 쓴 방법은 역사를 이용하는 교묘한 방법이었다. 다른 문명에서 신의 계시가 맡았던 역할을 중국에서는 역사가 행했다"[3]라는 지적은 정곡을 찔렀다. 서양에서 신의 계시가 시비의 기준이라면, 중국에선 역사가 권위의 기초였다. 그 역사적 권위의 상징이 요와 순이다.[4] 그러므로 공자나 맹자가 자기 주장의 궁극적 근거로 요와 순을 드는 것은 마치 서양에서 신을 권위의 근거로 삼는 것과 다를 바 없다.

특히 전국시대로 접어들면서 지식인들에게는 자기주장의 정당성을 확보하는 일이 대단히 중요해졌다. 온갖 학설이 난무하는 시대를 살았던 맹자에게 요순의 필요성은 공자보다 더욱 절실했다. 맹자는 한낱 '뜨내기 지식인'에 지나지 않았기 때문이다. 그는 자신의 언어를 뒷받침할 권위가 필요했고, 그것을 신화적 인물들에게서 찾았다(실은 다른 학파들의 사정도 마찬가지였다. 묵가가 기원으로 삼은 우禹, 농가가 추앙한 신농神農, 도교에서 신

---

3   후레드릭 W. 모오트, 앞의 책, 71쪽.
4   이 점은 원시인들의 우주관에서도 확인된다. "사회의 정당한 토대로서의 법의 출생지는 어디일까? 사회에 앞서는 시간, 신화적 시간이 바로 그곳이다. 즉 직접적이면서도 동시에 무한히 먼 조상들, 문화적 영웅들, 신들의 공간이 그곳이다."(피에르 클라스트르, 변지현·이종영 옮김, 『폭력의 고고학』, 울력, 2002, 212쪽) 여기 '문화적 영웅들', '신들의 공간'이 맹자에게는 요순이요, 또 요순의 나라가 된다.

성화한 황제黃帝의 사상사적 의미는 같다).

　이에 "맹자는 성선을 논하고, 말마다 꼭 요순을 일컬었다." 자기 사상의 정수인 성선설이 요순이 선포한 진리라며 역사적 권위에 기댄 것이다. 이는 맹자의 학술 작업의 사활이 걸린 문제였고, 『맹자』 언술 구조의 기본 틀이기도 했다. 맹자는 미래 구상의 근거를 대부분 요순과 그 후계자로 여긴 우탕, 문무, 주공, 공자 등 성인 열전에 기대어 제시한다. 따라서 『맹자』라는 텍스트는 고대 설화 주인공들의 말씀을 맹자가 대신 서술하는 방식으로 쓰인 책이라 할 수 있다.[5]

5:1-2. 독한 약

世子自楚反[6], 復見[7]孟子.

孟子曰, "世子疑吾言乎? 夫道一而已矣. 成覵[8]謂齊景公曰, '彼, 丈夫也; 我, 丈夫也; 吾何畏彼哉!' 顏淵曰, '舜, 何人也? 予, 何人也? 有爲者亦若是!' 公明儀[9]曰, '文王, 我師也; 周公豈欺我哉?' 今滕, 絶長補[10]短, 將[11]五十里也, 猶可

5　요순의 정치가 여민주의, 분권정치, 책임 행정, 소통 과정을 특징으로 한다는 것은 앞서 살펴보았다(4:2 해설 참고).

6　反(반): 돌아오다.

7　復見(부현): 다시 뵙다. '復'는 다시. '見'은 뵙다. 세자는 강대국 초나라를 방문하고 위기의식을 가졌던 듯하다(2:13 참고).

8　成覵(성간): 춘추시대 제나라 사람.

9　公明儀(공명의): 증자의 제자.

以爲善國. 書¹²曰, '若藥不瞑眩¹³, 厥¹⁴疾不瘳¹⁵.'"

초나라에서 돌아오는 길에 세자는 다시 맹자를 방문하였다.

맹자, 말씀하시다.

"세자는 내 말을 의심¹⁶하시오? 대저 길은 하나일 뿐이외다.¹⁷
성간이 제나라 경공에게 말했다지요. '저이들¹⁸도 사내요, 나
도 사내다. 내가 왜 저들을 두려워하리오!' 또 안연은 '순은 어
떤 사람이며 나는 어떤 사람인가? 무엇을 하려 하는 사람이라
면 다만 순임금과 같이 할 따름인 것을!' 그리고 공명의는 '문
왕은 나의 스승이라고 주공이 말했으니, 어찌 주공이 거짓을 말
하랴'라고 했습니다.

지금 등나라는 긴 곳을 잘라 짧은 곳에 붙이면, 거의 사방 50리는
될 터인데 외려 좋은 나라를 만들 수 있습니다. 『서경』에 '눈이

---

10 補(보): 기우다, 덧대다.

11 將(장): 거의.

12 書(서): 『서경』, 「상서」, '열명 上說命上'.

13 瞑眩(명현): 어지럽다. 약이 독해서 정신이 어질어질한 것을 뜻한다.

14 厥(궐): 그(the).

15 瘳(추): 병이 낫다.

16 疑(의): 의심이야말로 배움의 단서다. 맹자는 꾸짖듯 "내 말을 의심하시오?"라고 묻지만
학인이 의심을 하지 않으면 올바로 배울 수 없다.

17 공자가 "나의 길은 하나일 뿐이라吾道一以貫之"(『논어』, 4:15)던 '한 길'로서의 인仁을 맹자
가 계승한 것이다.

18 요순 등 성인을 지칭한다.

어질어질하지 않는 약으로는 병이 낫지 않는다'라고 했습니다."

초나라를 방문하고 그 강대함을 직접 목도한 세자는 절박한 위기감에 휩싸였던 듯하다. 소국인 등나라의 생존이 발등의 불처럼 다급하게 느껴졌고, 맹자의 성선설과 요순론이 희망으로 와닿았다. 그러면서도 현실성에는 의심이 든 것이리라. 이에 의심을 품고 다시 질문하니 맹자는 다시금 '길은 하나일 뿐'이라며 확언한다. 묵가나 병가, 법가 따위는 잡술일 뿐 왕도론만이 유일한 국가 생존책이라는 말이다(이때 묻고 답한 것이 2:13, 2:14, 2:15 시리즈에 실려 있다).

끝 대목의 "외려 좋은 나라를 만들 수 있습니다"라는 말에 맹자의 비전이 응축되어 있다. '좋은 나라(善國)'란 군사력이나 경제력이 강력한 강국도 아니고, 땅이 크고 인구가 많은 대국도 아니다. 백성이 살기 좋은 나라이니 오늘날 말로 하자면 도덕국가이자 복지국가다. 아리스토텔레스의 '좋은 정치(폴리테이아)'가 여기서 멀지 않고, 김구가 꿈꾼 나라(「나의 소원」)도 다를 바 없다.

앞서 순임금의 나라를 논한 3:8에 나왔던 "여민 정치는 대화 정치다"가 좋은 나라의 실제다. 요순의 나라가 좋은 나라의 모델이요, 그것을 실현하는 정치가 여민주의 정치라는 등식이다. 사방 50리라는 작은 영토가 외려 좋은 나라를 만들 수 있는 조건이라는 맹자의 주장은 호기심 많은 세자에게 어리둥절하게 와닿았다. 작을수록 도리어 좋다?[19] 몸이 가벼우면 변화하기에 외려 좋다는 뜻인데, 여기 사방 50리라는 말에는 과거 은왕조 건설자 탕임금의 본거지가 고작 사방 70리에 불과했고, 주왕조 건설자 문왕의 본거지가 사방 100리에 불과했으나 덕치(=왕도)로 말미암아 결국 천하를 소유하기에 이르렀다는 역사적 사실이 전제되어 있다.[20] 그러나 젊은 세자가 어찌 '덕치의 역설'을 이해하리오. 맹자는 어리둥절해하는 세자의 마음을 읽고서 "세자는 내 말을 의심하시오? 대저 길은 하나일 뿐이외다"라고 짚어준 것인데, 좋은 나라를 이루기 위한 덕치라는 처방은 하늘과 땅이 뒤집히고, 밤이 낮이 되는 '파천황'의 어질어질함, 눈으로 보기 어렵고 듣고도 믿기 어려운 길을 통과해야만 효험이 있다는 뜻이다. 상식의 폐기, 발상의 전환, 사고의 혁명을 통과하는 변화의 어지러움이 '명현瞑眩'이라는 단어에 빼곡히 들어차 있다. 춘추전국시대 내내 묵수해온 전술, 이를테면 군사력, 외교술, 법률, 인구, 관료제 등을 통한 국가 발전 방도와는 상반되는, 전혀 다른 길이라는 말이다.

앞서 보았듯 덕이란 '힘'이다. 타인의 의사를 무시하고 자기 의지를 관철하는 권력이나 폭력이 아닌, 주변을 감화하여 끌어당기는 자력磁力, 곧 인간적 매력이 덕이다. 이는 공자가 북극성의 비유를 쓰고, 노자가 역설의 논법으로 퉁겨줄 수밖에 없었던 까닭인데, 그럼에도 덕의 힘은 "역

---

19 '작은 것이 아름답다Small is beautiful' 또는 '적을수록 더 좋다Less is more'. 몸이 가벼우니 오히려 변화하기는 더 좋다.

20 "왕자는 큰 나라가 필요하지 않으니 ― 탕임금은 70리 땅으로, 문왕은 100리 땅으로 왕이 되었다王不待大 ― 湯以七十里, 文王以百里."(3:3)

말이 왕명을 전달하는 것보다 빠르고", 그 호연한 기세는 "지극히 크고, 지극히 강하다." 따라서 덕치에는 광대한 영토가 필요하지 않고, 강력한 군사력도 소용없다. 덕력이 작동하면 "가까운 데 있는 사람들은 기뻐하고, 먼 데 있는 사람들은 몰려드니近者悅, 遠者來", 자연히 작은 마을도 도회지가 되고 도시는 나라가 될 터였다.[21] 그 역사적 실제가 요임금과 순임금이 건설한 왕도의 나라다.

이 자리에서 맹자는 세자에게 스스로 분노를 일으켜 요와 순의 사례를 배우고 익히기를 간곡하게 권한다. 춘추시대 성간의 의욕과 안연이 순임금을 스승으로 삼았던 일화를 예거하는 까닭이다. 그렇다고 어찌 세자에게뿐일까? 맹자는 내내 누구나 요순 같은 성인이 될 수 있음을 강조하고, 마음을 일으켜 분발하기를 촉구한 터다(8:28 참고). 요순의 나라, 곧 선국을 성취하는 유일한 길은 백성이 외적의 공격에도 떠나지 않고, 부지깽이를 들고서 창칼에 맞서며 이 땅을 '우리 나라'로 여겨 함께 더불어 사수하는 것이다. '덕치=선국=여민 체제' 건설이 요순이라는 이름 속에 들어 있다. 다만 요구되는 바는 뜻(志)이다. 요순의 나라를 역사책 속의 과거지사로 볼 게 아니라, 지금 이 땅에 실현해보려는 담대한 포부와 용기가 필요하다. 지금 맹자는 전국시대의 상식인 약육상식, 부국상병의 2차원 논리로는 이해가 되지 않을 덕치, 왕도, 여민의 '어렵지만 불가능하지만은 않은' 세계로 젊은 세자를 초대하고 있다.

---

21 순임금의 별명이 도군都君인 까닭을 회상하자(3:5 해설 참고).

오늘날 우리에게 '맹자=성선설'이라는 도식은 '순자=성악설'과 짝을 이루어 매우 낯이 익다. 역대 유학자들이라면 모두 성선설을 적극 옹호했을 것 같지만, 막상 송나라 유학자들 사이에서조차 이견이 분분했다. 송나라 사상가들의 다양한 인성론을 개괄한 앵거스 그레이엄의 글이 여기 참고가 된다.

북송대 초기 맹자의 권위는 여전히 논란에 휩싸여 있었고, 저명한 학자들 대부분은 맹자의 인성론을 거부했다. 신유학(=성리학) 운동 바깥에 있던 사마광司馬光은 양웅揚雄의 이론(성악혼재설)을 옹호했고, 이구李覯는 당나라 한유韓愈의 이론(성삼품설性三品說)을 옹호했다. 한편 왕안석王安石은 본성을 중립적인 것으로 보는 입장인 듯하다. 소식蘇軾에 따르면 도와 본성은, 비록 그것을 따르는 것이 선善일지라도 그 자체를 선으로 부를 수는 없다고 주장한다. 마지막으로 구양수歐陽脩는 정작 성인들은 관심을 두지 않았던 추상적 문제라면서 본성의 선악 문제를 거절한다. 성선설의 교의가 그토록 오랫동안 유학의 정통 견해가 된 것은 놀랍게도 11세기에 정이천이 성선설을 지지한 일이 계기가 된다. 이천의 견해는 나중에 신유학자로 분류되는 학자들 가운데서도 예외적이었다. 주돈이周敦頤는 본성을 선악이 혼재한 것으로 여겼다.[22]

---

22 앵거스 그레이엄, 이현선 옮김, 『정명도와 정이천의 철학』, 심산, 2011, 106~107쪽.

맹자, 마음의 정치학 1

사람의 본성이 선하다는 성선설은 심리학 이론이 아니라, 시적詩的 통찰로 보아야 할 것이다. 젖먹이가 우물에 기어 들어가는 광경을 발견한 것처럼, 인성 속에 든 선한 본성을 문득 발견하는 순간 터져 나온 찬탄이 '인간의 본성은 선하다'는 게송(!)일 것이다. 성리학자 호굉胡宏이 부친 호안국胡安國에게 전해 들었다는 말은 이 점에서 참고할 만하다.

> 나는 아버지로부터 "여러 훌륭한 학자들 가운데 맹자가 유독 특별한 까닭은 그가 본성을 알았기 때문이다"라는 말을 들었다. 그 의미를 묻자 "맹자가 '성性이 선善하다'라고 말한 것은 탄미한 말이지, 악惡의 반대말로 선을 말한 것이 아니다"라고 하셨다.[23]

여기 '맹자가 선성을 말한 것은 탄미한 말이지, 악의 반대말로 선을 말한 것이 아니다'라는 지적은 괄목하여 볼 만하다. 맹자가 성선이라고 한 것은 이성적 추론이 아니라 시적 체험으로 여겨야 한다는 말이다. 암흑의 시대, 악행으로 얼룩진 전국시대의 일상에서 지하수가 용출하듯, 칠흑 같은 하늘에 섬광이 비치듯 그는 육신(욕망)에 깃든 사람다움(본성)을 문득 발견했다. 본문에서 맹자가 등나라 세자를 앞에 두고 "성선을 논하고道性善"라고 했을 때의 그 '논하다(道)'라는 말 역시

---

23 孟子道性善云者, 歎美之辭, 不與惡對(『주희집朱熹集』, 「호자지언의胡子知言義」 제1권; 앵거스 그레이엄, 앞의 책, 106쪽에서 재인용).

맹자가 사람의 본연本然을 깨달은 오도송悟道頌을 요약한 말이요, 문
득 '하느님'과 조우한 이력을 푼 말이다. 그렇다면 성선은 산문散文이
아니라 시어詩語요, 논리가 아니라 신앙이다!

5:2. 의례의 정치력

滕定公[24]薨[25], 世子謂然友[26]曰, "昔者孟子嘗與我言於宋, 於心終不忘. 今也
不幸至於大故, 吾欲使子問於孟子, 然後行事."

然友之鄒[27], 問於孟子.

孟子曰, "不亦善乎! 親喪, 固所自盡也. 曾子曰[28], '生, 事之以禮; 死, 葬之以
禮, 祭之以禮, 可謂孝矣.' 諸侯之禮, 吾未之學也; 雖然, 吾嘗聞之矣. 三年之
喪, 齊疏之服[29], 飦粥[30]之食, 自天子達[31]於庶人, 三代共之."

然友反命[32], 定爲三年之喪. 父兄百官[33]皆不欲, 曰, "吾宗國[34]魯先君莫之行,
吾先君亦莫之行也. 至於子之身而反之, 不可 且志[35]曰, '喪祭從先祖.' 曰, '吾

---

24 定公(정공): 문공의 아버지.

25 薨(훙): 제후의 죽음. 천자의 죽음은 '崩(붕)'이라고 한다.

26 然友(연우): "세자의 스승이다."(조기)

27 之鄒(지추): '之'는 가다. '鄒'는 맹자의 고향. '鄒'는 등나라와 40여 리 정도 거리라 왕복
하는 데 반나절쯤 걸린다. 이에 질문한 뒤에 일을 행할 수 있었다(양백준).

28 曾子曰(증자왈): 본시 공자 말씀이다(『논어』, 2:5). 증자는 공자의 말을 제자들에게 전했던
것이다.

29 齊疏之服(자소지복): 거친 베로 지은 상례복. '齊'는 상복 아랫단을 꿰맨 것. '疏'는 거친
베. "삼년상에는 아랫단을 꿰메지 않은 참최斬衰의 상복을 입는다. 자최齊衰는 아랫단을
꿰맨 상복으로 일년상에 입지만, 상복 전체를 대표할 수도 있다. 여기서는 상복 전체를
가리키는 말이되 실제로는 참최의 상복을 가리킨다."(심경호, "한자 이야기"(1297회), 〈동아
일보〉 2011년 12월 7일자).

30 飦粥(전죽): 미음과 죽. '飦'은 미음. '粥'은 죽. 상례가 시작되고 3일 후부터 죽을 먹고, 장
례를 치른 후 거친 밥을 먹는다.

31 達(달): 이르다.

32 反命(반명): '復命(복명)'과 같다. 공무 수행 후 상관에게 보고하는 것.

33 父兄百官(부형백관): '父兄'은 집안의 종친들. '百官'은 고위 관리들.

有所受之也.'"

謂然友曰, "吾他日未嘗學問, 好馳[36]馬試[37]劍. 今也父兄百官不我足也. 恐其不能盡於大事, 子爲我問孟子!"

然友復之鄒問孟子.

孟子曰, "然; 不可以他求者也. 孔子曰, '君薨, 聽於冢宰[38], 歠[39]粥, 面深墨[40], 卽位而哭, 百官有司莫敢不哀, 先之也.' 上有好者, 下必有甚焉者矣. '君子之德, 風也; 小人之德, 草也. 草尙[41]之風, 必偃[42].' 是在世子."

然友反命, 世子曰, "然; 是誠[43]在我."

五月居廬[44], 未有命戒[45]. 百官族人[46]可, 謂曰知. 及至葬[47], 四方來觀之, 顔色之戚[48], 哭泣[49]之哀, 弔者大悅.

---

34 宗國(종국): 주나라 제후국의 시조는 모두 문왕의 자손이었다. 다만 주공이 노나라에 봉해져 항렬이 높았으므로, 나머지 희姬성 제후국은 노나라를 '宗國'으로 삼았다(양백준).

35 志(지): 기록 혹은 문서. '誌(지)'와 같다. (예) 삼국지三國志, 위지魏志

36 馳(치): 달리다.

37 試(시): 시행하다.

38 聽於冢宰(청어총재): 재상의 명을 따르다. '冢'은 우두머리. '宰'는 재상. 공자는 "임금이 죽으면 3년 동안 백관이 스스로 업무를 총괄하고, 총재의 명을 따른다"(『논어』, 14:43)고 했다.

39 歠(철): 마시다.

40 面深墨(면심묵): 까맣게 탄 얼굴. 심려하여 수척해진 모습.

41 尙(상): 『논어』에는 '上(상)'으로 되어 있다.

42 偃(언): 눕다.

43 誠(성): 정말로.

44 五月居廬(오월거려): '廬'는 여막廬幕. "천자가 죽으면 7개월 후에 장사 지내니 제후들은 똑같은 수레를 타고 참가한다. 제후는 죽은 지 5개월 후에 장사 지내니 동맹한 제후는 반드시 참가한다. 상주는 그동안 여막을 지어 거기에 거처한다."(『춘추좌전』, 「은공隱公 원년」; 양백준)

45 未有命戒(미유명계): '命戒'는 명령과 포고. 군주가 상중에 정사를 재상에게 맡기고 침묵을 지키는 것을 양암諒闇이라고 하니 '未有命戒'가 곧 양암이다. 양암은 『논어』, 14:43 참고.

등나라 정공이 서거하자 세자가 스승 연우에게 말했다.

"지난번에 송나라에서 맹자가 제게 해준 말씀이 지금껏 제 마음에 잊히지 않습니다. 지금 불행하게도 큰 변고를 당했는데, 선생께서 맹자에게 문의한 다음 장례를 치렀으면 합니다."

연우가 추 땅으로 가서 맹자에게 문의하였다.

맹자, 말씀하시다.

"썩 좋은 생각이오! 부모 장례는 정녕 최선을 다해야 하는 법.[50] 증자가 말했지요. '살아 계실 적에는 예를 다해 섬기고, 돌아가시면 예에 맞추어 장례 지내며, 제사도 예에 합당하다면 효라고 이를 만하다'라고. 내가 제후의 예법은 배우지 못했지만, 그러하나 일찍이 들은 바는 있습니다. 3년의 상기에 상복을 입고 미음과 죽을 먹는 것은 천자로부터 서민에 이르기까지 하·은·주 삼대가 다 같이 행했던 것이외다."

연우가 복명하였고 삼년상을 치르기로 결정하였다. 그러나 부형과 백관이 모두 반대하며 "종주국인 노나라 선대 임금들도 하지 않은 짓이요, 우리 선대 임금들 또한 삼년상을 치르지 않

---

46 族人(족인): 집안사람들.

47 葬(장): 장사 지내다.

48 戚(척): 슬프다.

49 哭泣(곡읍): 곡하며 울다.

50 증자의 말이다. "사람의 일 가운데 온 힘을 다할 것은 따로 없으나, 반드시 어버이 장례(親喪)만큼은 온 힘을 다해야 한다."(『논어』, 19:17) 맹자도 마음과 재력을 다하여 모친상을 치렀다가 사람들로부터 비판을 받았던 정황이 앞서 나왔다(2:16).

왔다. 그대에 이르러 뒤집는 것은 옳지 않다. 더욱이 기록에도 '상례와 제례는 선조를 따른다'라고 되어 있고, 또 '우리 나름의 관례가 있다'라고도 하였다."

세자가 연우에게 말했다.

"지난날 내가 학문을 배우고 익힌 적은 없고 말 달리기와 칼 부리기를 좋아했으니 지금 부형과 백관이 나를 마뜩치 않게 여기는 것입니다. 이러다간 큰일을 그르칠까 두려우니, 선생께서 나를 위해 맹자를 찾아가 여쭤주오."

연우가 다시 추 땅으로 가서 맹자에게 물었다.

맹자, 말씀하시다.

"그렇소이다. 다른 데서 찾을 것이 아니외다. 공자께서 말씀하길 '임금이 서거하면 재상의 명을 따른다. 세자가 미음을 마시고 까맣게 탄 얼굴로 상주 자리에 나아가 곡을 하면, 조정의 관리들 가운데 슬퍼하지 않는 이가 없는 것은 예를 솔선하기 때문이다'라고 했습니다. 윗사람이 좋아하면 아랫사람 중에 반드시 더 좋아하는 자가 있는 법이지요. 또 '군자의 덕은 바람이요, 소인의 덕은 풀이니 풀 위로 바람이 불면 반드시 같은 방향으로 눕는다'[51]라고 했습니다. 이건 세자 하기에 달렸소이다."

연우가 복명하자 세자가 말했다.

"그렇습니다. 이것은 정말 내가 하기 나름이겠습니다."

51 『논어』, 12:19.

맹자, 마음의 정치학 1

세자가 여막에 거처하는 다섯 달 동안 명령이나 포고가 없었다. 백관과 집안사람들이 이를 보고 '잘한다' 하고 '세자가 예를 아는구나'라고 평했다.[52] 장례식 날이 되자 사방에서 몰려온 조문객들이 세자의 수척한 안색을 보고 또 애통한 곡소리를 듣고는 크게 기뻐하였다.

해설

5:1에서 맹자는 깊은 병을 고치는 약은 눈이 어질어질할 만큼 독하다고 말했다. 기존의 관례를 부수는 혁신 또는 개혁의 난관을 지적한 것이다. 이 장에서는 흥미롭게도 삼년상이라는 개혁 조치를 둘러싼 주위의 반대와 저항, 이를 극복하고 개혁을 추진하는 과정과 그 성과가 구체적으로 그려진다.

1. 삼년상

삼년상에 내해서는 이미 공사와 세사 재아가 치열한 공방을 벌인 바 있다.[53] 이를 볼 때 삼년상은 유교 내부적으로는 정통성을 확보했지만 묵가의 절장론에서 보았듯, 그리고 맹자가 모친상을 사치스럽게 치

---

52 주희는 "이 사이에 빠진 내용이 있는 듯하다"라고 하였다(『맹자집주』).
53 5:5의 해설 및 『논어』, 17:21 참고.

렀다며 안팎의 비난에 시달렸듯 당시 사람들에게는 낯설고 이상하며 생뚱맞은 의식으로 여겨졌다. 그러나 유교의 정체성은 삼년상에 있다. 유교(공자, 증자, 맹자)에서 본질적인 것은 부모를 잃은 슬픔의 극진함이다. 즉 장례의 핵심은 그 슬픔의 진정성이고, 상례는 이 진정성을 표현하는 형식이다. 이 극진한 슬픔을 떠나서는 사람다움(仁)을 논할 근거가 없다.

3년이라는 기간에도 깊은 뜻이 서려 있다. 사람이 태어나 피치 못하게 남의 도움을 받아야만 하는 때가 있는데, 유교에서는 그것이 태어난 후 자립하기까지의 3년이라고 본다(정확하게는 2년 2개월). 사람은 제 발로 서서 먹을 것과 먹지 못할 것을 구별하기까지 최소 3년 동안 남에게 절대적으로 의존해야 하는 생리적 한계가 있는 동물이다. 이 시간 동안 타인, 곧 부모는 "진자리 마른자리 갈아 뉘시며 손발이 다 닳도록 고생하시는" 은혜를 베푼다. 이 보살핌은 일방적이기에 되갚을 수 있는 기회가 없다. 다만 그 세월을 유추하고 회상하며 되갚는 의례를 재현해볼 따름이다. 다음은 공자의 말이다.

> 군자는 부모의 상을 치를 적엔 맛난 것을 먹어도 달지 않고, 음악을 들어도 즐겁지 않으며, 집에 있어도 편안하지가 않다. …… 사람은 태어나 3년이 지나고서야 부모의 품을 벗어날 수 있는 것. 대저 삼년상이란 하늘 아래 '공통된 상례(通喪)'인 것을!
>
> _『논어』, 17:21

정치적이고 경제적인 측면에서, 즉 효율성의 차원에서 3년이 길다고 여기던 당시 풍조(묵가가 대표적이다)에 반하여 유교는 사람의 마음과 관계라는 차원에서 삼년상의 의의를 제시한다. 부모가 돌아가신 뒤, 맛난 것을 먹을 때면 부모의 모습이 떠올라 목이 메이는 추체험의 기간이 3년, 또 태어나서 부모에게 절대적으로 의존했던 세월이 3년이라는 것이다. 그러니까 삼년상은 부모의 죽음을 계기로 인간다움에 대해 명상하는 이를테면 '인문학 페스티벌'이다.

삼년상에는 또 다른 뜻도 들어 있는 듯하다. 부모에게조차 빚지고는 못 살겠다는 오연한 자존심 말이다. 부모조차 타인으로 여기는 서늘한 자의식이 삼년상 의례의 조건을 구성한다. 부모조차 남으로 여기고, 남에게 끼친 신세는 추체험의 의례를 통해서라도 되갚고야 말겠다는 '자존심 강한' 인간관을 바탕으로 형성된 것이 유교다. 부모에게조차 이러하다면 진짜 타인에게는 더 말할 바가 없으리라. 그러므로 "신체발부, 수지부모身體髮膚, 受之父母"(『효경』)라, 존재의 기원인 부모와 사별할 때 솟는 슬픔과 절실함이 공감sympathy의 출발점이다. 누구나 겪는 상주로서의 체험, 즉 어버이를 잃은 절절한 고통을 몸소 겪는 장례 체험은 타인과의 만남에도 적용되면서 함께 더불어 사는 원리로 승화할 원초적 경험을 구성한다. 이것이 부모의 장례가 유교사회론의 출발점인 이유다.

2. 삼년상의 정치학

한편 이 장은 상례의 정치적 효과를 보여준다는 점에서도 주목할 만하다. 등문공은 세자 시절 주변 사람들의 신뢰를 얻지 못하였던 듯하다. 그러다가 선군先君의 갑작스러운 죽음에 권력 공백 상태를 맞았다.

이에 그는 맹자를 떠올리고 혁신책(삼년상)을 통해 정치적 위기를 돌파하려 한다. 문제는 그것이 효과가 있는가, 즉 정치력이 작동하는가에 있다. 앞당겨 말하자면, 이 장은 삼년상의 정치적 성공을 극화하여 보여준다. 삼년상의 속뜻은 알지 못한 채로(세자가 삼년상의 의미를 이해할 여가는 없었다) 형식적으로 유교 의례를 행하더라도 정치적 힘이 형성되어 소기의 성과를 획득하는 과정이 본문에 세밀하게 묘사되어 있다. 이런 점에서 이 장은 그 자체로 '정치적'이다. 공자의 덕치 이론이 정치 현장에서 실현되는 과정이 차분하게 서술되는데, 이는 훗날 『대학』에서 '격물치지格物致知→성의정심誠意正心→수신제가修身齊家'의 형태로 규범화될 터였다. 여러 차례 지적했듯 덕력은 "가까운 데 있는 사람들은 기뻐하고, 먼 데 있는 사람들은 몰려드는" 흡입력의 형태로 구현된다. 등문공의 장례에서 덕력이 어떻게 작동하고 실현되는지 본문 후반부의 묘사를 통해 검토해보자.

(1단) 세자가 삼년상을 치르기로 결정하였다. 부형과 백관이 모두 반대하였다.

(2단) 세자가 결단하였다. "그렇습니다. 이것은 정말 내가 하기 나름이겠습니다."

(3단) 세자가 여막에 거처하는 다섯 달 동안 명령이나 포고가 없었다.

(4단) 백관과 집안사람들이 '잘한다' 하고 '세자가 예를 아는구나'라고 평했다.

(5단) 장례식 날이 되자 사방에서 몰려온 조문객들이

(6단) 세자의 수척한 안색을 보고 또 애통한 곡소리를 듣고는 크게 기뻐하였다.

이 6단계를 정치적으로 해석해보자.

(1단 해석) 주변의 신뢰를 얻지 못한 세자는 삼년상이라는 혁신책을 내놓지만, 친지와 관료들의 강력한 저항에 직면하였다.

(2단 해석) 맹자의 조언을 수용하여 세자는 삼년상을 치러 돌파구를 찾기로 결단한다.

(3단 해석) 정무를 재상에게 위임하고, 세자는 상례에 몰두한다.

(4단 해석) 전통과 관습을 고수하던 관료와 친지 가운데 세자의 행동에 마음이 움직여 '세자가 예를 안다(知)'며 동의를 표하는 사람이 늘어난다.

(5단 해석) 소문을 들은 백성이 장례식을 보러 사방에서 몰려왔다(四方來).

(6단 해석) 수척한 모습과 애통한 곡소리에서 진정성을 본 조문객들이 크게 기뻐하였다(大悅).

주목할 대목은 (4단)에서 세자가 추진한 낯선 상례가 '지혜롭다'는 일각의 호평을 얻고, (5단)에서 소문을 들은 사람들이 장례식을 보러 사방에서 몰려오고, (6단)에서 상주의 진정성을 확인한 조문객들이 기뻐하는 과정이다. 이 과정에서 드러나는 인지(知)-결단(果)-끌어들임(來)-감동

(悅)의 경로는 덕력이 사회화하는 경로와 꼭 맞아떨어진다. 즉 공자가 지적한 "가까운 데 있는 사람들은 기뻐하고, 먼 데 있는 사람들은 몰려든다"라는 동태성dynamics이 관철되고 또 성취되고 있다. 생각하면 이 성취는 모순적이다. 상주는 슬퍼하는데 조문객은 기뻐한다? 그러나 이 경우는 모순이 아니라 역설로 보아야 하리라. 슬픔/기쁨의 동거는 일종의 역설적 형식이기 때문이다(앞에서 '작은 나라일수록 외려 덕의 천하를 건설하기 쉽다'고 했던 역설을 상기할 것! 덕의 속성 자체가 역설이다).[54]

한편 의례가 사람을 감동시켜 힘을 생산하는 과정은 차후 수기치인修己治人 구도로 정형화한다. 『대학』의 구성을 이 장에 대입해보자.

(1) 격물치지格物致知: 세자가 부친의 죽음을 맞아 장례의 의미를 따지고(격물), 그 실행을 위해 맹자에게 예법을 자문한다(치지).

(2) 성의정심誠意正心: 주변 백관과 친지들의 저항에 부딪히자 그들을 탓하지 않고 자신의 과거를 성찰하고 반성한다(성의). 다시금 맹자에게 자문한 후 문제의 해결 방안이 자기 자신에게 있음을 확인한다(정심).

(3) 수신제가修身齊家: 세자는 예법에 맞춰 여막에 거처하면서 얼굴이 수척해지도록 상례를 수행한다(수신). 그러자 백관과 집안사람들이 이를 보고 '잘한다' 하고 세자가 '예를 아는구나'라고 평

---

54 공자의 성취를 "사양함으로써 지위를 획득한다讓以得之"라고 표현했을 때도 그 안에 역설이 들어 있다(『논어』, 1:10). 더 깊은 논의는 배병삼, 「덕이란 매력이다」, 『우리에게 유교란 무엇인가』, 녹색평론사, 2012 참고.

한다(제가).

(4) 치국治國: 장례식 날 사방에서 몰려온 조문객들이 세자의 수척한
안색을 보고 크게 기뻐한다.

이렇게 풀어보면 이 장은 유교 의례가 파생하는 정치력을 실증적으로
보여주는 곳이다. 즉 맹자의 비전인 왕도 정치, 거슬러 공자의 꿈이던 덕
치의 세계가 '장례 정치학'을 통해 실현됨을 증명해 보인 것이다.[55] 그
성취는 세자가 해결의 단초를 자기 자신에서 찾은 것, "그렇습니다. 이것
은 정말 내가 하기 나름이겠습니다"라고 말한 지점에서 시작되었다. 맹
자가 '자신에게 돌이켜 잘못을 찾는 것(反求諸己)'을 왕도의 출발점으로
여긴 것과 꼭 맞아떨어지는 결단이다. 결과적으로 세자는 유교식 의례인
삼년상을 몸소 실행하여 군주로서의 정당성을 획득하였다. 차후 『대학』
에서 정식화할 격물치지-성의정심-수신제가-치국평천하의 과정을 충
실하게 수행해냄으로써 통치의 정당성을 확보한 것이다.

이제 세자(등문공)에게 남은 정치적 과제는 치국평천하의 실천이 된다.
다음 장에서 등문공이 곧장 위국爲國의 방략을 질문하는 까닭이다. 5:1
에서 유일한 길로서 왕도를 천명하고, 5:2에서 왕노의 조건을 보여준 다
음 5:3에서 왕도의 얼개(제도)를 제시하는 구성 방식도 눈여겨볼 만하다.

---

55 증자는 말하기를 "장례식을 삼가 치르고 제사를 중시하면 백성의 덕이 두터운 데로 몰려
오리라"(『논어』, 1:9)고 하였다. 지금 등문공의 상례에 많은 백성이 몰려오는 것은 증자의
말을 입증한 셈이다.

滕文公問爲國[56].

孟子曰, "民事[57]不可緩[58]也. 詩[59]云, '晝爾[60]于茅[61], 宵[62]爾索綯[63]; 亟[64]其乘屋,

其[65]始播[66]百穀.' 民之爲道也, 有恒産者有恒心, 無恒産者無恒心. 苟無恒心,

放辟[67]邪侈[68], 無不爲已. 及陷乎罪, 然後從而刑之[69], 是罔[70]民也. 焉[71]有仁人

在位罔民而可爲也? 是故賢君必恭儉[72]禮下[73], 取於民有制. 陽虎[74]曰, '爲富不

---

56 爲國(위국): '治國(치국)'과 같다. '爲'는 다스리다. "문공이 예를 갖춰 맹자를 초빙했기 때문에 맹자가 등나라에 오자 문공이 질문한 것이다."(주희)

57 民事(민사): '軍事(군사)'에 상대되는 말. '민간의 경제'로 번역하였다.

58 緩(완): 늦추다.

59 詩(시): 『시경』, 「빈풍」, '칠월七月'.

60 爾(이): 어조사.

61 于茅(우모): '于'는 가서 취하다. '茅'는 띠풀.

62 宵(소): 밤.

63 索綯(삭도): 새끼를 꼬아 엮다. '索'은 새끼줄. '綯'는 꼬다.

64 亟(기): 빠르다.

65 其(기): 장차. '내년'으로 의역하였다.

66 播(파): 뿌리다.

67 辟(벽): 간사하다.

68 侈(치): 사치하다.

69 從而刑之(종이형지): '從而'는 또. '刑'은 형벌. 『묵자』에는 '從而利之(종이이지)'라는 표현이 종종 나온다.

70 罔(망): 속이다, 그물.

71 焉(언): 어찌, 어떻게.

72 恭儉(공검): '恭'은 몸을 낮추는 것. '儉'은 검소함. '恭儉'은 덕을 형성하는 과정이다. 공자의 행태를 온량공검溫良恭儉으로 요약하기도 했다(『논어』, 1:10). 주희는 "군주가 공손하면 예로써 아랫사람을 접대할 수 있고, 검소하면 백성의 세금에 제한을 둘 수 있다"고 했다.

仁矣, 爲仁不富矣.'

夏后氏⁷⁵五十而貢⁷⁶; 殷人七十而助⁷⁷; 周人百畝而徹⁷⁸, 其實皆什一也. 徹者,
徹⁷⁹也; 助者, 藉⁸⁰也. 龍子⁸¹曰, '治地莫善於助, 莫不善於貢.' 貢者, 校⁸²數歲
之中以爲常. 樂歲, 粒米狼戾⁸³, 多取之而不爲虐, 則寡取之; 凶年, 糞⁸⁴其田
而不足, 則必取盈焉. 爲民父母, 使民盼盼然⁸⁵, 將終歲⁸⁶勤動⁸⁷, 不得以養其
父母, 又稱貸⁸⁸而益之, 使老稚⁸⁹轉乎溝壑, 惡在其爲民父母也? 夫世祿⁹⁰, 滕

73 禮下(예하): 자신을 낮추고 아랫사람을 예우하다. "군주가 신하를 예로써 부리면 신하는
군주를 충심으로 섬긴다"(『논어』, 3:19)라는 공자의 정치론을 요약한 것.

74 陽虎(양호): '陽貨(양화)'라고도 한다. 춘추시대 노나라 계씨季氏의 가신家臣이다. 그가 권
력을 찬탈한 뒤 공자를 초빙하려고 예물을 보내고, 공자는 이를 회피하다가 봉착하는 극
적인 장면이 『논어』에 그려진다(『논어』, 17:1).

75 夏后氏(하후씨): '后'는 선양으로 임금이 된 이의 미칭. '하나라'로 번역했다.

76 貢(공): 바치다. 세법의 일종(해설 참고).

77 助(조): 세법의 일종(해설 참고).

78 徹(철): 주나라 세금 제도. "공법과 조법을 포괄해서 썼기에 徹이라고 하였다."(이토 진사
이) 공자의 제자 유약과 노나라 임금의 대화 참고(『논어』, 12:9).

79 徹(철): 통한다는 뜻이니 곧 '균등함'을 말한다(주희).

80 藉(자): 빌리다. 백성의 힘을 빌려 공전을 경작한다는 뜻.

81 龍子(용자): 고대의 현자(조기).

82 校(교): 비교하다. '挍(교)'로 된 판본도 있다.

83 粒米狼戾(입미려): 알곡이 들판에 널려 있다. '粒米'는 알곡(粒는 쌀낟, 米는 곡식). '狼'은
어지러이. '戾'는 어그러지다. '狼戾'는 어지러이 흩어져 있는 모양. '狼藉(낭자)'와 같다.

84 糞(분): 북돋다, 거름. 옛날 농토는 지력이 약해서 그루갈이를 했다. 한 해는 농사를 짓고,
다음 해는 휴경休耕을 하는 방식이다. 농법이 발전하자 거름을 넣어 연작連作을 하였다.
따라서 '糞(거름)'이 다음 해 소출에 중요한 관건이 되었다.

85 盼盼然(혜혜연): 원망하는 눈길, 수고하여 쉬지 못하는 모양. '盼'는 흘기다, 노려보다.

86 終歲(종세): 세밑까지.

87 勤動(근동): 수고롭게 움직이다. '勤'은 수고롭다.

88 稱貸(칭대): 이자를 받고 돈을 빌려줌. '稱'은 이자를 받다. '貸'는 빌리다.

固行之矣. 詩[91]云, '雨我公田, 遂及我私.' 惟助爲[92]有公田. 由此觀之, 雖周亦助也.

設爲庠序[93]學校, 以敎之. 庠者, 養也; 校者, 敎也; 序者, 射也. 夏曰校, 殷曰序, 周曰庠; 學則三代共之, 皆所以明人倫也. 人倫明於上, 小民親於下. 有[94]王者起, 必來取法, 是爲王者師也. 詩[95]云, '周雖舊邦, 其命維新[96].' 文王之謂也. 子力行之, 亦以新子之國!"

使畢戰[97], 問井地.

孟子曰, "子之君將行仁政, 選擇而使子, 子必勉[98]之! 夫仁政, 必自經[99]界始. 經界不正, 井地不均, 穀祿不平, 是故暴君汚吏必慢[100]其經界. 經界旣正, 分田制祿可坐而定也."

---

89 稚(치): 아이.

90 世祿(세록): 대를 이어 주는 녹봉. 세록지신世祿之臣이란 말이 여기서 나왔다. 조상이 국가에 큰 기여를 하여 "대대로 나라의 녹봉을 받는 신하"라는 뜻이다.

91 詩(시): 『시경』, 「소아」, '대전大田'. "당시 조법이 다 사라지고 전적이 남아 있지 않았는데 오직 이 시만이 주나라 역시 조법을 사용한 흔적을 보여주기에 맹자가 이 시를 인용한 것이다."(주희)

92 惟助爲(유조위): 오로지 조법에서야 비로소. '惟'는 오로지. '爲'는 비로소.

93 庠序(상서): 고대의 지방 학교, 곧 향교. 주나라에서는 '庠', 은나라에서는 '序'라고 불렀다.

94 有(유): 만일 ~한다면.

95 詩(시): 『시경』, 「대아」, '문왕文王'. 주공이 조카(무왕의 아들)인 성왕에게 훈계하면서 창업자 문왕의 공덕을 기린 노래다.

96 維新(유신): 일본 근대의 출발점인 메이지유신明治維新에 차용되었다.

97 畢戰(필전): 등문공의 신하(조기).

98 勉(면): 힘쓰다.

99 經(경): 바로잡다. '획정하다'라고 번역했다.

100 慢(만): 태만하다. '흐트리다'라고 번역했다.

夫滕, 壤[101]地褊[102]小, 將[103]爲[104]君子焉, 將爲野人焉. 無君子, 莫治野人; 無野人, 莫養君子. 請野九一而助, 國中什[105]一使自賦[106]. 卿以下必有圭[107]田, 圭田五十畝; 餘夫二十五畝. 死徙[108]無出鄕, 鄕田同井[109], 出入相友, 守望[110]相助, 疾病相扶持, 則百姓親睦[111]. 方里而井, 井九百畝, 其中爲公田. 八家皆私百畝, 同養公田; 公事畢[112], 然後敢治私事, 所以別野人也. 此其大略也; 若夫潤澤[113]之, 則在君與子矣."

등나라 문공이 치국의 방략을 물었다.

맹자, 말씀하시다.

"민간의 경제는 늦출 수가 없습니다. 『시경』, 「빈풍」, '칠월'에 '낮에는 띠풀을 베어 오고, 밤이면 새끼를 꼬아 엮어 서둘러 지

---

101 壤(양): 땅.

102 褊(편): 좁다.

103 將(장): 아마.

104 爲(위): '有(유)'와 같다(조기).

105 什(십): '十(십)'과 같다.

106 賦(부): 세금.

107 圭(규): 깨끗하다.

108 徙(사): 옮기다.

109 鄕田同井(향전동정): '鄕田'은 군주 직할지에 분급된 토지요, '同井'은 경대부들의 영지에 시행한 정전井田이다. '한마을'이라고 번역하였다.

110 守望(수망): 마을을 지키다. '守'는 방비. '望'은 경계.

111 睦(목): 화목하다.

112 畢(필): 마치다.

113 潤澤(윤택): 구체적 사안에 걸맞게 교정하여 잘 적용하는 것.

붕을 올려야지. 그래야 내년 봄에 온갖 곡식을 파종할 수 있다 네'라고 노래했지요.[114] 백성이 사는 도리는 일정한 생업이 있어야 일관된 마음이 있고, 일정한 생업이 없으면 일관된 마음이 없다는 것입니다. 정녕 항심이 사라지면, 방탕하고 치우치며 거짓을 일삼고 오만하지 않을 자가 없습니다. 급기야 죄의 구렁텅이에 빠지기를 기다린 다음 따라가서 벌을 준다면 이것은 백성을 그물질하는 짓입니다. 어진 사람이 나라를 다스린다면서 어떻게 백성을 그물질할 수 있단 말입니까! 그러므로 지혜로운 임금은 언제나 공손하고 검소하며 아랫사람을 예로써 대하고, 백성에게서 취하는 세금은 제도[115]를 따릅니다. 양호가 말했지요. '부자가 되려면 인할 수 없고, 인하려면 부자가 될 수 없다'[116]라고."

하나라는 백성에게 50무의 농지를 주고 세금 제도는 공법을 썼고, 은나라는 70무의 농지에 조법을 썼으며, 주나라는 100무의

---

114 황하 주변은 들판이 넓어 매일 마을과 논밭을 오갈 수가 없다. 들에 농막을 지어 여름을 지내고 가을걷이가 끝난 후 마을로 돌아가서 겨울을 지낸다. 이 노래의 창작 시점은 가을걷이를 끝내고 난 다음이다. 이때 농막의 지붕을 이어두어야 다음 해 봄의 바쁜 농사철에 지붕을 새로 잇느라 시간을 허비하지 않을 수 있다. 곧 농사꾼이 내년 농사를 예비해 농막의 지붕 수리를 급선무로 여기듯, 정치가는 경제 문제를 우선 해결해야 한다는 뜻이다.

115 制(제): 규정, 법제. 맹자의 '制'는 제도를 뜻한다. '法(법)'은 모범, 법도, 사물의 이치 등 '禮(예)'와 유사하게 쓰인다. 법가의 '法'은 맹자에게 '制'와 가깝고, 공자의 '禮'는 맹자에게 '法'에 가깝다.

116 양호의 말은 부자가 되려면 도덕과 담을 쌓아야 한다는 것. 맹자는 이를 거꾸로 '도덕 세계를 이루려면 이익을 탐해선 안 된다'라고 해석한 것이다(주희).

농지에 철법을 썼으나 기실 모두 10분의 1 세제입니다.[117] 철徹은 균등하다는 뜻이요, 조助란 힘을 빌린다는 뜻입니다. 용자가 말하기를 '땅을 다스리는 데는 조법보다 좋은 것이 없고, 공법보다 나쁜 것이 없다'라고 했습니다. 공법은 여러 해 세액을 비교하여 그 중간치를 영구적으로 고정하는 것입니다. 풍년에는 들판에 알곡이 넘쳐나 많이 거둬 가도 가혹하다 하지 않는데 적게 거두고, 흉년에는 밭에 쓸 거름도 부족한데 액수를 반드시 채워 거둬 갑니다. 임금은 '백성의 부모'라는데, 백성이 원망하는 눈길을 치켜뜨게 하고 세밑까지 수고롭게 움직여도 부모를 봉양할 수 없고, 높은 이자로 빚을 내 액수를 채우느라 노인과 아이들이 굶주려 도랑과 골짝에 내버려진다면 그 어디에 '백성의 부모'가 있단 말입니까! 세록 제도는 등나라도 시행하고 있다고 들었습니다. 『시경』, 「소아」, '대전'에 '비야, 우리 공전에 내리고 나서 사전에도 내려라'고 노래했습니다. 오로지 조법에

---

117 其實皆什一也(기실개십일야): 하나라 세법인 공貢은 50무를 농부가 경작하여 그 10분의 1인 5무의 소출을 세금으로 내고, 은나라 세법인 조助는 여덟 농부가 한 조가 되어 각각 70무씩 사전을 경작하되 한가운데 공전 7무를 공동 경작하여 그 소출을 세금으로 내는 것이다. 주나라 세법인 철徹은 공법과 조법을 겸했으나, 둘 다 세율은 10분의 1에 근접한다. 즉 교내郊內 농부는 100무를 경작하여 그 10분의 1인 10무를 스스로 납부하고, 교외 농부는 정전을 함께 일궈 공전인 9분의 1을 납부하는 것이다. 교외 농부도 농막으로 제공된 대지를 제하면 10분의 1 세율과 비슷해진다. 따라서 하·은·주 삼대의 세제는 공통적으로 10분의 1을 기준으로 했다. 상세는 『맹자집주』를 참고할 것. 맹자는 10분의 1의 세율을 최적으로 보았다. 10분의 1보다 높아지면 폭정이 되고, 그보다 헐거워지면 야만이라고 여겼다(12:10 참고).

서야 비로소 공전이 있으니, 이 시를 보면 주나라 또한 조법을 쓴 것입니다.

그리고 상·서·학·교를 세워서 백성을 가르쳐야 합니다. 상庠이란 양육을, 교校는 교육을, 서序는 수련을 뜻합니다.[118] 향교를 하나라 때는 교라 부르고, 은나라 때는 서라 부르고, 주나라 때는 상이라 불렀는데, 대학은 삼대가 모두 다 갖추었습니다. 학교란 인륜을 밝히는 곳이니 인륜이 위에서 밝으면 서민은 아래에서 친목하게 됩니다. 만약 천하의 왕자가 일어난다면 반드시 등나라로 찾아와 배워서 법도로 삼을 것이니, 그렇다면 임금께서는 왕자의 스승이 되는 것입니다. 『시경』, 「대아」, '문왕'에 '주나라가 비록 오래된 나라이지만 오히려 천명은 새롭다'라고 노래하였으니 문왕을 칭송한 것입니다. 임금께서 힘껏 이를 행한다면 문왕처럼 '새 나라'를 만들 수 있으리다."

문공이 필전에게 정전제를 문의하도록 하였다.

맹자, 말씀하시다.

"그대 임금이 장차 인정을 펼 참으로 당신을 선택하였으니, 그대는 힘써 노력하여야만 하겠습니다. 대저 인정이란 반드시 토지의 경계를 정확하게 획정하는 일부터 시작합니다. 토지의 경계가 정확하지 않으면 분급된 정지가 균등하지 않고, 결국 녹봉

---

118 짝을 이루는 '庠'과 '養', '校'와 '敎', '序'와 '射'의 발음이 유사함에도 주의하자. 하는 일이 곧 이름이 되는 셈이다.

도 균평하지 않게 되지요. 이런 까닭에 폭군과 탐관오리는 언제나 그 토지 경계를 허물려고 합니다.[119] 토지의 경계가 정확하게 획정되면 백성에게 균등하게 땅을 분배하고, 관리에게 균평하게 봉록을 주는 일은 앉아서도 행할 수 있습니다.

등나라가 비록 협소하다지만 아마 군자[120]도 있고 또 야인[121]도 있을 터입니다. 군자가 없으면 야인을 다스릴 수가 없고, 야인이 없으면 군자를 부양할 수가 없소이다. 청컨대 지방에서는 정전제를 시행하여 9분의 1을 조로 내고[122], 도성 주변에서는 철법을 시행하여 소출의 10분의 1을 스스로 내게 합니다[123]. 경이하 관리들에게는 따로 규전[124]을 분급하되 50무로 한정하고, 여부[125]에게는 25무를 더해줍니다.

장례를 치르거나 이사를 가더라도 자기 고을을 떠나지 않고, 한

---

119 앞서 "제나라는 교외의 관문 안에 사방 40리 원림이 있는데 거기 사슴을 죽인 자는 사람을 죽인 것과 똑같이 벌한다고 하더군요"(2:2)라고 하였다. 거기서 40리 원유는 본시 공유지였을 것으로 추리하였다. 공유지를 권력자가 사유지로 탈취할 때 "폭군과 탐관오리는 언제나 그 토지 경계를 허물려고" 하는 것이다. "경계經界는 토지를 나눌 때의 가로세로 경계선이다. 노랑을 파거나, 농도를 만들거나, 둑을 쌓거나, 가로수를 심이시 경계境界로 삼았다."(주희)

120 君子(군자): 공직자를 뜻한다.

121 野人(야인): 농부를 뜻한다.

122 九一而助(구일이조): "정전제를 써서 한가운데를 공동 경작하여 공출하는 것이니 조법助法을 쓴 것이다."(주희)

123 什一使自賦(십일사자부): "정전제를 쓰지 않고, 열 가구씩 구혁溝洫으로 나누어 그 소득의 10분의 1을 스스로 납부하게 한 것이다."(주희)

124 圭田(규전): 관리들의 제사 등 복지를 위해 제공한 농지.

마을 주민들이 농장을 드나들면서 서로 우애하고, 마을을 지킬 때도 서로 도우며, 질병이 들어도 서로 돌보게 되면 백성은 모두 친하고 화목하게 됩니다. 사방 1리가 정井이니 1정은 900무이고, 한가운데가 공전입니다. 여덟 가구가 각각 사전 100무씩을 소유하고 공전은 함께 가꾸는데, 공전 가꾸기를 마친 다음에야 감히 사전을 경작합니다. 이것이 야인을 구별하는 방법입니다.[126] 이것은 정전제의 대략일 뿐 등나라 실정에 맞춰 조율하는 것은 임금과 그대에게 달렸소이다."

해설

신국新國! "임금께서 힘껏 이를 행한다면 문왕처럼 '새 나라'를 만들 수 있으리다"라는 구절에 맹자의 생각이 압축되어 있다. 경제 개혁과 학교 건설이라는 쌍두마차를 몰아 혁신 국가를 만드는 것이 맹자의 꿈이라는 게 드러난다. 이 장에서는 맹자의 혁신 국가 비전이 정치, 경제,

---

125 餘夫(여부): 결혼하지 않은 형제. 주희는 "농부 한 사람(一夫)은 토지 100무를 받는다. 만일 아우가 있으면 이것이 '餘夫'가 된다. 나이 16세에 토지 25무를 받고 그가 장성하여 장가를 든 후에는 다시 100무의 땅을 받는다." 덧붙여 "이것은 100무씩 분급하는 일반적 제도 외에 또 '餘夫'의 토지를 둔 것이니, 야인野人을 후대한 것이다"라고 하였다(『맹자집주』).

126 別野人(별야인): '野人'은 정전제의 농민이다. 이들은 도성 주변의 농민들과 달리 공전을 협동으로 경작하므로 공전을 먼저 보살피고 나서 사전을 경작하는 선공후사의 규범이 필요하다.

행정 제도의 형태로 구체적으로 제시된다. 정치경제학자 맹자의 면모가 유감없이 과시되었다.

삼년상을 마친 다음(5:2), 군주로 즉위한 등문공이 맹자를 초빙하여 위국爲國, 곧 치국의 방략을 물으며 이 장이 시작된다. 맹자는 그 답변으로 국가 경영의 급선무가 '민사民事에 있다'라며 민간의 경제 문제를 부각한다. 여기 "민사는 늦출 수가 없습니다"라는 맹자의 말을 주목해야 한다. 전국시대는 전쟁의 시대였던 터. 정책가들(법가, 병가, 종횡가, 묵가) 대부분이 군사軍事와 외교를 중심으로 사유하던 상황에서 민사를 중시해야 한다는 말은 사고의 혁명적 전환을 내포한다. 군사가 군주의 사업이라면, 민사는 백성의 사업이다. 따라서 민사라는 말에는 인민의 시각으로 정치와 경제를 조망하는 맹자의 여민주의가 응축되어 있다.

1. 정전제

백성의 사업, 즉 민간의 경제 문제는 '인간도 먹어야 산다'라는 인식을 기초로 제안된다. 즉 "백성이 사는 도리는 일정한 생업(항산恒産)이 있어야 일관된 마음(항심恒心)이 있고, 일정한 생업이 없으면 일관된 마음이 없다는 것"이다. 이에 국가 경영의 급선무가 생산과 생존의 조건을 확보하는 일이 된다. 이를 위한 정책이 농지 분배와 세금 제도다. 농지는 정전제井田制로, 세제는 조법助法을 위주로 삼아야 한다고 맹자는 권한다. 민간의 균등한 경제를 꾀하는 정전제, 민간 경제와 국가 재정을 연동하는 조법 세제는 여민 정치의 실현을 위한 핵심적인 제도다. 여민주의 정치 이념을 실천하기 위한 방아쇠에 해당한다. 주희는 "정전제는 맹자가 고대의 자료들 속에서 발견한 듯하다"(『맹자집주』)라고 추측하지만, 실은 맹자의 독창적 혹은 종합적 견해로 봐야 할 듯싶다.

정전이란 국가에서 인민에게 토지를 나눠줄 때, '井(정)'자 모양으로 구획한 데에서 나온 이름이다. '井' 모양의 땅에는 아홉 조각의 토지가 나온다. 아홉 조각 한가운데의 네모가 공전公田이 되고, 그 주변 여덟 조각을 여덟 가구가 각각 하나씩 나눠 갖는다. 이것이 사전私田이다. 사전에서 나온 소출은 여덟 명의 농부가 각각 제 몫으로 차지해 부모를 봉양하고 처자식을 먹여 살린다. 한가운데 공전은 여덟 가구 장정들이 공동 경작한 후 그 소출을 세금으로 낸다(서로 힘을 모아서 낸다는 뜻으로 '도울 조助'를 써서 '조법助法'이라고 한다). 그러니까 정전제는 토지 분배의 방식이요, 조법은 정전제에서만 통용되던 세금 제도다.

'정전제=조법 세제'하에서 농민들은 서로 협력하여 공전을 경작할 수밖에 없다. 인접한 여덟 가구의 장정은 서로 품앗이로 농사일을 하면서 당연히 친목도 다지게 된다. 또한 마을 방위를 위해 돌아가며 망루를 지켜야 하고, 다치거나 병이 들었을 때도 서로 의지할 수밖에 없다. 본문 속의 '서로 사귐(相友)', '서로 도움(相助)', '서로 의지함(相扶)'에서 '서로(相)'는 여與와 같다. 즉 여민 정치의 실제인 '함께 더불어 살기'를 일상생활에서 체현할 수 있게 디자인한 사회·경제제도가 정전제다. 주나라의 세금 제도 자료가 희박하기에 노래 가사를 빌려서라도 맹자가 증명하려는 것이 '조법 세제=정전제=여민 체제'의 등식이었다. 곧 "『시경』, 「소아」, '대전'에 '비야, 우리 공전에 내리고 나서 사전에도 내려라'고 노래했습니다. 오로지 조법에서야 비로소 공전이 있으니, 이 시를 보면 주나라 또한 조법을 쓴 것입니다."

2. 조법 세제

정전의 한가운데 위치한 조각 땅인 공전을 공동 경작하여 그 소출을 세금으로 내는 것을 조법助이라고 한다. 주목할 것은 조법이 국가 재정과 민간 경제를 연동시킨 제도라는 점이다. 가령 흉년이 들든 풍년이 들든 사전과 공전에서 나오는 생산량은 동일하다. 모두 같은 들판에 있을뿐더러 공전은 사전들의 한가운데 위치하기 때문이다. 따라서 흉년으로 생산량이 적어지면 세액도 적어지고, 풍년으로 생산량이 늘면 세액도 불어나는 것이 조법 세제다. 이처럼 조법 세제는 국가 경제와 민간 경제가 맞물려 돌아가게 한다. 위정자가 민간과 동떨어진 구중궁궐에 거주해도 백성의 고난을 '함께(與)' 느끼지 않을 수 없다. 백성과 함께하는 여민 정치의 '고리'가 민간 경제의 사정과 국가 재정을 '연동한' 조법 세제로 제도화된 것이다!

맹자는 지방에서는 이와 같은 정전제를 시행하여 9분의 1을 조로 내는 한편, 도성 주변의 근교 지역은 이미 인구가 밀집한 상태이므로 기존의 수로와 도랑을 경계로 삼아 각 농부의 소출 가운데 10분의 1을 자발적으로 세금으로 내게 하기를 청한다. 이것이 이른바 철법徹法이다. 주나라의 세제인 철법은 '지방=9분의 1 세', '경기 지역=10분의 1 세'를 혼합한 것인데, 그 기본은 조법의 여민주의 정신이다(공자의 "나는 주나라 제도를 따르리라"던 원칙을 맹자 역시 따르고 있는 셈이다).

다만 조법 세제의 결정적 문제는 해마다 세금이 들쑥날쑥하므로 재정의 항상성을 꾀하기 어렵다는 점이다. 관리들의 봉록과 상비군 유지 비용은 고정되어 있는데 지독한 흉년으로 세수가 급감하면 국가 재정이 고갈될 수 있다. 이런 위험에 대비하는 것이 창고다. 이른바 창름부고倉廩府庫의 용도가 이것이다. "풍년에는 들판에 알곡이 넘쳐나 많이 거둬 가도 가혹하다 하지 않"을 때 여유 있게 거둬들여 "흉년에는 밭에 쓸 거름도 부족"할 때 창고를 열어 백성을 구제하고 재정 부족도 보완하는 것이다. 춘추시대 명재상 안영의 권유로 제경공이 창고를 열어 백성을 구제하였는데, 이것이 창고의 본래 쓰임새다(2:4 참고). 훗날 상평창常平倉[127]에서 엿보이듯 창고는 재난을 예비한 사회보장용 공공재였다. 그러나 전국시대 당시는 세금 창고가 권력자의 개인 금고로 전락하였다. 신농학파 허행이 등문공의 세금 창고를 두고 백성을 수탈하여 채운 개인 금고라 저격하는 까닭이다. 맹자의 지향은 개인 금고로 타락한 창고를 공공재로 복원하는 것이었다(5:4 참고).

한편 고대의 경제학자인 용자龍子가 "공법貢法이 가장 나쁘다"라고 평한 까닭은 이 세제는 재정 수입의 항상성에 치중하여 국가의 필요를 상수로, 백성의 살림을 종속 변수로 삼았기 때문이다. 공법 세제는 늘 일정한 세액을 거두기 때문에 위정자에게는 편리하지만 민간 경제는 풍흉에 따라 생사가 갈린다. 국가는 민간의 경제 사정과 상관없이 안정적으로

---

127 고려·조선 때의 물가 조절 기관. 백성의 생활을 안정시키기 위해 마련한 제도. "나라에 9년 비축이 없으면 '부족하다' 하고, 6년의 비축이 없으면 '위급하다' 하고, 3년의 비축이 없으면 '나라가 나라가 아니다'라고 한다"는 『예기』의 기사는 창고가 국가 재정에 얼마나 중요한지를 엿보게 한다.

재정을 운영할 수 있는 반면, 백성은 흉년에도 동일한 액수를 납부해야 하므로 굶주리거나 가정이 깨지는 경우가 생긴다. 연이어 흉년이 들면 들판에 굶주려 죽은 시체가 너부러지는 끔찍한 사태가 발생한다. 구중궁궐과 민간의 살림이 분리되고, 국가는 백성의 수탈 기구로 타락하기 십상이다.

요컨대 맹자가 "조법이 가장 좋다"라고 평가한 까닭은 백성의 경제 사정(풍흉)을 상수로 하여, 거기에 국가재정을 연동시켰기 때문이다. 조법 세제하에서만 민간이 흉년이면 국가도 흉년인 상황이 가능하다! 정전제와 조법은 무엇보다 사회적 측면에서 백성이 상부상조하는 여민 공동체를 구성하고, 또한 경제적 측면에서 민간 경제와 국가 재정이 긴밀하게 연결되어 국가와 민간이 고락을 함께한다. 맹자의 여민주의를 제도로 구현한 이상적인 예라 하지 않을 수 없다.

3. 학교 제도

혁신 국가를 위한 세 번째 정책은 교육제도 개혁이다. 교회 없는 기독교가 없듯, 학교 없는 유교는 없다. 사람다움의 가치를 사회화하기 위해 국가는 조급학교를 고을마다 설립하고 서울에는 대학을 수립해야만 한다. 맹자가 국가 혁신의 방안으로 학교 설립을 중시한 것은 사람다움의 본령은 '항산이 없어도 항심을 유지하는 존재'라는 점이기 때문이다. 학교의 필요성은 인간이 고작 밥만 먹고사는, 즉 생존에 급급한 동물이 아니라는 생각에 기초한다.

그러므로 맹자의 학교들, 즉 상·서·교라 불렸던 초등학교 및 대학 교육의 핵심은 인륜人倫이다. 각급 학교에서 먼저 사람다움의 의의를 배우고, 사람이 타인과 맺는 관계를 습득하며, 서로 다른 관계마다 합당한 몸짓을 익혀 '사람다움'을 실현할 혁신 국가 프로그램의 기반을 확보한다. 학교에서 인륜, 즉 '함께 더불어 삶'을 배우고 익혀 여민주의를 체화하고 사회화하자는 것이다.

4. 행정 제도

한편 이런 '백성의 삶을 보장하려면(保民)' 합리적이고 효율적인 행정 관리 기구가 필요하다. 국가는 기능적으로 정치 행위자(君子)와 경제 생산자(野人)로 구분된다. 정전제, 조법 세제, 학교 건설이 국가 경영의 소프트웨어라면, 여기 직능의 분업은 국가 경영의 하드웨어라고 이름붙일 수 있다. 군자와 야인(농민)의 상호 협력적 분업 체계는 효율적 국가 경영을 위한 필수 조건이다(군자는 따로 노심자勞心者라고 표현하기도 한다. 노심자란 곧 '정신노동자'라는 의미다).

맹자에게 군자(정신노동자)-야인(육체노동자)은 지배자가 피지배자를 억압하고, 수탈하는 식의 대립 관계가 아니다. 도리어 상호 협력하는 보완 관계다. 이들의 분업 체계 속을 맹자의 '여與 철학'이 관통하는 셈이다. 군자와 야인의 상호 협력적 분업 체계를 구성하고 유지하기 위해서는 군주의 리더십이 중요하다. 본문에서 맹자는 군주의 리더십을 공검恭儉과 예하禮下로 구체화한다. 즉 공검과 예하의 리더십에 의해서만 정전제, 조법 세제, 군자-야인의 분업 체계가 유기적으로 운영될 수 있다는 것이다. 이것이 뒤에서 맹자가 지적할 "한낱 선善만으로 정치를 할 수 없고, 법法

은 스스로 작동하지 않는다(7:1)"라는 말의 뜻이다. 맹자의 여민주의 제
도론은 5:4에서 신농학파와의 논전을 통해 더욱 정교하게 표현된다.

참고 주희는 앞의 5:2와 여기 5:3을 맹자 학문의 깊이를 보여주는 곳으로
지목하고 탄복한 바 있다.

> 제2장의 상례론과 여기 제3장의 경계론에서 맹자의 학문이 방대
> 하였음을 알 수 있다. 맹자는 예법이 폐지되고 붕괴된 후에 살아
> 서 옛 제도와 문명을 조사할 수 없었을 텐데, 잔멸된 소략한 자료
> 를 바탕으로 상세한 것을 다 복원하였고, 옛것을 미루어 새것을
> 만들어 지나간 자취에 급급하지 않으면서 선왕의 뜻에 부합하였
> 으니 참으로 명세아성命世亞聖의 재주라고 이를 만하다.
> _『맹자집주』

이 장에서 맹자가 제안한 '정전 공동체'의 꿈은 차후 동아시아에서 이
상향으로 뿌리내린다. 주희의 『맹자집주』에 인용된 여씨呂氏의 자장
자子張子 이야기, 명말청조 황종희의 『밍이내방록』, 정도전의 『조신
경국전』, 정약용의 『경세유표』, 그리고 전봉준의 꿈[128]에 이르기까지
'새로운 국가'를 구상할 때마다 그 바탕 그림이 되었다. 이상적 토지

---

128 김정기, 「파랑새의 꿈, 전봉준의 국가 체제 구상」, 『녹색평론』, 제139호, 2014년 11~12월
참고.

제도(정전제, 균전제, 한전제), 여민 정치 체제, 상부상조의 화목한 사회 구상, 인류의 학교 건설, 10분의 1 세제 등 수많은 프로그램의 원천이 이 장이다. 다음 글은 청나라 말기 개혁파 지식인 양계초의 '혁신 국가 프로그램'에 대한 기술인데, 여기에도 맹자의 꿈이 온존되어 있다.

> 향치鄕治의 주된 내용으로서 공동 농경, 의무교육, 경찰 업무, 향병鄕兵의 훈련 네 가지 항목을 들고, 그 정신은 호조互助(상호 부조), 그 실행은 자동自動(자주, 자립), 도덕상, 법률상으로는 '상호 의뢰', '상호 우애', '상호 독책督責'이라고 했고, 그것들이 가득한 사회를 지향하는 것이 향치에 담긴 이념이라고 보았다.[129]

여기 양계초가 제안한 '공동체 경영(향치)'의 구성 요소인 공동 농경은 맹자가 주장한 정전제의 연역이며, 의무교육은 맹자의 상·서·학·교, 경찰과 향병은 공동 경비에 해당하고, 그 정신으로 지목된 호조, 자동, 상호 의뢰, 상호 우애, 상호 독책 등은 맹자가 제시한 '정전제 마을 백성의 상호 협력과 상우·상조·상부하여 이루는 친목의 세계'와 다를 바 없다. 동아시아 전역에서 2000년 세월 동안 새로운 사회, 혁신 국가의 비전을 설계할 때 맹자의 정전제 구상을 원천으로 삼았음을 확인할 수 있다.

---

129 양계초, 『음빙실전집飮氷室全集』, 제5책; 미조구치 유조 외, 조영렬 옮김, 『중국 제국을 움직인 네 가지 힘』, 글항아리, 2012, 300쪽에서 재인용.

5:4. 신농학파와의 여민 논쟁

여민은 맹자 정치사상의 핵심어다. 맹자 생전에 여민이 개념으로 유통되었음을 보여주는 희귀한 사례가 이 장이다. 논전은 신농학파 허행과 맹자 사이에 벌어진다. 또 여기서 사회 분화를 역사적 진보로 인정하는 맹자와, 사회 분화가 인간을 불평등과 권력의 노예로 만드는 단서라 여겨 거부하는 허행의 세계관 차이를 엿볼 수 있다. 해석하자면 '좋은 국가란 무엇인가?'라는 정치철학 논쟁이다. 네 개의 절로 나누어 번역하고 해설한다.

5:4-1. 분업인가, 지배인가

有爲神農[130]之言[131]者許行[132], 自楚之滕, 踵[133]門而告文公曰, "遠方之人聞君行仁政, 願受一廛[134]而爲氓[135]."

---

130 神農(신농): 전설상의 성인으로 쟁기를 처음 사용하고, 백성에게 농사법을 최초로 가르친 인물이다. 염제신농炎帝神農이라고도 한다(주희).

131 言(언): '사상'이라고 번역하였다. 데이비드 S. 니비슨은 "전국시대의 言은 금언maxim 혹은 교의doctrine를 뜻했다"고 하였다. 아래 '許行之言(허행지언)'의 '言'도 같다.

132 許行(허행): 신농학파의 인물. '許'는 성. '行'은 이름. 초나라 출신.

133 踵(종): 이르다.

134 廛(전): 자리, 가게.

135 氓(맹): 망명자. "천하 사람이 모두 기뻐하며 이 나라 백성이 되기를 바랄 것이다天下之民皆悅, 而願爲之氓"(3:5)의 주석 참고.

文公與¹³⁶之處. 其徒¹³⁷數十人, 皆衣褐¹³⁸, 捆屨¹³⁹, 織席¹⁴⁰以爲食¹⁴¹.

陳良¹⁴²之徒陳相與其弟辛負耒耜¹⁴³而自宋之滕, 曰, "聞君行聖人之政, 是亦聖人也, 願爲聖人氓."

陳相見許行而大悅, 盡棄其學而學焉. 陳相見孟子, 道許行之言曰, "滕君則誠賢君也; 雖然, 未聞道也. 賢者與民並耕而食, 饔飧而治¹⁴⁴. 今也滕有倉廩府庫¹⁴⁵, 則是厲¹⁴⁶民而以自養¹⁴⁷也, 惡得賢?"

孟子曰, "許子必¹⁴⁸種粟¹⁴⁹而後食乎?"

曰, "然."

"許子必織布而後衣乎?"

曰, "否; 許子衣褐."

---

136 與(여): 주다.

137 徒(도): 무리.

138 衣褐(의갈): '衣'는 입다. '褐'은 세 종류가 있다. 짐승털옷, 길쌈하지 않은 베옷, 직조한 거친 베옷이다. 여기 '褐'은 필시 직조하지 않은 옷일 것이므로 털옷이거나 길쌈하지 않은 베옷일 것이다(양백준). '짐승털옷'이라고 번역하였다.

139 捆屨(곤구): 신발을 삼다. '捆'은 두드리다. '屨'는 신발.

140 織席(직석): 자리를 짜다. '織'은 짜다. '席'은 자리.

141 以爲食(이위식): (짚신과 자리를 팔아서) 생계를 삼다.

142 陳良(진량): 한비자는 '중량 씨의 유자(中良氏之儒)' 계열이라고 하였다.

143 耒耜(뇌사): 농기구의 총칭. '耒'는 쟁기. '耜'는 보습.

144 饔飧而治(옹손이치): 손수 밥을 지어 먹으며 여가에 정치를 하다. '饔'은 아침밥. '飧'은 저녁밥.

145 倉廩府庫(창름부고): '倉'과 '廩'은 곡식 창고. '府'는 재물 창고. '庫'는 무기 창고.

146 厲(려): 해치다.

147 自養(자양): 스스로 봉양하다. '개인 금고로 만들다'라고 번역하였다.

148 必(필): 반드시. '손수'라고 번역하였다.

149 種粟(종속): 씨를 뿌리다. '농사짓다'라고 번역하였다. '種'은 씨앗. '粟'은 곡식의 총칭.

"許子冠乎?"

曰, "冠."

曰, "奚冠?"

曰, "冠素¹⁵⁰."

曰, "自織之與?"

曰, "否; 以粟易之."

曰, "許子奚爲不自織?"

曰, "害於耕."

曰, "許子以釜甑爨¹⁵¹, 以鐵耕¹⁵²乎?"

曰, "然."

"自爲之與?"

曰, "否; 以粟易之."

"以粟易械器¹⁵³者, 不爲厲陶冶¹⁵⁴; 陶冶亦以其械器易粟者, 豈爲厲農夫哉?

且許子何不爲陶冶, 舍¹⁵⁵皆取諸其宮中而用之, 何爲紛紛然¹⁵⁶與百工交易¹⁵⁷?

---

150 冠素(관소): 생명주로 짠 모자. '素'는 누이지 않은 생명주(값싼 명주).

151 以釜甑爨(이부증찬): 솥으로 밥을 짓고, 시루로 떡을 찌다. '以'는 쓰나. '用(용)'과 같다. '釜'는 쇠솥. '甑'은 시루. '爨'은 찌다.

152 鐵耕(철경): 쇠스랑으로 땅을 갈다. '鐵'은 쇠스랑. '耕'은 땅을 갈다.

153 械器(계기): 도구와 기구. '械'는 여기서 농기구를 뜻하고, '器'는 솥과 시루를 뜻한다.

154 陶冶(도야): '陶'는 질그릇. '옹기장이'라고 번역하였다. '冶'는 풀무. '대장장이'라고 번역하였다.

155 舍(사): 다만. 혹자는 주석 154의 '陶冶'에 붙여 '집'으로 읽기도 한다(주희).

156 紛紛然(분분연): 어지러운 모양. '번거롭게'라고 번역하였다.

157 交易(교역): 서로 바꾸다. 오늘날 '交易(trade)'의 본디 말이다.

何許子之不憚煩[158]?"

曰, "百工之事固不可耕且爲也."

"然則治天下獨[159]可耕且爲與? 有大人[160]之事, 有小人[161]之事. 且一人之身而百工之所爲[162]備, 如必自爲而後用之, 是率[163]天下而路[164]也. 故曰, '或勞心, 或勞力; 勞心者治人, 勞力者治於人.' 治於人者食[165]人; 治人者食於人, 天下之通義也."

신농의 사상을 신봉하는 허행이 초나라에서 등나라로 망명하여 대궐 문 앞에 이르러 문공에게 청했다.

"먼 나라 사람인데 임금께서 인정을 편다는 소문을 듣고 왔습니다. 바라건대 터전을 얻어 백성이 되고자 합니다."

문공이 터전을 내주었다. 그를 따르는 무리 수십 명이 모두 짐승털옷을 입고, 신발을 삼고 자리를 짜서 내다 팔아 생계로 삼았다.

진량의 제자 진상이 아우 신과 함께 송나라에서 쟁기와 보습을

---

158 憚煩(탄번): '憚'은 꺼리다. '煩'은 번거로움.

159 獨~與(독~여): 어째서 ~인가!

160 大人(대인): 공직자.

161 小人(소인): 서민.

162 爲(위): 만들다. '作(작)'과 같다.

163 率(솔): 거느리다.

164 路(로): 곤경. '疲勞(피로)'와 같다.

165 食(사): 먹이다.

짊어지고 등나라로 와서 아뢰었다.

"임금님께서 성인의 정치를 베푼다는 소문을 들었습니다. 그러시다면 이 또한 성인이옵니다. 바라건대 성인의 백성이 되고자 합니다."

진상은 허행을 만나보고 크게 기뻐하며 그동안 배운 학문을 모두 내버리고 허행을 배웠다. 진상이 맹자를 찾아와 허행의 사상을 전했다.

"등나라 임금은 정말 현군이긴 하나 아직 도를 배우지는 못했습니다. 현자는 백성과 함께 밭을 일구고[166] 손수 아침밥, 저녁밥을 지어 먹으며 정치하는 법입니다. 지금 등나라에 세금 창고와 곡식 창고, 재물 창고와 무기 창고가 즐비하니 이는 백성을 수탈하여[167] 개인 금고로 만든 것입니다. 그러니 어찌 현명하다고 할 수 있겠습니까?"

맹자, 말씀하시다.

"허행은 손수 농사지어 밥을 먹는가요?"

진상이 말했다.

"그렇습니다."

맹자가 말했다.

---

166 與民並耕(여민병경): 신농학파의 여민 철학이다. 군주가 인민과 한마을에 살면서 살을 맞대고 함께 생활함이 여민이라는 것. '並耕'은 나란히 밭을 갈다.

167 厲民(려민): 백성을 수탈하다. 고대 중국어에서는 '與'와 '厲'의 발음이 같았다(신정근, "저주와 오해의 악순환에 갇힌 유교를 구하라!", 〈프레시안〉, 2012년 8월 3일자).

"허행은 손수 베를 짜서 옷을 지어 입는가요?"

진상이 말했다.

"아닙니다. 그는 짐승털옷을 입습니다."

맹자가 말했다.

"허행은 모자를 쓰는가요?"

진상이 말했다.

"그렇습니다."

맹자가 말했다.

"어떤 모자인가요?"

진상이 말했다.

"생명주로 짠 모자올시다."

맹자가 말했다.

"제 손으로 짜서 만드나요?"

진상이 말했다.

"아닙니다. 곡식과 바꾸지요."

맹자가 말했다.

"허행은 왜 손수 모자를 짜서 만들지 않을까요?"

진상이 말했다.

"농사일에 방해가 되니까요."

맹자가 말했다.

"허행은 쇠솥에 밥을 짓고, 시루로 떡을 찌며, 쇠스랑으로 밭을
일구던가요?"

맹자, 마음의 정치학 1

진상이 말했다.

"그렇습니다."

맹자가 말했다.

"손수 만들어 씁니까?"

진상이 말했다.

"아니지요. 곡식과 바꿉니다."

맹자가 말했다.

"곡식으로 도구와 기구를 바꾼다고 옹기장이나 대장장이를 해치지[168] 않듯, 옹기장이와 대장장이 또한 도구와 기구를 곡식과 바꾼다고 어찌 농부를 해치겠소? 그건 그렇고 허행은 왜 옹기장이와 대장장이가 되어 그릇이든 쇠붙이든 모두 집에서 만들어 쓰지 않고, 번거롭게 온갖 장인들과 교역하는 걸까요? 왜 허행은 번거로움을 꺼리지 않는답니까?"

진상이 말했다.

"여러 장인의 일은 본래 농사를 지으면서 함께할 수 없기 때문이지요."

맹자가 말했디.

"하면 어째서 천하를 다스리는 일만은 농사를 지으면서 같이할 수 있다는 말인가요? 대인의 일이 있고 소인의 일이 있는 법.

168　厲(려): 허행이 '與'를 '厲'로 비꼬았던 점을 뒤집어 교역이 '厲(괴롭힘)'일 수 없음을 돌려 치고 있다.

더욱이 한 사람 몸에는 여러 장인의 노고가 갖춰져 있는데[169], 그것을 반드시 손수 만들어서 써야 한다면 이는 천하 사람들을 끌어다 곤경에 빠트리는 짓이오. 그래서 '어떤 사람은 마음을 수고롭게 하고, 또 어떤 사람은 육신을 수고롭게 한다. 마음을 수고롭게 하는 자는 남을 다스리고, 육신을 수고로이 하는 자는 남의 다스림을 받는다'라고 한 것이오.[170] 다스림을 받는 자는 남을 먹여 살리고, 다스리는 자는 남에게서 얻어먹는 것이 천하의 공통된 의리외다."

해설

이 장에서는 '좋은 국가란 무엇인가'를 둘러싸고 신농학파 허행과 유가학파 맹자 간에 사상 대결이 펼쳐진다. 둘 다 좋은 국가를 여민이란 말로 공유하는 것이 특기할 만하다. 다만 '여민이란 무엇인가'에서 서로 생각이 갈린다. 정치(권력), 경제(시장), 사회(계급) 등 제 분야의 분화와 분업 현상을 다르게 보기 때문이다. 신농학파는 미분화未分化한 원시사회의 일체성을 보존해야만 사람다움이 유지된다는 입장이다. 즉 군주든 인민이든 육체적으로 서로 접촉하면서 함께 일하고 함께 먹으며 함께

---

169 내 한 몸 건사하는 데도 수많은 타인의 도움이 필요하다는 것. 남이 있음에 내가 있다, 아니 나는 남으로 이루어져 있다는 말.

170 '그래서(故曰)' 이하 네 구절은 옛말인데 맹자가 인용한 듯하다(주희).

사는 것을 여민의 본령으로 본다(여민병경與民幷耕). 당시는 이미 계급 분화가 진행되어 군주는 따로 화려한 궁중에서 호의호식을 누리고, 인민은 세금과 병역에 수탈당하고 있으니 여민의 본령에서 벗어난 타락한 세상이라고 비판한다. 정치·경제·사회 등 분화와 분업이 인간성을 타락시키는 원인이라는 것이다. 그러므로 권력과 경제, 사회의 산물인 세금 창고는 여민이 아니라 려민厲民(백성 수탈)의 상징이 된다.

반면 맹자는 사회 분화와 직능의 분업을 인정한다. 다만 정치를 복원하여 구심력을 발휘할 때, 사회를 통합하고 분업의 폐해를 줄일 수 있다고 본다. 급선무는 정치의 정화(공공성 회복)와 구심력(덕력)의 발휘다. 분화와 분업, 각 분야의 자율성을 인정하면서 이를 통합할 수 있는 정치력의 복원이 사회 통합과 국가 유지에 필수적이라는 것.

『맹자』의 독자로서 우리는 맹자의 주장에 귀 기울이기 십상이다. 그러나 논쟁 상대인 허행의 주장을 경시한다면 편향될 뿐 아니라 불공평한 일이며, 고전의 참뜻을 올바로 이해할 기회도 잃게 된다. 그러므로 신농학파의 사상을 최대한 복원하여 그 주장을 헤아려보고 또 이에 대한 맹자의 비판을 검토해보아야 균형 잡힌 이해에 도달할 것이다. 먼저 신농학파의 사상을 살펴보자.

1. 신농학파

허행으로 대표되는 신농학파 그룹이 초나라에서 등나라로 이주하면서 이 장이 시작된다. 물밑을 헤아려보면, 앞의 5:2에서 등문공이 의례를 성공적으로 수행하면서 덕력의 파워를 맛보았듯 ("가까운 데 있는 사람들은 기뻐하고, 먼 데 있는 사람들은 몰려들었다") 이 장은 등문공이 행하는 덕치가 소문이 나서 멀리 초나라와 (허행의 무리 수십 명이), 또 송나라에서도 (진상·진신 형제와) 사람들이 몰려오고 있다.[171] 즉 이 장은 등문공의 덕력이 국제적 차원으로 확대되는, 유교 정치 실험의 성공 와중에 벌어진 논쟁이다.

우선 허행(=신농학파)의 고향인 초나라의 지리적 특성부터 살펴보자. 초나라는 중국의 남방 양자강 중류의 광대한 지역을 아우른다. 울창한 밀림지대에서 종족별로 독립된 마을을 이뤘으며, 원시 공동체 생활을 유지하던 곳이다. 황하 주변의 중원제국中原諸國과는 종족 자체가 다르고 문화도 달라 '남방의 야만인(만이蠻夷 또는 형만荊蠻)'으로 불리며 멸시를 당했다. 오늘날도 여러 소수민족이 각기 독립된 생활과 문화를 보존하고 있다.

『한서漢書』, 「지리지地理志」는 "초나라는 어업과 수렵, 벌목을 생업으로 삼았으며 각종 과일과 조개류 등 먹을거리가 풍족하였다. 그러므로 게으르게 그날그날 살아가며 저축하지 않아도 먹고 마실 것이 넉넉하여 추위와 굶주림을 걱정하지 않았으나 큰 부자도 없었다"라고 전한다. 정치적으로 독립적이고, 경제적으로 자급자족하며, 사회적으로 평등하였음을 엿볼 수 있다. 한편 문화적으로는 "무당과 귀신을 믿고, 제사를 중시하였다. 제사 지낼 때, 반드시 남녀 무당이 악기를 연주하고 노래하고

---

171 허행이 문왕을 만나 했던 첫 인사말이 "먼 나라 사람인데 임금께서 인정을 편다는 소문을 듣고 왔습니다"였다.

춤추며 신을 즐겁게 하였다. 이 지역은 말이 상스러웠을 뿐 아니라 사람과 귀신 사이에 경박하고 음탕한 것이 뒤섞였다."(『악양풍토기岳陽風土記』)

정치적으로는 "군주의 친족 중심으로 국가를 운영하여 많은 인재가 외부로 유출되었다. 춘추전국시대 유명한 인물들인 백리해, 오자서, 범려, 문종, 이사 등은 모두 초나라 사람이지만 다른 나라에서 벼슬하며 업적을 이루었다."[172]

지금 초나라를 떠나 등나라로 망명한 허행 일파도 이런 유출된 인재들에 속할 것이다. 본문에서 개진하는 허행의 주장은 원시 공동체의 사유를 대변한다. 독립적인 자연 취락, 자급자족한 경제생활, 샤머니즘적 문화 구조, 자율적인 공동체 생활의 요소가 들어 있다.

이제 신농학파의 사상을 살펴보자. 한나라 초기에 집성된 『회남자』는 신농의 공동체를 다음과 같이 묘사한다.

> 신농의 법에서는 이렇게 말한다. "남자가 성인이 되었는데도 농사에 힘쓰지 않으면 세상에는 굶주리는 자가 생기고, 여자가 나이가 찼는데도 길쌈에 힘쓰지 않으면 세상에는 추위에 떠는 자가 생긴다. 그러므로 신농은 그 자신 스스로 농사를 짓고, 아내는 몸소 길쌈을 하여 세상의 모범이 되었다. 그리고 백성을 다스림에는 얻기 어려운 재화를 귀하게 여기지 않았고, 실생활에 쓸모없는 물건을 중시하지 않았다. 그러므로 힘써 농사짓지 않으면 목숨을 연명하기 어렵고,

---

172 바이시, 앞의 책, 76~77쪽 및 79~80쪽.

부지런히 길쌈하지 않으면 몸을 가릴 수 없다. 즉 충분하냐 부족하냐는 결국 자기 자신의 행위에 달린 것이다.

입을 거리와 먹을거리가 충분하면 간사함이나 사악함이 생겨나지 않아, 모두 편안하고 즐겁고 한가한 삶을 살게 되어 온 세상이 고르게 된다. 이런 상황에서는 공자나 증삼도 선을 베풀 수 없고, 맹분孟賁이나 성형成荊과 같은 용사도 용맹을 떨칠 수 없다(밑줄은 필자가 그었다).”[173]

_『회남자』, 「제속」

남녀 분업 외에는 계급 분화가 없고, 사회 분업은 존재하지 않으며, 통치자도 농사를 짓는 가운데 정사를 보는 미분화된 원시 공동체의 모습이다. 특히 밑줄 그은 대목은 허행이 지적한 '여민=군민병경君民幷耕'의 모습과 같다. 그렇다면 허행 일파는 시장이 들어와 공동체가 파괴되는 가운데 고향에서 밀려난 사람들일지 모른다. 그들은 원시 공동체에 대한 그리움을 간직하고 좀 더 느슨한 사회(곧 성현의 나라)를 찾아 등나라로 이주한 것이리라.

흥미롭게도 태평양 제도와 아메리카 원시림에 거주하는 원주민의 삶에는 지금도 허행의 삶, 신농의 그리움이 잔존해 있다는 게 인류학자들의 노력으로 밝혀졌다. 정치인류학자 피에르 클라스트르가 "원시 사회의 우두머리는 권력이 없고, 바로 그래서 권력은 하나의 몸체로서의 사

---

173 유안, 이석명 옮김, 『회남자 1』, 소명출판, 2010, 671쪽.

회로부터 분리되지 않는다. 불평등의 거부, 분리된 권력의 거부 바로 이 것이 원시 사회들의 동일한 그리고 부단한 염려이다"[174]라고 지적한 것이 좋은 예다. 원시 사회는 국가가 되지 못한 미개 사회가 아니라, 국가로 진보하면 닥칠 사회적 불평등, 정치적 지배(권력)에 저항한 결과라는 것이 클라스트르의 주장이다. 독립적인 공동체, 권력의 미분화, 평등한 인간, 자급자족 경제가 옛날 신농학파와 오늘날 원주민 사회가 공유하는 요소다. 어쩌면 신농학파의 그리움은 우리 유전자 속에 간직된 원초적인 것인지 모른다. 지구적 규모의 자본주의에 노출된 현대인들에겐 신농학파의 잃어버린 공동체가 더욱 그립다.

이제 신농학파의 특성을 요약할 수 있다. 첫째 그들은 정치적으로 독립적이며(그래서 군주로의 권력 집중에 저항한다), 둘째 사회적으로 평등하고 (그래서 가족 내 분업 이외의 사회적 분업화에 반대한다), 셋째, 경제적으로 자급자족을(그래서 시장제도와 상행위, 이익을 반대한다) 추구한다. 이런 원시 공동체에 대한 그리움을 이해하고서 텍스트 속으로 들어가 보자. 쟁점은 좋은 국가란 무엇인가이고, 초점은 여민의 '여與'란 무엇인가이다(필자는 맹자 정치사상의 핵심을 여민주의로 보는 만큼 지금 이 논전은 대단히 중요하다).

2. 여민 대 려민

이미 허행은 맹자가 등나라 군주의 정치 고문이라는 사실을 알고 있다. "등나라 임금은 정말 현군이긴 하나"라며 문공의 자질을 칭찬

---

174 피에르 클라스트르, 『폭력의 고고학』, 151쪽.

하면서, 동시에 "아직 도를 배우지는 못했습니다"라고 비판한 데서 속 사정을 엿볼 수 있다. 임금은 훌륭한데, 정치를 알지 못한다는 비평은 곧 등문공의 '멘토'인 맹자의 지도(이념)에 문제가 있다는 뜻이다. 맹자의 지도 이념이 여민이라는 것도 허행은 잘 파악하고 있는데, 그가 보기에 맹자의 여민은 '잘못된 여민'이라는 것이 비판의 과녁이다. 즉 맹자가 여민을 이념으로 등문공을 지도하고는 있지만, 막상 맹자 본인조차 여민의 본래 의미를 모르고 있다는 뜻이다.

허행이 생각하는 여민의 본령은 여민병경이라는 말 그대로 "백성과 함께 밭을 일구고 손수 아침밥, 저녁밥을 지어 먹으며 정치하는 것"이다. 이에 비춰볼 때, 맹자가 등나라에서 시도하는 것은 실은 여민이 아니라 도리어 려민厲民(인민을 수탈하는 것)에 불과하다는 것.

먼저 눈에 띄는 사실은 '여민'이 당시 지성계에 사회학적 개념concept 으로서 통용되고 있었다는 점이다. 유가든 신농학파든 여민을 하나의 개념으로 무심하게 사용하면서 그 참뜻을 다투고 있다. 즉 여민은 맹자만이 아니라 전국시대 사상가들이 두루 사용한 개념이었다는 것. 오늘날 맹자 사상의 대명사로 널리 쓰이는 '위민爲民'이나 '민본民本'은 근대에 '데모크라시'라는 서양의 개념이 수입된 뒤 맹자의 사상을 지칭하는 용어로 제작된 것일 뿐,[175] 막상 맹자 생전에는 있지도 않았고 쓰이지도 않았다. 반면 여민은 본문에서 보듯 당시 지식 사회에서 실제로 통용된 개념이었다.

---

175 배병삼, 「민본이란 번역어다」, 앞의 책 참고.

허행의 공격은 주도면밀하다. 단어 선택에도 신중하다. '여與'와 발음은 근사하면서 뜻은 상반되는 '려厲'를 골라 '려민'이라는 말로써 맹자의 여민을 조롱하는 점이 그렇다.[176] '與'가 (1) 참여하다 (2) 수여하다 (3) 함께 더불어 등을 뜻한다면, '厲'는 (1) 학대하다, 증오하다 (2) 힘들게 하다 (3) 수탈하다 등 나쁜 의미를 잔뜩 담고 있다. 더욱이 '려'는 주나라 폭군들인 유려幽厲, 곧 유왕과 려왕을 뜻하는 나쁜 시호이기도 하다. 그러니까 지금 진상의 입을 빌려 "현자는 백성과 함께(與民) 밭을 일구고 손수 아침밥, 저녁밥을 지어 먹으며 정치하는 법입니다. 지금 등나라에 세금 창고와 곡식 창고, 재물 창고와 무기 창고가 즐비하니 이것은 백성을 수탈하여(厲民) 개인 금고로 만든 것입니다"라며 맹자를 공박하는 허행의 말은, 번역하자면 "흥! 등문공의 정치가 여민이라고? 여민 좋아하시네? 려민이겠지!"라는 조롱이다. 더 번역하면 "등나라 임금이 백성과 함께 더불어 하신다고요? 아니죠. 실은 백성을 수탈하는 거겠죠!" 한 번 더 번역하자면 "여민동락하는 군주라고요? 사실은 유왕이나 려왕에 진배없는 폭군이겠지요!"

허행이 보기에 등문공이 자행한 '려민'의 증거는 마을과 동떨어진 특별 공간인 궁궐과 즐비한 세금 창고들이다. 화려한 궁궐과 수많은 창고

---

176 고대 중국어에서 '厲'와 '與'는 발음이 같았다고 한다. 그렇다면 허행의 조롱이 한층 더 실감난다. 즉 맹자의 '與民(여민)'이 실제로는 '厲民(여민)'이 아니냐는 비아냥거림이 된다. 이런 말장난은 한자의 특성에서 기인하는데(성훈聲訓이라고 한다) 공자도 애용했던 방법이다. 공자가 제경공을 받아칠 때 썼던 '정자, 정야政者, 正也'(『논어』, 12:17)가 대표적이다. '政'과 '正'의 동음을 활용하여, '정치≠정당성'이라는 현실을 슬쩍 비난한 것이다.

는 백성에게서 수탈한 재화를 사유화했다는 뜻이 아니냐는 조롱이 '여민-려민'의 말장난(pun) 속에 들어 있는 중의법의 칼날이다. 미하일 바흐친Mikhail Bakhtin의 지적을 빌리자면, 권력자에게 보이는 가장 큰 적대가 조롱인데 지금 맹자의 처지는 전향한 내부자 진상에 의해 치명적인 적대에 노출된 것이다.

이에 대해 맹자는 세금은 공적 자금이고, 창고는 국가 경영을 위한 공공재임을 귀띔한다(5:3 해설 참고). 저 뒤에 "소출의 10분의 1을 세금으로 수취하는 것은 왕도의 법으로서 문명 국가를 유지하기 위한 필수 경비요, 10분의 1을 넘는 과도한 세수는 폭군의 법이고, 그렇다고 10분의 1보다 적은 세금은 야만의 나라에나 쓸 수 있는 것"(12:10)이라는 논단이 여기 방증이 된다.

나아가 창고가 곧 '군주의 개인 금고'라는 등식 자체가 섣부른 오판일 수 있다. 당시 대부분의 국가에서 세금 창고가 군주의 사유재산으로 운용된 것은 사실이지만, 그렇다고 등문공의 세금 창고 내력을 검토하지도 않고 외양만으로 수탈의 증거라 몰아가는 것은 오류일 수 있다. 만약 (맹자가 문공을 계몽한 결과) 등나라의 세금 창고가 인정을 시행하기 위한 공공건물이라면, 즉 국가 운영을 위한 공적 경비로 쓰일 세수의 저장고라면 '세금 창고=군주의 사유물'이라는 등식은 피상적일 뿐만 아니라 치명적인 왜곡이다. 피상적인 눈, 상투적인 생각으로 대상을 함부로 예단하지 말라는 경고가 깔려 있다. 뒤에 만장萬章이 당시 제후들의 행태를 일러 '강도짓'이라고 비난했을 때 맹자가 극단화의 오류(충류지의充類至義)를 범하지 말라고 경책한 것이 여기 참고가 된다(10:4). 실은 허행과 진상 형제의 행적 자체가 등나라 세금 창고의 공공성을 방증하는 사례로도 볼 수 있다. 등나라로 망명 온 계기가 등나라 군주가 인정을 펼치고 있다는 소문을 들은 것이었기 때문이다. 허행은 스스로 "먼 나라 사람인데 임금께서 인정을 편다는 소문을 듣고 왔습니다"라고 자복하지 않았던가.

3. 허행의 '려민'

허행의 조롱, 즉 맹자의 '여민'이 실제는 '려민' 아니냐는 힐난에는 정치, 경제, 사회의 분화 현상과 사·농·공·상의 분업화 및 전문화를 진보로 볼 것인가, 아니면 타락으로 볼 것인가라는 쟁점이 들어 있다. 허행은 분업과 전문화가 인간 본래의 '함께 더불어 삶', 즉 여與의 본령을 파괴했다고 본다. 이런 시각에는 분업과 전문화, 교환과 시장이 타락의 주범이라는 생각이 깔려 있다. 따라서 여민의 본디 말뜻을 회복해야 하는데, 피부를 접촉하면서 손과 손을 맞잡고 함께 일하며 더불어 사는 것이 인간다운 세상이요, 여민의 참뜻이라는 것이 허행의 주장이다.

반면 맹자는 사회 분화와 기술의 전문화, 시장의 존재는 문명의 필연적 추세라고 본다. 이로 인한 사회적 분열을 방지하기 위한 정치의 전문화, '전문 정치가'의 출현 역시 문명화 과정의 필연이다. 맹자는 신농학파가 미련을 버리지 못한, 한마을에서 같이 살면서 같이 일하고 함께 나눠 먹는 '원시' 공동 사회는 '시대착오적인 허위의식(僞)'이라고 선을 긋는다. 여민이라는 말은 인간 문명의 진보와 변화된 사회 환경을 감안하여 규정되어야 한다는 것.

당시 그들의 일상생활만 보아도 신농학파의 실제 삶이 언행과 모순된다는 것을 알 수 있다. 미분화된 원시 공동체를 주장하면서도 실제로는 분업을 하고 있고, 또 시장과 교환에 의지해 살고 있다. 입으로는 옷과 밥을 자급하는 원시 공동 사회를 주장하지만, 정작 그 도구인 쇠솥과 쇠스랑은 시장에서 구입하고 있는 것이다. 분업과 전문화, 교환과 시장은 이미 인간을 구성하는 속살이 되어버렸다. "허행은 쇠솥에 밥을 짓고, 시루로 떡을 찌며, 쇠스랑으로 밭을 일구던가요?"라는 맹자의 질문에 "그렇습니다"라는 진상의 답변이 그러하고, "손수 만들어 씁니까?"라는 물음에 "아니지요. 곡식과 바꿉니다"라고 대답한 데서 그 시말이 드러난다. 이론과 실제가 일치하지 않는 것이다.

나아가 맹자는 근본적인 문제를 제기한다. 분업과 전문화가 낳은 교환과 시장 시스템이 과연 사람을 괴롭히는 '려민' 체제인가라는 질문이다. 맹자는 "곡식으로 도구와 기구를 바꾼다고 옹기장이나 대장장이를 해치지 않듯, 옹기장이와 대장장이 또한 도구와 기구를 곡식과 바꾼다고 어찌 농부를 해치겠소?"라고 힐난한다. 요컨대 신농학파가 주장하는 여민은 인간 역사의 진보적 성취를 무시한 시대착오적 헛소리이며, 또한 그들의 실제 삶도 학설과는 큰 괴리를 보인다는 것이다(이율배반).

4. 맹자의 '여민'

맹자는 정치가와 인민의 관계를 상호 보완 구조로 파악한다(맹자에겐 이런 상호 관계성이 여與의 참뜻이다). 농부가 곡식을 대장장이의 쇠스랑과 바꾸는 것이 결코 대장장이를 수탈하고 괴롭히는 일이 아니듯, 정치가의 업무 역시 인민을 수탈하는 것이 아니다(물론 당대의 현실은 정치가 인민을 괴롭혔지만, 정치의 본령은 그렇지 않다는 것)! 다만 정치가의 일과 인민의 일이 서로 다를 뿐이다. 동시에 그들은 서로를 필요로 한다. 이러한 필요가 바로 이들이 함께 국가를 구성하고 유지하게 만드는 힘이다. 여기가 바로 여민의 '여'가 정치사회적 의미를 획득하는 지점이다. 다양한 인민의 사적 업무와 정치가의 공공 관리가 한데 어울려 국가를 구성하는 여민 체제의 속살이 드러나는 곳이다.

맹자가 말하는 노심자勞心者란 공직자(군자)를 뜻하고, 노력자勞力者란 육체 노동으로 생산 활동을 하는 서민을 뜻한다. 농민, 장인, 상인 등이 노력자다. 많은 학자가 노심자가 인민을 수탈하는 권력자, 지배계층, 또는 유한계급을 뜻한다고 해설해왔다(특히 마르크스주의 역사학자들). 그러나 문맥으로 볼 때 맹자의 노심자는 말 그대로 '마음을 수고롭게 하는 자' 또는 '지식을 활용하는 자'다. 번역하자면 '마음과 지혜를 소모하는 정신노동자'가 적당하다(바로 다음 절에서 멀리 요순에서부터 '노심자=정치가'의 공로를 장황하게 논하는 까닭이다).

노심자는 유한계급이나 착취자가 아니라 노력자가 자기 일을 수행할 수 있도록 사회적 자원(질서, 신뢰, 통신과 도로 등)을 제공하고, 그 일이 성사될 수 있게姑 하는 또 다른 노동자다. 맹자의 말을 빌리자면 농부는 "100무의 땅을 다스리지 못할까를 자기 근심으로 삼을" 뿐이지만, 공직자는 천하의 유지와 보전에 힘쓰느라 농사지을 겨를이 없다. 즉 노동 강도는 노심자 쪽이 외려 더 심하다. 이런 공적인 업무 수행에는 그만한 배려가 따라야 한다. 그러므로 "군자가 나라를 잘 다스리면 사람들을 물리치며 행차해도 좋은 것"(8:2)이요, 백성의 세금으로 기름진 밥을 먹고 독립 공간(궁궐)에서 살아도 좋다(다만 10:2에서 보듯 군주의 봉급에도 한정이 있다). 그러므로 등문공의 궁궐과 세금 창고를 걸핥기로 보고 그를 '려민'하는, 즉 인민을 수탈하는 군주라고 비난해서는 안 된다.

요컨대 백성의 업무(농·공·상)와 군주의 업무(정치)는 성격이 다르다. '인민의 주체성'과 '정치의 자율성'은 맹자의 여민론을 떠받치는 두 기둥이다. 인민과 군주(공직자)는 국가를 구성하는 두 핵심 요소로서 마치 태극의 음양처럼 서로가 유기적인 관계를 맺는다. 둘이 대치하는 형국이 아니라 상반되면서도 서로 성취하는 상호 보완적 관계다(주희가 말한 상반이상성相反而相成). 맹자의 여민 체제란 서로 다른 요소들(이질성)이 함께 관계를 맺어(관계성) 더 큰 하나(우리)로 통합되는 것이다. 정치, 경제, 사회 각 분야가 자율성을 보존하면서도 하나로 통합하는 구심력이 여민 정치에서 비롯된다. 공자가 제시했던 화이부동, 즉 서로 다름을 인정하고 화합하되 하나로 만들지 말라는 원리가 맹자의 여민론에 관철된다.

참고　신농학파를 대변하는 진상이라는 인물의 사람됨을 느껴보자. 그는 애당초 유자인 진량陳良에게 수학한 유학자였다(아래 5:4-3 참고). 등나라에 와서 허행을 만나 신농학파로 변절한 것인데, 맹자로서는 그를 용서할 수 없었을 것이다. 그래서인지 본문에 묘사된 진상의 경박함이 손에 잡힐 듯하다.

진상은 처음 등문공을 만나서는 그를 성인聖人으로 칭송하였다. "임금님께서 성인의 정치를 베푼다는 소문을 들었습니다. 그러시다면 이 또한 성인이옵니다. 바라건대 성인의 백성이 되고자 합니다"라며 세 번이나 거듭 '성인'이라 칭송하는 말이 낯간지럽다. 신농학파로 변절한 후 등문공에 대한 진상의 평가는 성인에서 현자로 낮춰진다. "등나라 임금은 정말 현군이긴 하나 아직 도를 배우지는 못했습니다"라는 말이 그렇다. 그러다가 또 현군은 백성과 함께 노동하고 손수 밥을 지어 먹는 여민병경이 핵심인데 문공은 그러지 못하다면서 "어찌 현명하다고 할 수 있으리오?"라며 다시 등급을 깎는다. 결국 등문공은 암군暗君으로 추락한 셈이다. 망명하여 품에 깃들인 임금을 처음엔 성군이라고 칭송하다가, 다음엔 현군으로 낮췄다가, 급기야 암군으로 깎아내리는 과정에서 변절하는 그의 경망스런 모습이 선명하다. 이런 식의 표현 자체가 유교를 배신한 자에 대한 맹자의 필주筆誅(글을 통한 징벌)라고도 볼 수 있으리라.

5:4-2. 정치가의 일, 농사꾼의 일

"當堯之時, 天下猶未平. 洪水橫流[177], 氾濫[178]於天下, 草木暢茂[179], 禽獸繁殖[180]. 五穀不登[181], 禽獸偪[182]人, 獸蹄[183]鳥跡[184]之道交於中國. 堯獨憂之, 擧

---

177 橫流(횡류): 물이 수로를 넘쳐흐르다. '橫'은 제멋대로.
178 氾濫(범람): '氾'은 넘치다. '濫'도 넘치다.
179 暢茂(창무): 울창하다. '暢'은 통하다. '茂'는 무성하다.
180 繁殖(번식): '繁'은 번성하다. '殖'은 생장하다.
181 登(등): 익다. '熟(숙)'과 같다.
182 偪(핍): 위협하다. '逼(핍)'의 옛글자.

舜而敷治¹⁸⁵焉. 舜使益¹⁸⁶掌¹⁸⁷火, 益烈¹⁸⁸山澤而焚¹⁸⁹之, 禽獸逃匿¹⁹⁰. 禹
疏¹⁹¹九河, 瀹¹⁹²濟漯¹⁹³而注¹⁹⁴諸海, 決¹⁹⁵汝漢¹⁹⁶, 排¹⁹⁷淮泗¹⁹⁸而注之江, 然
後中國可得而食也. 當是時也, 禹八年於外, 三過其門而不入, 雖欲耕, 得
乎?

后稷¹⁹⁹敎民稼穡²⁰⁰, 樹藝²⁰¹五穀; 五穀熟而民人育. 人之有道²⁰²也, 飽食・
煖²⁰³衣・逸²⁰⁴居而無敎, 則近於禽獸. 聖人有²⁰⁵憂之, 使契²⁰⁶爲司徒²⁰⁷, 敎以

183 蹄(제): (짐승의) 발굽.

184 跡(적): 흔적, 자취.

185 敷治(부치): 정사를 베풀다. '敷政(부정)'과 같다. '敷'는 펼치다.

186 益(익): 순임금의 신하. 이어서 우임금의 재상이 되었다. 본명은 백익伯益.

187 掌(장): 맡다.

188 烈(렬): 불을 놓다.

189 焚(분): 태우다.

190 匿(닉): 숨기다.

191 疏(소): 트다.

192 瀹(약): 열다, 소통하다.

193 濟漯(제탑): 둘 다 물 이름.

194 注(주): 물 대다.

195 決(결): 물 트다.

196 汝漢(여한): 둘 다 물 이름.

197 排(배): 물 빼다.

198 淮泗(회사): 둘 다 물 이름.

199 后稷(후직): 농림을 담당한 관직명. 기棄(주왕조의 시조)가 맡았다.

200 稼穡(가색): '稼'는 심다. '穡'은 거두다. 농경의 총칭.

201 樹藝(수예): '樹'는 심다. '藝'는 번식하다.

202 道(도): 인도人道. 생리학적으로 사람은 짐승이지만, 그럼에도 사람다움이라는 것이 존재
함을 뜻한다.

203 煖(난): 따뜻하다.

204 逸(일): 편안하다.

人倫, — 父子有親, 君臣有義, 夫婦有別, 長幼有序, 朋友有信. 放勳[208]曰, '勞之來之[209], 匡之直之[210], 輔之翼之[211], 使自得之, 又從而振德之[212].' 聖人之憂民如此, 而暇耕乎?

堯以不得舜爲己憂, 舜以不得禹・皐陶[213]爲己憂. 夫以百畝之不易[214]爲己憂者, 農夫也. 分人以財謂之惠, 敎人以善謂之忠, 爲天下[215]得人者謂之仁. 是故以天下與人易, 爲天下得人難. 孔子曰, '大哉堯之爲君! 惟天爲大, 惟堯則[216]之, 蕩蕩[217]乎民無能名焉! 君哉舜也! 巍巍[218]乎有天下而不與[219]焉!' 堯舜之治天下, 豈無所用心哉? 亦[220]不用於耕耳."

---

205 有(유): 또. '又(우)'와 같다.

206 契(설): 순임금의 신하. 교육 담당. '契'은 칼로 문자를 새기는 모양으로 '계'로 읽기도 한다.

207 司徒(사도): 교육과 교화를 담당한 관직.

208 放勳(방훈): 요임금의 칭호. "사관史官이 요를 칭탄한 이름인데 맹자가 요의 호칭으로 삼았다."(주희)

209 勞之來之(노지래지): '勞'는 위로하다. "먼 곳 사람들이 복종하지 않거든 자신의 문덕을 닦아 오게끔 하고, 오거든 편안케 해주라"(『논어』, 16:1)던 공자의 말과 통한다. 이에 맞춰 번역하였다.

210 匡之直之(광지직지): 비뚤어진 자를 바로잡고, 굽은 자를 교정하다. '匡'은 바로잡다.

211 輔之翼之(보지익지): 협찬하다. '輔'는 덧대다. '翼'은 돕다.

212 從而振德之(종이진덕지): '從而'는 더욱. '振'은 떨치다.

213 皐陶(고요): 순임금 때 형벌과 감옥(刑獄)을 관장하였다(13'35).

214 易(이): 다스리다. '治(치)'와 같다.

215 爲天下(위천하): '爲'는 '治(치)'와 같다. '爲天下'를 '천하를 위하여'라고 읽을 수도 있겠으나 이런 독법은 맹자 사상을 위민爲民으로 오해하게 만든다.

216 則(칙): 본받다.

217 蕩蕩(탕탕): 드넓은 모양.

218 巍巍(외외): 더 높은 모양.

219 與(예): 간여하다.

220 亦(역): 다만.

맹자가 이어서 말했다.

"요임금 시절에는 천하가 안정되지 못했소. 큰물이 넘쳐흘러 천하에 범람하니 초목은 울창하고 날짐승과 들짐승이 번식하였지요. 알곡은 익지 못하고, 짐승과 새들은 사람을 위협하고, 짐승의 발자국과 새들의 자취가 도심지에 얼룩졌소. 요임금이 이 사태를 우뚝 근심하여 순을 등용하여 널리 다스리도록 하였지요. 순이 익에게 불을 맡기자 익은 산과 못에 불을 놓아 태우니 짐승과 새들은 달아나 숨었고, 우에게 물을 맡기자 황하의 아홉 지류를 트고[221], 제수와 탑수를 뚫어 바다로 물을 대고, 여수와 한수를 틔우고, 회수와 사수를 빼내 강으로 대었지요[222]. 그런 뒤에 사람들은 밥을 먹을 수 있었소이다. 당시 우는 8년 동안 바깥을 돌다가 자기 집 문 앞을 세 번이나 지나칠 뿐 집 안으로는 들어가지 못했으니[223], 비록 농사를 짓고 싶다 한들 그럴 겨를이 있었겠습니까?[224]

---

221 禹疏九河(우소구하): 우가 황하의 아홉 강물을 트다. 『서경』에 나오는 말.

222 주희는 "『서경』, 「하서夏書」, '우공禹貢'과 지금의 물길을 살펴보면, 오직 한수漢水만이 강으로 흘러 들어갈 뿐 여수汝水, 사수泗水는 회수淮水로 들어가고, 회수는 곧바로 바다로 들어가니 여기 여수, 한수, 회수, 사수 등이 다 강으로 흘러 들어간다고 한 것은 기록자의 오류다"(『맹자집주』)라고 했다. 정약용은 이런 오류에 근거하여 "『맹자』는 맹자 본인이 편찬한 것이 아니다"(『맹자요의』)라고 강변하였다. 이것은 지나치다.

223 김유신이 삼국통일의 과업에 분주하여 서울(경주)을 다녀갈 일이 있어도 집 안에 들어가지 못하고, 다만 집의 간장(醬)을 가져오라 하여 맛을 보고 "장맛이 변하지 않았으니 집안이 무고하다"고 하며 다시 출정했다는 이야기의 바탕이 이것이다(『삼국사기』). 동아시아 사회에 전파된 『맹자』의 흔적을 엿볼 수 있는 대목이다.

후직은 사람들에게 농사짓는 법을 가르쳐 오곡을 심고 가꾸게 하니 곡식이 익자 그제야 백성이 길러졌지요. 사람에겐 사람다움의 도리가 있으니, 배불리 먹고 따뜻한 옷 입으며 편안한 집에서 살더라도 가르침이 없으면 금수나 진배없는 것. 성인께서 또 이를 근심하여 설[225]을 사도로 삼아 인륜을 가르치게 하였으니 — 부자간의 친밀함, 군신 간의 의로움, 부부 사이의 각별함[226], 어른과 아이 간의 차례, 벗들 사이의 신뢰 등이 그것이외다.[227] 요임금이 말씀하길 '먼 데 사람들을 위로하고 오게끔 하라. 비뚤어진 자는 바로잡고, 굽은 자는 교정하여라. 모자라는 자는 도와주고, 없는 자는 보태주어라. 스스로 사람의 도리를 깨닫게 하고, 또 모범을 보여 따라서 덕을 함양하도록 하려무나'라고 하셨으니, 성인이 백성의 삶을 걱정하는 것이 이와 같은데 어느 틈에 농사지을 겨를이 있었겠소이까!

224　이는 '군주가 백성과 함께 밭을 갈아서 같이 먹어야 한다'는 신농학파의 여민병경에 대응하는 논리다. 백성이 농사지을 기반을 제공하는 일에 분주하여 농사를 짓고 싶어도 그럴 겨를이 없다는 말이다.

225　고요皐陶(새상), 익益(불), 우禹(물), 후직后稷(농사), '설契(교육)은 순임금의 정부를 왕도 정치로 이끈 탁월한 실무자들이다. 공자는 이를 두고 "순임금은 신하 다섯을 기용하여 천하를 잘 다스렸다"(『논어』, 8:20)라고 기렸다.

226　夫婦有別(부부유별): 여기 '別'은 차별이 아니다. 구별, 특별, 각별이라는 뜻이다. 부부 관계가 나머지 인간관계(군신유의, 부자유친 등)의 근본이기 때문이다. 여기서는 '각별'이라고 번역하였다.

227　父子有親~朋友有信(부자유친~붕우유신): 이 다섯 가지 덕목을 오륜五倫이라고 부른다. 오륜은 공자와 맹자의 사상이지만, 삼강三綱은 국가 이데올로기로 전락한 한나라 제국 체제의 이념이다(배병삼, 「삼강과 오륜은 다르다」, 앞의 책 및 이 책 서두의 「읽기 전에」 참고).

요임금은 순을 얻지 못할까를 근심으로 삼았고, 순임금은 또 우와 고요를 얻지 못할까를 걱정으로 삼았지요. 대저 100무의 땅을 다스리지 못할까를 자기 근심으로 삼는 자는 농부외다. 반면 남에게 재물을 나눠주는 것을 혜[228]라 하고, 사람들에게 선행을 가르쳐주는 것을 충[229]이라 하고, 천하 다스릴 사람을 얻는 것은 인[230]이라 하오. 그러므로 천하를 남에게 주는 것은 외려 쉬워도 천하 다스릴 사람을 얻는 것은 어려운 일이지요.

공자가 칭탄하셨듯 '위대하도다, 요의 임금 노릇 하심이여! 오로지 하늘만이 위대하신데, 오직 요만이 이를 본받으셨도다. 그 덕이 끝없고 가없어서 사람들이 뭐라 형용하지 못하는구나! 임금답도다, 순이시여! 그 덕이 높고 높아 천하를 소유하고도 관여하지 않으셨도다!'[231] 요임금과 순임금이 천하를 다스릴 적에 어딘들 마음 쓰지 않았으리오마는 다만 농사지을 겨를이 없었을 뿐이었소!"

---

228 惠(혜): 경제적으로 백성에게 혜택을 준 것. 물을 뚫어 홍수를 잡은 우와 불을 질러 맹수를 쫓아낸 익이 여기 속한다.

229 忠(충): 인륜을 가르친 설, 오곡을 파종하고 추수하는 법을 가르친 후직이 여기 해당한다.

230 仁(인): 순에게 나라를 선양한 요임금과 우에게 나라를 넘긴 순임금이 여기 해당한다. '惠'도 '忠'도 정치가로서 훌륭한 덕이지만, 그중 최고의 덕목이 '仁'이다.

231 공자의 말을 인용한 부분은 『논어』, 8:18과 8:19이다.

맹자, 마음의 정치학 1

　　이 절에서는 맹자가 '백성과 같이 밭을 갈아 함께 밥을 먹어야 한다'는 신농학파 주장의 비현실성을 단호하게 비판하고, 외려 정치의 전문화만이 여민 정치의 토대를 제공한다는 사실을 역사적 사례로써 증명한다. 맹자는 묻는다. 신농학파가 신주처럼 모시는 여민병경을 위해서라도 물에 잠기고 짐승의 놀이터가 된 땅을 밭으로 만드는 일이 선결 과제 아닌가? 또한 같이 농사짓기 전에 묵정밭이 된 땅을 농토로 개간하는 일이 우선 아닌가? 역시 같이 밭을 갈기 전에 그 밭을 갈고 씨 뿌려 가꾸는 농사 기술을 배우는 일이 먼저 아닌가? 아니, 같이 밭을 갈기 전에 알곡을 나눠 먹고 훔쳐 먹지 않도록 사람다움을 가르치는 것이 급선무 아닌가?

1. 정치가 중차대하다

　　맹자의 문제의식은 신농학파가 당연시하는 '농사를 짓는다'에 앞서 그 기반이 먼저 마련되어야 한다는 것이다. 이를테면 홍수 물 빼기, 짐승 쫓기, 화전火田하여 밭 만들기 등의 작업이 선결되어야 하고, 우선 오곡 작물의 농사법을 배워야 병경幷耕이든 전문 경작이든 가능하다. 농사일을 위한 토대, 번역하자면 사회간접자본과 농사 기술 습득이 우선되어야 하는데, 이를 제공한 장본이 여태 정치였고, 이후로도 정치가만이 이를 제공할 수 있다는 것이다. 그러므로 정치가가 인민과 함께 몸을 부대끼며 손수 농사를 짓는 여민병경의 신념은 이미 불가능한 꿈이 되었음을 인정해야 할 일이요, 외려 그것을 고집하다가는 농사를 망치고 인민을 굶주림에 빠트리는 반인륜적 처사가 된다. 따라서 정치와 농업의 분화는 필연적이고 자연스러운 일이며 여민의 말뜻에도 부합한다.

그리하여 맹자는 이 절을 통해 인류가 농경을 시작한 이래 위대한 정치가들의 이력을 훑으면서 농경과 정치의 분화, 정치력의 필요성, 정치가의 전문성을 역사적으로 논증하고 있다. 이를테면 요임금과 순임금, 우임금, 익과 고요 등 성왕과 현자들이 야만의 대지를 문명의 토지로 전환한 노심자였음을, 즉 '노동자'였음을 특기한다. 다만 육체노동자가 아니라 정신노동자라는 것인데, 정신노동이 육체노동보다 더 힘들고 곤핍하다고 맹자는 강조한다. "100무의 땅을 다스리지 못할까를 자기 근심으로 삼는 자는 농부"이지만, "사람들에게 재물을 나눠주고, 선행을 가르쳐주고, 천하를 다스릴 사람을 얻는 것"은 더욱 어려운데, 그중에서도 유난히 "천하를 남에게 주는 것은 외려 쉬워도 천하 다스릴 사람을 얻는 것은 어려운 일"이다.

이는 육체노동을 비천하게 여겨서가 아니다. "우는 8년 동안 바깥을 돌다가 자기 집 문 앞을 세 번이나 지나칠 뿐 집 안으로는 들어가지 못했으니, 비록 농사를 짓고 싶다 한들 그럴 겨를이 있었겠습니까?"라는 말처럼 정치가 농사지을 겨를이 없을 만큼 중요하고 근본적이며 더욱이 분주한 '전문적 작업professional affairs'임을 강조하기 위해서다. 육체노동을 회피하고 타인에게 명령하거나 처벌하는 짓을 즐겨서가 아니라, 의식주 해결의 바탕을 제공하기 위한 필요가 정치를 분화시켰다는 관점이다.

이는 또한 이미 인간의 조건이 '자연의 아들'을 벗어나, 문명을 이루

　　　　　　　　　　　　　　　맹자, 마음의 정치학 1

고 살아가는 '도시의 사람'이 된 현실을 정시하라는 말이기도 하다. 육체노동을 중시하고 군민이 동고동락하는 외면적 현상만 알 뿐, 그 배면에서 정책과 제도를 활용하여 상부상조하고 백성을 화목하게 만드는 정치의 의미를 이해하지 못하는 신농학파의 천박한 인식을 비판한 것이다. 생존 조건으로서 의식주는 물론 중요하지만, 관계를 맺고 사회생활을 영위하도록 질서를 부여하는 일은 더욱 중요하다(자기 가족의 생존을 위해 농사짓는 노력자의 수고보다는 천하 농사의 환경을 마련하고 기술을 제공하는 노심자의 수고가 더 근본적이다).

문제는 권력이 폭력화하고 정치가 전제 지배로 전락할 때 도리어 사회 붕괴를 재촉한다는 점이다. 그래서 맹자는 정치 자체의 변화를 요구한다. 즉 사적 영역과 공적 영역을 구분하고, 정치력을 회복하고자 했다. 맹자는 천하를 주유하며 정치의 변화(덕력의 회복)를 통해 사회 통합을 이루기를 당대 군주들에게 특별히 요구한 바다(양혜왕, 제선왕 관련 장들을 참고할 것). 사회 및 직업의 분화라는 원심력이 초래할 공동체 붕괴, 사회 갈등, 국가 균열을 예방할 구심력의 발휘, 즉 평화와 질서 유지가 새로운 정치의 공능임을 제시하였다.

2. '물길'과 '말 길'의 중의법

이 장에서 눈여겨볼 것은 오륜이 처음 언급되는 부분이다. 오륜이란 인간이 인간답기 위한 다섯 가지 네트워크다. 첫째가 부모와 자식 관계, 둘째는 남편과 아내 관계, 셋째는 국가와 백성의 관계, 넷째는 형과 아우 관계, 다섯째는 동료 관계다. 다만 다섯 가지 관계망을 소통할 코드가 각각 다르다는 점에 유의해야 한다. 예컨대 부모와 자식 '사이의 관계(倫)'를 운용하기 위해서는 '친밀함(親)'이라는 코드가 필요하다. 부모와 자식 사이는 친밀성이라는 운영 체계(소프트웨어)를 갖출 때 비로소 소통이 가능하다는 뜻이다. 또 부부라는 관계 네트워크에는 '각별한 사랑'이라는 운영 체계가 필요하고(부부유별夫婦有別), 군주와 신하 사이의 관계는 '의와 불의'라는 운영 체계가 있어야 소통이 가능하다(군신유의君臣有義). 붕우 사이는 신뢰, 어른과 아이 사이는 차례라는 열쇠를 통할 때 그 관계가 열리고 소통된다. 이런 다섯 가지 인간관계에 성공하는 사람을 '군자'라 칭하고, 서투르거나 실패하는 사람은 '소인'이라 부른다. 곧 『맹자』 속의 인간이란 네트워크의 체계다(훗날 한제국 건설기 동중서는 오륜을 삼강으로 변질시켰다. 훗날 오륜은 삼강과 섞여 삼강오륜이라는 자기 모순적인 말로 통용되었다[232]).

한편 이 장에 나열된 성왕들의 공적 가운데 가장 중요한 것이 치수治水다. 황하 주변에서 치수가 정치의 핵심이었던 것은 불문가지다. 그런데 여기 치수에 성공한 우의 방법이 둑을 만들어 물을 막는 방식이 아니라 물꼬를 터서 물을 흐르게 하는 방식임에 주의하자. "우가 황하의 아홉 지류를 텄다"라는 소疏, "제수와 탑수를 뚫어 바다로 물을 댔다"는 약瀹과 주注, "여수와 한수를 틔웠다"는 결決, "회수와 사수의 물을 빼다"라는 배排 등은 모두 물꼬를 터서 물길을 냈다, 곧 물을 소통하게 했다는 표현이다.

---

232 삼강과 오륜은 전혀 다른 개념인데 언젠가부터 섞여서 쓰이고 있다. 이것이 유교를 타락시킨 또 하나의 계기다.

여기서 소통은 유교 사상의 키워드 인仁과 같은 뜻임을 상기하자. 한의학에서 '기혈이 막혀 마비된 질병'을 불인不仁이라 칭하는 것을 계기로 정명도程明道가 소통을 인의 뜻으로 삼았던 것 말이다(『논어집주』 참고). 마비된 몸의 기혈을 뚫는 것이 의사의 인술仁術이듯, 우가 막힌 물을 뚫어 홍수를 잡은 것은 인정仁政이다. 기혈이든 물길이든 소통이 곧 인이 된다는 뜻이다. 재화와 물건도 마찬가지다. 시장이 없다면 농사꾼이 지은 곡식은 창고에 쌓여 있을 뿐이요, 직녀가 자은 베도 기껏 고방에 쌓여 있을 따름이다. 곡식과 베를 유통하면 필요한 사람들의 수요를 충족시킬 뿐 아니라, 그 운송 과정에서 마차꾼과 수레 장인도 먹고 살게 되니 시장을 만들어 물자를 유통하는 일은 인정의 사업이다(6:4). 즉 몸이든 물이든 물건이든 흐르는 것이 인이다.

흥미롭게도 전국시대 주나라 재상 백규伯圭는 둑을 쌓아서 물을 막아 이익을 취하였다. 둑에 고인 물은 역류하기 마련이니 상류에 사는 사람들에게 재앙을 일으키는 짓이 된다. 맹자는 저 뒤에서 백규의 치수 방식을 불인한 짓이라고 성토한다(12:11). 그런데 맹자가 두 치수법을 비교하면서 겨누는 과녁은 따로 있는 것 같다. 우의 치수를 두고 "황하의 아홉 지류를 텄다"라며 노고를 기린 반면, 백규를 두고는 "이웃 나라들을 물받이로 삼고 있소"라고 비난한 것 사이의 대비다. 여기서 물은 말(언어)의 은유로 이해해야 할 듯하다. 우임금이 황하 아홉 곳을 텄다는 표현은 말의 소통을 비유한 반면, 이웃 나라를 물받이로 삼았다는 비판은 남의 말을 막고 제 말만 하는 독백을 뜻하는 것이다. 곧 맹자는 물을 이야기하면서 실은 말을 이야기하고, 토목을 이야기하면서 실은 정치를 논하고 있는 셈이다. '소통이냐, 독백이냐'가 물 이야기의 진짜 주제다.

예부터 말은 물에 자주 비유되곤 했다. 말이든 물이든 막으면 망하고, 소통하면 산다는 식으로. 물과 말 사이의 상관성이 일찍이 표출된 것은 춘추시대 각국의 역사서인 『국어國語』 속 기사다.

> 사람의 입을 막는 것은 물을 막는 것보다 더 위험하다. 물을 다스리는 일은 물길을 잘 이끌어 흐르게 함이요, 사람 다스리는 일은 자유롭게 말하도록 하는 것이 요체다. 사람들이 말을 자유롭게 할 수 있어야 정치의 잘잘못을 가릴 수 있으며, 선을 행하고 실패에 대비해야만 자원과 의식을 풍요롭게 할 수 있다. 무릇 사람은 마음으로 생각해서 그것을 입으로 말하고 그런 뒤에 행하는데, 어찌 입을 막을 수 있으랴! 만일 그들의 입을 막는다손 치더라도 얼마나 갈 수 있으랴!
>
> _『국어』, 「주어 상周語上」(필자 윤문)

이런 물과 말의 유비, 물과 정치의 상관성은 유교 텍스트에서 빈번하게 등장한다. 흘러가는 물을 보고 삶의 진리를 깨달은 공자[233], 물이란 낮은 것을 채우고 난 다음 흘러간다는 맹자의 관찰[234], "백성은 물과 같고, 군주는 그 물 위에 뜬 배와 같다"는 순자의 비유[235] 등 금방 생각나는 예

---

233 子在川上曰, 逝者如斯夫! 不舍晝夜(『논어』, 9:16).

234 流水之爲物也, 不盈科不行, 君子之志於道也, 不成章不達(13:24).

235 傳曰, 君者舟也, 庶人者水也. 水則載舟, 水則覆舟. 此之謂也. 故君人者欲安, 則莫若平政愛民矣(『순자』, 「왕제王制」).

맹자, 마음의 정치학 1

만 해도 여럿이다. 요컨대 물길이든 말 길이든 상품이든 기혈이든 막힌 것을 뚫어 소통할 때에는 건강하지만(仁) 막으면 재앙이 된다.

5:4-3. 전향과 배신 사이

"吾聞用夏變夷[236]者, 未聞變於夷者也. 陳良楚産[237]也, 悅周公·仲尼之道, 北學[238]於中國[239]. 北方之學者, 未能或之先[240]也. 彼所謂豪傑之士[241]也. 子之兄弟事之數十年, 師死而遂倍[242]之!

昔者孔子沒[243], 三年之外, 門人治任[244]將歸, 入揖[245]於子貢, 相嚮[246]而哭, 皆失聲, 然後歸. 子貢反, 築室於場, 獨居三年, 然後歸. 他日, 子夏·子張·子游

---

236 用夏變夷(용하변이): 문명으로써 야만을 변화시키다. '夏'는 중화 문명. '夷'는 미개 문화.
237 産(산): 낳다. '출신'을 말한다.
238 北學(북학): 남방에서 북방(곧 중국)으로 배우러 왔다는 것. 조선 후기 박제가 등을 북학파로 칭한 기원이 여기다.
239 中國(중국): 황하 주변 '중원中原'의 나라들을 뜻한다.
240 先(선): 뛰어나다.
241 豪傑之士(호걸지사): 재주나 지혜가 보통 사람을 뛰어넘는 사람(주희). '豪'는 호걸. '傑'은 빼어나다. 참고로 "지혜가 100명을 뛰어넘으면 豪라고 하고"(『회남자』), "현명함이 1만 명에 필적하면 傑이라 한다."(『백호통白虎通』)
242 倍(배): 배반하다.
243 沒(몰): 죽다.
244 任(임): 짐, 보따리.
245 揖(읍): 읍하다. 인사법의 한 종류.
246 嚮(향): 향하다. '向(향)'과 같다.

以有若[247]似聖人, 欲以所事孔子事之, 彊[248]曾子. 曾子曰, '不可; 江漢以濯[249]

之, 秋陽以暴[250]之, 皜[251]皜乎不可尙[252]已.'

今也南蠻[253]鴃舌[254]之人, 非[255]先王之道, 子倍子之師而學之, 亦異於曾子矣.

吾聞出於幽[256]谷遷於喬[257]木者, 未聞下喬木而入於幽谷者. 魯頌[258]曰, '戎狄

是膺[259], 荊舒是懲[260].' 周公方且[261]膺之, 子是之學, 亦爲不善變矣."

맹자가 이어서 말했다.

"나는 문명으로써 야만을 변화시킨다는 말은 들어봤으나 문명

이 야만에게 변질된다는 말은 들어본 적이 없소. 그대의 스승

진량은 초나라 출신으로 주공과 공자의 도에 심취하여 북방으

---

247 有若(유약): 공자의 제자.『논어』에는 '有子(유자)'로 나온다.

248 彊(강): 강요하다. '强(강)'으로 된 판본도 있다.

249 濯(탁): 씻다.

250 暴(폭): 햇볕 쬐다.

251 皜(호): 희다.

252 尙(상): 더하다.

253 蠻(만): (남쪽) 오랑캐.

254 鴃舌(격설): 때까치 소리. '鴃'은 소리가 나쁜 새다. 남방 초나라 사람들의 말이 이와 유사
하니, 허행을 지목한 것(주희). '舌'은 소리.

255 非(비): 비난하다.

256 幽(유): 어둡다.

257 喬(교): 높다.

258 魯頌(노송):『시경』,「노송」, '비궁閟宮'.

259 戎狄是膺(융적시응): '戎'은 서방 이민족. '狄'은 북방 이민족. '膺'은 치다.

260 荊舒是懲(형서시징): '荊'은 남방 초나라 땅. '舒'는 동방 산동성의 지명. '懲'은 벌하다.

261 方且(방차): ~조차.

로 배우러 와 중원에서 공부한 사람이오. 북방의 학자들도 혹
그보다 뛰어난 사람을 찾기 어려울 정도였소. 그야말로 호걸의
선비였는데 당신들은 수십 년간 그를 스승으로 모시다가 그가
죽자 곧바로 배신하고 말았군요!

옛날 공자가 돌아가시고 3년 후, 제자들이 각자 등짐을 꾸려 고
향으로 돌아가려 할 적에 자공의 처소에 들어가 마지막 인사를
나누고 서로 마주보고 통곡하여 다들 목이 쉰 뒤에 길을 떠났
다오. 자공은 스승의 무덤가로 돌아와 여막을 다시 짓고 홀로 3
년을 더 머문 다음 돌아갔소. 훗날 자하와 자장, 자유가 유약의
경지가 '성인과 가깝다'[262]며 공자를 모시듯 그를 섬기자고 증
자에게 강권한 적이 있었지요. 하나 증자는 '그럴 수 없다. 선생
님의 덕은 장강과 한수로 씻은 듯, 가을볕에 쬔 듯 희디희나니

262 似聖人(사성인): 여기 '聖人'은 공자이므로 유약이 '공자와 닮았다'는 뜻이다. 보통 유약
의 외모가 공자와 닮았다고 보는데, 유약의 얼굴을 공자와 비슷하게 그린 초상화의 전통
이 있었다(『용재수필』, 〈칠십이현화상七十二賢畫像〉). 그러나 『예기』, 「단궁」에 기록하길 "공자
께서 '관직을 떠나면 빨리 가난해지는 게 낫고, 죽으면 빨리 썩는 게 낫다'라고 말씀하셨
다는 증삼의 말을 듣고 유약이 한 번은 '군자의 말이 아니다'라고 했나가 노 한 번은 '선
생님께서 뭔가 뜻이 있어서 하신 말씀이겠지'라고 했다. 이에 자유가 '매우 닮았구나! 유
자의 말이 선생님과 매우 닮았구나'라고 했다. 이 기록을 감안하면, 유약이 다다른 경지
가 공자(성인)에 가깝다는 말로 봐야 할 것 같다."(『용재수필』, 「유약有若」 참고) 따라서 '似聖
人'은 공자의 모습과 닮았다는 뜻이 아니라 유약의 경지가 공자에 가깝다고 보는 것이 옳
겠다. 유약은 '효제孝弟가 인仁의 근본'(『논어』, 1:2)임을 알았고, 또 군주에게 철법徹法을
권한 것(『논어』, 12:9) 등을 볼 때 수기와 치인 양면에서 공자의 학술을 계승했다고 할 만하
다. 이에 '유약이 성인에 가깝다'로 번역하였다. 맹자의 증언은 증삼과 유약 사이에 공자
를 계승하는 정통을 두고 치열한 경쟁이 있었음을 추론케 한다.

그분을 대신할 이는 없다'라며 거절했소.

지금 남방 오랑캐로 때까치 소리를 내는 자가 선왕의 도를 비난하는데도 그대들은 스승을 배신하고 더욱이 그에게 배우기까지 하다니 역시 증자와는 다르군요. 나는 '깊은 골짜기에서 나와 높은 나무 위로 옮겨 간다'²⁶³는 말은 들어봤으나 높은 나무에서 내려와 깊은 골짜기로 옮겨 간다는 말은 들어본 적이 없소이다. 『시경』, 「노송」에 '서방과 북방의 오랑캐를 응징하고, 남방과 동방의 오랑캐를 징벌한다'²⁶⁴라고 노래했으니 주공조차 오랑캐를 응징했음을 알 수 있거늘, 당신네는 그들에게 배우기까지 하다니 역시 좋은 쪽으로 변한 것이 아니외다!"

해설

이 절은 진상 형제에 대한 맹자의 맹렬한 비난이다. 남방 초나라에서 몸을 일으켜 '북방의 학문(北學)', 곧 정통 학문인 유교를 공부한 진량을 스승으로 삼아 배워놓고 시대착오적인 신농학파에게 솔깃하여 유교를 저버린 진상 형제를, 공자의 제자들이 보였던 충심과 비교하여 강

---

263 『시경』, 「소아」, '벌목伐木'에 "나무하는 소리 쩡쩡, 새소리는 앵앵, 으늑한 골짜기에서 나와서 높은 나무 위로 옮겨가네伐木丁丁, 鳥鳴嚶嚶, 出於幽谷, 遷於喬木"라고 하였다.

264 융적戎狄은 서방과 북방의 이민족. 형서荊舒는 남쪽과 동쪽의 이민족. 따라서 동서남북의 사이四夷를 통칭한다.

하게 비판하는 대목이다. 조선 후기 중상주의를 주장한 박제가 일파를 북학파北學派로 칭하는 표현이 여기서 나왔거니와, 맹자는 '사상적 낭만주의'를 미래 가치로 오인하고 변절한 진상 형제를 호되게 나무라고 있다.

1. 자공

맹자가 진상의 배신을 비난하는 와중에 유독 자공이 스승의 장례를 6년이나 치렀다는 내용이 눈길을 끈다. 육년상이라! 부모 장례를 삼년상으로 하자는데도 공자의 제자들 중에 반대하는 목소리가 있었다 (『논어』, 17:21). 그런데 스승의 장례를 3년에, 또 3년을 더하여 치렀다니 공자에 대한 자공의 추념은 놀라운 데가 있다. 더욱 놀랍게도 자공은 장사꾼 출신으로 당대에 거부巨富가 된 사람이다. 오늘날 표현으로 하자면 세계 최고의 '재벌'이었다. 이는 사마천이 전하는 말이다.

> 자공은 중니에게서 배움을 얻고 난 다음 고국인 위나라에서 벼슬을 살았다. 조나라와 노나라 사이에서 물자를 축적하기도 하고, 때를 기다려 팔기도 하면서 재산을 모았다. 공자의 70여 제자들 가운데 자공이 가장 부유하였다. 다른 제자 원헌原憲이 지게미(조강糟糠)를 먹으면서 달동네에 숨어 살았다면, 자공은 네 마리 말이 끄는 수레를 타고, 수행원들을 거느리고 비단을 폐백으로 삼아 제후들과 교제했다. 이르는 나라마다 임금이 뜰로 내려와 그와 대등한 예(항례抗禮)를 행하지 않는 자가 없었다.
> _『사기』, 「화식열전貨殖列傳」

흥미롭게도 자공은 현대 경제학의 기초를 이해하고 있었다.

> 자공이 공자에게 여쭈었다.
> "군자가 옥玉을 귀중하게 여기고 옥돌(珉)을 천하게 여기는 까닭은 무엇 때문입니까? 옥은 적고, 옥돌은 많기 때문입니까?"
> _『순자』, 「법행法行」

옥은 희소하기 때문에 가격이 높고, 옥돌은 흔하기 때문에 낮은 가격으로 거래된다는 인식은 현대 경제학의 기초인 '희소성 원리'에 부합한다. 이렇게 재화의 운용 원리를 체득하고 있었기에 그는 대상인으로서 부유한 살림을 꾸릴 수 있었고, 또 그 재산을 바탕으로 공자의 이름을 세상에 널리 드높일 수 있었다.[265] 따로 맹자가 스승에 대한 자공의 숭앙심을 서술한 대목이 있다.

> (공자를 일러) 자공은 '한 나라의 예법을 보면 그 나라의 정사를 알았고, 한 나라의 풍악을 들으면 그 나라의 덕을 아셨다. 내가 100세대 뒤에서 100대의 제왕들을 평가해보니 누구도 이 원칙에서 벗어나지 않았다. 세상에 인류가 생겨난 이래 선생님 같은 분은 없었다'라고 했다.
> _3:2

---

265 사마천은 "무릇 공자의 이름이 천하에 널리 떨쳐지게 된 것은 자공이 보좌하며 따라다녔기 때문이다. 이것이야말로 '세력을 얻으면 더욱더 세상에 드러나는' 사람이 아니겠는가"(『사기』, 「화식열전」)라며 공자의 학술이 전승되는 데 기여한 자공의 공을 기렸다.

맹자, 마음의 정치학 1

제자의 입에서 "세상에 인류가 생겨난 이래 선생님 같은 분은 없었다"라는 찬탄이 터져 나올 정도가 아니고서야 스승의 장례를 6년씩이나 치를 수는 없을 것이다. 그러나 제자도 제자 나름! 스승의 눈에 들려고 아부나 일삼고, 벼슬이나 한 자리 할 생각으로 윗사람에게 알랑대는 자들이 어디 한둘인가? 그걸 염려해선지 맹자는 자공이 스승을 찬송하는 말을 인용하기 전에 "재아·자공·유약은 다들 그 지혜가 성인을 알아볼 만했고, 불민하다 해도 자기가 좋아하는 사람이라고 아부할 이들은 아니다"(3:2)라고 선을 그어두었다. 맹자 역시 자공의 칭탄에 백 번 동감한다는 뜻이다. 하긴 맹자도 공자를 '사숙私淑하노라'고, 즉 슬하에서 직접 가르침을 얻지 못하고 간접적으로 책이나 전언을 통해 배웠어도 마음으로 사모한다고 했으니 수긍할 만하다(8:22). 여하튼 장사꾼 출신인 자공이 공자에게 경복한 사실은 놀랄 만한 일인데, 지금도 중국 산동성 곡부曲阜에는 공자의 묘소가 보존되어 있거니와 그 앞에는 자공이 6년간 시묘를 살던 곳이라며 기념관이 서 있다.

2. 용하변이

한편 맹자는 용하변이用夏變夷라는 개념으로써 '유교=문명' 대 '신농학파=야만'의 양분법을 제시하고 있다. 용하변이는 '중국의 문명을 배워서 야만을 개화시킨다'는 말인데, 전통적으로 동아시아에서 문명 이론의 틀이 된 개념이다. 다만 여기 '하夏=중화'는 인종적 차원의 자민족중심주의ethno-centralism가 아니라, 문화적 차원의 개념이란 사실에 유의해야 한다. 맹자가 인종적 차원의 자민족중심주의를 배척한 사실은 저 뒤에 "순임금은…… 동이東夷 사람이다. 문왕은…… 서이西夷 사람이다"(8:1)라고 했던 데서 명백하게 알 수 있다.

용하변이는 훗날 화이론華夷論으로 발전한다. 화이론은 17세기 후반 동아시아 전역에서, 예컨대 베트남과 일본, 조선에서 갑자기 등장하여 자기 민족 문화가 중심이라고 강조하던 정치 이념이다. 정치적으로는 여진족의 중원 정복이, 이론적으로는 이 용하변이라는 개념이 결정적 계기가 되었다.[266] 명나라가 망하고 청나라가 일어선 뒤에 나타난 조선의 소중화론小中華論, 곧 '조선이 중화 문명을 계승한다'는 문명주의 이론이 대표적인 사례다. 또 용하변이는 특별히 연암 박지원의 세계관의 얼개가 되기도 했다.

박지원이 저술한 『열하일기』는 일종의 국제정치론이기도 한데, 이 책에서는 문명적 차원의 화이론이 특별히 중시된다.[267] 박지원은 동북 오랑캐 출신인 청나라 황제들에게도 유교 문명을 창도할 기회가 제공된다고 보았다. 마치 옛날 서쪽 오랑캐인 주나라 무왕이 은나라 현자 기자箕子에게 '문명의 길'을 물어 그것으로 문명 세계를 건설한 것처럼, 당시 동북 오랑캐인 여진족 출신 군주(청나라 건국자들)도 문명천하를 너끈히 건설할 수 있다고 강조한다. 몽골족의 원나라든, 여진족의 청나라든 스스로 '용하변이의 길'을 선택하기만 한다면 말이다. 당시 건륭제의 청나

---

266 조선시대 화이론의 의미와 갈등에 대해서는 배우성, 『조선과 중화』, 돌베개, 2014 참고.

267 예컨대 『열하일기』, 「문승상사당기文丞相祠堂記」. 상세한 내용은 배병삼, 「국제정치 사상가로서의 연암 박지원 연구」, 『한국정치외교사논총 29』, 제2호, 한국정치외교사학회, 2008 참고.

라는 '오랑캐'라고는 하지만 중국의 전통 문명을 계승하고 부흥하였는
데, 외려 조선은 소중화 사상과 북벌론을 외치지만 실제로는 야만에 지
나지 않는다고 맹렬하게 통박하였다. 그의 비판은 조선인의 좁은 시야를
드러내고 각성하는 데 집중된다.[268] 나아가 '야만의 땅'인 조선으로서는
중국의 문명과 기술을 학습하는 북학이 긴요하다고 역설한다. 박지원이
제시하는 조선의 국제적 생존 전략에는 맹자의 용하변이론이 결정적 영
향을 미쳤다.

5:4-4. 시장이란 무엇인가

"從許子之道, 則市賈[269]不貳[270], 國中無僞[271]; 雖使五尺之童[272]適市[273], 莫之

---

268 조선의 갓과 도포를 여진족의 변발과 치파오에 견줘 은주시대부터 전래된 정통 복식으
로 자부하던 허위의식이 깨지는 장면을 박지원은 이렇게 포착한다. "우리나라 도포와 갓
과 띠는 중국의 승복과 흡사하다. 중국의 한 상점에 들어갔더니 수십 명이 둘러서서 우리
가 입은 베 도포를 만든 제도를 자세히 구경하다가 매우 의아하게 여기면서 '거지 중(걸
승乞僧)'괴 비슷하디고 조롱하는 것이다."(박지원, 민족문화추진회 편, 『국역 열하일기』, 민족문
화추진회, 1990)

269 賈(가): 값. '價(가)'와 같다.

270 貳(이): 둘. '二(이)'와 같다.

271 無僞(무위): 거짓이 없음. '僞'는 거짓. 맹자는 밑에서 이 단어를 꼬투리 삼아 외려 신농학
파는 "서로 거짓을 행하는 자相率爲僞者"라고 비판한다.

272 五尺之童(오척지동): 어린아이. 훗날의 삼척동자三尺童子와 같다. 시대마다 '尺'의 크기가
다름을 알겠다.

273 適市(적시): 시장에 가다. '適'은 가다.

或欺. 布帛²⁷⁴長短同, 則賈相若; 麻縷絲絮²⁷⁵輕重同, 則賈相若; 五穀多寡同, 則賈相若; 屨²⁷⁶大小同, 則賈相若."

曰, "夫物之不齊, 物之情也; 或相倍蓰²⁷⁷, 或相什伯²⁷⁸, 或相千萬. 子比²⁷⁹而同之, 是亂天下也. 巨屨小屨同賈, 人豈爲之哉? 從許子之道, 相率²⁸⁰而爲僞者也, 惡²⁸¹能治國家!"

진상이 말했다.

"허행의 도를 따르면 시장 가격이 고정되어²⁸² 나라 안에 거짓이 사라지게 됩니다. 비록 오척동자가 시장에 가더라도 누구도 속일 수 없습니다. 베든 명주든 길이가 같으면 가격이 같습니다. 삼실·명주실·실타래·솜도 무게가 같으면 가격은 동일합니다. 기장·수수·조·보리·콩 등 오곡도 되가 같으면 값이 같고, 신발 역시 크기에 따라 값이 같으니까요."

맹자가 말했다.

---

274 布帛(포백): '布'는 베. '帛'은 비단(명주).

275 麻縷絲絮(마루사서): '麻'는 삼베. '縷'는 명주실. '絲'는 실타래. '絮'는 솜.

276 屨(구): 신발.

277 倍蓰(배사): '倍'는 갑절. '蓰'는 다섯 곱절.

278 什伯(십백): '什'은 '十(십)'과 같다. '伯'은 '百(백)'과 같다.

279 比(비): 나란히 하다.

280 相率(상솔): 잇달아, 서로 경쟁하듯.

281 惡(오): 어찌.

282 市賈不貳(시가불이): 시장 가격이 고정되다. '不貳'는 둘이 아니라는 말인데 신농학파의 말은 '가격을 고정해야 한다'는 뜻이기에 '고정되다'라고 번역하였다.

"대저 물건이란 균등하지 않은 것이 만물의 실제외다. 같은 물건이라도 두 배, 다섯 배 차이가 나며, 어떤 것은 열 배, 백 배 차이가 나기도 하지요. 혹은 천 배, 만 배나 다르기도 한 법. 그대는 이것들을 모두 같은 값으로 만들겠다[283]는 것인데, 이거야말로 천하를 어지럽히는[284] 짓이외다. 거칠게 짠 신발과 곱게 짠 신발[285]에 같은 가격을 매긴다면, 누가 고운 신발을 만들려 하겠소? 허행의 도를 따르면 서로 경쟁하듯 거짓을 행할 것인데[286] 어떻게 국가를 다스릴 수 있겠는가!"

---

283 比而同之(비이동지): '比同'은 다른 것을 동일하게 만든다는 뜻이다. 신농학파의 콤플렉스가 '同'으로 상징된다. 반면 유가의 특징은 화이부동에 있다. 서로 상반됨이 잘 드러난다.

284 亂天下(난천하): 여기 '亂天下'는 "요순의 걱정은 천하를 다스릴 만한 사람을 얻는 것"이랄 때의 '爲天下(위천하)'와 다르고 또 "요순이 천하를 다스리다"라고 할 때의 '治天下(치천하)'와도 대조된다. 밑에 "허행의 도를 따르면…… 어떻게 국가를 다스릴 수 있겠는가"의 '治國家(치국가)'와도 비교된다. 성왕의 여민 정치는 '治天下'인 반면, 허행의 여민 정치는 결국 '亂天下'로 귀결되니 '治國家'인들 어찌 가능하겠느냐는 통박이다.

285 巨屨小屨(거구소구): '巨屨'는 거칠게 짠 신발. '小屨'는 곱게 짠 신발.

286 相率爲僞者(상솔위위자): 서로가 경쟁하듯 거짓을 행하다. '爲僞者'는 거짓을 행하는 것. 앞서 진상이 맹자에게 "허행의 도를 따르면 시장 가격이 고정되어 나라 안에 거짓이 사라지게 됩니다(無僞)"라는 표현을 의식하고 맹자는 외려 '爲僞(거짓이 생겨남)'라는 표현을 의도적으로 썼다. 즉 맹자는 허행의 도를 시행하면 결국 백성과 함께 '거짓을 행하게 될 것(爲僞者)'이라고 반격하는 것이다.

신농학파(허행)의 문제의식(두려움의 정체)이 명확하게 드러난다. 시장이 초래하는 사회의 불안이 거짓(僞)과 속임(欺)이라는 두 단어에 압축되어 있다. 어린아이도 속일 수 없이 정직하고 '투명한 사회'가 허행의 꿈이다. 이 꿈을 해치는 곳이 시장(가격 조작)이고, 그 대책으로 시장 가격을 고정하자는 것이다. 물론 시장 자체가 없는 원시 공동체로 돌아가는 것이 최선이지만, 피치 못하게 시장을 용인한다면 고정가격제도를 통해 어린아이가 장을 보더라도 누구도 속이지 못하도록 하는 조치가 필요하다는 것.

고정가격제도를 시행하자는 것은 시장을 부정한다는 뜻이다. 거래와 상업 행위, 교환과 매매를 금지하고 국가 또는 권력이 품목마다 책정한 단일 고정가격에 따르자는 것이다. 신농학파에서 이런 반反시장주의를 주장한 까닭은 시장을 거짓과 사기의 온상으로 보았기 때문이다. "오척동자가 시장에 가더라도 누구도 속일 수 없습니다"라는 말에서 그들의 갈증을 헤아릴 수 있다. 즉 신농학파의 경제 사상인 고정가격제도, 반시장주의, 자급자족의 원리는 인간 문명이 비인간적으로 타락한 원인을 시장과 상인의 가격 조작에서 찾았다. 이에 대해 맹자는 물건의 질에 따른 가격 차이가 '상품'의 본질이며, 가격 변동이 시장의 특성임을 역설한다.

이 절에서 맹자는 유세객으로서의 면모를 발휘한다. "허행의 도를 따르면…… 나라 안에 거짓이 사라지게 됩니다"라는 진상의 주장을 "허행의 도를 따르면 서로 경쟁하듯 거짓을 행할 것"이라며 메어꽂는 말솜씨가 그렇다. 무위無僞를 위위爲僞로 낚아채어, 신농학파의 '거짓 없는 사회'라는 꿈이 실제로는 '거짓을 조장하는 사회'를 낳을 것이라고 통타한다. 저 앞에 묵가의 '교상리交相利'를 '교정리交征利'로 바꿔 돌려 치는 수법과 같다(1:1 해설 참고).

정리하자면 국중무위國中無僞라는 낭만주의적 회고 취향이 실제로는 상솔위위相率爲僞를 낳고 끝내 난천하亂天下, 즉 천하를 대혼란으로 이끌게 되리라는 것이 맹자의 결론이다. "어떻게 국가를 다스릴 수 있겠는가!"라는 끝 구절에는 신농학파가 꿈꾸는 여민이 몽상에 불과하며 실제는 려민으로 귀결하고 말 것이라는 맹자의 비아냥거림이 들어 있다(신농학파가 맹자의 여민을 려민이라 비꼰 것에 대한 복수로 읽을 수 있다는 뜻). 유럽 근대사에서 독일 낭만주의가 나치즘의 온상이 된 역사적 경험은 여기 신농학파의 좋은 의도가 나쁜 결과를 낳을 수 있다는 아이러니의 한 예증이다.[287]

1. 맹자의 시장옹호론

맹자는 품질에 따른 가격 차이는 필연적이며 그 가격은 시장의 작동 원리에 연동한다고 생각한다. 상품의 질에 따라 혹 수천 배까지 나는 가격 차이도 용인해야 하며, 수요와 공급의 불일치로 인한 가격 변동도 시장의 기본 속성으로 인정해야 한다. 시장이 있어야만 사회의 분업이 가능하고, 상품 교환을 위한 무역과 유통이 이루어지며, 이를 통해 인간 사회가 생명력을 얻기 때문이다. 곧 시장 제도는 인간을 인간답게 만

287　이사야 벌린, 강유원·나현영 옮김, 『낭만주의의 뿌리』, 이제이북스, 2005 참고.

드는, 문명의 본질에 속하는 것이다. 맹자는 시장을 문명의 핵심 요소로서 수긍하고, 인민의 이익 추구 행위도 당연한 것으로 받아들였다.

만일 상인들의 가격 농간이 싫다며 고정가격제도를 취한다면, 도리어 질이 떨어지는 물건만 유통되는 더 큰 문제에 봉착할 것이다. "거칠게 짠 신발과 곱게 짠 신발에 같은 가격을 매긴다면, 누가 고운 신발을 만들려 하겠소?"라는 맹자의 지적에 그런 뜻이 들어 있다. 맹자는 신농학파의 시대착오적인 고정가격제는 사회를 대란으로 이끌어 평천하는 물론이고 치국조차 불가능하게 할 것이라고 직격한다.

그렇다면 상인의 농간, 폭리와 독점, 나아가 시장의 전사회적 범람(하필왈리의 세계)조차 용인되어야 하는가? 아니다. 맹자가 이것조차 용납하는 것은 아니다. 앞의 '농단의 고사'에서 지적했듯 국가의 존재 이유, 정치의 시장 개입이 필요한 이유다(4:10). 국가는 이익 추구의 마당이 시장을 넘어 사회 영역으로 범람할 때 시장에 개입하여 독점과 공적 영역의 사유화를 봉쇄해야 한다. 요컨대 맹자는 그 위험성을 충분히 인식하면서도 시장을 문명 제도의 핵심 요소로서 수긍하고, 인민의 상업 활동을 당연한 것으로 여겨 권장하기까지 하였던 터다.[288]

---

288 근대 경제학을 연 애덤 스미스는 맹자의 편을 들 것 같다. "유무상통有無相通하고, 물물교환하고, 상호 교역하려는 성향이 없다면 모든 사람은 자기가 필요한 필수품과 편의품을 스스로 조달해야 한다. 모든 사람은 동일한 책임을 져야 하고 동일한 작업을 수행해야 한다. 그렇게 되면 각자의 재능에 큰 차이를 만드는 직업상의 차이도 존재할 수 없다."(애덤 스미스, 김수행 옮김, 『국부론』, 비봉출판사, 2007)

2. 신농학파의 반론

그렇다고 맹자의 시장론을 호락호락 수긍할 신농학파는 아닐 것이다. 허행은 시장과 가격 변동을 허용한 다음에는 누구의 브레이크도 작동하지 않을 것이라 예측한다. 맹자는 '농단의 고사'를 통해 상인의 폭리 추구와 독점의 폐해를 해소하고자 시장에 정치(권력)가 개입할 것을 요청했지만, 한번 허용한 이기심은 무한정 발휘되어 결코 막을 수 없으리라는 것이 신농학파가 품은 비관주의였다. 그 방증을 『장자』에서 엿볼 수 있다. 잘 알려진 기심機心의 우화다.

공자의 제자 자공이 남방에서 유세를 마치고 진晉나라로 돌아오는 길에 밭에서 일하고 있는 농부를 만났다. 농부는 우물에서 옹기 두레박으로 물을 퍼서 드나들고 있었다. 자공이 농부에게 묻는다. "용두레(물 푸는 기구)를 사용하면 하루에 100두렁의 밭에 물을 줄 수 있습니다. 힘은 적게 들고 효과는 클 터인데 왜 기계를 쓰려고 하지 않는지요?" 다음은 농부의 답변이다.

> 기계가 있으면 반드시 기계를 일로 삼게 되고, 기계를 일로 삼으면 기계의 마음을 갖게 되고, 기계의 마음이 가슴에 가득 차면 원래의 순박한 마음은 흩어져버리오. 순박한 마음이 사라지면 영혼은 들뜨고, 영혼이 들뜨면 도道가 깃들 곳이 없소. 내가 기술을 쓸 줄 몰라서가 아니라 두려워서 쓰지 않는 것이라오.
>
> _『장자』, 「천지天地」

편리를 추구하는 '기계의 마음(機心)'에 영혼을 빼앗기면, 결국 인간이 황폐화될 것이라는 경고다. 원시 공동체의 '오리지널' 여민 정치를 주장하며 시장을 부정하는 신농학파는 여기까지 내다보고 있었을 것이다. 이것이 옛날이야기만은 아니다. 현대 인류학자의 보고에서도 같은 주장을 만난다. 피에르 클라스트르는 남아메리카 원시 부족에 대한 보고에서 "그들은 의식적으로 시장을 거부하였다"라고 썼다.

> 원시 사회는 경제적인 면(자급자족의 이상)에 있어서나 정치적인 면
> (독립성에의 의지)에 있어서나 부단히 교환의 필요성을 최소화하려는
> 전략을 발전시킨다. 원시 사회는 교환을 위한 사회이기는커녕 교환
> 에 반대하는 사회인 것이다.[289]

신농학파의 고집, 장자의 예견, 그리고 현대 인류학자의 보고는 맹자의 시장론에 대한 비판이면서 오늘날 현대 사회가 봉착한 위기, 예컨대 유전공학과 로봇공학 기술로 정체성을 잃어가는 인간다움, 화폐의 노예가 된 자본 시장, 관료제의 포로가 된 정치 세계 등에 대한 경고로도 이해할 수 있다.

여기서 신농학파가 가진 염려의 보편성을 인정하지 않을 수 없다. 나아가 맹자의 논쟁 상대가 유치하거나 호락호락한 사상가가 아님도 인정해야 한다. 이 장을 통해 맹자의 '지금 여기'의 현실주의, 분업과 제도의

289　피에르 클라스트르, 『폭력의 고고학』, 285~286쪽.

필요성과 더불어 신농학파가 끝까지 보존하려 애썼던 인간의 자율성과 공동체의 독립을 추억해야 하리라. 원시 공동체의 독립성과 평화, 자급자족에 대한 그리움은 전국시대를 살던 사람들에게도 감동으로 와닿았던 것이 분명하다. 유가에 몸이 익었던 진상과 진신 형제가 그동안 배운 것을 모두 내버리고, 허행을 만나자마자 신농의 세계로 '변절한' 데에는 그만한 내력이 있었기 때문이리라.

그러면 맹자는 신농학파가 제기한 질문, 즉 시장경제가 초래할 인간 소외 현상과 기술 분업이 가져올 물신주의를 극복할 수 있을까? 동어반복일지 모르나 맹자는 여민 정치의 시의적절한 해석을, 즉 참여와 대화, 소통의 정치를 그 해답으로 내놓지 않았을까?

3. 평가

요약해보자. 신농학파 허행과 맹자의 논전은 좋은 국가란 무엇인가, 곧 '여민이란 무엇인가?'라는 문제를 둘러싸고 벌어졌다. 등문공의 정치를 두고 '여민이 아니라 려민 아닌가?'라고 공격한 허행의 질문과 신농학파의 여민이야말로 시대착오적인 것으로 결국 인민의 삶을 거짓의 세상으로 타락시킬 '려민'이리는 맹지의 비편이 대결힌다.

신농학파의 여민론이 거꾸로 '려민'을 초래하는 까닭은 첫째, 사회 분화와 직능 분업, 기술의 전문화를 거부하였기 때문이다. 비현실적 낭만주의, 즉 시대착오가 가장 큰 잘못이다. 둘째, 시장을 이해하지 못했기 때문이다. 교환과 가격 조절 기능을 통해 시장은 사람과 물류를 통하게 하고 필요를 충족하는 계기를 제공한다. 신농학파는 교역을 이익을 위한 수탈로만 이해한다. 물론 시장 기능이 남용될 때 폭리와 독점의 악폐가 발생한다. 그 방지책이 정치다. 다른 한편 지금 그들의 생활이 교환과 시장에 의지하고 있다는 점에서 신농학파의 주장은 이율배반적이기도 하다. 셋째 신농학파는 정치가 무엇인지를 바로 알지 못한다. 정치는 사회 분화와 직능 분업, 기술의 전문화로 인한 원심력을 억제하여 하나의 사회로 통합하는 구심력을 발휘한다. 각 분야 사이의 갈등을 억제하고, 욕망을 조절하여 유기적이고 조화로운 사회를 만드는 전문 기술이 정치다. 퇴행적인 미분화 사회에 대한 추억으로는 이미 분화되고 전문화된 문명사회의 문제를 제대로 해결할 수 없다.

좋은 국가란 각 분야가 자율적이되 상호 존중하며 조화롭게 공존하는 나라다. 여기서는 특정한 분야가 다른 분야를 침범하지 않도록 조절하는 정치의 기능이 특별히 중시된다(공자의 화이부동이 이 뜻이다). 반면 신농학파의 방식으로 여민을 문자 그대로 공동 생활로 읽는다면 시장 가격이든 정치 제도든 뜯어서 동질화하려 들다가 인간을 해치고 말 것이다. 논쟁을 마치면서 맹자가 '허행식 여민을 따르면 서로를 거짓된 세계로 몰아갈 터인데, 어찌 그런 여민으로 국가를 다스릴 수 있을쏘냐!'라고 쏘아붙인 반격에 그런 뜻이 들어 있다. 요컨대 '날더러 려민이라더니, 진짜 려민은 허행의 주장이 아니냐!'라는 카운터펀치가 되겠다. 추측건대 맹자는 이 자리에서 『중용』의 경고를 진상에게 발할 터였다.

> 오늘날 세상에 살면서 옛날 방식으로 돌아가려 하는구나. 이런 생각을 행하려는 자에겐 재앙이 그 몸에 미치고 말리라.[290]

흥미롭게도 여기 '고정가격제(等價制)'에 대한 비판과 앞서 나온 '고정 세액제(貢法)'에 대한 거부감, 묵가의 '고정 언어관(『묵경』)'에 대한 비난은 서로 긴밀하게 연결된다. 맹자는 이 세 가지가 그 자체로 허망할 뿐만 아니라 고정하려는 의도에 주체(권력자)의 이익과 편리에 대한 욕망이 깔려 있다고 보았다.

고정, 정액, 정가라는 말의 '정定'에는 권력자의 자기 이익이 삼투되어 있다. 반면 맹자의 여민 정치는 가격의 변동성, 물류의 이동성, 쌍방의 호혜성을 원칙으로 한다. 고정성과 동일성 추구는 그 자체로 일방적이기 때문에 여민 정신을 훼손한다. 맹자는 세금을 고정하고, 언어를 고정하며, 가격을 고정하는 행위는 결국 실패할 수밖에 없다고 확신한다. 고정은 상대방이 부재하며, 권력자의 일방적 조치이기 때문에 문제를 해결하기보다는 더 꼬이게 할 뿐이다(다음 장엔 또 다른 경쟁 사상인 묵가와의 다툼이 그려진다).

---

290 生乎今之世, 反古之道. 如此者, 災及其身者也(『중용』, 제28장).

墨者夷之²⁹¹因²⁹²徐辟²⁹³而求見孟子. 孟子曰, "吾固願見, 今吾尙²⁹⁴病, 病愈²⁹⁵, 我且往見, 夷子不來!"

他日, 又求見孟子. 孟子曰, "吾今則可以見矣. 不直²⁹⁶, 則道不見²⁹⁷; 我且直之. 吾聞夷子墨者, 墨之治喪也, 以薄爲其道也; 夷子思以易²⁹⁸天下, 豈以爲非是²⁹⁹而不貴也; 然而³⁰⁰夷子葬其親厚, 則是以所賤事親也."

徐子以告夷子.

夷子曰, "儒者之道, 古之人若保赤子, 此言何謂也? 之則以爲愛無差等, 施由親始."

徐子以告孟子.

孟子曰, "夫夷子信³⁰¹以爲人之親其兄之子爲若親其隣之赤子乎? 彼有取爾也. 赤子匍匐³⁰²將入井, 非赤子之罪也. 且³⁰³天之生物也, 使之一本, 而夷子

---

291 夷之(이지): 묵가의 일원.
292 因(인): ~을 통해.
293 徐辟(서벽): 맹자의 제자.
294 尙(상): 아직도.
295 愈(유): 낫다.
296 直(직): "말을 다해 서로 바로잡는 것이다盡言以相正也."(주희)
297 見(현): 드러나다. '現(현)'과 같다.
298 易(역): 바꾸다.
299 豈以爲非是(기이위비시): 어찌 이것(묵자)을 잘못이라고 여겨서.
300 然而(연이): 그런데.
301 信(신): 정말로.
302 匍匐(포복): 기어가다.

二本故也.

蓋[304]上世[305]嘗有不葬其親者. 其親死, 則擧而委[306]之於壑. 他日過之, 狐狸[307]食之, 蠅蚋姑嘬[308]之. 其顙[309]有泚[310], 睨[311]而不視. 夫泚也, 非爲人泚. 中心達於面目, 蓋歸反虆梩[312]而掩[313]之. 掩之誠是[314]也, 則孝子仁人之掩其親, 亦必有道矣."

徐子以告夷子. 夷子憮然[315]爲間曰, "命之[316]矣."

묵가를 신봉하는 이지가 서벽을 통해 맹자를 만나보고자 했다.
맹자, 말씀하시다.

"나도 정말 만나보고 싶다만 지금은 병중이다. 병이 나으면 장차 내가 찾아가겠으니 이자[317]는 오지 말라."

303　且(차): 게다가.

304　蓋(개): 아마도.

305　上世(상세): 먼 옛날.

306　委(위): 버리다.

307　狐狸(호리): '狐'는 여우. '狸'는 삵(살쾡이).

308　蠅蚋姑嘬(승예고최): '蠅'은 파리. '蚋'는 모기. '姑'는 빨다. '嘬'는 물다.

309　顙(사): 이마

310　泚(체): 땀이 흥건하다.

311　睨(예): 흘겨보다.

312　虆梩(라리): '虆'는 들것. '梩'는 삼태기.

313　掩(엄): 가리다.

314　誠是(성시): 정말로 옳다.

315　憮然(무연): 겸연쩍어하는 표정. '멍하니'라고 번역하였다.

316　之(지): 이자의 이름. '나'라고 번역하였다.

317　夷子(이자): '夷之(이지)'의 존칭.

다른 날 또 그가 맹자를 만나보고자 했다.

맹자, 말씀하시다.

"이제는 내가 만날 수 있겠다. 말을 다하여 바로잡지 않으면, 도가 드러나지 않을 테니 이제 진솔하게 말하리라. 내 듣건대 이자는 묵가라던데, 묵가의 장례는 박장을 법도로 삼는다더군. 이자는 천하를 바꾸겠노라고 생각하는 사람인데, 어찌 묵자를 잘못이라며 귀중하게 여기지 않겠는가. 그런데 이자는 자기 부모 장례를 후하게 치렀으니, 결국 천한 것으로 부모를 섬긴 꼴이 되었구나."

서자[318]가 이자에게 말씀을 전했다.

이자가 말했다.

"유자의 도에 약보적자라는 말이 있던데, 이는 옛사람들은 '백성을 갓난아기 보호하듯 한다'[319]라는 뜻이 아닌가요? 나는 이 말이 사랑[320]에는 차등이 없으나 베풀기는 부모로부터 시작한다는 뜻이라고 봅니다만."

서자가 맹자에게 이 말을 전했다.

맹자, 말씀하시다.

---

318 徐子(서자): '徐辟(서벽)'을 이른다.

319 若保赤子(약보적자): '赤子'는 갓난아기. 『서경』, 「주서」, '강고'(해설을 볼 것).

320 愛(애): 묵가의 '愛'는 겸애兼愛니 기독교의 박애와 가깝다. 이에 '사랑'으로 번역했다. 유교의 '愛'는 차등애이므로 사랑이라고 마구 번역할 수 없다. 유교의 '愛'는 '아끼다'라는 뜻(13:45 참고).

　　　　　　　　　　맹자, 마음의 정치학 1

"저 이자는 정말로 사람들이 제 조카를 친애하는 것과 이웃집 아이를 친애하는 것을 똑같이 여긴다고 생각하는가? 저 약보 적자라는 말은 그런 뜻이 아니라[321] 젖먹이가 기어가다가 우물에 빠지는 것은 그 아이의 허물이 아니라는 말이다. 게다가 하늘이 생물을 낳을 때는 근본을 하나로 하였는데, 이자는 근본을 둘[322]로 보기에 저렇게 헷갈리고 있는 것이다.

아마 먼 옛날에는 부모의 장례가 없었을 테다. 부모가 죽으면 곧 주검을 들어다가 구덩이에 던져버렸을 것이다. 언젠가 구덩이 곁을 지나가다가 여우와 살쾡이가 시신을 파먹고 파리와 모기가 빨아먹고 있는 모습을 본 사람이 있었다. 문득 그의 이마에선 땀이 솟고 눈으로 흘겨서 볼 뿐 그것을 똑바로 쳐다보지 못했다. 이마에 난 땀은 남이 보라고[323] 흐른 것이 아니라 한마음에서 우러나 낯과 눈에 드러난 것이다[324]. 아마 그는 집으로 돌아가 들것과 삼태기에 흙을 담아와 주검을 덮었으리라. 주검을 덮는 것이 정말 옳은 일이라면 효자와 인인仁人이 부모의 주검을 덮는 데는 반드시 올바른 방식이 있을 것이다."

서사가 이자에게 이 말을 전했다. 이자는 한동안 멍하니 머뭇거

---

321 彼有取爾也(피유취이야): 저 말은 그런 뜻이 아니다. 저 말은 따로 취하는 뜻이 있다는 것.

322 二本(이본): 묵가를 따라 박장을 옹호하면서 막상 제 부모에게는 후장으로 치른 괴리를 말한다. 이지의 마음(心)과 생각(智)이 모순된 것이 '二本'이 된다(해설을 볼 것).

323 爲人(위인): 남을 의식하여 행하는 것이니 '남이 보라고'라고 번역했다.

324 中心達於面目(중심달어면목): 본심本心이 얼굴과 표정에 드러난다는 것.

린 다음 말했다.

"나를 깨우쳐주셨도다."

묵가인 이지夷之는 맹자에게 무엇을 배웠기에 "나를 깨우쳐주셨도다"라며 무릎을 꿇은 것일까? 혹 맹자 쪽의 왜곡은 아닐까? 아니다. 첫째는 불편해하고 불안해하던 이지의 속마음을 맹자가 열어서 보여주었기 때문이다. 묵가에는 계산하는 머리는 있을지언정 마음이 없다. 앞서 해설했듯 흔들리는 마음에 사회를 정초할 수 없다고 여겨 언어를 사회의 기초로 삼은 것이 묵가였다. 반면 맹자는 언어·문자와 정치·사회가 마음에서 발출한다고 인식했다(3:2). 그러므로 사람을 알려면 말을 알아야 하고, 말을 알려면 마음을 알아야 한다. 둘째는 겸애설의 허구성을 깨달았기 때문이다. 내 조카에 대한 사랑과 또래인 앞집 아이에 대한 사랑이 같을 수 없다는 것. 차등애가 사랑의 현실이라는 사실을 이지는 이해한 것이다.

1. 박장 대 후장

이지의 불안은 장례를 검소하게 치러야 한다는 묵가의 이론과 자기 어버이의 장례를 넉넉하게 치른 실제 사이의 괴리에서 비롯하였다. 묵가에서는 박장薄葬을 주장하며 유교의 삼년상을 후장厚葬으로, 즉 허레허식으로 비난한다. 묵가가 유교의 장례법을 비판한 것은 첫째, 그것이 누구에게나 어디서나 통용되는 보편 법칙이 아니라는 점이다. 이를테면 서역 지방에는 시신을 새가 뜯어먹도록 방치하는 조장鳥葬 풍속이 있고, 섬 지방에는 시신의 살을 바람에 썩힌 다음 뼈만 추려 돌로 다시 쌓는 풍장風葬도 존재한다. 유교식 후장은 중국의 중원 지방에서 관습으로 정착한 것일 뿐 보편적이거나 절대적인 것이 아니다. 즉 특정 지역, 특정 학파의, 특수한 풍속일 뿐이다. 묵가의 유교 장례 비판은 오늘날의 눈으로 해석하자면 인류학적 관점 혹은 사회과학적 방법론에 기초한다.

둘째, 죽은 자의 장송에 물질을 지나치게 소모하면 산 사람들의 생계가 어렵다는, 간단하면서도 중요한 경제적 문제 때문이다.

> 세 치 두께의 관으로도 넉넉히 시신을 담을 수 있고, 수의 세 벌로도 추한 것을 넉넉히 가릴 수 있다. 시신을 매장함에는 밑으로는 물에 닿지 않고, 위로는 썩는 냄새가 나지 않을 정도면 되고, 봉분은 세 사람이 나란히 밭을 갈 정도의 너비에서 그친다. 매장하고 나면 산 사람들은 절대 오래 곡하지 말고, 곧바로 생업에 종사하도록 한다.
>
> **『묵자』, 「절장 하」**

이처럼 묵가는 박장의 이유로 단연 경제적 효율성, 즉 이익(利)을 든다. "의식衣食은 산 사람의 삶에 이로워야 한다. 그래서 먹는 것을 절제하고 마시는 것을 억제한다. 그렇듯이 장례식과 매장은 사람의 죽음에 이로워야 한다. 그렇다면 어찌하여 장례식과 매장만은 절약하지 말아야 할 쏜가?"[325] 생존하기 위해 산 사람이 먹고 입는 것도 절약하는 판에 죽은 자를 치송하는 장례야 절약이 당연하다는 것. 실제로 도탄에 빠진 전국 시대의 서민들에게 박장이나 절장節葬은 호소력이 있었다. 묵자의 박장 론은 일종의 개혁 조치로, 당시 사람들에게 광범한 호응을 얻었다(등문공 이 삼년상을 결정했을 때 조야를 막론하고 강한 저항에 직면했던 5:2 참고). 흥미롭 게도 묵자에 비판적인 장자 역시 장례법만은 박장에 호의를 표했고, 본 인의 죽음을 앞두고도 유교식 장례법을 조롱하는 어록을 남기기도 했다.

장자가 죽게 되었을 때, 제자들이 장례를 후하게 치르고 싶다고 했 다. 장자가 말했다.

"내게는 하늘과 땅이 관과 곽이요, 해와 달이 한 쌍 옥이요, 별과 별 자리가 둥근 구슬 모난 구슬이요, 온갖 것들이 다 장례 선물이다. 내 장례를 위해 이처럼 모든 것이 갖추어져 모자라는 것이 없거늘 여기 무엇을 더한다는 말인가?"

제자들이 말했다.

"저희는 까마귀나 솔개가 선생님의 시신을 먹을까 봐 두렵습니다."

장자가 대답했다.

"땅 위에 있으면 까마귀나 솔개의 밥이 되고, 땅속에 있으면 땅강아 지와 개미의 밥이 되거늘 어찌 한쪽 것을 빼앗아 다른 쪽에다 주어

---

325 衣食者, 人之生利也. 然且猶尙有節. 葬埋者, 人之死利也. 夫何獨無節於此乎(『묵자』, 「절 장 하」).

한쪽 편만 들려 하는가?"

_『장자』,「열어구列禦寇」

　죽음으로 가득한 전국시대인 만큼 장례식 자체를 회의하는 분위기였다는 걸 짐작할 수 있다. 유교의 후한 장례 풍속은 묵가뿐만 아니라 대부분의 사람들이 손사래를 쳤던 것이다. 그러나 맹자는 박장의 목적을 질문하고, 장례를 마음의 차원에서 접근한다. 박장의 목적이 "빨리 생업으로 돌아와 사람마다 능한 바에 힘써 그것으로 서로 이익을 증진하게 하기 위함疾而從事, 人爲其所能, 以交相利也"(『묵자』,「절장 하」)이라니, 여기서 '하필왈리'라는 맹자의 반발이 터져 나온다. 부모의 장례조차 '대충' 치르고 생업에 종사하여 이익을 산출한다?

　　2. 불편한 마음

　곧 산 자를 위해 죽은 자를 가볍게 대한다는 것인데, 여기서 맹자는 묵가에게 묻는다. 장례를 아껴서 남은 이익으로 무엇을 할 건데? 그 이익을 어디다 쓸 건데? 그 이익은 결국 누구에게 귀결되는데? 아니 사람과 짐승이 다른 점은 뭔데? 장례를 아껴 남긴 이익을 나눠 먹은 사람들은 영원히 사는가? 실은 이런 질문들이 이지의 마음속에 불안감의 형태로 잠복해 있었을 것이다.

　박장이 일상화된 시대 풍조, '죽으면 그만이고, 산 사람은 살아야 한다'라는 만연한 생존주의, 그러나 그 뒷면에 꿈틀거리는 죽은 자와의 이별이 주는 심적 충격(특히 피붙이인 경우는 더욱), 말로 표현하지 못해 더 괴로운 슬픔, 그 슬픔이 어디서 비롯했는지 몰라 느끼는 혼란, 뒤집으면 생존에 연연하는 자신도 죽으면 결국 저런 가여운 처지가 될 뿐이라는 낙망감 등 이지는 여러모로 마음이 불편했던 것이다. 이 불편한 마음을 해소하기 위해 맹자에게 회견을 청했으나 맹자는 병을 칭탁하며 거절한다. 맹자는 이지의 불편한 마음을 읽고서 일부러 뜸을 들여 불안한 마음으로까지 몰아간 것이다. 지금 단계에서는 콩이니 팥이니 말로 가르쳐봐야 제대로 알아먹을 턱이 없고, 괜한 말다툼으로 끝나버릴 것이라 판단했으리라. 간절한 마음이 없는 겉치레 문답은 소모적인 논전일 뿐이기 때문이다. 그런데 이지가 계속 찾아와 만나겠다고 하는 걸 보니 불편한 마음이 불안한 마음으로까지 간절해졌다는 뜻이다. 머리로만 이해했던(지식) 묵가 이론과 실제 부모를 잃고 장례식을 치렀던 경험(마음) 사이의 괴리가 이지의 갈등을 더욱 키운 것이다.

묵가가 박장을 행한다는 것은 이제 우리도 안다. 묵가인 이지가 박장을 옳다고 여기지 않았을 리 없다. 그런데 막상 제 부모의 장례를 치르려다 보니 이상한 마음이 들었고, 결과적으로 그 마음을 따라 행한 것이 묵가의 교리와 어긋나버렸다. 그는 그 어긋남이 어디서 비롯했는지 몰라 당혹스러웠다. 그리하여 맹자에게 회견을 청해 그 까닭을 알고자 했고, 맹자는 맹자대로 그의 마음을 읽고서 이제는 말로써 가르칠 만하다 판단한 뒤에야 회견을 허여한 것이다.

여기서 장례에 대한 유교의 인식을 정리해보자. 『논어』에는 삼년상을 두고 스승과 제자 사이에 치열한 공방이 벌어지는 장면이 나온다. 공자가 재아와 삼년상을 놓고 다툰 것인데, 여기에 유교 장례의 속뜻, 즉 맹자와 이지 논쟁의 기본 틀이 들어 있다.

재아가 말했다.

"삼년상은 한 해만으로도 넉넉하다고 봅니다. 군자가 3년 동안 예禮를 집행하지 않으면 나라의 예법은 반드시 무너지고, 3년 동안 악樂을 펴지 않으면 나라의 문화는 반드시 무너지고 말 것입니다. 또 1년이면 묵은 곡식은 이미 떨어지고 햇곡식이 상에 오르고, 불쏘시개도 새로 장만합니다. 그러니 상례도 한 해로서 충분할 것입니다."

공자, 말씀하시다.

"부모가 죽었는데, 쌀밥 먹고 비단옷 입어도 자넨 편안하단 말이지?"

재아가 말하였다.

"편안합니다!"

공자, 말씀하시다.

"네가 편안하다면 그렇게 해라. 그러나 군자는 부모의 상을 치를 적엔 맛난 것을 먹어도 달지 않고, 음악을 들어도 즐겁지 않으며, 집에 있어도 편안하지가 않다. 그래서 그렇게 하지 않는 것인데, 지금 너는 편안히더니 그렇다면 그렇게 해라."

재아, 핑하니 나갔다.

공자, 말씀하시다.

"재아의 불인이라니! 사람은 태어나 3년이 지나고서야 부모의 품을 벗어날 수 있는 것. 대저 삼년상이란 하늘 아래 '공통된 상례(通喪)'인 것을! 저 녀석도 부모로부터 3년간의 사랑을 받았더란 말인가?"

전체적으로 논쟁이 매우 극렬하다. 『논어』 전편에서 이토록 강렬한 접전이 붙는 곳은 찾아보기 어렵다. 제자는 물어서는 안 될 법한 질문, 즉 공자 사상의 기초적이고 기본적인 개념들의 근거를 묻고 있고, 이에 대해 스승도 숨 돌릴 틈 없이, 가차 없이 공박한다. 결국 부모가 죽었는데 맛난 것을 먹어도 편안하냐는 스승의 힐문에 제자는 "편안합니다!"라는 천추의 한이 될 대답을 하고 휙 나가버리는 지경에 이른다. 그때껏 대화를 통해 제자들을 진리의 길로 잘 이끌어온 공자였지만 이 대목에서는 힘을 잃고 만다. '편안하냐?', '편안하다!'라는 대화는 악에 받쳐 주고받는 설전舌戰과도 같다(그만큼 삼년상 문제는 유교 사상의 핵심처다).

3. 편안하다면 해라

재아에게 삼년상이란 상주의 '사적인' 의례로 '공적인' 예법에 포함되지 않는다. 즉 삼년상은 "군자가 3년 동안 예를 집행하지 않으면 나라의 예법은 반드시 무너지고君子三年不爲禮, 禮必壞"라며 염려하는 예의 바깥에 위치한다. 이를 '군자=통치자'라는 재아의 등식에 대입하면 '통치자는 개인적 의례인 삼년상 때문에 정치적 임무, 즉 공무 수행을 방해받거나 방기해서는 안 된다'라는 인식을 얻게 된다. 아니라면 그 기간이라도 최소화해야 한다는 게 재아의 삼년상 불가론의 속내다.

재아가 보기에 삼년상은 정치사회적 차원뿐 아니라 상례가 근거해야 할 자연의 질서에도 합당하지 않다. 이는 자연의 질서에 의거한 '재생의

주기'가 아니며, 공자의 자의적 설정이라는 비판이다. 그래서 그는 삼년
상이라는 개념 가운데 '삼년'은 사회적, 자연적 근거를 통해, '상'은 개인
의 행위로 사사화私事化하는 방식을 통해 해체시킨다. 재아의 논리에는
자연과 사회, 공과 사 양방향에서 공격하여 공자 사상의 핵심을 분쇄하
려는 철저함이 들어 있다. 이는 군자라는 말 속에 인이라는 도덕성을 집
어넣어 새로운 인문 세계를 건설하고자 했던 공자의 꿈을 근본에서 무너
뜨리는 것이다. 공자의 격렬한 분노에는 이런 뿌리가 있다.

　반면 공자에게 본질은 햇수를 떠나 상례 아래에 깔린 슬픔의 극진함
이었다(『논어』, 3:4). 즉 장례의 핵심은 죽은 부모에 대한 안타까운 마음,
그 진정성이다. 이 진정성을 표현하는 형식이 바로 예다. 그러므로 슬픔
의 극진함을 떠나서는 예를 논할 수가 없다. 상례가 공적 가치가 있느냐
없느냐 따위는 본질을 무시한 부차적 논의에 불과하다. 공자는 형식 아
래에 깔린 '사람 고유의 또는 인간 공유의 느낌 체계'를 떠나서는 예악
(문명, 제도, 형식)에 관한 어떤 논의도 헛되다는 근본주의적, 동기주의적
입장에 서 있다. 마치 맹자가 성선론의 근거로 측은지심을 인간의 보편
적 느낌에서 간취한 것과 꼭 마찬가지로, 공자는 삼년상의 근거를 인간
의 마음속에서 찾아낸 것이다.

　지금 공자는 재아의 질문, 즉 사회제도 유지, 공과 사의 구별, 자연학
적 근거와 같은 주장의 밑바탕에 과연 친상親喪을 당했을 때, '마음과 몸
에 이상abnormal 상태로 와닿는 느낌의 덩어리가 존재하는가?'라고 되묻
고 있다. 공자가 보기에 재아가 내세우는 사회과학적, 정치과학적, 자연
과학적 논거는 인간의 이런 느낌 체계 위에 구성된 부차적 사유일 따름

이다(유교 장례에 대한 묵가의 접근을 인류학적, 사회과학적 방법론으로 이해한 위의 지적과 비교해볼 것!).

그러므로 공자는 재아의 질문을 편안함과 불편함의 문제로 치환해서 파악한다. 이에 공자의 반응은 "네가 편안하다면 그렇게 해라"이다. 대화의 끝에서도 거듭 "지금 너는 편안하다니 그렇다면 그렇게 해라"라고 '저주'한다(공자의 입장에 더 가까이 가서 재아의 말을 받아들이자면 '삼년상을 일년상으로 줄일 것은 또 뭐야? 그냥 귀찮은데 시체를 거적때기에 둘둘 말아 들판에 내던져 버리지!'). 이는 공자의 사상이 몸과 마음의 구체적 느낌, 혹은 '자기 자신만은 속일 수 없다'는 느낌의 체계 위에 건설된 것임을 보여준다. 공자의 사상은 저 멀리서 사회와 인간을 내려다보는 조감도와 같은 것이 아니라, 사람들의 몸과 몸이 부대끼는 구체적 삶 속에서 수립되는, 좀 더 세밀하게는 인간 공통의 마음자리(본성)에서 솟아나는 것이었다.[326]

더욱이 3년이라는 기간은 사람이 태어나 부모에게 절대적으로 의존할 수밖에 없는 유아기를 상징한다. 그 기간을 추념하며 보은하는 은유가 삼년상이라는 것이 공자의 설명이다. 이런 점에서 삼년상은 부모에게라도 '빚지고는 못 살겠다'라는 자존심 강한 인간들의 '인문학 페스티벌'이라고 앞에서 짚었던 바다(5:2 참고).

4. 약보적자

자, 다시 본문으로 돌아와 맹자와 이지의 논쟁을 살펴보자. 맹

---

[326] 상세한 논의는 배병삼, 『한글세대가 본 논어 2』, 문학동네, 2002의 17:21 해설 참고.

자는 이미 『논어』를 깊이 읽어 공자와 재아의 논전을 파악했고, 공자가 왜 그토록 삼년상을 중시하는지도 이해했던 것이 분명하다. 삼년상이 모든 인간의 마음에서 비롯한 인간다움의 꽃송이임을 파악한 것이다. 그래서 그는 박장과 절장이 상식이 되어버린 전국시대에 누누이 삼년상을 옹호하다가 이상한 사람으로 몰리기도 하고, 또 어머니의 장례를 두텁게 치렀다가 궁박한 지경에 이르기도 했다(2:16).

이지의 논의는 『논어』 속 재아의 실수, 곧 "편안합니다"라며 스승에게 대들고는 문을 처닫고 나가버린 자리에서 출발한다. 그는 재아와 달리 어버이의 장례를 앞두고 박장에 '불편한 마음'을 절실히 느꼈다. 이지의 처지에서 생각해보면, 그는 어버이의 장례를 당하기 전에는 묵가(혹은 재아)의 '사회과학주의'를 옳다고 생각했던 사람이다. 그래서 절장과 박장에 찬성한 것이다. 그런데 막상 제 부모의 장례를 집행하면서 (재아와는 달리) 마음에 불편함을 느꼈다. 후장으로 치른 다음 이런 마음속 갈등은 심화되었을 것이다. 묵가를 믿는다면서 후장으로 장례를 치렀으니 주변의 눈총도 따가웠으리라(묵가는 또 얼마나 철저한 조직이던가!). 그의 마음은 불편함을 지나 불안함에 이르러, 다시금 맹자를 만나자고 청했다. 이에 맹자는 그의 마음이 간절한 상태에 이르렀음을 가늠하고 이제 말로써 가르칠 수 있다고 여겼다.

그러나 이지는 평계거리를 찾는다. 이지는 유가 고전인 『서경』 속 기사 가운데 '약보적자若保赤子'라는 구절을 따와 이중적 행동의 방패막이로 삼는다. 일종의 피사避辭요, 둔사遁辭다. 그는 이 말을 '자기 아이를 돌보듯 사람들을 사랑하라', 곧 어린아이를 사랑하는 것처럼 백성을 사랑하라는 말로 해석하고서 겸애와 한 치도 어긋나지 않는 말이 아니냐고 한다. 묵가의 교의(겸애)를 유가의 고전에서 빌려와 방패막이로 삼은 것이다. 그러나 맹자는 그의 손가락이 가리키는 달이 무엇인지 안다. 이에 슬쩍 뒤통수를 쳐준다. 개념을 해석할 때는 그 본래 뜻을 감안하지 않으면 안 된다는 가르침, 즉 "젖먹이가 기어가다가 우물에 빠지는 것은 그 아이의 허물이 아니라"는 지적이 그것이다.

아이의 허물이 아니라면 누구의 허물이란 말인가? 그 부모의 책임이다. 즉 약보적자라는 말은 누구라도 어린아이 보살피듯 하라는 겸애를 가리키는 것이 아니라, 공직자의 책임을 지적한 것이다. 맹자는 맥락을 감안하지 않고 단어의 겉에 집착하여 마음대로 해석하는 단장취의斷章取義가 아니라, 원문의 진의에까지 나아가 본래 뜻을 이해하는 이의역지以意逆志의 해석학을 권했다(9:4 참고).

자, 그러면 우리도 약보적자의 본래 뜻을 원전에서 찾아 검토해보자. 이 말은 『서경』, 「주서」, '강고'에 나온다. 이것은 주나라 무왕이 혁명에 성공한 후 아우 강숙康叔을 위衛나라 제후에 임명하면서 재판의 엄격함과 형벌의 신중함을 조언(誥)하는 내용이다(그래서 제목이 강고康誥다). 개괄하면 첫째, 사람을 사형에 처할 때 신중하고 재판은 합리적이어야 한다. 둘째, 형벌의 종류(오형五刑[327])를 논하면서 특별히 최고형인 '살殺'과 발뒤꿈치를 베는 '비剕', 귀를 베는 '이劓'는 주의하라고 충고한다. 셋째, 재

---

327 오형은 『서경』, 「우서虞書」, '순전舜典'의 유유오형流宥五刑에서 비롯했다. 주나라 형법서인 『여형呂刑』에 묵墨(몸에 죄명을 새겨 넣는 자자刺字)·의劓(코 베기)·궁宮(거세)·비剕(발뒤꿈치 베기)·살殺(사형)의 다섯 가지 형벌이 소개되는데, 이는 신체를 훼손하는 체형이다.

판은 의사가 질병의 원인을 찾듯 혹은 "갓난아이 보호하듯 하면 백성이 편안하다若保赤子, 惟民其康乂"라고 지적하는데, 여기서 약보적자라는 말이 등장한다.

약보적자는 '의사가 칼을 환부에 정확하게 대야 환자가 목숨을 잃지 않듯, 또 어미가 조심을 다해야 갓난아기가 목숨을 보존할 수 있듯'이란 의미다. 당시는 유아 사망률이 높았음을 염두에 두어야 한다. 의사의 처치 과정이나 어미의 출산 과정에서 아기가 쉽게 죽는 사례를 들어, 죄수들도 잘못된 재판으로 쉽게 죽임을 당하는 처지에 있음을 비유한 것이다. 즉 재판관(곧 강숙)이 돌팔이 의사나 어린 어미처럼 서툴다면, 사람들이 억울하게 죽거나 다치게 되니 그런 실수를 염두에 두어 삼가고 조심하라는 것이다. 그렇다면 약보적자는 '가녀린 어린 목숨이 죽지 않도록 보호하듯'으로 해석해야 옳다. 글자 그대로 범범하게 '어미가 자식을 보살피듯'으로 읽어선 안 된다. 다시 말해서 '어미가 자식을 아끼듯 만백성을 사랑하라'는 묵가식 해석이 아니라 '가녀린 목숨이 죽지 않도록 신중하라'라는 맹자의 해석이 약보적자의 원의에 가깝다. 이지가 이를 '백성을 갓난아기 보호하듯 한다'로 이해하자 맹자는 그 오류를 지적하며『서경』의 본래 맥락을 삼안하여 '마치 어미가 아기를 소심스럽게 다루듯'으로 읽는 것이 올바른 독서법이라고 비판한 것이다.

한 걸음 더 나아가 갓난아기가 우물에 빠져 죽는 것이 보호자인 부모의 잘못이라면 백성의 기아와 아사, 전사와 상해는 또 누구의 책임인가? 정치가, 통치자의 잘못이다. 이것이 약보적자에 담긴 정치적 의미다(2:6에 나오는 친구에게 처자식을 맡겼더니 굶주리게 한 벗의 비유, 4:4에 나오는 위탁받은 소와 양을 굶주리게 한 목자의 비유 참고). 결론적으로 약보적자는 만백성을 제 자식처럼 아끼라는 사랑의 권유가 아니라, 인민의 생사고락에 대한 통치자의 책임을 강조한 말이다.[328]

그렇다면 책임지는 정치란 어떤 것인가? 백성이 농사지을 환경을 마련하고, 인륜을 배우도록 학교를 열고, 전쟁을 막아 인명을 보호하는 것, 곧 인정仁政의 실천이 그 실제다. 생존과 생활이 유지될 환경을 마련하는 일이 공직자의 책임이요, 그 공으로 그들은 백성이 제공한 밥을 얻어먹는 것이다.

5. 이본

그렇다면 이지의 진짜 오류는 어디 있는가? 맹자의 되묻는 질문 "저 이지는 정말로 사람들이 제 조카를 친애하는 것과 이웃집 아이를 친애하는 것을 똑같이 여긴다고 생각하는가?"에 해답이 들어 있다. 맹자는 이지의 갈등을 안다. 자기 조카를 아끼는 사랑과 다른 집 아이를 아끼는 사랑의 농도가 같지 않은데도 같은 것으로 상정하는 겸애 이론에 치명적 문제가 있다는 걸 이지가 인식했음을 알고 있다. 여기서 맹자의 차등애라는 사랑법이 나오거니와, 그는 이지에게 묵가의 겸애가 몸과 마음의 느낌을 벗어난 비현실적인 것임을 가르쳐줄 참이다(이는 삼년상에 관한 논의에서 재아가 제안한 사회과학주의를 공자가 비판한 내용과 그 질이 같다).

---

328 앞서 맹자가 개탄한 문장에 이미 이런 뜻이 담겨 있다. "백성이 죄의 구렁텅이에 빠진 뒤에 쫓아가서 형벌을 내린다면 이건 정치가 아니라 백성을 그물질하는 짓입니다. 어떻게 어진 사람이 임금 자리에 있다면서 백성을 그물질할 수 있단 말입니까?"(1:7)

맹자, 마음의 정치학 1

여기서 맹자는 이지의 혼란과 불편, 불안한 마음의 근저를 짚는다. 괴리! 곧 이본二本 때문이다. 무엇이 둘로 괴리되었는가? 마음과 머리가 어긋난 것이다. 머리로는 묵가의 논리가 옳다고 여겼는데(박장), 막상 자기 부모의 죽음 앞에서는 마음이 흔들려 두터운 장례를 치르고 말았다. 과연 어느 것이 옳은가? 다른 사람 부모의 장례야 박장이든 절장이든, 아니 '막장'이라도 상관없는 일일 수 있다. 그러나 자기 부모의 죽음은 '사건'으로 와닿을 수밖에 없다. 유교는 이 지점을 주목한다. 증자가 전한 "사람의 일 가운데 온 힘을 다할 것은 따로 없으나, 반드시 어버이 장례만큼은 온 힘을 다해야 한다"(『논어』, 19:17)라는 말이며, "산 사람을 봉양하는 것은 큰일이라 할 수 없고, 오로지 죽은 부모를 장송하는 일만은 큰일에 합당하다"(8:13)라는 맹자의 말이 가리키는 지점이 여기다. 이것이 이지의 몸과 마음의 실체를 뒤흔들었다. 이는 또한 묵가를 숭상하는 자들의 마음속에 꿈틀대는 불안감의 실체이기도 했으리라.

6. 장례 기원설

끝으로 맹자는 짐짓 고사故事를 예로 들어 이지가 스스로 자기 마음을 돌아보게 한다. 가설을 통해 눈앞에 본 듯 깨우쳐주는 방식은 맹자의 장기다. 그중 세 가지가 유명한데, 첫째는 젖먹이가 우물에 기어 들어가는 장면, 둘째는 농단의 고사로 뜽겨주는 시장 기원설, 그리고 여기 장례 기원설이다. 장례 기원설의 키워드는 "한마음에서 우러나 낯과 눈에 드러나다"라는 의미의 '中心達於面目(중심달어면목)'이다. 맹자의 인도로 장례 기원설을 전해 들은 이지는 이 여섯 글자가 은유하는 대상이 바로 자신임을 깨달았을 것이다. 관례대로 부모의 시신을 흙구덩이에 던져 넣었는데 마음속에서 무언가가 우러나와 얼굴과 눈시울을 붉히고, 무의식적으로 시신을 다시 꺼내 인류 역사상 처음으로 무덤을 만들어 예를 시행한, 즉 '인류 최초로 장례식을 행한 인간(호모 퓨너럴리쿠스Homo Funeralicus 랄까?)'의 의미를 알아챈 것이다. 해석하자면 맹자는 이 가설을 통해 예禮가 외적인 것(전통, 관습)이 아니라 인의와 마찬가지로 내부(마음)에서 발출한 인류 공통의 본성임을 현시하였다(그래서 인의예지가 본성의 네 단서다).

어버이의 시신이 썩어 문드러진 모습을 체험한 후 무덤을 짓고 장례라는 것을 처음으로 치른 인간의 예화에서 이지는 자신의 갈등을 돌이켜보았을 것이다. 그러면서 구덩이에 시신을 던져 넣는 관습이 묵가의 박장을 상징하고, 시신을 수습해 무덤을 만들고 예식을 행한 것은 유가의 후장을 상징함을 깨달았으리라. 결국 그는 맹자의 손가락이 가리키는 달이 바로 마음 한가운데(中心)에 있음을 알아챘다. 이 순간이 이지로 하여금 "나를 깨우쳐주셨노라"며 무릎을 꿇게 만든 결정적 계기다. 장례 기원설은 유교식 의례를 옹호하려고 맹자가 설치한 함정이 아니다. 이쯤이면 우리도 부모에 대한 사랑과 타인에 대한 사랑을 나란히 놓을 수 없다는 것, 즉 차등애에 동의하지 않을 수 없다(13:45 참고).

7. 요약

땀이 얼굴(面) 위로 삐질삐질 삐져나와 살갗이 따가워지는 것의 기원이 한마음이요, 똑바로 보지 못하는 불안한 눈길(目)의 기원도 한마음이었다. 내 부모의 주검 앞에서만큼은 깊은 데서 우러나와 흔들리는 마음(그리하여 묵가이면서 제 부모의 장례는 후하게 치르고 만 이지의 고뇌)이 예가 형성되는 싹의 자리다. 요즘 생물과학 용어로 번역하자면 '이기적 유전자'에서 돌연변이가 일어나 '이타적 유전자'로 전환하면서, 짐승에서 인류로 문지방을 넘는 순간이 바로 이곳이다. '사람다움'의 시작이자 의례의 출발점이 부모의 장례라는, 그래서 삼년상은 인간만의 예식이라는 유교의 주장이 여기서 설득력을 획득한다. 끝내 의례가 딱딱해져 노신의 표현대로 "사람을 잡아먹는"데까지 타락할지라도, 예의 본령은 사람만의 고유한 사랑을 형식으로 표현한 것이라는 유교의 주장에는 설득력이 있다.

참고   당나라 안사고顔師古는 "조弔는 죽음을 위문하는 것을 이른다. 글꼴은 사람이 활을 지닌 모습을 본으로 삼았다. 상고시대의 장례는 시신을 풀숲으로 두를 뿐 관곽은 없었다. 그래서 항상 짐승들이 해칠까 염려하였다. 그런 까닭에 조문하는 이가 활을 지니고 모여서 활 쏘는 것을 도왔다"라고 하였다.

『오월춘추吳越春秋』에도 유사한 기록이 나온다. "옛날에는 사람들이 질박하여 사람이 죽으면 띠풀로 싸서 들판 가운데 버렸는데 효자는 부모가 조수鳥獸에게 먹히는 것을 차마 보지 못해서 활을 쏘아 지키고 조수의 해를 막았다."[329]

---

329   조선탁, 앞의 책, 191~193쪽.

참고문헌

1. 『맹자』 역주서

김용옥, 『맹자, 사람의 길』, 통나무, 2012.

김학주 역주, 『맹자』, 서울대학교출판문화원, 2013.

박경환 옮김, 『맹자』, 홍익출판사, 2008.

박기봉 역주, 『맹자』, 비봉출판사, 1992.

박일봉 편저, 『맹자』, 육문사, 2011.

범선균 역주, 『맹자』, 혜원출판사, 1990.

부남철, 『맹자정독』, 태학사, 2019.

성백효 역주, 『현토완역 맹자집주』, 전통문화연구회, 2010.

양백준, 우재호 옮김, 『맹자역주』, 중문출판사, 2005.

윤재근 역주, 『맹자 1, 2 - 희망과 소통의 경전』, 동학사, 2009.

이기동 역해, 『맹자강설』, 성균관대학교출판부, 2005.

이상호 역주, 『맹자』, 계명대학교출판부, 2012.

이우재, 『이우재의 맹자 읽기』, 21세기북스, 2012.

이을호 옮김, 『한글맹자』, 올재, 2014.

이익, 『孟子疾書』(한국경학자료집성 39-맹자 5책), 성균관대학교 대동문화연구원, 1990.

이토 진사이, 최경열 옮김, 『맹자고의』, 그린비, 2016.

이한우, 『논어로 맹자를 읽다』, 해냄출판사, 2015.

정약용, 이지형 역주, 『다산 맹자요의』, 현대실학사, 1994.

조수익·박승주·함현찬 옮김, 『맹자』, 전통문화연구회, 2011.

허경진 역해, 『맹자』, 청아출판사, 1988.

황종희, 이혜경 옮김, 『맹자사설』, 한길사, 2011.

孫奭, 『孟子正義』(十三經注疏(本)), 臺北: 藝文印書館, 1981(趙岐의 「孟子題辭」, 「孟子註」 수록).

安井衡 校訂, 『孟子定本』(漢文大系 1), 東京: 富山房, 1984.

楊伯峻 譯註, 『孟子譯注』, 北京: 中和書局, 1992.

宇野精一, 『孟子』(全釋漢文大系 第2卷), 東京: 集英社, 1974.

朱熹 撰, 『孟子集注』, 명문당, 1973.

焦循, 『孟子正義』, 河北人民出版社, 1986.

Dobson, W. A. C. H., *Mencius: A New Translation Arranged and Annotated For The General Reader*, University of Toronto Press, 1963.

Lau, D. C., *Mencius*, Penguin Classics, 2005.

Legge, James, *The Works of Mencius* (The Chinese Classics, vol.1), Oxford University Press, reprinted, Shanghai, 1935.

2. 『맹자』 해설서

김형효, 『맹자와 순자의 철학사상』, 삼지원, 1990.

남회근, 설순남 옮김, 『맹자와 공손추』, 부키, 2014.

남회근, 설순남 옮김, 『맹자와 양혜왕』, 부키, 2015.

남회근, 설순남 옮김, 『맹자와 진심』, 부키, 2017.

대진, 임종진·장윤수 옮김, 『대진의 맹자 읽기』, 소강, 1996.

데이비드 S. 니비슨, 김민철 옮김, 『유학의 갈림길』, 철학과현실사, 2006.

박유리, 『풀이한 맹자』, 세종출판사, 2009.

백민정, 『맹자, 유학을 위한 철학적 변명』, 태학사, 2015.

원보신, 황갑연 옮김, 『맹자의 삼변철학』, 서광사, 2012.

신동준, 『맹자론』, 인간사랑, 2006.

이민홍, 『맹자, 정치를 말하다』, 성균관대학교출판부, 2013.

이혜경, 『맹자, 진정한 보수주의자의 길』, 그린비, 2008

장현근, 『맹자 - 바른 정치가 인간을 바로 세운다』, 한길사, 2010.

정제두, 민족문화추진회 편, 『국역 하곡집 1 - 맹자설』, 민족문화문고, 1989.

정천구, 『맹자독설』, 산지니, 2012.

조성기, 『소통과 설득의 달인 맹자』, 그물, 2013.

조원일, 『맹자의 철학사상』, 전남대학교출판부, 2012.

채인후, 천병돈 옮김, 『맹자의 철학』, 예문서원, 2006.

최술, 박준원 옮김, 『맹자사실록』, 지식을만드는지식, 2010.

퀑로이슌, 이장희 옮김, 『맨얼굴의 맹자』, 동과서, 2017.

푸페이룽, 정광훈 옮김, 『맹자 교양강의』, 돌베개, 2010.

프랑수아 줄리앙, 허경 옮김, 『맹자와 계몽철학자의 대화』, 한울아카데미, 2009.

함영대, 『성호학파의 맹자학』, 태학사, 2011.

황준걸, 함영대 옮김, 『이천 년 맹자를 읽다 – 중국맹자학사』, 성균관대학교출판부, 2016.

加賀榮治, 『孟子』, 東京: 淸水書院, 1990.

戴震, 『孟子字義疏證』, 北京: 中華書局, 1996.

Nivison, David S., *The Ways of Confucianism: Investigations in Chinese Philosophy*, Open Court Publishing Company, 1996.

Shun, Kwong-loi, *Mencius and Early Chinese Thought*, Stanford University Press, 1997.

3. 동양 고전 및 1차 문헌

『論語集註』(朱熹 撰, 명문당, 1973)

『春秋繁露義證』(薛與 譯註, 中華書局, 1992)

『管子注譯 上・下』(趙守正 撰, 光西人民出版社, 1987)

『老子翼・莊子翼』(漢文大系 9)(東京: 富山房, 1984)

『大學章句』(朱熹 撰, 명문당, 1973)

『毛詩』(漢文大系 12)(東京: 富山房, 1984)

『墨子閒詁 上・下』(孫詒讓 撰, 北京: 中華書局, 1986)

『史記』(全10卷)(北京: 中華書局, 1959)

『四書集注』(朱熹 撰, 보경문화사, 1994)

『尙書』(漢文大系 12)(東京: 富山房, 1984)

『荀子集解』(諸子集成本)(王先謙 撰, 上海書店, 1996)

『詩傳』(朱熹 撰, 명문당, 1988)

『禮記鄭注』(漢文大系 18)(東京: 富山房, 1984)

『禮記訓纂』(朱彬 撰, 北京: 中華書局, 1996)

『儀禮』(영인본, 학민출판사, 1995)

『左氏會箋 上・下』(漢文大系 10, 11)(東京: 富山房, 1984)

『周禮』(전2권)(영인본, 학민출판사, 1995)

『周易』(漢文大系 16)(東京: 富山房, 1984)

『中庸章句』(朱熹 撰, 명문당, 1973)

『春秋經典集解 上·下』(杜預 撰, 上海古籍出版社, 1978)

『春秋左傳注』(全4卷)(楊伯峻 譯註, 北京: 中華書局, 1995)

『韓非子集解』(諸子集成本)(王先謙 撰, 上海書店, 1996)

『淮南鴻烈集解 上·下』(劉文典 撰, 中華書局, 1989)

『孝經, 爾雅』(영인본, 학민출판사, 1995)

『경제학-철학 수고』(카를 마르크스, 강유원 옮김, 이론과실천, 2006)

『고독한 산책자의 몽상, 말제르브에게 보낸 편지 외』(장 자크 루소, 진인혜 옮김, 책세상, 2013)

『고문진보 후집』(황견 엮음, 이장우·우재호·박세욱 옮김, 을유문화사, 2007)

『공자가어』(이민수 옮김, 을유문화사, 2003)

『국부론』(애덤 스미스, 김수행 옮김, 비봉출판사, 2007)

『국역 성호사설』(이익, 신호열 외 옮김, 한국고전번역원, 1977)

『국역 열하일기』(박지원, 민족문화추진회 편, 민족문화추진회, 1990)

『국역 퇴계전서』(이황, 퇴계학연구원, 1992)

『군주론』(니콜로 마키아벨리, 강정인·김경희 옮김, 까치, 2015)

『논어고금주』(정약용, 이지형 역주, 사암, 2010)

『니코마코스 윤리학』(아리스토텔레스, 천병희 옮김, 도서출판 숲, 2013)

『다산 논설선집』(정약용, 박석무 옮김, 현대실학사, 1996)

『도덕경』(오강남 풀이, 현암사, 1995)

『목민심서』(정약용, 다산연구회 편역, 창비, 2018)

『묵경 1, 2』(염성삼 주해, 한길사, 2014)

『묵자 상·하』(김학주 옮김, 명문당, 2003)

『묵자 1, 2』(이운구 옮김, 도서출판 길, 2015)

『백호통의』(반고, 신정근 옮김, 소명출판, 2005)

『북학의』(박제가, 안대회 옮김, 돌베개, 2003)

『사기열전 1, 2』(박일봉 역저, 육문사, 2011)

『삼국사기』(김부식, 이병도 역주, 을유문화사, 1991)

『삼국유사』(일연, 이민수 옮김, 을유문화사, 2013)

『성학십도, 자기 구원의 가이드맵』(퇴계 이황 편집, 한형조 독해, 한국학중앙연구원출판부, 2018)

『손자병법』(유동환 옮김, 홍익출판사, 2005)

『수사고신록』(최술, 이재하 옮김, 한길사, 2009)

『수사고신여록』(최술, 이재하 옮김, 한길사, 2009)

『순자』(김학주 옮김, 을유문화사, 2001)

『순자』(정장철 역해, 혜원출판사, 1990)

『에밀 또는 교육론 1, 2』(장 자크 루소, 문경자·이용철 옮김, 한길사, 2007)

『여씨춘추』(정하현 옮김, 소명출판, 2011)

『역주 국어 1, 2』(허호구 외 옮김, 전통문화연구회, 2007)

『역주 매씨서평』(정약용, 이지형 역주, 문학과지성사, 2002)

『예기』(이민수 옮김, 혜원출판사, 2001)

『왕양명실기』(박은식, 이종란 옮김, 한길사, 2010)

『장자』(앵거스 그레이엄, 김경희 옮김, 이학사, 2015)

『장자』(안동림 역주, 현암사, 1994)

『장자』(오강남 풀이, 현암사, 1999)

『전국책』(유향, 임동석 옮김, 동서문화사, 2009)

『정본 여유당전서: 상서고훈 1, 2』(정약용, 다산학술문화재단 엮음, 사암, 2013)

『주자행장』(황간, 강호석 옮김, 을유문화사, 1975)

『퇴계전서』(이황, 성균관대학교 대동문화연구원 엮음, 성균관대학교 동아시아학술원, 1992)

『한글세대가 본 논어 1, 2』(배병삼 주석, 문학동네, 2002)

『한비자』(박건영·이원규 역해, 청아출판사, 1993)

『현토완역 시경집전 상·하』(성백효 역주, 전통문화연구회, 2004)

『회남자 1, 2』(유안, 이석명 옮김, 소명출판, 2010)

4. 공구서

김언종, 『한자의 뿌리 1, 2』. 문학동네, 2001.

김원중 엮음, 『허사사전虛詞辭典』, 현암사, 1989.

단국대학교 동양학연구소,『한한대사전韓漢大辭典』, 단국대학교출판부, 2007.

미조구치 유조 외 엮음, 김석근 외 옮김,『중국사상문화사전』, 민족문화문고, 2003.

민중서림 편집부,『한한대자전漢韓大字典』, 민중서림, 1999.

서정, 매지고전강독회 옮김,『모시명물도설』, 소명출판, 2012.

시라카와 시즈카, 심경호 옮김,『한자 - 기원과 그 배경』, AK커뮤니케이션즈, 2017.

연세대학교 허사사전편찬실,『허사대사전虛辭大辭典』, 성보사, 2001.

에드윈 풀리블랭크, 양세욱 옮김,『고전중국어 문법강의』, 궁리, 2005.

이재운·유동숙·박숙희 편저,『뜻도 모르고 자주 쓰는 우리말 어원 500가지』, 위즈덤
　　　하우스, 2012.

이토 진사이, 최경열 옮김,『어맹자의』, 그린비, 2017.

임종욱,『중국역대인명사전』, 이회문화사, 2010.

정치학대사전편찬위원회,『21세기 정치학대사전』, 아카데미아리서치, 2002.

조선탁, 송강호 옮김,『중국어 한자의 어원』, 지식과교양, 2011.

한국고전용어사전편찬위원회,『한국고전용어사전』, 세종대왕기념사업회, 2001.

한국정신문화연구원,『한국민족문화대백과사전』, 한국정신문화연구원, 1990.

桂馥 撰,『說文解字義證』, 上海: 齊魯書社, 1987.

諸橋轍次,『大漢和辭典』(全12卷), 東京: 大修館書店, 1984.

5. 기타

강정인 외 엮음,『서양 근대 정치사상사』, 책세상, 2007.

곽말약, 조성을 옮김,『중국고대사상사』, 까치, 1991.

김경호·손병규 엮음,『전근대 동아시아 역사상의 士』, 성균관대학교출판부, 2013.

김동민,『춘추논쟁』, 글항아리, 2014.

김정기,「파랑새의 꿈, 전봉준의 국가 체제 구상」,『녹색평론』, 제139호, 2014년 11~12월.

김홍우,『현상학과 정치철학』, 문학과지성사, 1999.

나카타니 이와오, 성삼경 옮김,「자본주의는 스스로 무너지는가」,『녹색평론』, 제142호,
　　　2015년 5~6월.

도정일 외,『글쓰기의 최소원칙』, 룩스문디, 2008.

리우웨이·허훙, 조영현 옮김, 『패권의 시대』, 시공사, 2004.

마이클 왈저, 정원섭 외 옮김, 『정의와 다원적 평등』, 철학과현실사, 1999.

미조구치 유조 외, 조영렬 옮김, 『중국 제국을 움직인 네 가지 힘』, 글항아리, 2012.

바이시, 이임찬 옮김, 『직하학 연구』, 소나무, 2013.

박희성, 『원림, 경계 없는 자연』, 서울대학교출판부, 2011.

배병삼, 「국제정치 사상가로서의 연암 박지원 연구」, 『한국정치외교사논총 29』, 제2호,
    한국정치외교사학회, 2008.

배병삼, 『우리에게 유교란 무엇인가』, 녹색평론사, 2012.

배우성, 『조선과 중화』, 돌베개, 2014.

벤자민 슈워츠, 나성 옮김, 『중국 고대 사상의 세계』, 살림, 2004.

시라카와 시즈카·우메하라 다케시, 이경덕 옮김, 『주술의 사상』, 사계절, 2008.

아마티아 센, 원용찬 옮김, 『센코노믹스』, 갈라파고스, 2008.

앵거스 그레이엄, 나성 옮김, 『도의 논쟁자들』, 새물결, 2001.

앵거스 그레이엄, 이현선 옮김, 『정명도와 정이천의 철학』, 심산, 2011.

에리히 프롬, 황문수 옮김, 『사랑의 기술』, 문예출판사, 2006.

연구모임 사회 비판과 대안 엮음, 『현대 정치철학의 테제들』, 사월의책, 2014.

염정삼, 「선진시기先秦時期 언어관에 대한 소고小考」, 『중국학보』, 제49집, 한국중국학회,
    2004.

왕수이자오, 조규백 옮김, 『소동파 평전』, 돌베개, 2013.

우치야마 도시히코, 석하고전연구회 옮김, 『순자 교양강의』, 돌베개, 2013.

유기우, 이은우 옮김, 『상서학사』, 예문서원, 2016.

이사야 벌린, 강유원·나현영 옮김, 『낭만주의의 뿌리』, 이제이북스, 2005.

이언 와트, 이시연 옮김, 『근대 개인주의 신화』, 문학동네, 2004.

이정전, 『시장은 정말 우리를 행복하게 하는가』, 한길사, 2002.

장 지글러, 유영미 옮김, 『왜 세계의 절반은 굶주리는가』, 갈라파고스, 2007.

정재현, 『고대 중국의 명학名學 - 후기 묵가, 혜시, 공손룡』, 서강대학교출판부, 2012.

정화열, 박현모 옮김, 『몸의 정치』, 민음사, 1999.

최원식, 「대국과 소국의 상호진화」, 『창작과비평』, 제143호, 2009년 봄.

최윤재, 『한비자가 나라를 살린다』, 청년사, 2000.

칼 폴라니, 홍기빈 옮김, 『거대한 전환』, 길, 2009.

풍우란, 박성규 옮김, 『중국철학사 하』, 까치, 1999

피에르 클라스트르, 변지현·이종영 옮김, 『폭력의 고고학』, 울력, 2002.

피에르 클라스트르, 홍성흡 옮김, 『국가에 대항하는 사회』, 이학사, 2005.

피터 드러커, 이동현 옮김, 『피터 드러커 자서전』, 한국경제신문, 2005.

한나 아렌트, 김선욱 옮김, 『예루살렘의 아이히만』, 한길사, 2006.

한나 아렌트, 김정한 옮김, 『폭력의 세기』, 이후, 1999.

홍기빈, 『아리스토텔레스, 경제를 말하다』, 책세상, 2001.

후레드릭 W. 모오트, 권미숙 옮김, 『중국 문명의 철학적 기초』, 인간사랑, 1991.

Graham, A. C., *Two Chinese Philosophers*, Lund Humpries London, 1978.

Tu, Wei-ming, *Centrality and Commonality: An Essay on Chung-yung*(中庸), Hawaii: The University
Press of Hawaii, 1978.

何啓, 『勸學篇書後』, 著易堂仿聚珍版印, 1899.

맹자, 마음의 정치학 1

2019년 8월 30일 1판 1쇄

지은이 배병삼

편집 이진·강변구·이창연 **디자인** 김민해
제작 박흥기 **마케팅** 이병규·양현범·이장열

인쇄 천일문화사 **제책** 책다움

펴낸이 강맑실 **펴낸곳** (주)사계절출판사
등록 제406-2003-034호 **주소** (우)10881 경기도 파주시 회동길 252
전화 031)955-8588, 8558 **전송** 마케팅부 031)955-8595 편집부 031)955-8596
홈페이지 www.sakyejul.net **전자우편** skj@sakyejul.co.kr
블로그 skjmail.blog.me **페이스북** facebook.com/sakyejul
트위터 twitter.com/sakyejul

값은 뒤표지에 적혀 있습니다. 잘못 만든 책은 서점에서 바꾸어 드립니다.

사계절출판사는 성장의 의미를 생각합니다.
사계절출판사는 독자 여러분의 의견에 늘 귀기울이고 있습니다.

ISBN 979-11-6094-500-3 04150
ISBN 979-11-6094-499-0(세트)

이 도서의 국립중앙도서관 출판시도서목록(CIP)은
서지정보유통지원시스템 홈페이지(http://www.seoji.nl.go.kr)와
국가자료공동목록시스템(http://www.nl.go.kr/kolisnet)에서
이용하실 수 있습니다. (CIP제어번호: CIP2019029636)